德国足球训练全书

[德]弗兰克·托梅斯◎著　赵　震◎译

北京科学技术出版社

Title of the German original: Fussballtraining fuer jeden Tag.
ISBN 978-3-7679-1169-7

著作权合同登记号　图字：01-2015-5114

图书在版编目（CIP）数据

德国足球训练全书 /（德）托梅斯著；赵震译. —北京：北京科学技术出版社，2016.8
（2020.1 重印）ISBN 978-7-5304-8385-5

Ⅰ. ①德… Ⅱ. ①托… ②赵… Ⅲ. ①足球运动－运动训练－德国 Ⅳ. ①G843.2

中国版本图书馆CIP数据核字(2016)第099024号

策划编辑：胡　诗	**电　话**：0086-10-66135495（总编室）
责任编辑：张　芳	0086-10-66113227（发行部）
责任校对：贾　荣	**网　址**：www.bkydw.cn
图文制作：周玲娜	**印　刷**：保定华升印刷有限公司
责任印制：吕　越	**开　本**：880mm x 1230mm 1/32
出版人：曾庆宇	**字　数**：200千字
出版发行：北京科学技术出版社	**印　张**：14
社址：北京西直门南大街16号	**版　次**：2016年8月第1版
邮政编码：100035	**印　次**：2020年1月第7次印刷

ISBN 978-7-5304-8385-5

定价：69.00元

目　录

引　言

训练计划

训练要有计划

这本书对非职业教练在日常训练中制订训练计划大有裨益。在本书中居于首要地位的不是理论，而是实践。

如何进行足球教学和训练？在足球教学理论中我们能找到各种各样的训练模型和学说。不管是体育学家还是有经验的教练，要准确评估影响比赛成绩的各个因素都是非常困难的。此外，不同训练方式的效果也不尽相同，这就对非职业教练提出了更高的要求。在制订计划时他们不仅要考虑球队的比赛成绩，还要考虑队员的积极性和参与度。这本书恰好能够帮助教练们完成这一高要求的任务。

“由易到难”是一条著名的教学指导方针，按照这一方针，我们能从教学的角度对足球训练的几大核心单元（技术、战术和身体素质）做出大致的整体布局，但这并不能完整呈现足球训练方式的多样性以及丰富的变化形式。足球教学这一任务仍然需要由教练去完成。教练的主要任务是在不漏掉最核心训练单元的前提下挑选和组合合适的练习，并根据球队的竞技水平和赛季计划进行相应的调整。这就要求教练树立大局观念，具有敏锐的洞察力，清楚地知道应当在何时进行哪个部分的哪项训练。

关于理论本书就说这么多。如果在赛季准备期大多数队员仍在度假，教练应当如何最高效地执行训练计划？如果教练总是被迫将新队员安排到他不熟悉的位置，教练又该如何演练防守阵型？在无前锋的情况下又该如何使进攻训练起作用？或者说正是因为这些问题在非职业球队中普遍存在，我们才必须让训练变得更有意义和有计划。

非职业足球队的训练是一个有计划、有目标的过程，教练要尝试通过挑选和组合不同的练习来提高队员以及球队的竞技水平，从而达到预期的目的。因此，教练的主要工作就是选择具体的练习，设定训练重点并根据具体情况进行调整。此外，教练还应当有清晰的目标，明确队员在训练中应当掌握什么内容。这就要求教练必须能够区分具体的目标（如反击）以及完成这一目标必备的前提条件（如快速的攻防转换和传球）。本书根据身体素质、技术、战术等训练重点将不同的练习分别归入不同的大类和小类，此外还提供了一些可以用来热身或进行拓展训练的相似的练习和游戏。这样一来，教练在选择和组合练习时能有更多的选择。

这些练习和游戏为教练的教学提供了一种可能性——选择合适的练习，使教学变得更轻松。此外，这也便于教练有针对性地进行准备和复习。

再好的训练计划也不可能保证一支球队赢得每一场比赛，特别是足球比赛的胜负是由进球数来决定的，而近乎一半的进球都难逃偶然事件的影响。尽管如此，设定清晰的目标以及选择能达成这些目标的恰当训练仍然是在竞技层面取得成功的绝对必要的基础。

在训练中加入比赛元素

要想提高球队在比赛中的水平，就必须让训练也变为比赛。传统的训练将身体素质、技术和战术作为取得好成绩的基础条件，但这对训练单元的练习并没有太大的帮助，因为它们的训练目标会有很多重合。任何一个方面训练不足或者过量都会影响更高层次的战术训练目标的实现，而要将练习成绩真正转化为比赛成绩也非常困难。这最终会影响队员的训练积极性以及训练效果。

更实用和更有针对性的方法是基于足球最基本理念的系统性练习——进球和阻止对方进球。通过思考，队员对技术、身体素质和战术等方面的认识都会得到提升，他们的技术、身体素质和战术能力也能通过拓展训练得以巩固，这在非职业足球训练中能够帮助队员提高积极性，获得成就感。绝大多数的练习都是以此为前提进行的。选择训练方法时，最重要的是通过进球和赢得比赛让队员获得比赛以及获胜的经历——不管采用何种方式。此外，由于非职业足球队训练的时间一般都比较短，这种训练方式就会显得非常实用，队员也更加乐于接受。

调整训练

不是所有的训练和比赛都会按照教练设想的方向发展。这可能是由多方面原因造成的：场地过大或过小，队员过多或过少，对队员身体素质、技术或战术能力要求过高或过低，等等。其他可能的原因还包括：准备练习和热身不足、过于紧张或不够紧张、身体和心理过于兴奋导致注意力无法集中、缺乏动力、讲解和示范不够准确，等等。

很多原因（不管是一种还是多种同时出现）都有可能导致训练没有按照教练计划或预想的发展，抑或导致教练极少看到或根本想象不到的场面。这时就要考验教练的应变能力了。他需要对训练和比赛进行相应的调整，以使其重回正轨。教练需要在分析导致当前训练方式失败的原因后进行正确的干预，比如重新解释和示范练习，调整场地或训练任务，或者改变整体训练形式。教练丰富的经验和多样的训练方法有助于让练习更加适合球队中的每名队员。本书提供了难易程度不同的多种练习，并且列出了训练中容易出现的一些典型错误，供广大教练参考。

时间和场地

比赛时间有多长?

一场足球比赛会持续 90 分钟或直至裁判鸣哨结束比赛。与其他比赛时间不固定的体育运动相比，比赛时间是影响足球比赛的一个至关重要的因素。因此，在训练和培养队员的竞赛意识时必须注意时间这个因素。如果只计算有效比赛时间，那么每场比赛的时间会降至大约一小时，在这一时间段内比赛双方不断交换球权。己方控球时，队员要尝试进球，以使比赛变得对己方有利。但留给己方队员射门得分的时间是很有限的，因为对方会尽力阻止己方进球。关于比赛时间，“进球和阻止对方进球”这一足球比赛基本理念很明确地告诉我们——留给球队射门的时间是有限的，但我们应当尽可能地利用这段时间。不浪费时间的做法既包括尽可能地进球，也包括尽早从对方脚下抢回球权或者尽早采取有效手段干扰对方。

在足球比赛中，尽快射门是很重要的，这会使对方在防守中无法投入足够的兵力来保持防守阵型，从而使己方拥有一定的优势。这一点在球权转换时表现得尤为明显，此时守方绝对不能让攻方快速地向前推进，而应及时对攻方施加压力并让争夺区域尽可能快地远离守方球门。

支撑这一比赛理念的一个关键因素就是攻防的快速转换，这需要球队拥有纵向快速传球的能力和射门的能力。同时，每名队员的场上位置、球队的整体阵型以及球队内部明确而合理的分工也非常重要，队员在争抢球权时一对一对抗的能力则是能够快速进球的关键因素。所有这些因素都需要在进行相应的训练和培养队员竞赛意识的过程中有所体现。

赢得比赛

除了比赛时间，在足球比赛中比赛空间也是有限的，一方面是因为比赛场地的大小有限，另一方面则是因为双方都在争夺更加容易进球和远离己方球门的区域。一支球队要想进球，就必须有足够的空间让队员进行有效的射门尝试，而对方球队则会努力阻止这种情况出现。

何时与对方争夺场上的空间并向对方施加更大的压力则是由教练决定的，这也是一场成功的比赛最基本的战术原则之一，因此每位教练对此都要充分考虑。很明显，在一场比赛的不同时段，战术安排可能会有所不同。

很明显，收缩阵型（在较小区域内投入多名防守队员）会使防守变得更为简单，但这也意味着足球离对方的球门更远。第一时间反抢要求队员有很强的跑动意识，还要求球队整体参与，这同时也释放出更为积极的竞技状态和取胜决心。这样的球队往往在自己不控球时也能主导和决定比赛，其队员始终在主动地做出动作，而非被动地做出反应。不过，即使采取最偏向于进攻的战术，球队也不可能整场比赛都贯彻执行这种比赛方式。但这种场上比赛方式能给对方施加很大的压力并且在接近球门时更多地赢得球权，也能帮助球队更快地进球。除此之外，它还能让对方远离己方球门，因为在这种情况下对方很难组织起有条理的进攻。

偶然事件和定位球

在几乎一半的进球中，偶然事件都扮演着某种角色：一次假动作射门、一次未鸣哨的越位、一个弹地球、一次不成功的传球等。虽然有规划好的射门路径，但很多其他因素都会影响进球。这些因素包括足球的物理特性、周围环境（如天气状况）、场地条件、球员的表现和裁判的判罚。到处都有可能出现失误，导致进球。

因此，定位球就成了足球比赛中一个非常重要的部分。通过比赛暂停、合理站位以及在没有时间压力的情况下施展技术动作，罚球的球队可以更有计划地把握这些容易进球的机会。虽然防守的球队也是如此，但是他们却必须面对一个问题，那就是球可能会到任何一个容易发生偶然事件的区域，而这些偶然事件通常会导致进球。因此，日常训练中必须加入定位球的训练，让队员能够找到最合理的站位和跑位方法——这些必须以训练和经验为前提。一次次的重复训练自然能够提高定位球的成功率，而不同的队员也将在这个过程中逐渐成为执行某项任务的专家。

非职业教练

一个人在战斗

如今足球比赛变得越来越复杂，对教练的要求和期望也随之变得越来越高。职业球队中球队经理、理疗师、心理专家、领队、比赛监督员和组织者等人的工作以及其他的日常工作都是每一位非职业教练日常要承担的。

在职业俱乐部中分别由不同人员承担的工作在非职业足球队中通常都会落在教练一个人的肩上。这样的分工通常有两个明显的缺点：首先，所有不能正常进行的事务都会归咎于教练，因为他需要对所有的事情负责；其次，很多领域的工作根本就无法开展，因为没有其他人会去做这些事情。这样一来，教练就缺乏时间和精力去完成他真正的任务——训练球队和提高队员水平。如果教练能取得比较好的成绩，就不会有人质疑他的工作；如是未能取得成功，教练本人和他做的所有工作都会受到质疑。

运动心理

足球是人在踢，而人不是机器。因此，在足球比赛中，除了纯粹的竞技因素，队员心理也会对比赛产生影响。基于此，每位教练都需要掌握一定的心理学知识。心理学能够描述和解释人们的行为、生命不同发展阶段人格的变化以及所有对人的变化产生重大影响的内部因素、外部因素和条件。对教练来说，最重要的当然是队员的场上表现，但是队员在场外尤其是在球队内部的行为和表现也非常重要。教练需要对这些进行准确的观察，并在需要的时候进行有针对性的调整。

对教练来说，最重要的就是与队员的沟通以及在比赛过程中对场上和场下队员、参与比赛的队员和未参与比赛队员的微妙情绪的处理。开放而真诚地交流，对一些看似非常自然的决定进行解释，面临训练和人际关系方面的困境时不逃避，这些都是一名优秀教练的能力的体现，对球队的整体氛围有着非常积极的影响。

在很多情况下，究竟是自己寻根究底还是先向外界的专家咨询，然后自己跟进和解决与心理相关的情况和问题，需要由教练自己决定。

如何使用本书

训练目标的系统和分类

后面的跨页用图表的形式展示了本书中各章和各章中的小节，并将每个练习的序号标注在后面，这样能够让教练以思维导图的方式记住这些练习。该图表展示了练习的主要组成部分，能够避免训练过于片面和对一些重要部分重视程度不够。教练看完一遍图，脑中就能浮现出关于练习和训练目标的整体系统和相关分类，并根据希望达到的效果来制订训练目标，选择对应的练习。

这对教练将有很大的帮助，并能使训练计划的制订变得非常轻松。如此一来，每位教练不用花费太多的时间就能带领队员进行多样而又有针对性的训练。

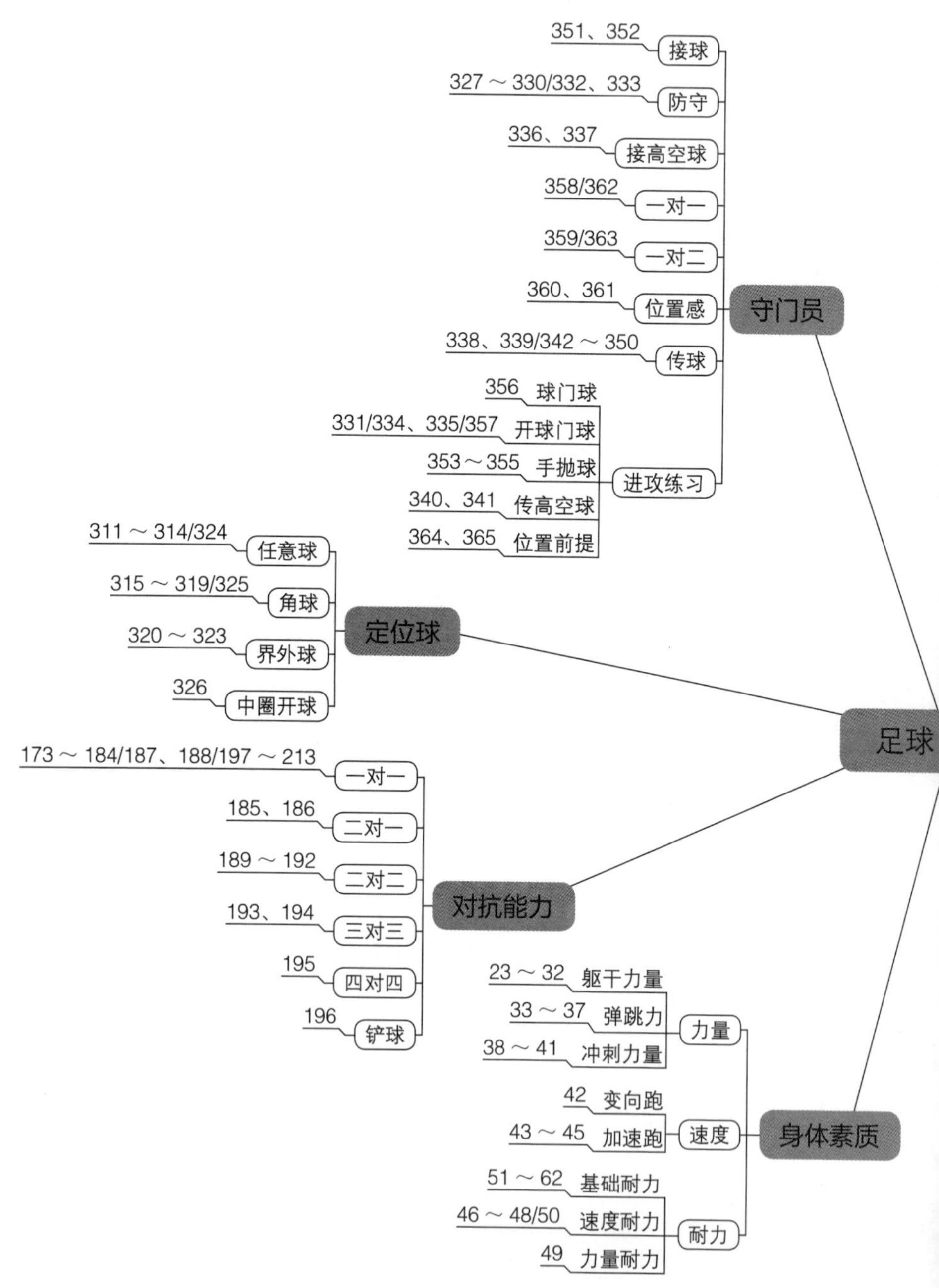
足球
守门员
接球
351、352
防守
327～330/332、333
接高空球
336、337
一对一
358/362
一对二
359/363
位置感
360、361
传球
338、339/342～350
进攻练习
球门球
356
开球门球
331/334、335/357
手抛球
353～355
传高空球
340、341
位置前提
364、365
定位球
任意球
311～314/324
角球
315～319/325
界外球
320～323
中圈开球
326
对抗能力
一对一
173～184/187、188/197～213
二对一
185、186
二对二
189～192
三对三
193、194
四对四
195
铲球
196
身体素质
力量
躯干力量
23～32
弹跳力
33～37
冲刺力量
38～41
速度
变向跑
42
加速跑
43～45
耐力
基础耐力
51～62
速度耐力
46～48/50
力量耐力
49

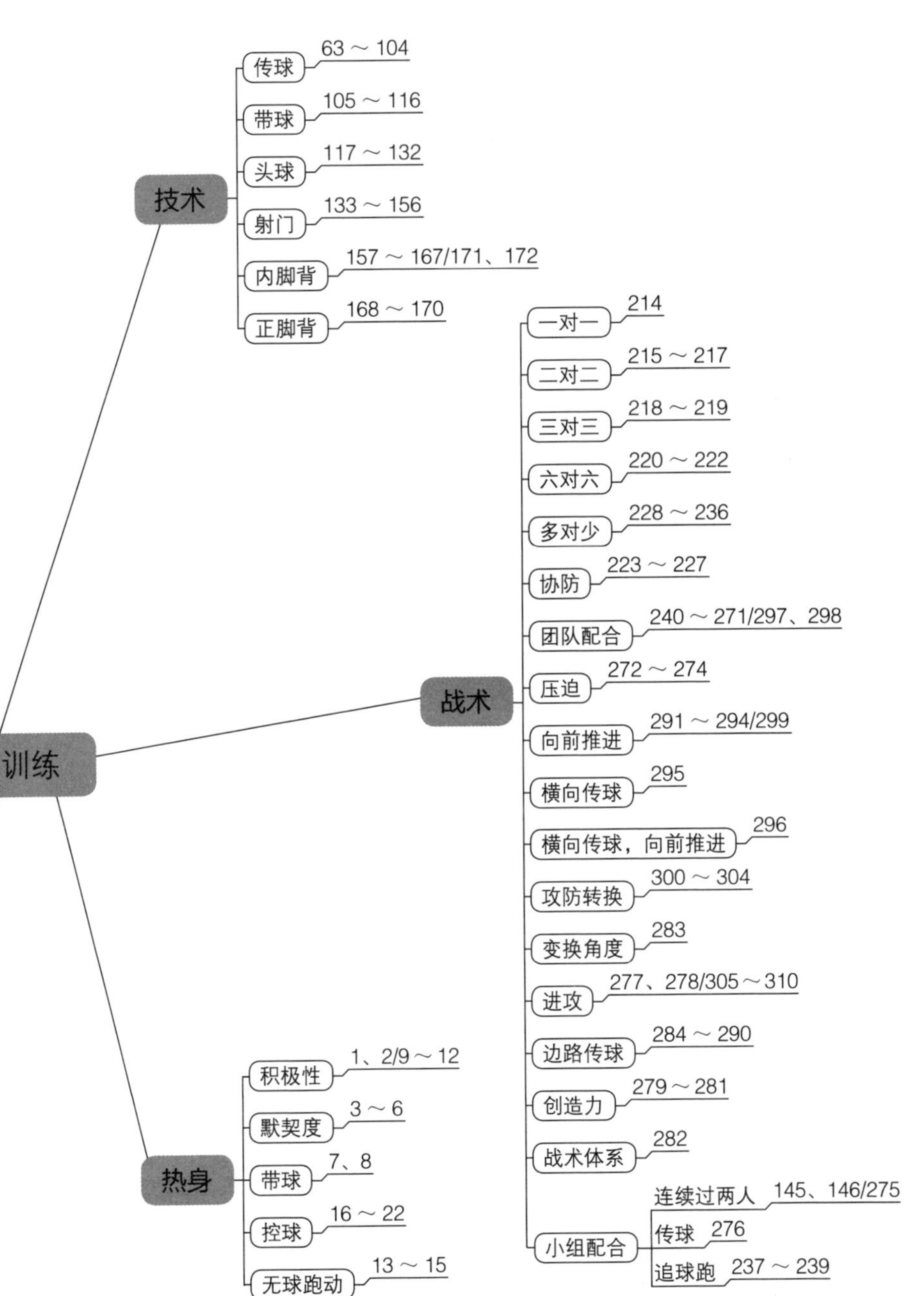

训练
技术
传球 63～104
带球 105～116
头球 117～132
射门 133～156
内脚背 157～167/171、172
正脚背 168～170
战术
一对一 214
二对二 215～217
三对三 218～219
六对六 220～222
多对少 228～236
协防 223～227
团队配合 240～271/297、298
压迫 272～274
向前推进 291～294/299
横向传球 295
横向传球，向前推进 296
攻防转换 300～304
变换角度 283
进攻 277、278/305～310
边路传球 284～290
创造力 279～281
战术体系 282
小组配合
连续过两人 145、146/275
传球 276
追球跑 237～239
热身
积极性 1、2/9～12
默契度 3～6
带球 7、8
控球 16～22
无球跑动 13～15

使用导航

练习部分的序号有助于教练快速查找，并帮助教练有针对性和高效地制订训练计划。每位教练都可以用这种方式制订自己的训练计划，并根据训练目标的变化安排训练单元。

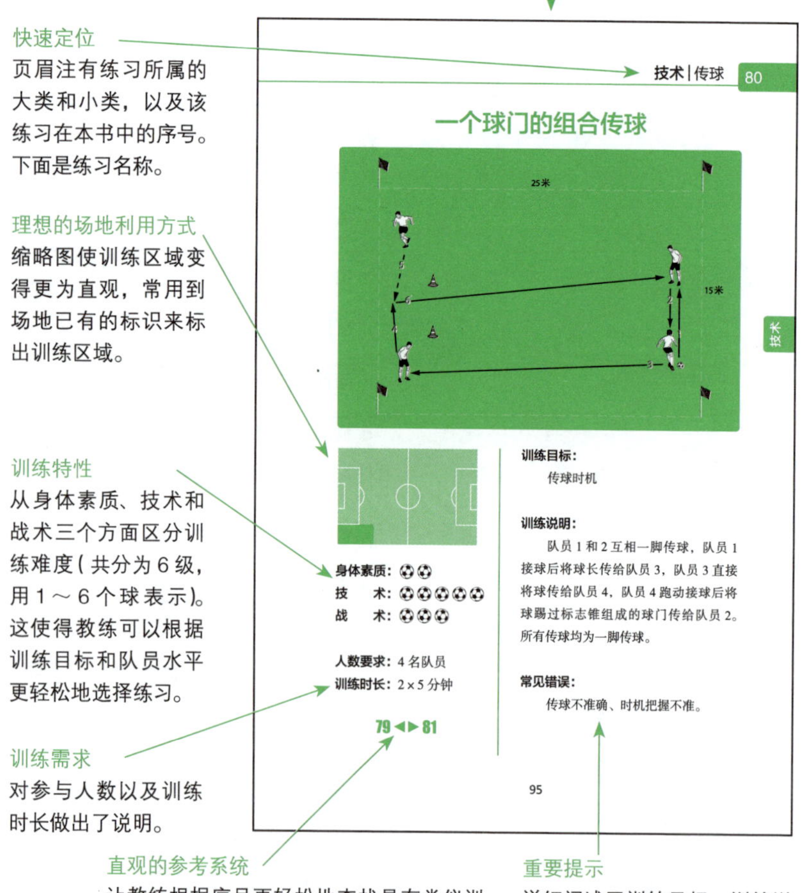

热　身

热身，尤其是拉伸活动，虽然在理论中经常被提起，但是在实际的训练和比赛中却经常被忽视。很多教练都未能很好地利用热身活动，因为训练的时间实在有限，他们不可能再安排一些单调的练习（如跑步）。跑步虽然能够激活心肺系统，但在提高队员的注意力、队员对练习的理解以及训练动力这些方面却没有太积极的作用。很多情况下教练和队员甚至完全没有动力进行这种形式的热身。

本书中的热身方式则可以让队员在思想上和身体上很快地兴奋起来，同时也能带给队员更多的动力和乐趣。训练量由教练掌握，需要在热身阶段逐步增加。此外，本书中的热身练习还能够培养队员对比赛节奏的感觉，即能够感受和区分较快和较慢的比赛速度。

隧道球

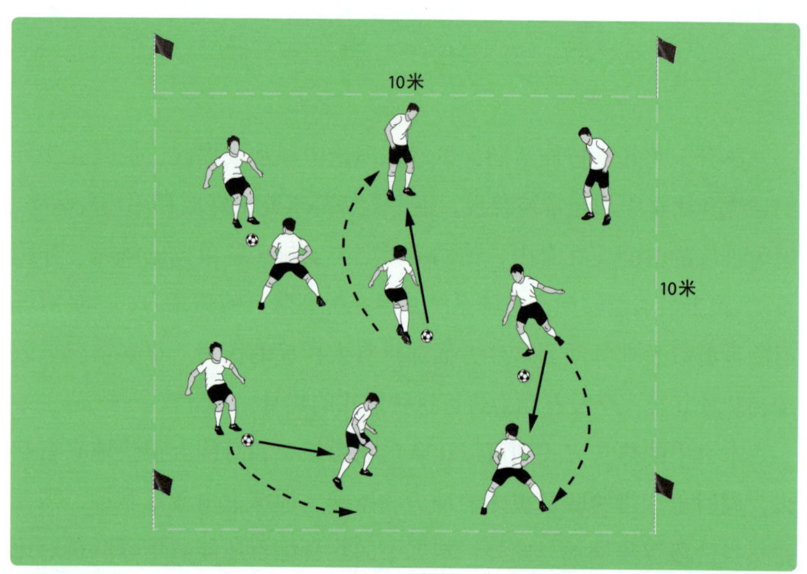

训练目标：

带球、方向感

训练说明：

一半队员叉开双腿站在训练区域内，另一半队员带球，在一定的时间内使球穿过尽可能多的“隧道”（站立的队员两腿之间的空隙）。到时间后队员互换角色和任务。

常见错误：

站立形成“隧道”的队员距离过近或者在训练中移动位置。

身体素质： ⚽⚽

技　　术： ⚽⚽

战　　术： ⚽

人数要求： 所有队员

训练时长： 4×1 分钟

113 ◀ ▶ 3

撕布条

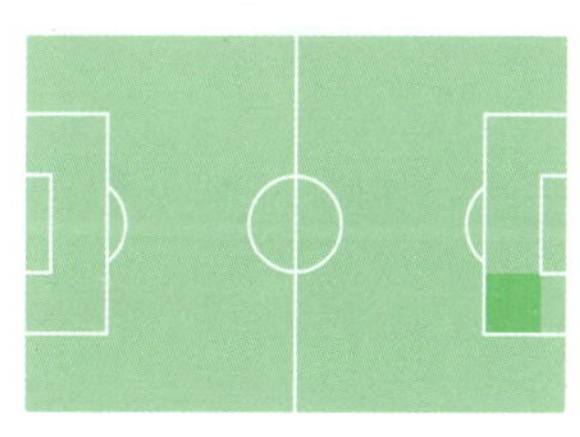

身体素质： ⚽⚽⚽
技　　术： ⚽⚽
战　　术： ⚽⚽

人数要求： 所有队员
训练时长： 6×30 秒

1◀▶7

训练目标：

反应能力

训练说明：

一半队员在后腰掖一块布（布有一部分露在外面），另一半队员则要抢走布。有布队员身上的布都被抢走后，双方互换角色继续练习。

常见错误：

开始练习时过于兴奋。

听喊声传接低平球

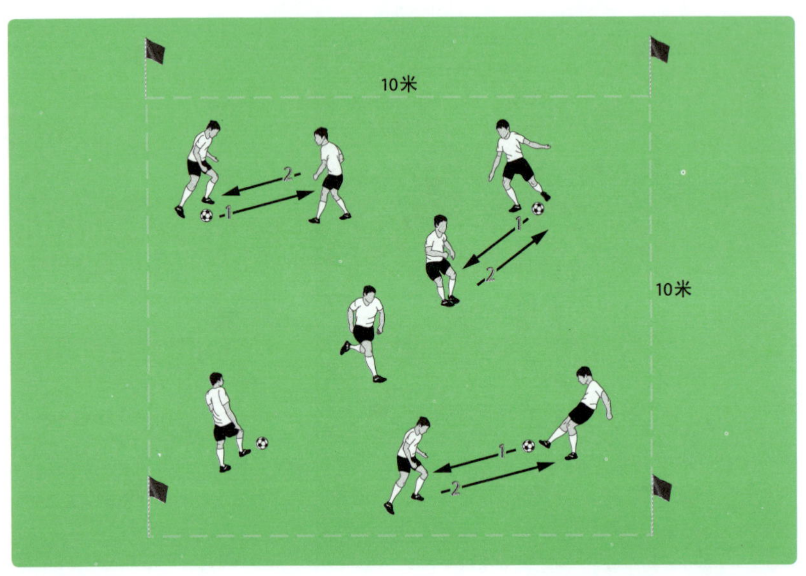

训练目标：

方向感、沟通能力

训练说明：

所有队员站在训练区域内，每两名队员为一组，每组一名队员持球。无球队员在训练区域内无球跑动，有球队员喊出无球队员的名字后向其传低平球（短传），无球队员必须立即将球传给传球者。然后，双方互换任务。

常见错误：

喊声不够清晰、跑动中传球过于拖沓、传球线路过长。

身体素质： ⚽⚽

技　　术： ⚽⚽⚽

战　　术： ⚽

人数要求： 所有队员

训练时长： 3×1 分钟

1◀▶4

听喊声顶球

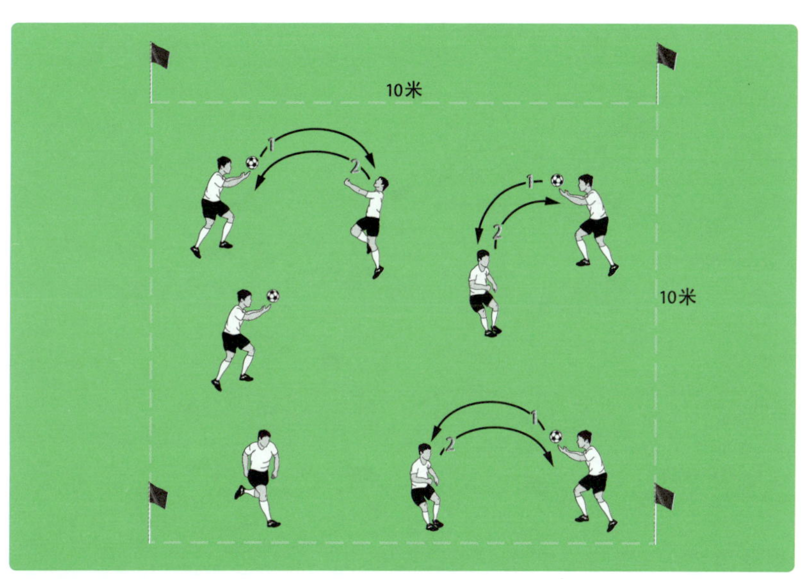

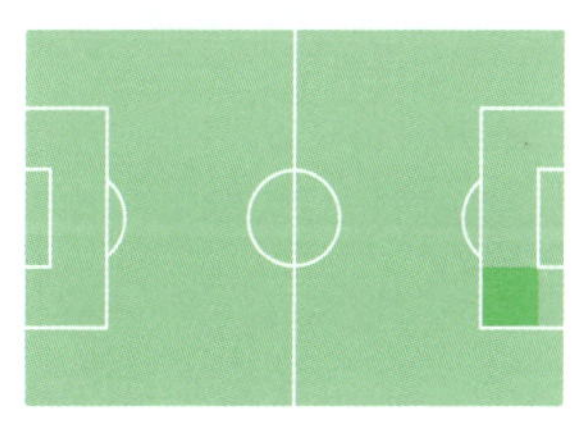

身体素质： ⚽⚽
技　　术： ⚽⚽⚽
战　　术： ⚽

人数要求： 所有队员
训练时长： 3×1 分钟

3 ◀ ▶ 5

训练目标：

头球的时机选择、方向感、沟通能力

训练说明：

所有队员站在训练区域内，每两名队员为一组，每组一名队员持球。无球队员在训练区域内无球跑动，有球队员喊出无球队员的名字后向其抛高空球，无球队员必须立即用头将球顶给传球者。然后，双方互换任务。

常见错误：

喊声过于频繁。

听喊声传接球

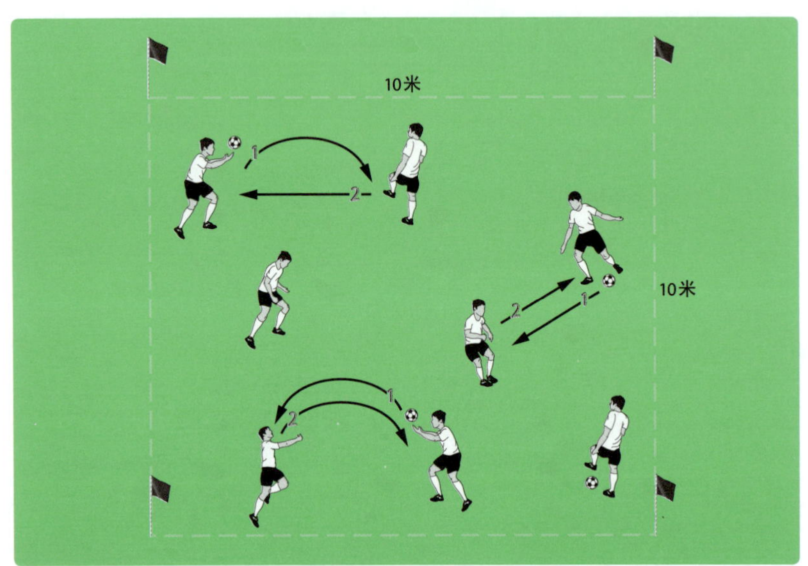

训练目标：

传接球能力、方向感、沟通能力、调整能力

训练说明：

所有队员站在训练区域内，每两名队员为一组，每组一名队员持球。无球队员在训练区域内无球跑动，有球队员在喊出无球队员的名字后向其传低平球或者抛高空球，无球队员必须用身体某一部位直接将球传回给传球者。

常见错误：

喊声过于集中、传球过于拖沓。

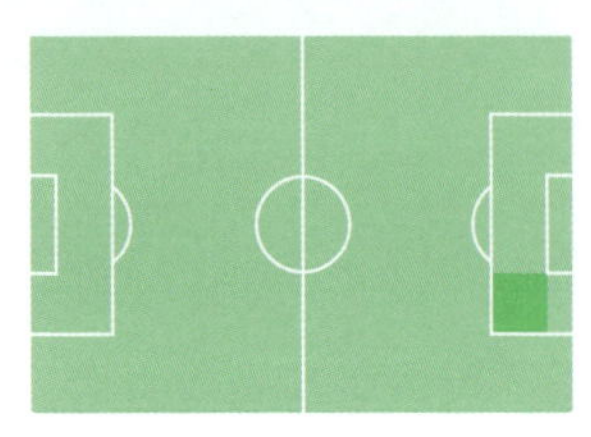

身体素质： ⚽⚽

技　　术： ⚽⚽⚽

战　　术： ⚽

人数要求： 所有队员

训练时长： 3 × 1 分钟

4 ◀ ▶ 6

听喊声接球调整后传回

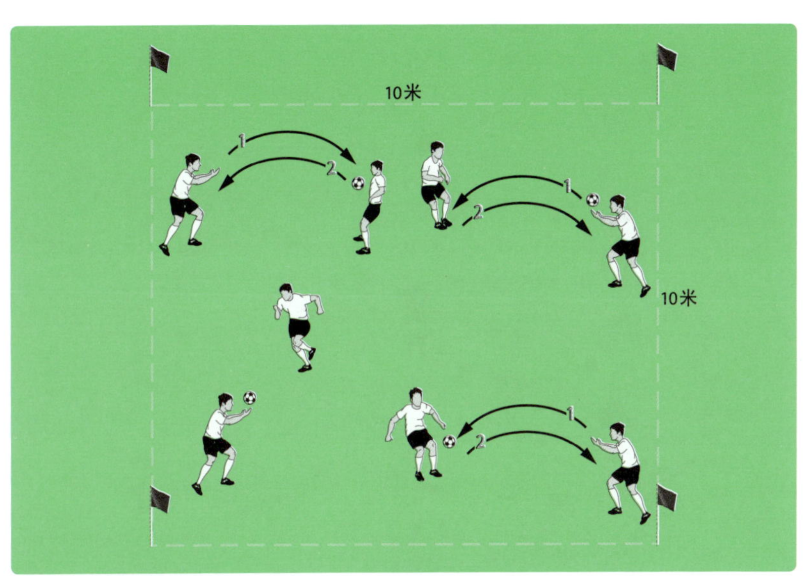

身体素质： ⚽⚽

技　　术： ⚽⚽⚽

战　　术： ⚽

人数要求： 所有队员

训练时长： 3×1 分钟

5 ◀ ▶ 16

训练目标：

传接球能力、方向感、沟通能力、调整能力

训练说明：

所有队员站在训练区域内，每两名队员为一组，每组一名队员持球。无球队员在训练区域内无球跑动，有球队员在喊出无球队员的名字后向其传低平球或者抛高空球，无球队员在触球两次后将球传给传球者。

常见错误：

传球过于拖沓、处理球的能力太差。

按要求带球

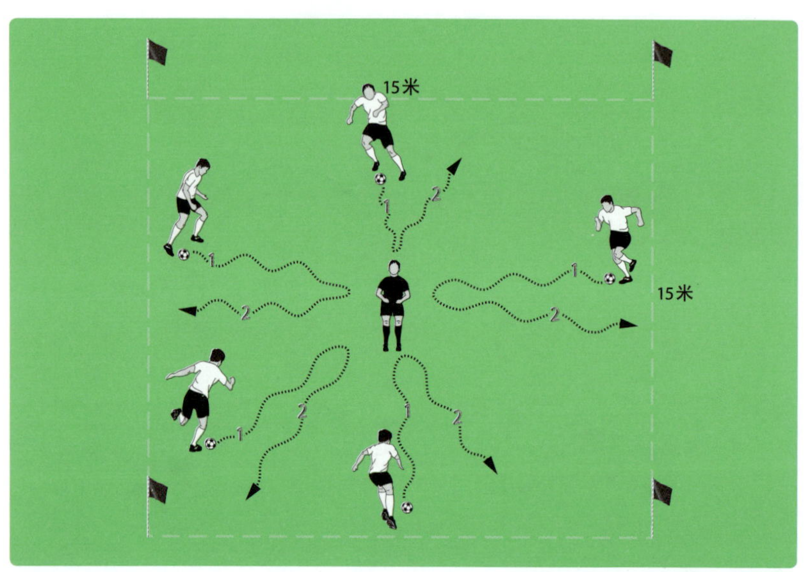

训练目标：

带球、方向感

训练说明：

教练站在训练区域中间，队员按照教练要求（内侧、外侧、左侧、右侧等）带球。听到指令后所有队员在互不干扰的情况下加速沿虚线带球。

常见错误：

带球能力差。

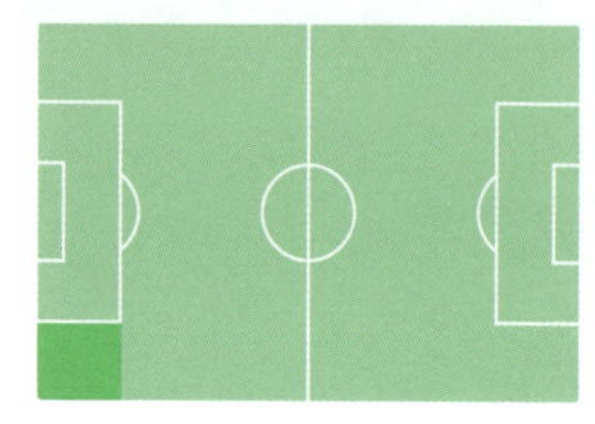

身体素质： ⚽⚽⚽

技　　术： ⚽⚽⚽

战　　术： ⚽

人数要求： 所有队员

训练时长： 6～8分钟

区域带球

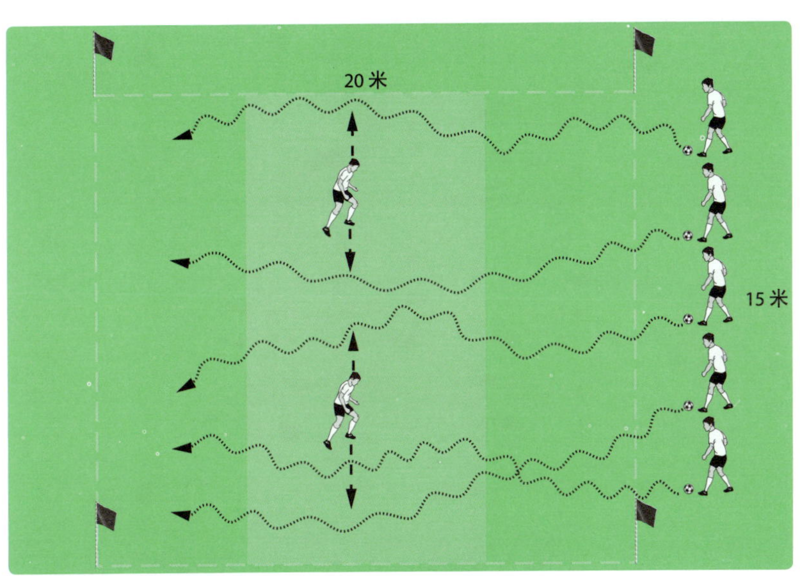

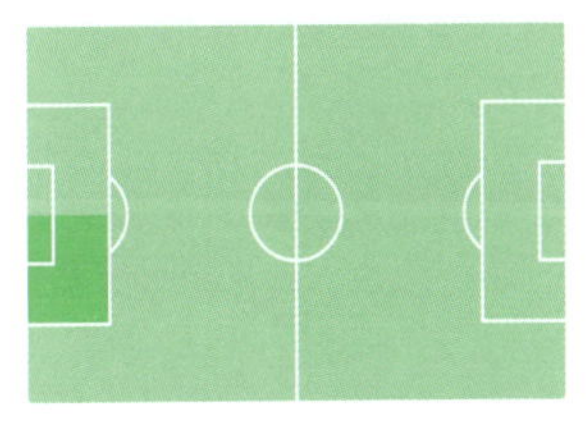

身体素质： ⚽⚽
技　　术： ⚽⚽⚽⚽
战　　术： ⚽⚽

人数要求： 所有队员
训练时长： 5 分钟

7◀▶9

训练目标：

带球、方向感

训练说明：

训练区域的中间站一名或多名防守队员，其他队员听到指令后带球通过。

常见错误：

带球速度过慢、方向感差。

足球猎人 I

训练目标：

带球、方向感

训练说明：

多名队员一人一球在训练区域内（如中圈）带球，一名或多名无球队员（猎人）将有球队员脚下的足球踢出训练区域，直到最后仅剩一名队员持球，他就是游戏的胜利者。有球队员一旦丢球，就应当立即离开训练区域。

常见错误：

训练区域过大、抢球队员无法断球。

身体素质： ⚽⚽

技　　术： ⚽⚽

战　　术： ⚽

人数要求： 所有队员

训练时长： 5 分钟

2 ◀ ▶ 10

足球猎人 II

身体素质： ⚽⚽
技　　术： ⚽⚽
战　　术： ⚽

人数要求： 所有队员
训练时长： 5 分钟

9 ◀ ▶ 11

训练目标：

带球、方向感、角色转换

训练说明：

与前一练习相似，但有球队员丢球后并不离开训练区域，而立刻转变为“猎人”，直至所有足球都被踢出训练区域。

常见错误：

角色转换太慢。

足球猎人 Ⅲ

训练目标：

带球、方向感

训练说明：

与之前练习相似，但是在这一练习中队员要尝试断球后控制球权。

常见错误：

一对一对抗时间过长。

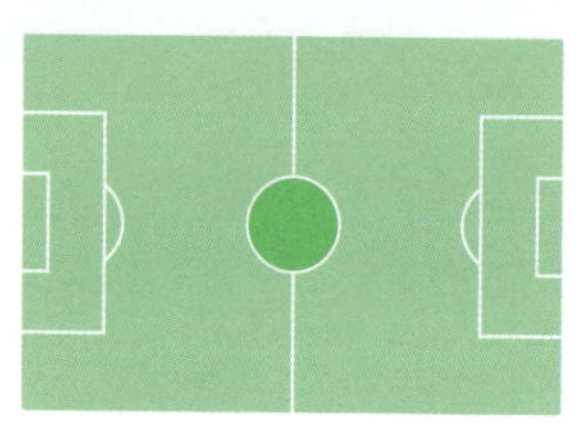

身体素质： ⚽⚽

技　　术： ⚽⚽

战　　术： ⚽

人数要求： 所有队员

训练时长： 5 分钟

10 ◀ ▶ 12

足球猎人Ⅳ

身体素质： ⚽⚽⚽

技　　术： ⚽⚽

战　　术： ⚽

人数要求： 所有队员

训练时长： 5 分钟

11 ◀ ▶ 174

训练目标：

带球、方向感、角色转换

训练说明：

与之前练习相似，不同的是丢球的队员要立即从断球队员脚下再抢回足球。如果未能抢回足球，则要抢其他队员脚下的足球。

常见错误：

角色转换太慢、抢球耗时过长。

无球门抛球练习

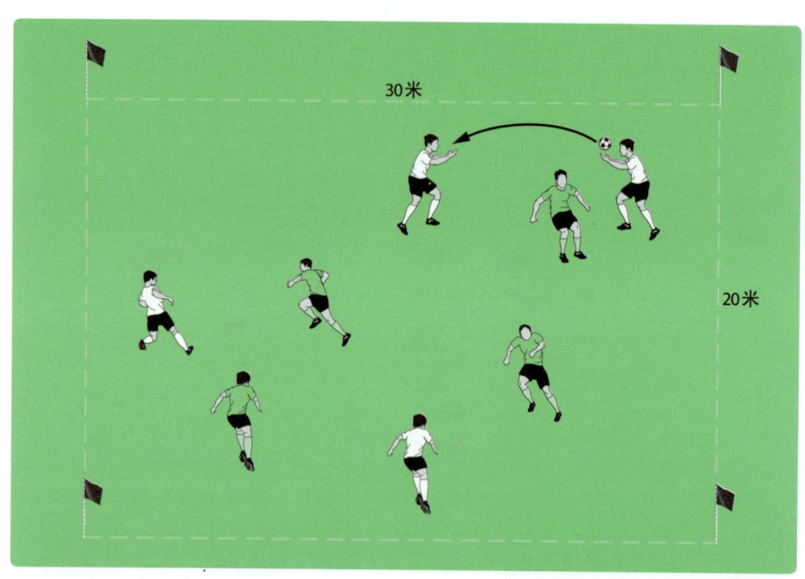

训练目标：

无球跑动

训练说明：

两组队员在没有球门的训练区域内进行抛球练习。其他队员不得接触持球队员，持球队员只能带球移动两步。抛球时球的高度不得超过头顶。

常见错误：

无球跑动过少。

身体素质： ⚽⚽⚽⚽

技　　术： ⚽⚽

战　　术： ⚽⚽⚽

人数要求： 2 组队员

训练时长： 10 分钟

3 ◀ ▶ 14

带得分区的抛球练习

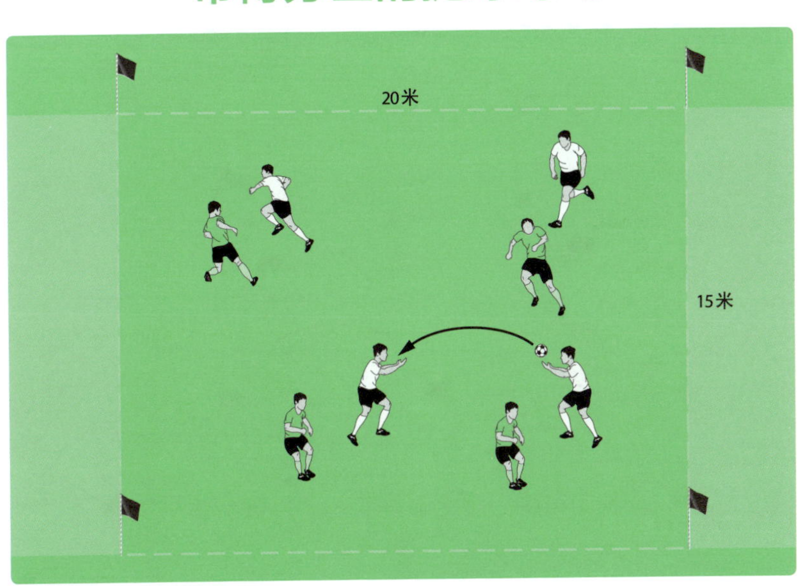

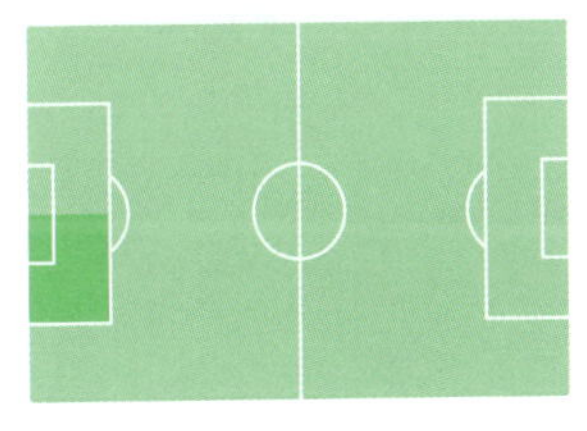

身体素质： ⚽⚽⚽⚽

技　　术： ⚽⚽

战　　术： ⚽⚽⚽⚽

人数要求： 2组队员

训练时长： 10分钟

13 ◀ ▶ 15

训练目标：

无球跑动

训练说明：

两组队员在没有球门的训练区域内进行抛球练习。其他队员不得接触持球队员，持球队员只能带球移动两步。抛球时球的高度不得超过头顶。将球传给处于得分区的本组队员即可得分。

常见错误：

无球跑动过少。

带得分区和越位规定的抛球练习

训练目标：

无球跑动

训练说明：

两组队员在没有球门的训练区域内进行抛球练习。其他队员不得接触持球队员，持球队员只能带球移动两步。抛球时球的高度不得超过头顶。将球传到处在得分区的本组队员手中就算得分，但是传接球时不能越位。

常见错误：

跑动线路和时机错误。

身体素质： ⚽⚽⚽⚽

技　　术： ⚽⚽

战　　术： ⚽⚽⚽⚽⚽

人数要求： 2 组队员

训练时长： 10 分钟

14 ◀ ▶ 244

杂耍颠球

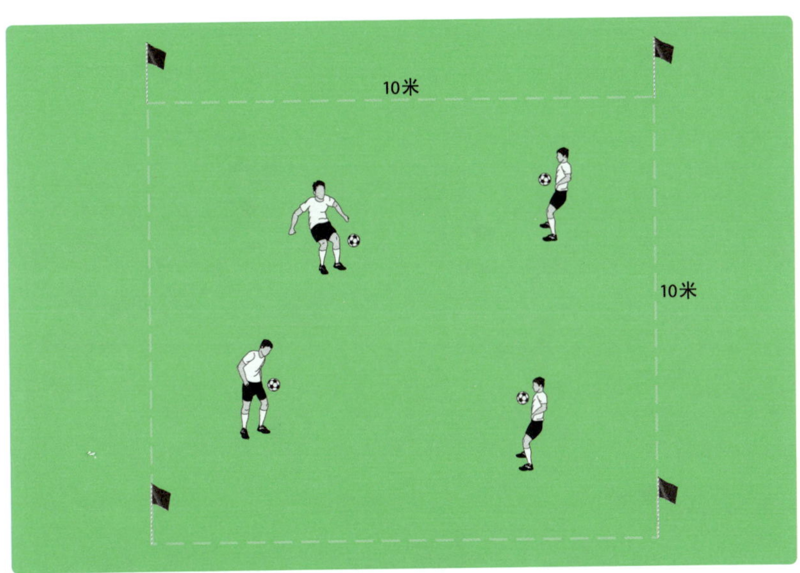

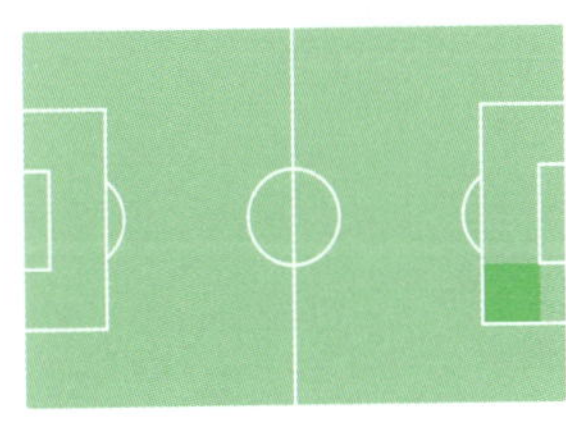

身体素质： ⚽⚽

技　　术： ⚽⚽⚽⚽

战　　术： ⚽

人数要求： 所有队员

训练时长： 5 分钟

6 ◀▶ 17

训练目标：

球感

训练说明：

每名队员都要用脚的各个部位以各种方式颠球。

常见错误：

缺乏球感。

按规定颠球

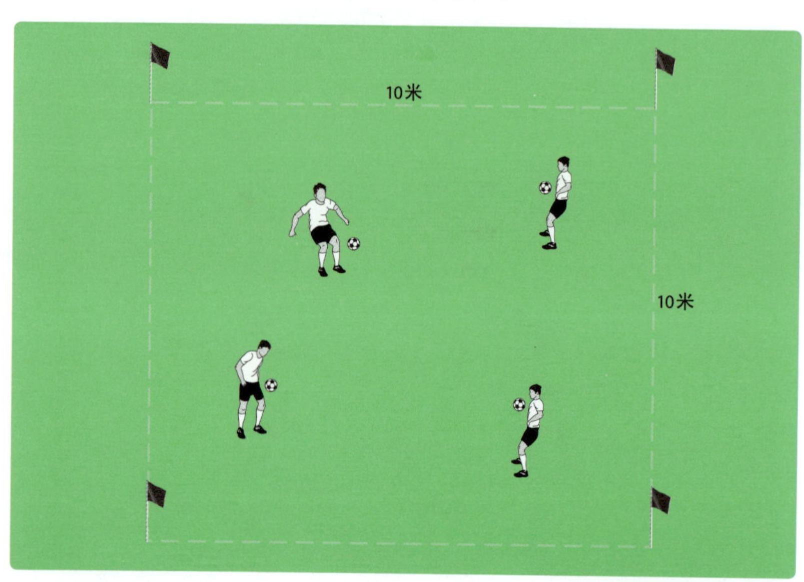

训练目标：

球感

训练说明：

每名队员都要按要求（如从右至左）变换方向颠球。

常见错误：

缺乏球感。

身体素质： ⚽⚽

技　　术： ⚽⚽⚽⚽⚽

战　　术： ⚽

人数要求： 所有队员

训练时长： 5 分钟

16 ◀ ▶ 18

与队友用头传接高空球

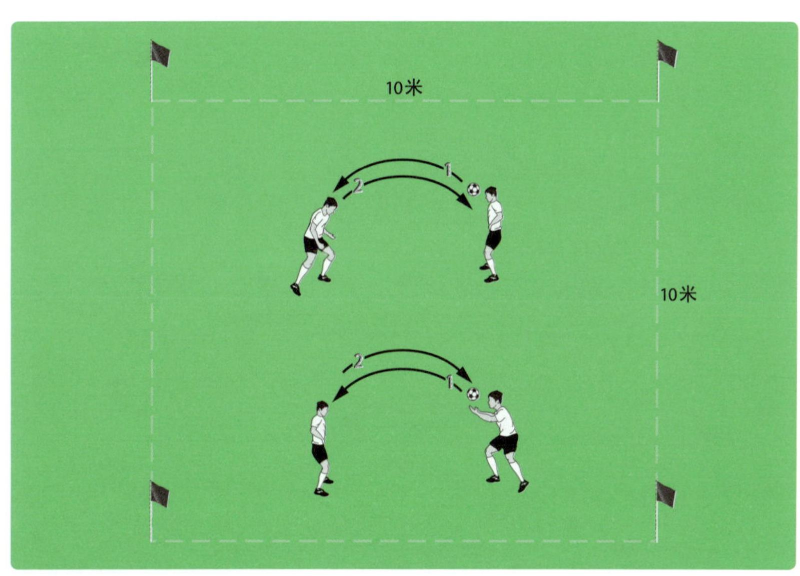

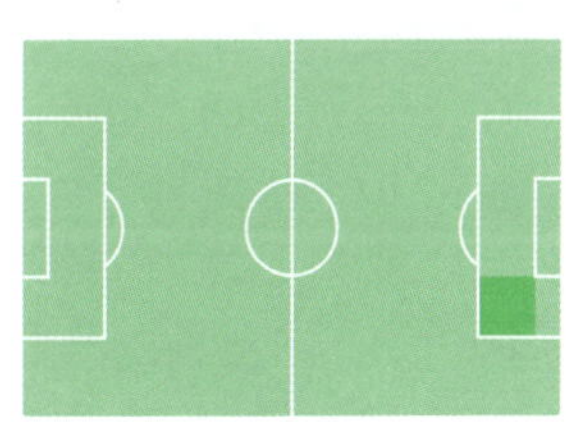

身体素质： ⚽⚽

技　　术： ⚽⚽⚽

战　　术： ⚽

人数要求： 2 名队员

训练时长： 5 分钟

17 ◀ ▶ 19

训练目标：

球感

训练说明：

两名队员在不停顿的情况下互相用头传球。

常见错误：

头球水平差。

与队友按规定传接高空球 I

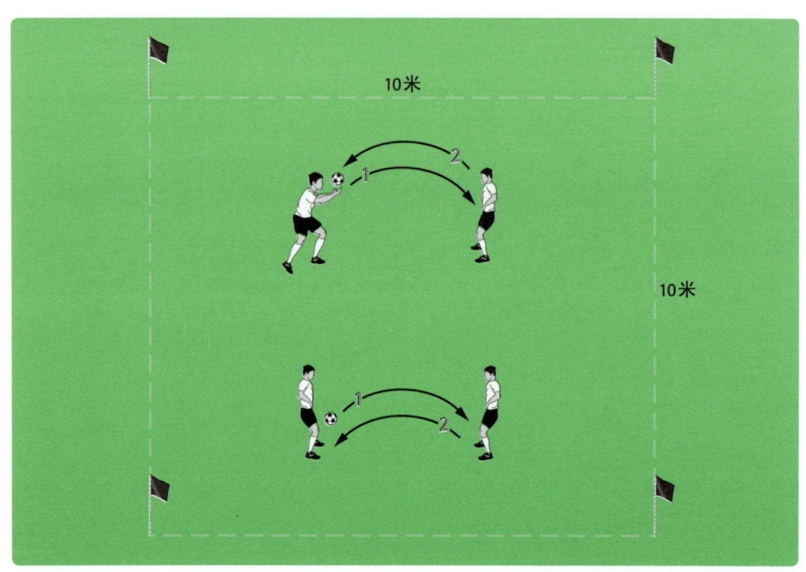

训练目标：

球感

训练说明：

两名队员互相传接高空球，每名队员每次必须触球两次。

常见错误：

球感太差。

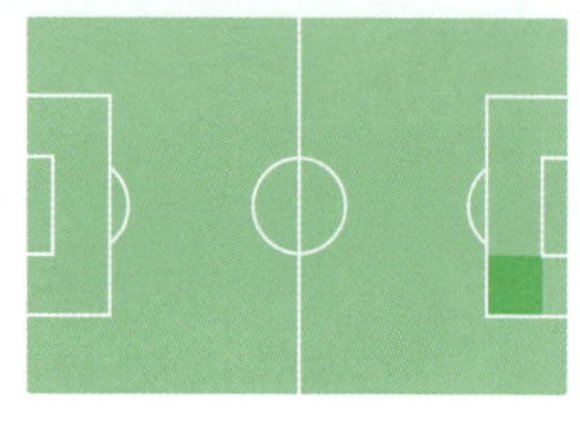

身体素质： ⚽⚽

技　　术： ⚽⚽⚽⚽

战　　术： ⚽

人数要求： 2 名队员

训练时长： 5 分钟

18 ◀ ▶ 20

与队友按规定传接高空球 II

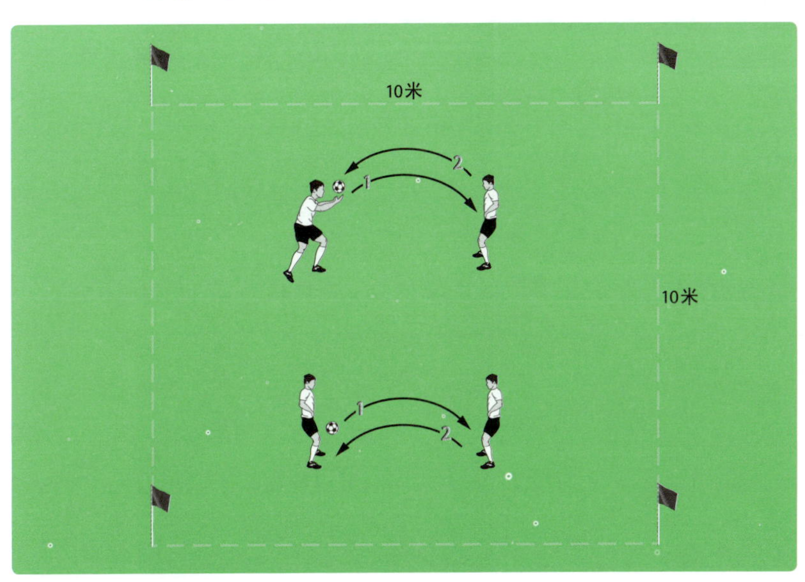

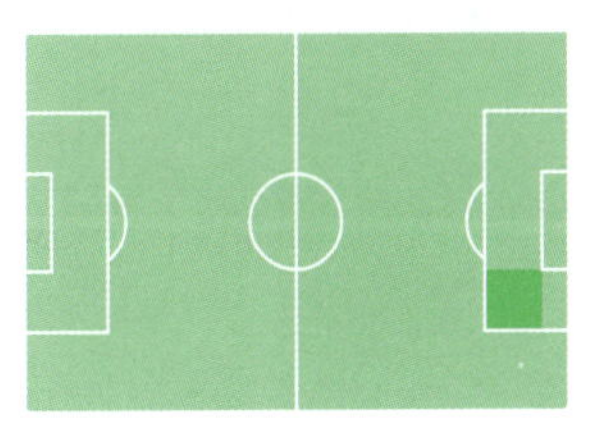

身体素质：⚽⚽

技　　术：⚽⚽⚽⚽⚽

战　　术：⚽

人数要求：2 名队员

训练时长：5 分钟

19 ◀ ▶ 21

训练目标：

球感

训练说明：

两名队员互相传接高空球，每名队员每次可按要求（比如用头、两脚、左脚或右脚）触球两次。

常见错误：

球感太差。

三人小组传接高空球

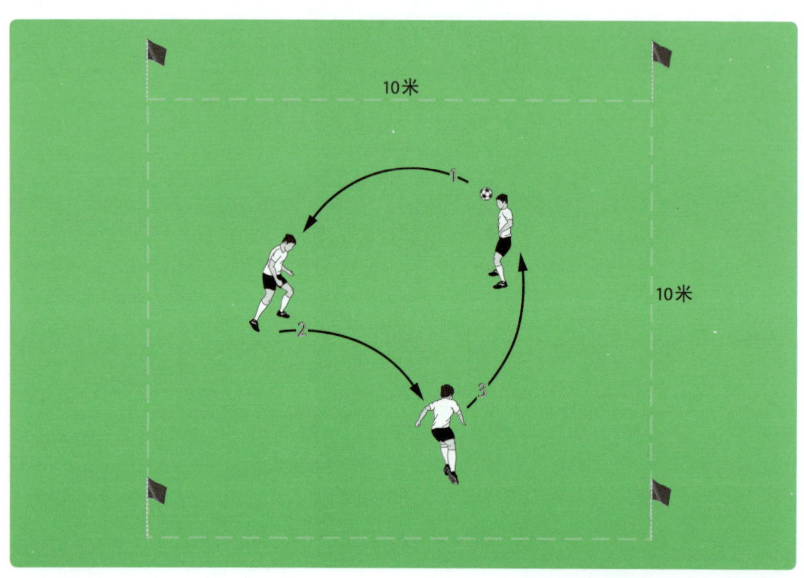

训练目标：

球感

训练说明：

三人在不停顿的情况下互相传接高空球。

常见错误：

球感太差。

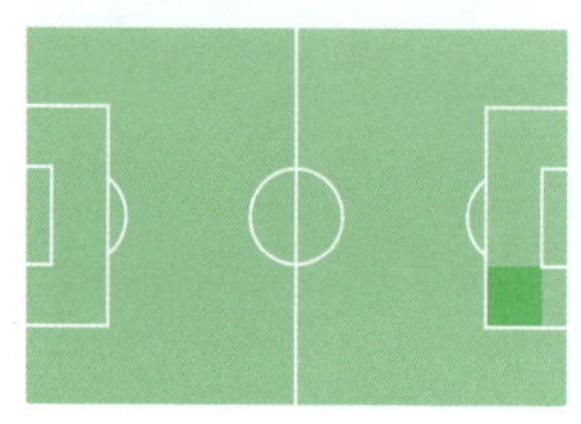

身体素质： ⚽⚽

技　　术： ⚽⚽⚽⚽⚽

战　　术： ⚽

人数要求： 3 名队员

训练时长： 5 分钟

20 ◀ ▶ 22

三人小组按规定传接高空球

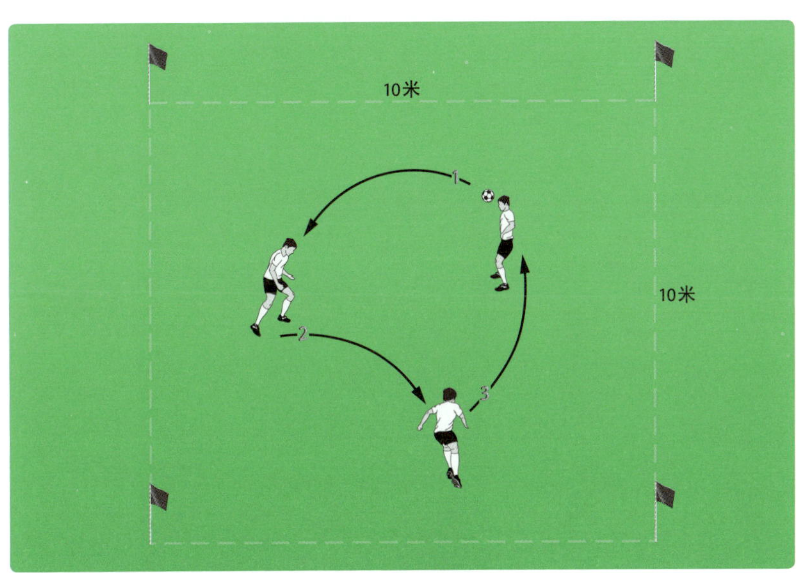

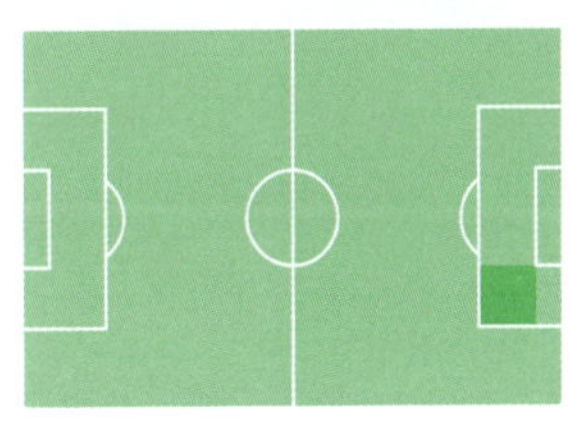

身体素质： ⚽⚽
技　　术： ⚽⚽⚽⚽⚽⚽
战　　术： ⚽

人数要求： 3 名队员
训练时长： 5 分钟

21◀▶155

训练目标：

球感

训练说明：

三人互相传接高空球，每名队员每次必须触球两次。

常见错误：

球感太差。

身体素质

身体素质是队员发挥技战术的基础，尤其是随着比赛时间的推移，队员因为身体原因导致失误的概率也会增大，这时身体素质就成为比赛的制约因素。不同级别的比赛对队员的身体素质要求不同，但在较高级别的非职业比赛中如果队员的身体素质太差，其他方面的能力再强也难以弥补。

进行耐力训练时，教练一定要根据队员的个人情况调整训练强度，但这一点在非职业训练中实现起来却有一定的难度。进行技战术训练时也是如此，虽然队员的个体差异明显，但是在非职业训练中教练却很难有针对性地区别对待。不同的训练强度有不同的要求，因此在进行身体素质训练时也应当加入对抗元素，调动队员的积极性，让队员体会到比赛的乐趣。情绪和意志能够帮助队员释放力量、调动身体的能量，因此在安排训练时绝对不可忽视这两个因素。比赛级别越高，就越需要训练时根据队员的个人情况安排练习，以达到比赛要求、弥补不足。在赛季开始之时，这是一项基础工作。

训练场地和训练时长是由队员的人数、球队的竞技水平以及所处赛季阶段等因素决定的，并由教练掌控。

侧卧支撑

训练目标：

躯干力量

训练说明：

侧卧，以一侧的前臂和脚的外侧支撑身体，使身体呈一条直线。另一侧的胳膊先紧贴躯干，双腿并拢，然后将这一侧的胳膊和腿慢慢向上抬起。如此往复。

常见错误：

髋骨着地。

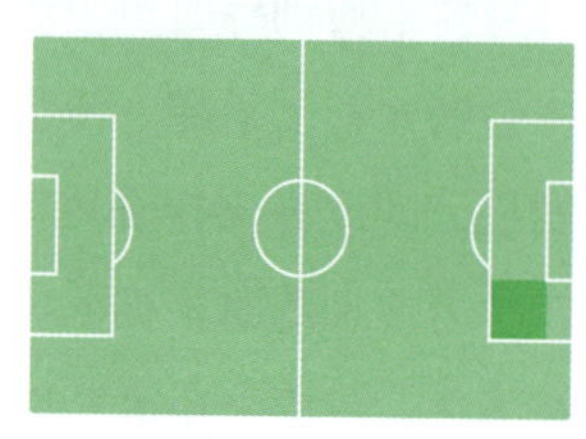

身体素质： ⚽⚽⚽⚽⚽

技　　术： ⚽

战　　术： ⚽

人数要求： 所有队员

训练次数： 3 × 20 次

31 ◀ ▶ 24

有球侧卧支撑

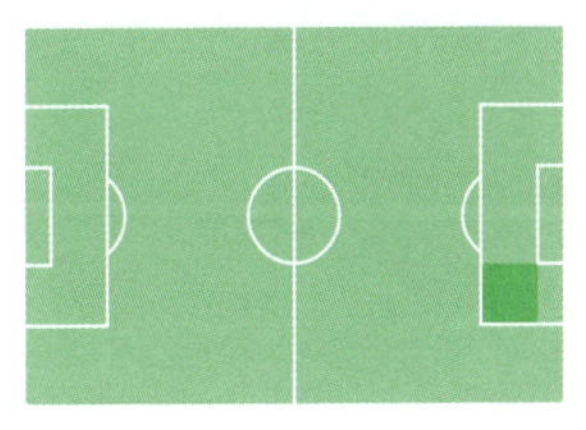

身体素质：⚽⚽⚽⚽⚽⚽
技　　术：⚽⚽
战　　术：⚽

人数要求：2 人一组
训练次数：3 × 15 次

23 ◀▶ 25

训练目标：

躯干力量

训练说明：

两人侧卧，以一侧的前臂和脚的外侧支撑身体，使身体呈一条直线。用另一侧的手推球，使球沿支撑身体的上臂外侧滚动，然后将球滚给队友。

常见错误：

髋骨着地。

侧卧支撑接力

训练目标：

躯干力量

训练说明：

两组队员分别侧卧排成一列，队员之间保持较小的距离。听到指令后所有队员高高抬起髋骨，在身体下方形成一条通道。队伍前方的队员将球从通道中滚给队伍后方的队员，该队员拿到球后跑到队伍前方。如此反复。

常见错误：

躯干力量不足、队员缺乏沟通。

身体素质： ⚽⚽⚽⚽⚽⚽

技　　术： ⚽⚽⚽

战　　术： ⚽

人数要求： 2 组队员

训练时长： 3 × 1 分钟

24 ◀ ▶ 26

双人对抗前臂俯卧撑

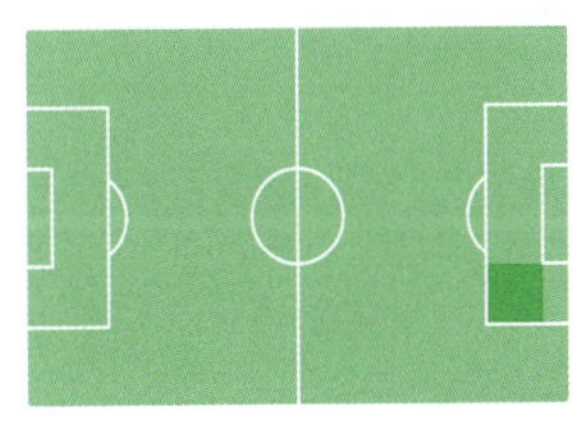

身体素质： ⚽⚽⚽⚽⚽

技　　术： ⚽⚽

战　　术： ⚽

人数要求： 2 人一组

训练时长： 5 × 30 秒

25 ◀ ▶ 27

训练目标：

躯干力量

训练说明：

两名队员用单只手臂的前臂支撑身体，用一只手不断拨开对方的支撑手臂，躯干先着地者失败。

常见错误：

躯干力量不足。

双人对抗俯卧撑

训练目标：

躯干力量

训练说明：

两名队员用单只手臂撑起身体，用一只手不断推对方的支撑手臂，躯干先着地者失败。

常见错误：

躯干力量不足。

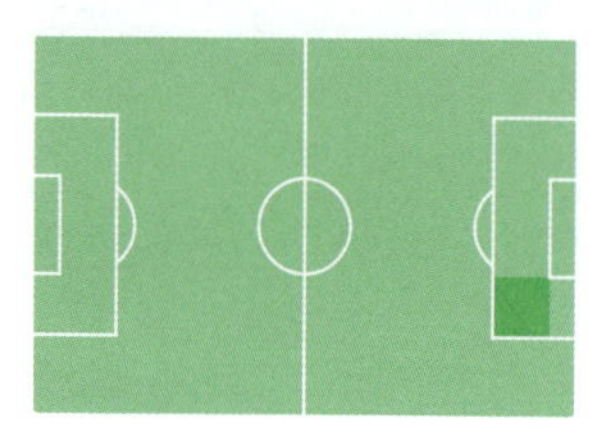

身体素质： ⚽⚽⚽⚽⚽⚽

技　　术： ⚽⚽

战　　术： ⚽

人数要求： 2 人一组

训练时长： 5 × 30 秒

26 ◀ ▶ 28

双人对抗冠军联赛

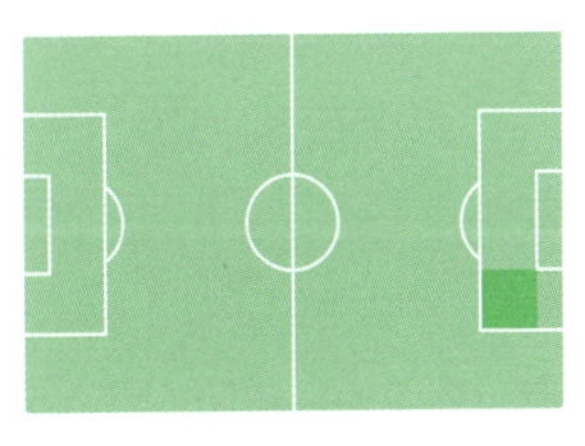

身体素质： ⚽⚽⚽⚽⚽⚽

技　　术： ⚽⚽

战　　术： ⚽

人数要求： 2 人一组

训练时长： 10 轮

27 ◀ ▶ 29

训练目标：

躯干力量

训练说明：

以冠军联赛的方式进行对抗。两名队员单臂支撑身体，膝盖微曲，用一只手不断推对方的支撑手臂，躯干先着地者失败。开始时所有队员根据对抗能力分组，胜者上升一个级别，负者下降一个级别。

常见错误：

躯干力量不足。

四肢着地滚实心球比赛

训练目标：

躯干力量、身体协调性

训练说明：

两组接力比赛，每组一名队员双脚和一只手着地，用另一只手带球绕过标志锥，然后将球交给本组下一名队员。

常见错误：

四肢和躯干力量不足、整体协调性差。

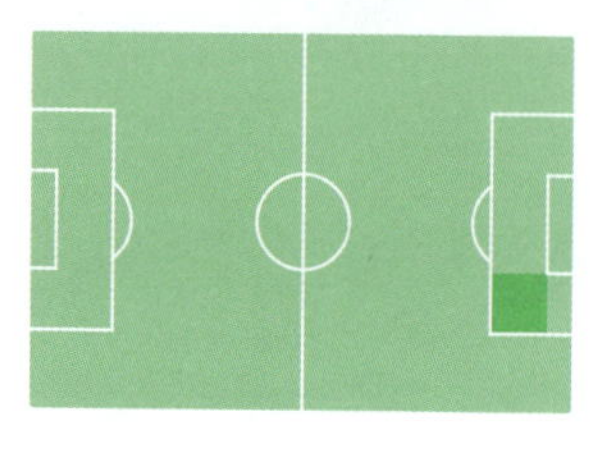

身体素质： ⚽⚽⚽⚽

技　　术： ⚽⚽

战　　术： ⚽

人数要求： 2 组队员

训练时长： 3×3 分钟

28 ◀ ▶ 30

四肢着地用脚带实心球比赛

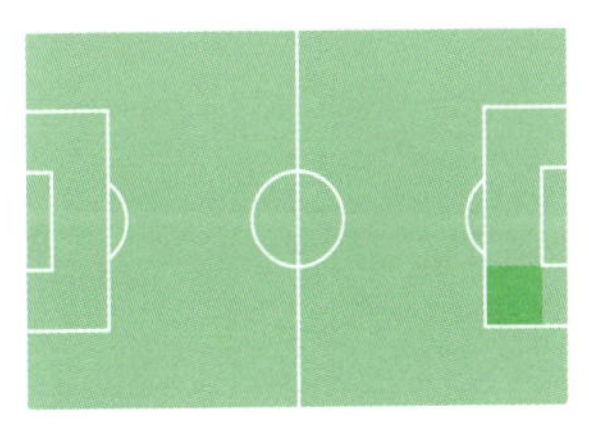

身体素质： ⚽⚽⚽⚽⚽
技　　术： ⚽⚽
战　　术： ⚽

人数要求： 2 组队员
训练时长： 3 × 3 分钟

29 ◀ ▶ 31

训练目标：

躯干力量

训练说明：

两组接力比赛，每组一名队员双手和双脚着地（腹部向上），用一只脚带球绕过标志锥，然后将球交给本组下一名队员。

常见错误：

躯干力量不足。

坐式足球

训练目标：

躯干力量

训练说明：

所有队员四肢着地踢球，臀部不得着地。

常见错误：

四肢和躯干力量不足。

身体素质： ⚽⚽⚽⚽⚽⚽

技　　术： ⚽⚽

战　　术： ⚽

人数要求： 2 组队员

训练时长： 3×3 分钟

30 ◀ ▶ 32

掷界外球接力

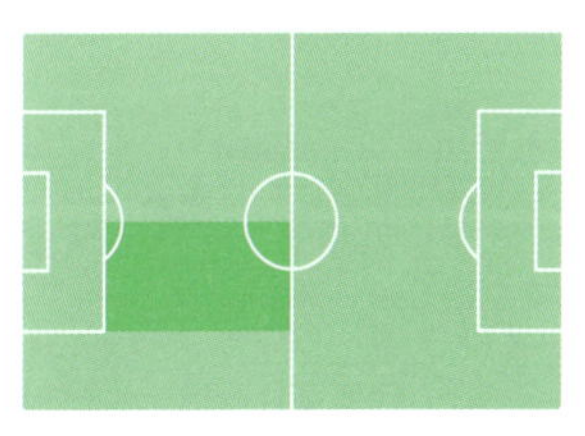

身体素质： ⚽⚽⚽⚽⚽⚽

技　　术： ⚽⚽⚽

战　　术： ⚽

人数要求： 2 组队员

训练时长： 3×3 分钟

31◀▶33

训练目标：

躯干力量和抛球力量

训练说明：

两组队员相对，保持一定距离，互相掷球给对方。

常见错误：

全身无法协调发力。

双腿跳跃

训练目标：

弹跳力

训练说明：

双手交叉背于身后，双腿向前跳 15 米，看谁的跳跃次数最少。

常见错误：

下蹲过深、躯干稳定性差。

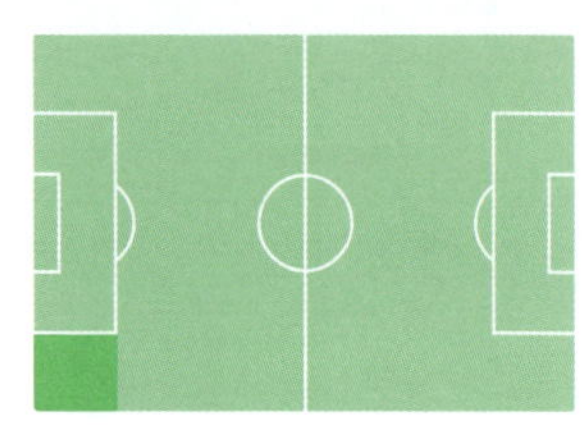

身体素质： ⚽⚽⚽⚽

技　　术： ⚽

战　　术： ⚽

人数要求： 所有队员

训练次数： 5 次

32 ◀ ▶ 34

箭步跳跃

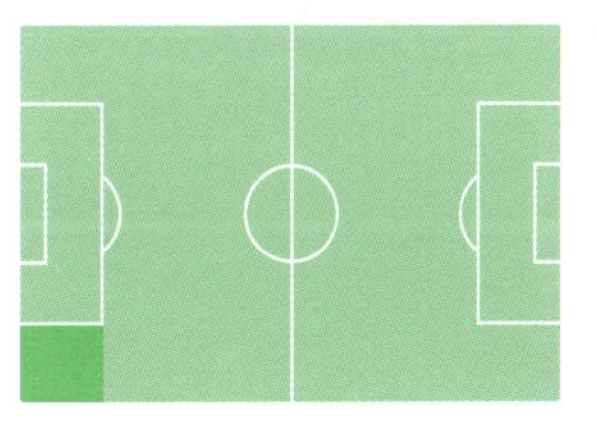

身体素质： ⚽⚽⚽⚽⚽
技　　术： ⚽
战　　术： ⚽

人数要求： 所有队员
训练次数： 5 次

33 ◀ ▶ 35

训练目标：

弹跳力

训练说明：

箭步跳跃 15 米，看谁的跳跃次数最少。跳跃时，膝盖需向前高高抬起。

常见错误：

膝盖力量不足、躯干稳定性差。

斜跳

训练目标：

弹跳力

训练说明：

斜跳 15 米。跳跃时，膝盖需向前高高抬起。

常见错误：

膝盖力量不足、躯干稳定性差。

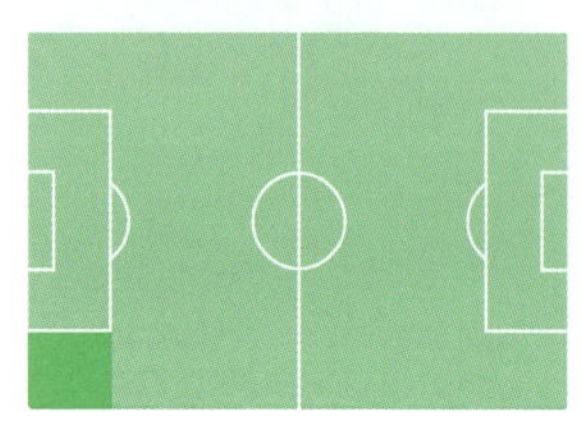

身体素质： ⚽⚽⚽⚽⚽

技　　术： ⚽

战　　术： ⚽

人数要求： 所有队员

训练次数： 5 次

34 ◀ ▶ 36

高抬腿跑

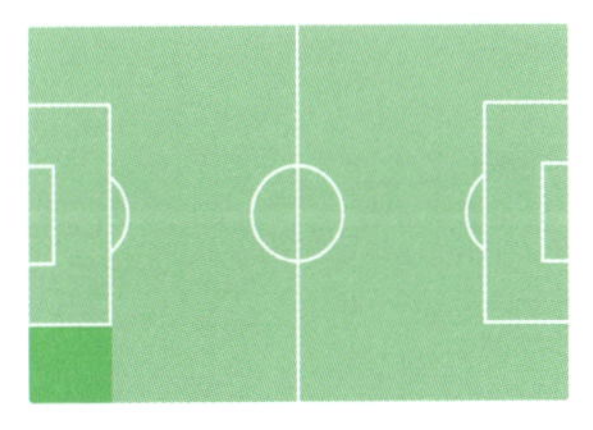

身体素质： ⚽⚽⚽⚽⚽

技　　术： ⚽

战　　术： ⚽

人数要求： 所有队员

训练次数： 5 次

34 ◀ ▶ 37

训练目标：

弹跳力

训练说明：

竖直高抬腿跑 15 米。跑步时，膝盖需向前高高抬起。

常见错误：

膝盖力量不足、躯干稳定性差。

深蹲跳跃

训练目标：

弹跳力

训练说明：

屈膝半蹲，然后竖直向上跳起。注意，下蹲时臀部不得低于膝盖。

常见错误：

下蹲过深、躯干力量不足。

身体素质： ⚽⚽⚽⚽⚽⚽

技　　术： ⚽

战　　术： ⚽

人数要求： 所有队员

训练次数： 3 × 10 次

36 ◀ ▶ 38

绕标志锥冲刺

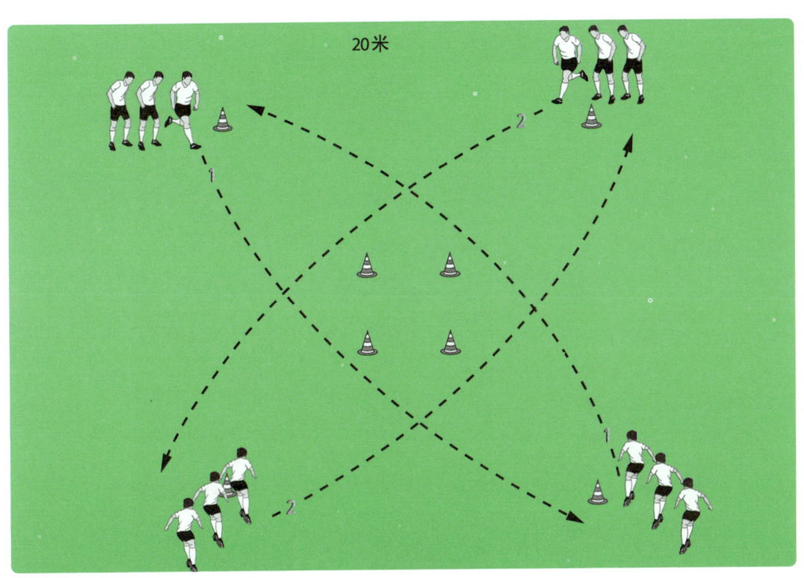

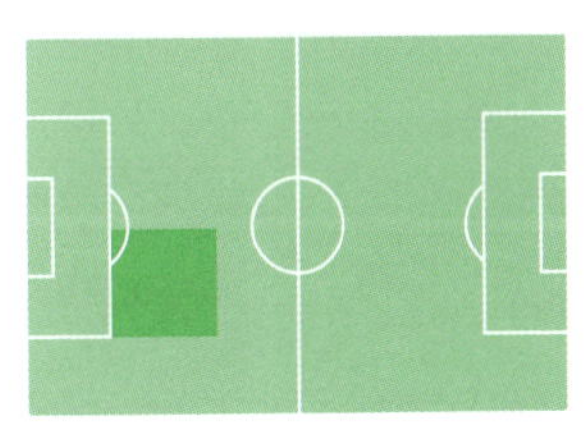

身体素质：⚽⚽⚽⚽

技　　术：⚽

战　　术：⚽

人数要求：4组队员

训练时长：3×1分钟

37 ◀ ▶ 39

训练目标：

冲刺能力和反应能力

训练说明：

四组队员站在正方形训练区域的四个角上，面向中间。训练区域中间用标志锥组成一个小正方形。听到指令后，每组一名队员以最快的速度冲刺到对角线的另一端。注意，队员需从标志锥右方绕过。

常见错误：

反应速度慢、注意力不集中。

变向冲刺

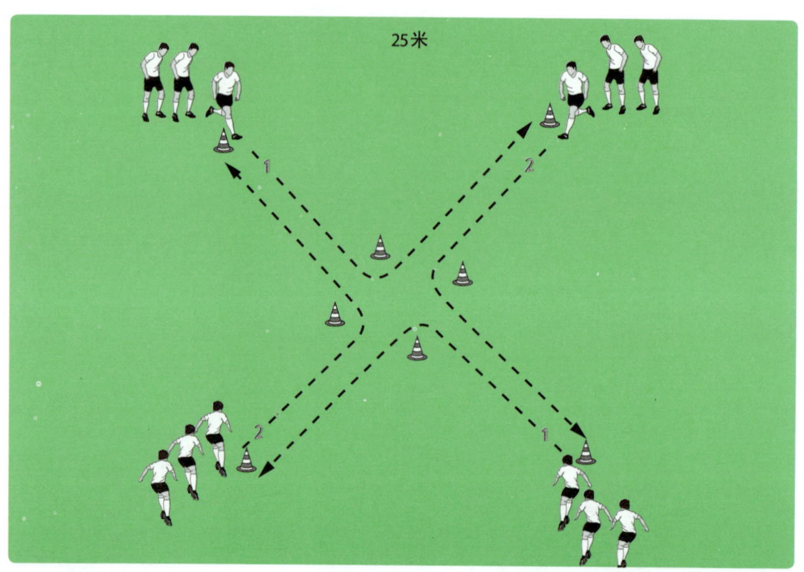

训练目标：

冲刺能力、反应能力、方向感

训练说明：

四组队员站在正方形训练区域的四个角上，面向中间。训练区域中间用标志锥组成一个小正方形。听到指令后，每组一名队员以最快的速度冲刺到最近的标志锥，再左转冲刺到邻近小组。注意，队员需从标志锥右方绕过。

常见错误：

反应速度慢、注意力不集中、方向感差。

身体素质： ⚽⚽⚽⚽

技　　术： ⚽

战　　术： ⚽

人数要求： 4 组队员

训练时长： 3 × 1 分钟

38 ◀ ▶ 40

转弯冲刺

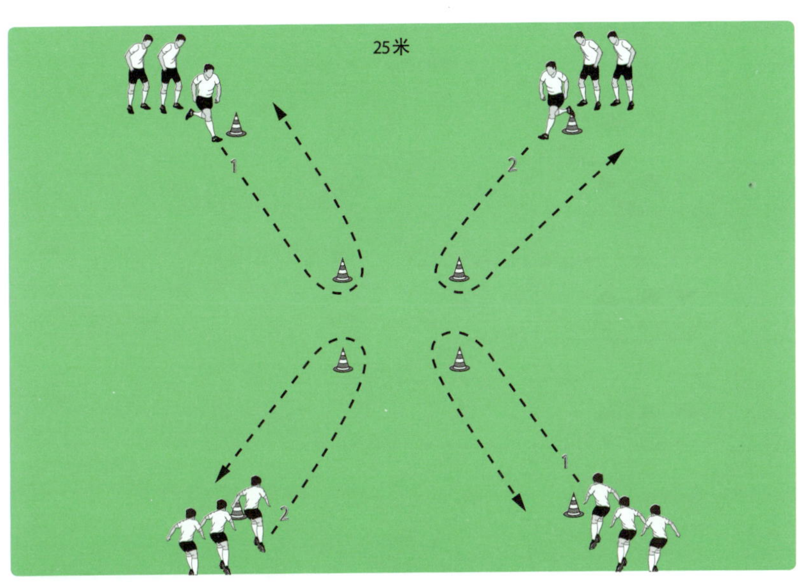

身体素质：⚽⚽⚽⚽
技　　术：⚽
战　　术：⚽

人数要求：4 组队员
训练时长：3 × 1 分钟

39 ◀ ▶ 41

训练目标：

冲刺能力、反应能力

训练说明：

四组队员站在正方形训练区域的四个角上，面向中间。训练区域中间用标志锥组成一个小正方形。听到指令后，每组一名队员以最快的速度冲刺到最近的标志锥，然后转弯，冲回起点。注意，队员需从标志锥右方绕过。

常见错误：

反应速度慢、注意力不集中。

手风琴冲刺

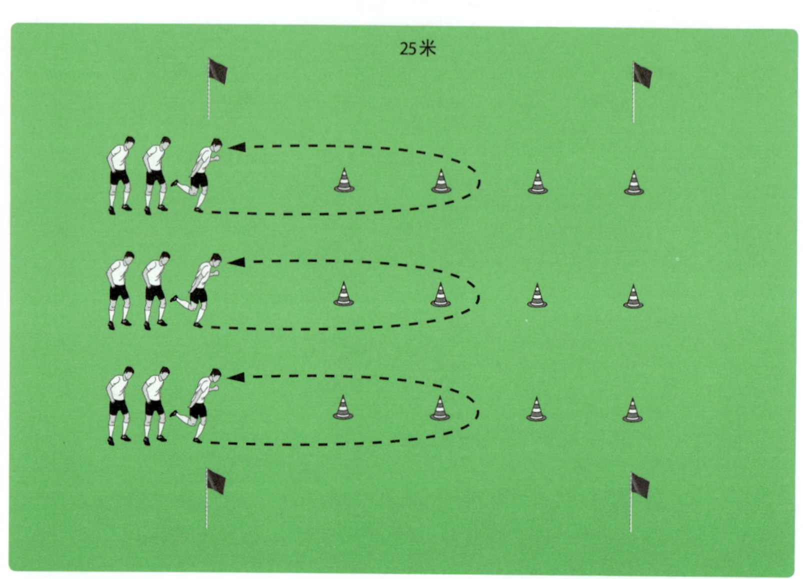

训练目标：

冲刺能力

训练说明：

每组的标志锥摆成一条直线，队员听到教练口令后依次绕不同位置的标志锥转弯冲刺。每次可单人练习，也可多名队员先后出发、同时练习。

常见错误：

反应速度慢、冲刺速度慢。

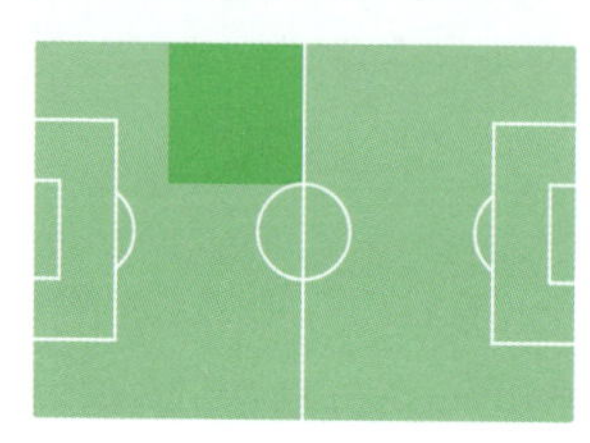

身体素质： ⚽⚽⚽⚽⚽

技　　术： ⚽

战　　术： ⚽

人数要求： 3 组队员

训练次数： 3 × 5 次

40 ◀ ▶ 42

变向跑

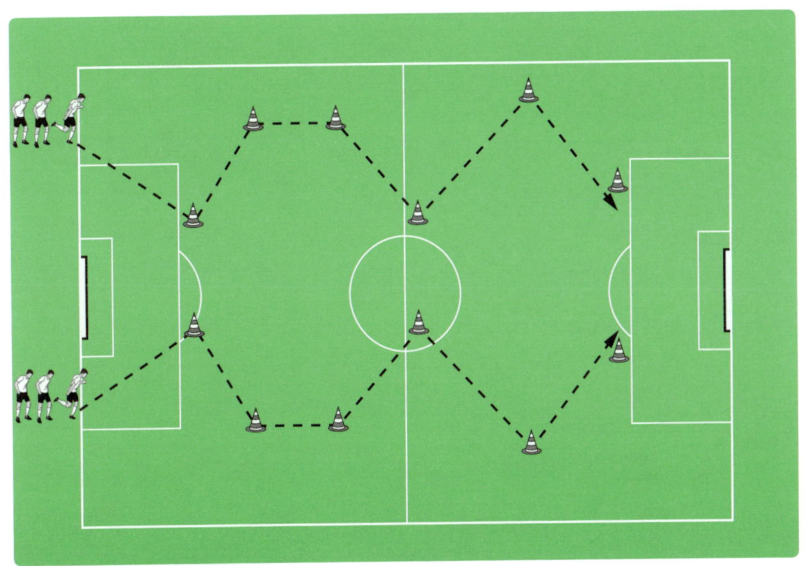

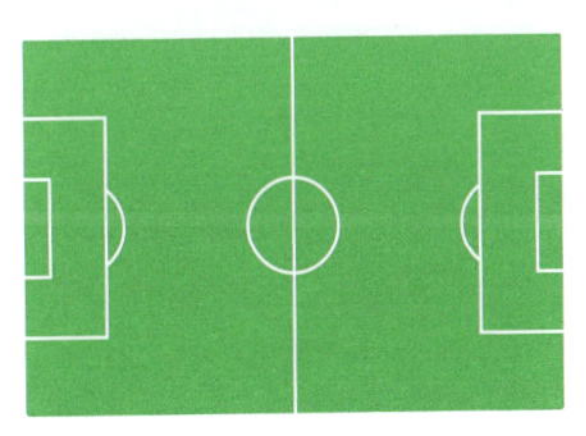

身体素质： ⚽⚽⚽⚽⚽⚽

技　　术： ⚽

战　　术： ⚽

人数要求： 2 组队员

训练次数： 5 × 3 次

41 ◀ ▶ 43

训练目标：

长距离冲刺能力

训练说明：

标志锥之间的距离不固定，所有队员依次出发，按规定线路沿标志锥冲刺。跑动距离为 100 ～ 120 米，队员在跑动中需保持高速，到达终点后慢跑调整，返回出发位置。

常见错误：

方向感差。

加速跑 I

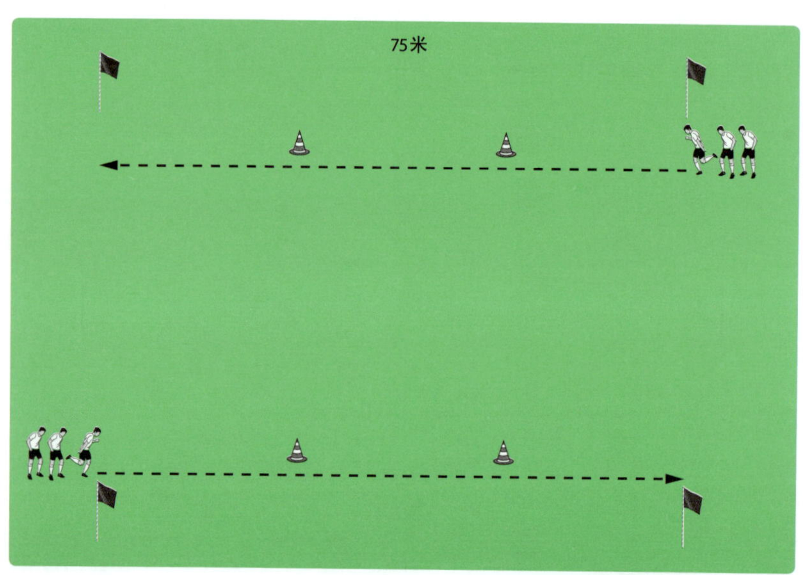

训练目标：

加速跑

训练说明：

队员在第一个 25 米加速到最快速度，在第二个 25 米保持这一速度，在最后一个 25 米减速。队员到达终点后去另一小组排队。

常见错误：

变速不连贯。

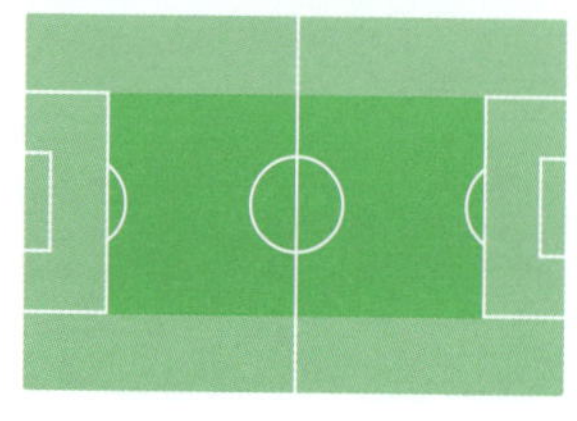

身体素质： ⚽⚽⚽⚽⚽

技　　术： ⚽⚽

战　　术： ⚽

人数要求： 2 组队员

训练次数： 3 × 5 次

42 ◀ ▶ 44

加速跑 II

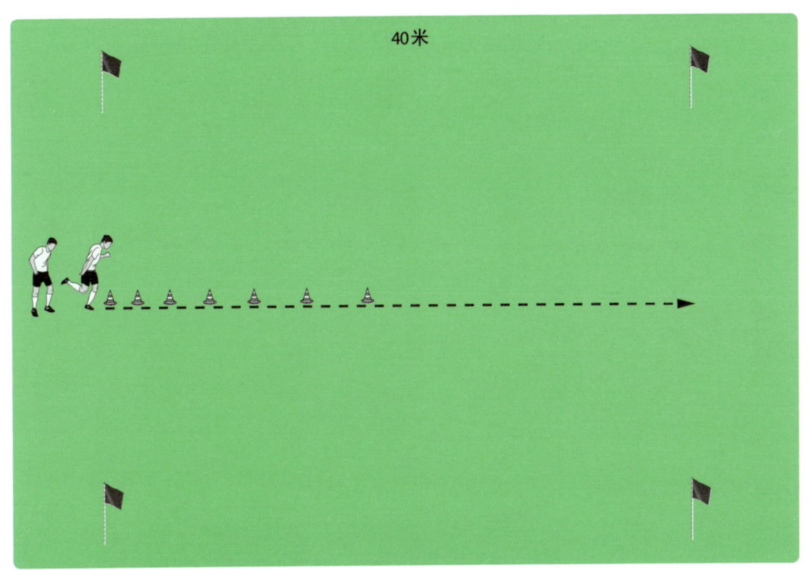

身体素质： ⚽⚽⚽⚽⚽

技　　术： ⚽⚽

战　　术： ⚽

人数要求： 2 组队员

训练次数： 3×5 次

43 ◀ ▶ 45

训练目标：

有标志锥加速跑

训练说明：

队员在前 15 米加速到最快速度，在后 25 米保持这一速度，加速阶段步幅需逐渐增大。标志锥摆成一条直线，标志锥之间距离逐渐加大，加速阶段每一步都需踏在标志锥标出的区间内。

常见错误：

步幅变化不明显。

加速跑 III

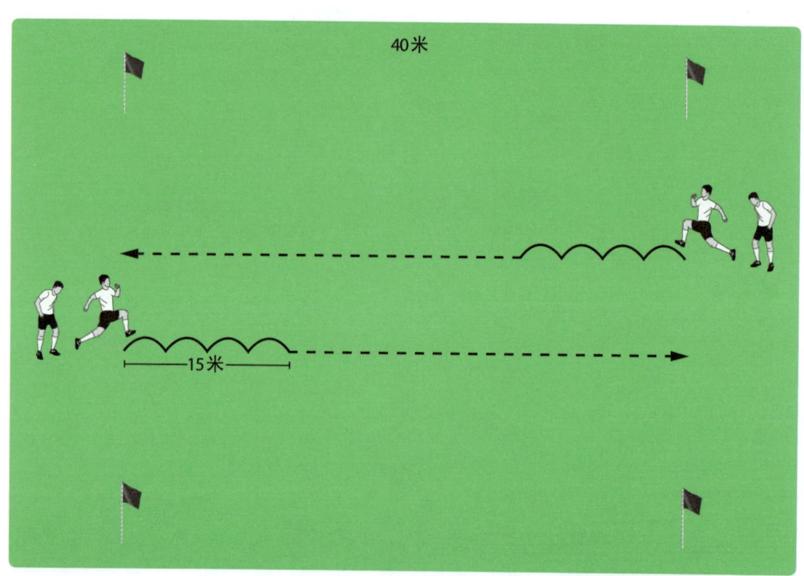

训练目标：

箭步跳跃后加速跑

训练说明：

队员先进行 15 米箭步跳跃练习，完成后直接加速冲刺 25 米。

常见错误：

由跳过渡到跑时减速。

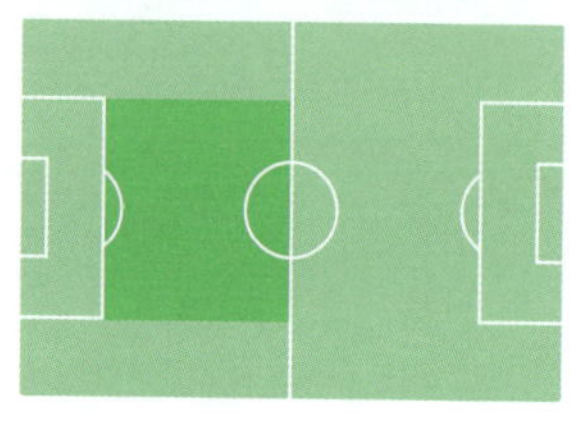

身体素质： ⚽⚽⚽⚽⚽

技　　术： ⚽⚽

战　　术： ⚽

人数要求： 2 组队员

训练次数： 3×5 次

44 ◀ ▶ 46

多线折返跑

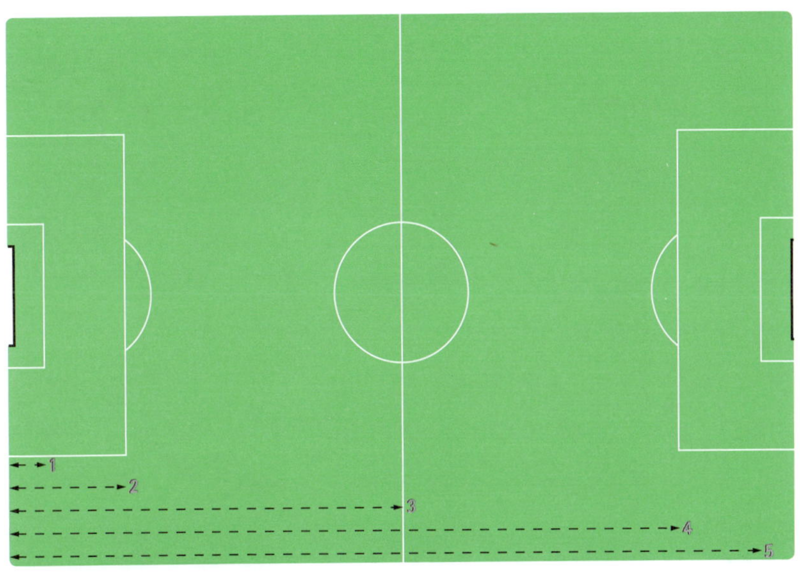

身体素质： ⚽⚽⚽⚽⚽⚽

技　　术： ⚽

战　　术： ⚽

人数要求： 所有队员

训练次数： 3×3 次

45 ◀ ▶ 47

训练目标：

中期耐力

训练说明：

所有队员听到教练口令后从底线出发，以较快的长跑速度跑到 5 米线（1），到达后立即折返跑回底线。然后，依次跑向 16 米线（2）、中线（3）以及另一边的 16 米线（4）和 5 米线（5）。可以对跑动长度进行调整。

常见错误：

速度过慢或过快。

绕禁区角跑 I

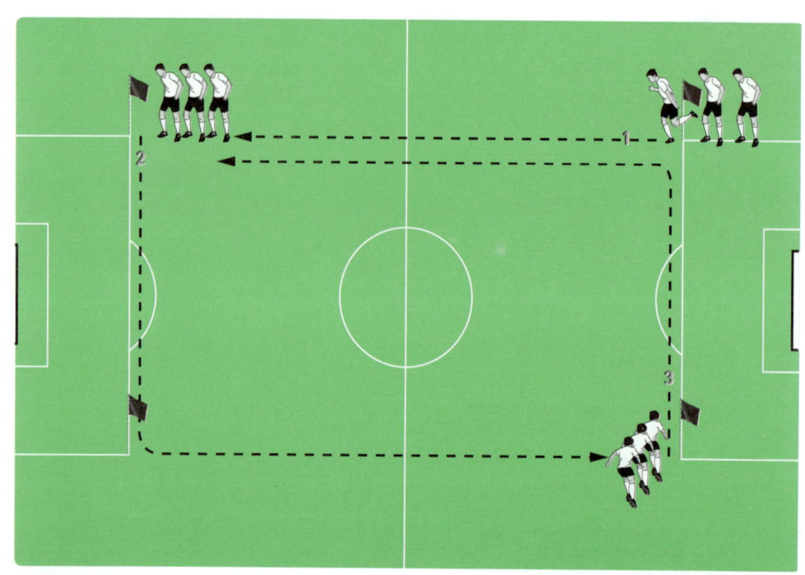

训练目标：

中期耐力

训练说明：

禁区四个角形成的长方形内，三个角处各站一组队员。其中一组队员先出发，以高强度耐力跑的速度跑向另一组所在的位置。第一组队员到达后，另一组出发，跑向第三组的位置。如此反复。

常见错误：

速度过慢或过快。

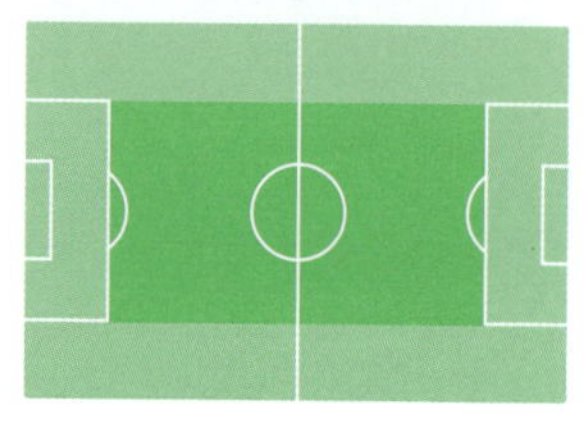

身体素质： ⚽⚽⚽⚽⚽

技　　术： ⚽

战　　术： ⚽

人数要求： 3 组队员

训练时长： 3 × 5 分钟

46 ◀ ▶ 48

绕禁区角跑 II

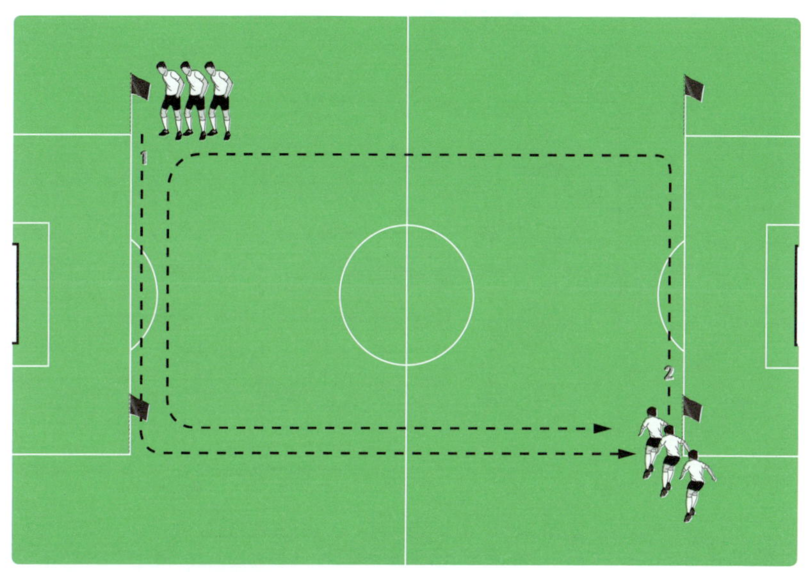

身体素质： ⚽⚽

技　　术： ⚽⚽⚽

战　　术： ⚽

人数要求： 2 组队员

训练次数： 3×3 次

47 ◀ ▶ 49

训练目标：

中期耐力

训练说明：

禁区四个角形成的长方形内，两组队员呈对角线站立。一组队员先出发，以高强度耐力跑的速度跑向另一组的位置。到达后，另一组出发，经过禁区的其他三个角后跑回原来位置。

常见错误：

速度过慢或过快。

复杂障碍跑

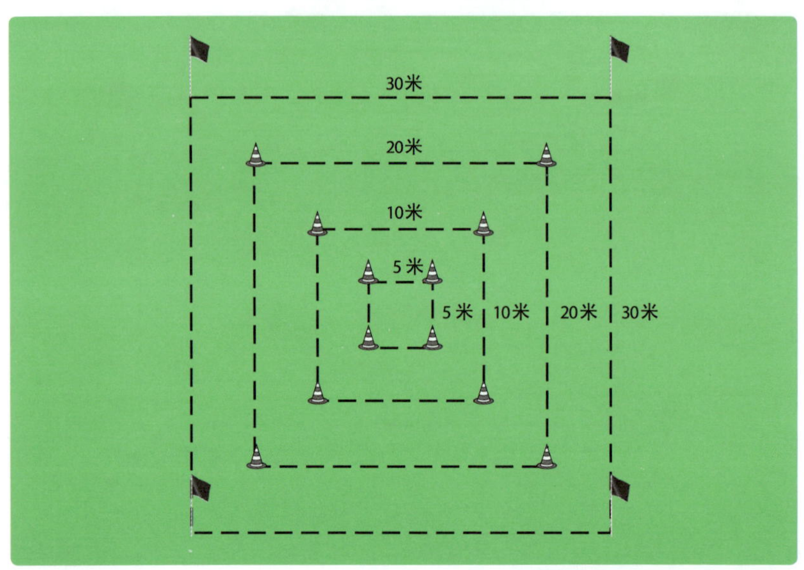

训练目标：

力量、耐力

训练说明：

以不同方式沿多条正方形线路跑步，从最外圈开始，一圈完成后跑内侧下一圈。最外圈慢跑，第二圈高抬腿跑，第三圈侧向跑，第四圈跳跃。完成后放松，走出训练区域。

常见错误：

速度过慢或过快。

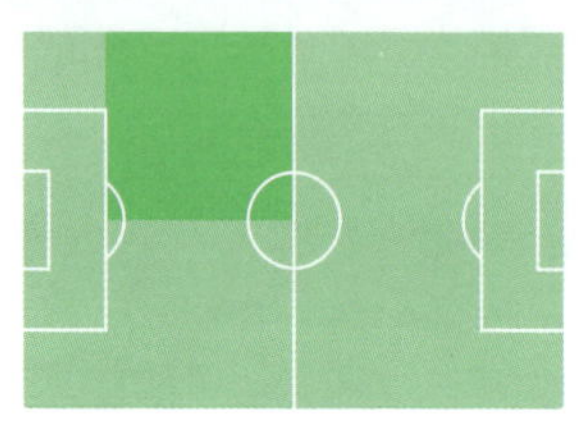

身体素质： ⚽⚽⚽⚽⚽

技　　术： ⚽

战　　术： ⚽

人数要求： 所有队员

训练次数： 3×3 次

48 ◀ ▶ 50

小组追逐跑（两人一组）

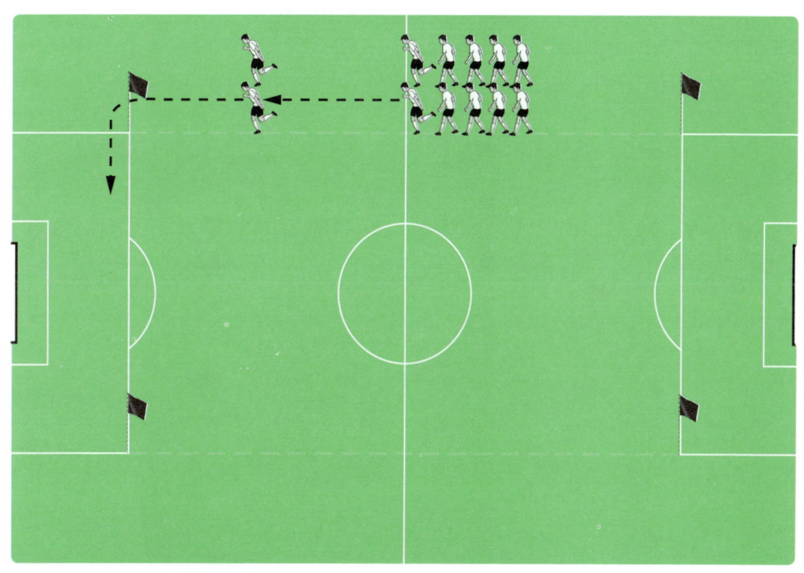

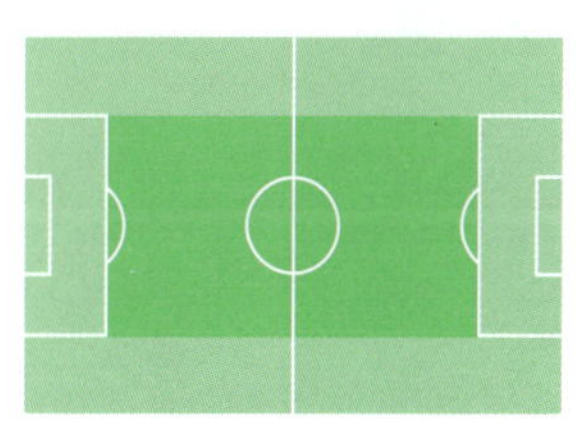

身体素质： ⚽⚽⚽⚽⚽
技　　术： ⚽
战　　术： ⚽

人数要求： 所有队员
训练次数： 3～5次

49 ◀ ▶ 51

训练目标：

足球专项耐力

训练说明：

两人一组，绕禁区四个角跑动。第一组以较快速度跑，随后第二组以较慢速度跑。第一组从后面追上第二组。追上后或者听教练指令，下一组队员出发。

常见错误：

速度过慢或过快。

多对少控球练习 I

训练目标：

足球专项耐力

训练说明：

在训练区域内自由练习。一组要比另一组多两人，人数少的组必须达到规定的控球次数才能重新分配人数。

常见错误：

人数较多的组控球不稳。

身体素质： ⚽⚽⚽⚽⚽

技　　术： ⚽⚽⚽

战　　术： ⚽⚽⚽

人数要求： 2 组队员

训练时长： 6 ～ 15 分钟

50 ◀ ▶ 52

多对少控球练习 II

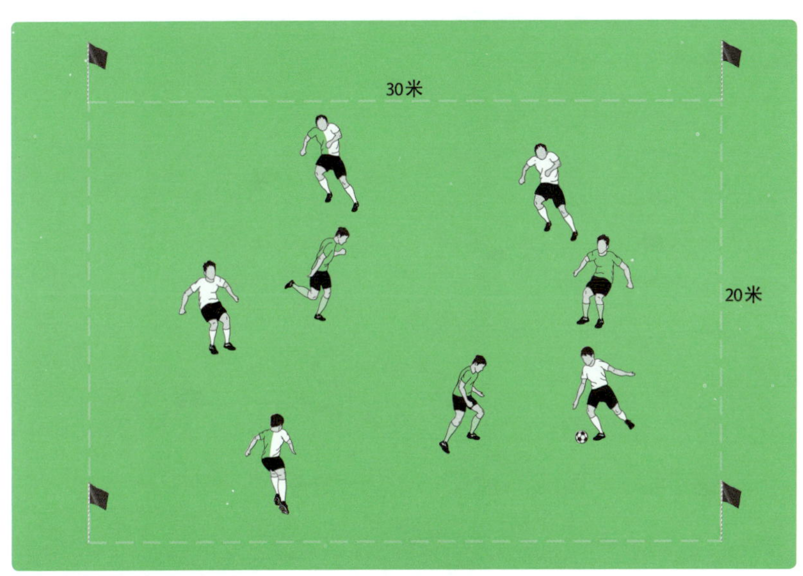

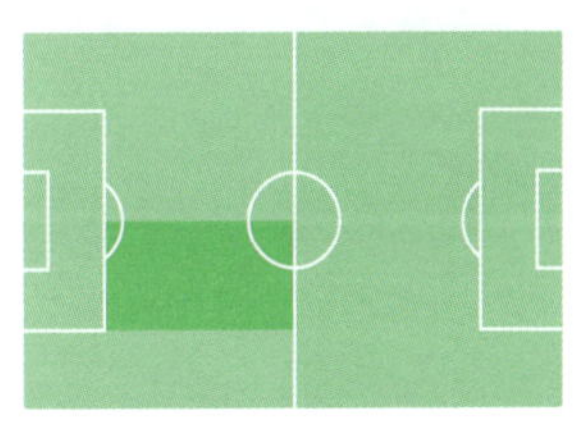

身体素质： ⚽⚽⚽⚽⚽

技　　术： ⚽⚽⚽

战　　术： ⚽⚽⚽⚽

人数要求： 2 组队员

训练时长： 8 ～ 15 分钟

51◀▶53

训练目标：

足球专项耐力

训练说明：

在训练区域内自由练习。两组人数一样，额外的两名队员始终属于控球方的队员。

常见错误：

控球不稳。

多对少控球练习 Ⅲ

训练目标：

足球专项耐力

训练说明：

在训练区域内自由练习。一组比另一组多一人，人数少的组必须达到规定的控球次数才能重新分配人数。

常见错误：

人数多的组控球不稳。

身体素质： ⚽⚽⚽⚽⚽

技　　术： ⚽⚽⚽

战　　术： ⚽⚽⚽⚽

人数要求： 2 组队员

训练时长： 8 ～ 20 分钟

52 ◀ ▶ 54

多对少控球练习Ⅳ

身体素质： ⚽⚽⚽⚽⚽

技　　术： ⚽⚽⚽⚽

战　　术： ⚽⚽⚽⚽

人数要求： 2组队员

训练时长： 8～20分钟

53 ◀ ▶ 55

训练目标：

足球专项耐力

训练说明：

在训练区域内自由练习。两组人数一样，额外的一名队员始终属于控球方的队员。

常见错误：

控球不稳。

控球练习

训练目标：

足球专项耐力

训练说明：

两组在训练区域内自由练习。

常见错误：

容易丢球、缺乏跑动接应。

身体素质： ⚽⚽⚽⚽⚽

技　　术： ⚽⚽⚽⚽

战　　术： ⚽⚽⚽⚽

人数要求： 2 组队员

训练时长： 8 ～ 20 分钟

54 ◀ ▶ 56

控球练习（触球两次）I

身体素质： ⚽⚽⚽⚽⚽

技　　术： ⚽⚽⚽⚽

战　　术： ⚽⚽⚽⚽

人数要求： 2 组队员

训练时长： 8 ～ 20 分钟

55 ◀ ▶ 57

训练目标：

足球专项耐力

训练说明：

两组在训练区域内进行控球练习，每名队员每次控球必须触球两次。

常见错误：

容易丢球、缺乏跑动接应。

控球练习（一脚出球）Ⅰ

训练目标：

足球专项耐力

训练说明：

两组在训练区域内进行控球练习，在标记出的中间区域接球后需不停球直接传球。

常见错误：

容易丢球、缺乏跑动接应。

身体素质： ⚽⚽⚽⚽⚽

技　　术： ⚽⚽⚽⚽

战　　术： ⚽⚽⚽⚽

人数要求： 2 组队员

训练时长： 8 ～ 20 分钟

56 ◀ ▶ 58

控球练习（触球两次）Ⅱ

身体素质： ⚽⚽⚽⚽⚽

技　　术： ⚽⚽⚽⚽

战　　术： ⚽⚽⚽⚽

人数要求： 2 组队员

训练时长： 8 ～ 20 分钟

57 ◀ ▶ 59

训练目标：

足球专项耐力

训练说明：

两组在训练区域内进行控球练习，每名队员每次控球必须触球两次，在标记出的中间区域需不停球直接传球。

常见错误：

容易丢球、缺乏跑动接应。

控球练习（一脚出球）Ⅱ

训练目标：

足球专项耐力

训练说明：

两组在训练区域内进行不停球直接传球的控球练习。

常见错误：

容易丢球、缺乏跑动接应。

身体素质：⚽⚽⚽⚽⚽

技　　术：⚽⚽⚽⚽

战　　术：⚽⚽⚽⚽

人数要求：2 组队员

训练时长：8 ～ 20 分钟

58 ◀ ▶ 60

有防守队员的控球练习

身体素质： ⚽⚽⚽⚽⚽

技　　术： ⚽⚽⚽⚽

战　　术： ⚽⚽⚽⚽⚽

人数要求： 2组队员

训练时长： 8～20分钟

59 ◀ ▶ 61

训练目标：

足球专项耐力

训练说明：

两组在训练区域内进行控球练习，防守方采取区域防守的策略。

常见错误：

容易丢球、缺乏跑动接应、防守时缺少支持。

人盯人防守的控球练习

训练目标：

足球专项耐力

训练说明：

两组在训练区域内进行控球练习，防守方采取人盯人防守的策略。

常见错误：

容易丢球、缺乏跑动接应、缺乏防守纪律性。

身体素质： ⚽⚽⚽⚽⚽⚽

技　　术： ⚽⚽⚽⚽

战　　术： ⚽⚽

人数要求： 2 组队员

训练时长： 8 ～ 20 分钟

60 ◀ ▶ 62

人盯人防守的控球练习（一脚出球）

身体素质： ⚽⚽⚽⚽⚽⚽
技　　术： ⚽⚽⚽⚽⚽
战　　术： ⚽⚽⚽⚽

人数要求： 2组队员
训练时长： 8～20分钟

61◀▶244

训练目标：

足球专项耐力

训练说明：

两组在训练区域内进行控球练习，防守方采取人盯人防守的策略，控球方传球时不能停球。

常见错误：

容易丢球、缺乏跑动接应。

技　术

人们在讲理论时经常强调技术的重要性，但在实际训练中却往往忽视它。将技术练习融入热身训练中是最为理想的选择。

在足球比赛中运用得最多的技术是短传。除了在技术层面上的正确应用，在训练中我们还需要关注如何在比赛时贯彻实施短传这项技术。这就要求减少单名队员的控球和触球时间，这一战术性理念在本书的很多练习中都居于首要地位。不管是在控球、配合还是在射门时，队员最多只能触球两次，将球调整到理想位置即可。这样可以避免对抗中不必要的丢球，也可以避免给对方时间阻止和防守。

另一个技术重点是在一些区域进行射门练习，这样在比赛中位于这些区域的队员有机会即可射门，而且守门员也获得了练习扑球的机会。射门区域通常都在训练模型图中明确标示出来，即使图中未标出守门员，球门前也应有人防守。参与训练的队员人数可以根据情况变化，但每个人的训练量都应是一样的。

站立传球

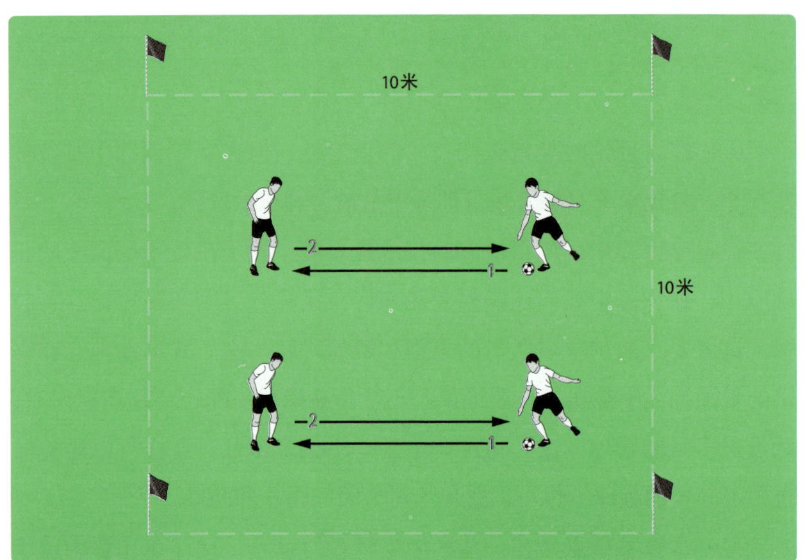

训练目标：

传球准确性

训练说明：

两名队员相距 10 米，相向站立。一名队员向另一名队员传低平球，另一名队员接球后直接将球传回给传球者。

常见错误：

传球不准确。

身体素质： ⚽

技　　术： ⚽⚽

战　　术： ⚽

人数要求： 2 人一组

训练时长： 3 × 2 分钟

3 ◀ ▶ 64

快速传球

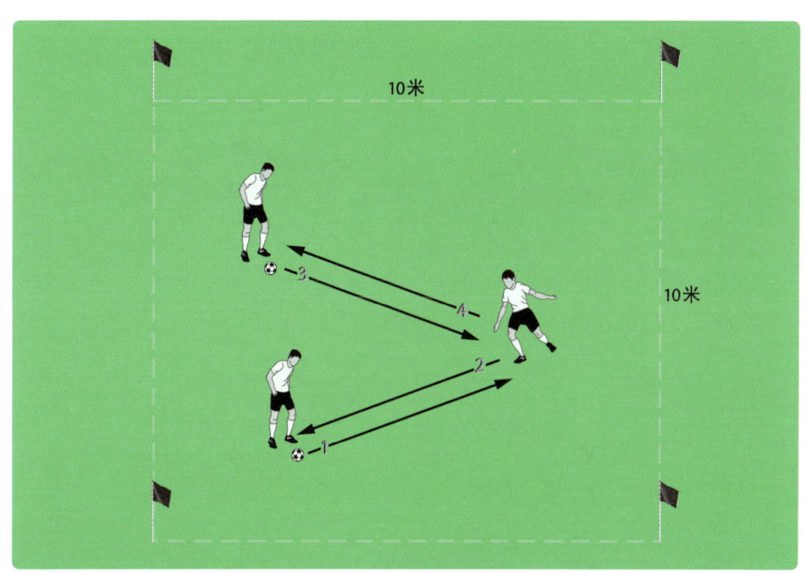

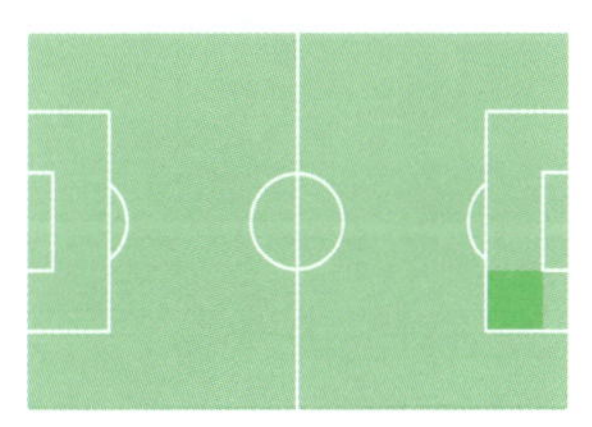

身体素质： ⚽⚽
技　　术： ⚽⚽⚽
战　　术： ⚽

人数要求： 3 名队员
训练时长： 3×1 分钟

63 ◀ ▶ 65

训练目标：

传球准确性

训练说明：

两名持球队员站在同一侧，接球队员站在另一侧。两名持球队员交替向他传球，接球队员接球后直接将球传给传球者。

常见错误：

传球不准确。

变化方向传球

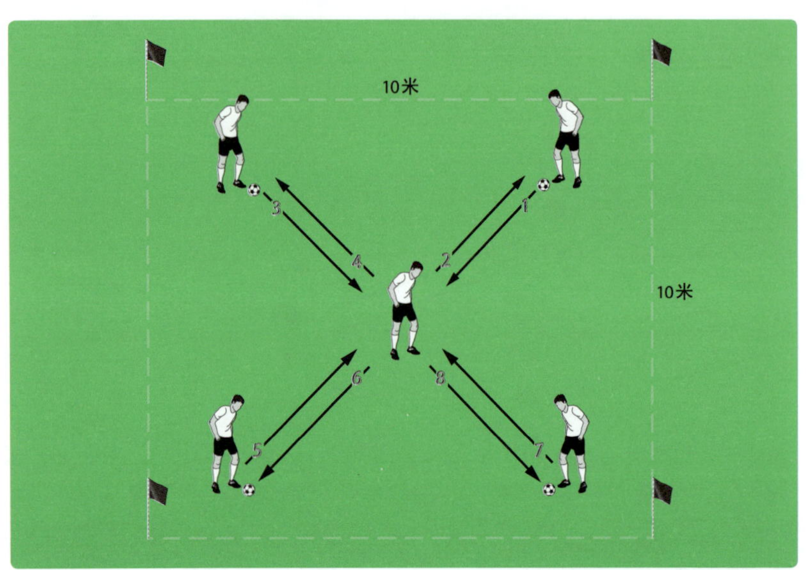

训练目标：

传球准确性

训练说明：

接球队员站在训练区域中间，四名持球队员站在训练区域的四个角。持球队员依次向接球队员传球，接球队员接球后直接将球传给传球者。

常见错误：

传球不准确。

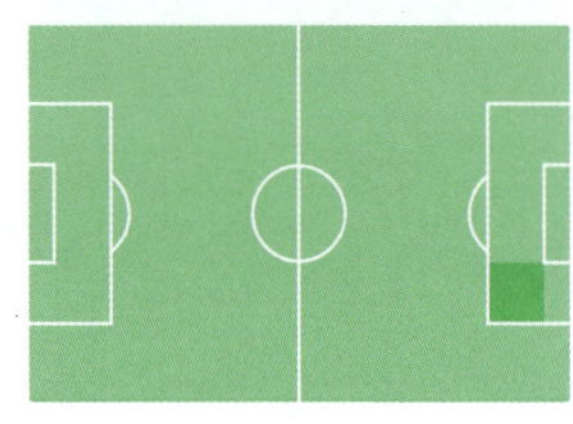

身体素质： ⚽⚽

技　　术： ⚽⚽⚽⚽

战　　术： ⚽

人数要求： 5 名队员

训练时长： 3 × 1 分钟

64 ◀ ▶ 66

转身快速传球

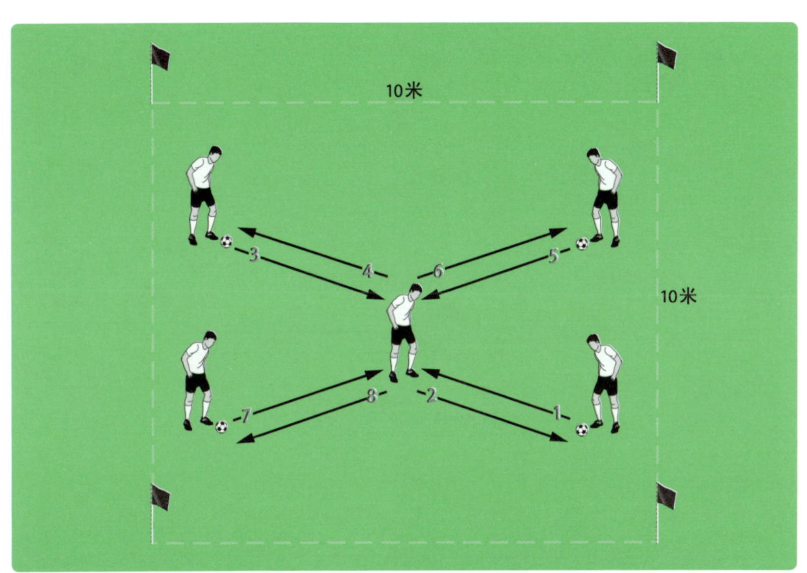

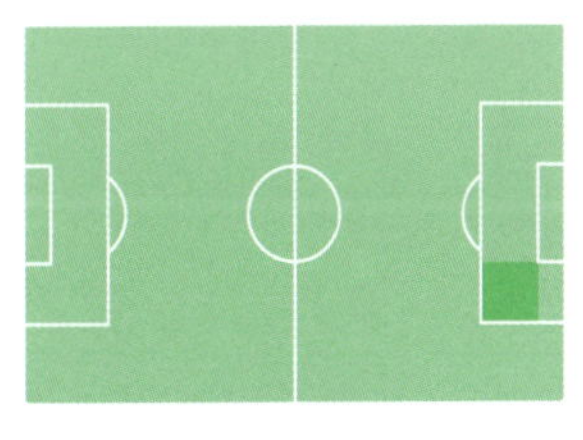

身体素质： ⚽⚽
技　　术： ⚽⚽⚽⚽
战　　术： ⚽

人数要求： 5名队员
训练时长： 3×1分钟

65 ◀ ▶ 67

训练目标：

转身后传球的准确性、方向感

训练说明：

接球队员站在中间，两侧各站两名持球队员。接球队员依次接同侧两名队员的传球，并将球直接传回，然后转身接另一侧队员的传球。

常见错误：

传球不准确。

运动中传球

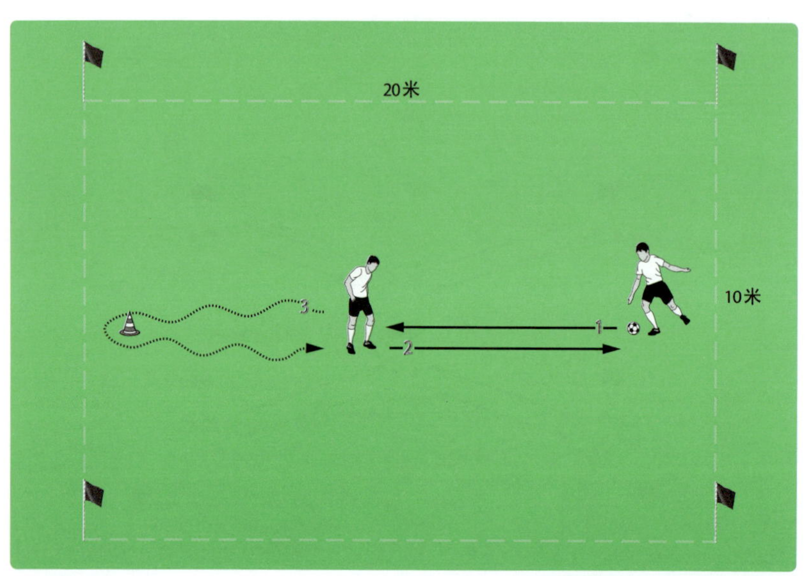

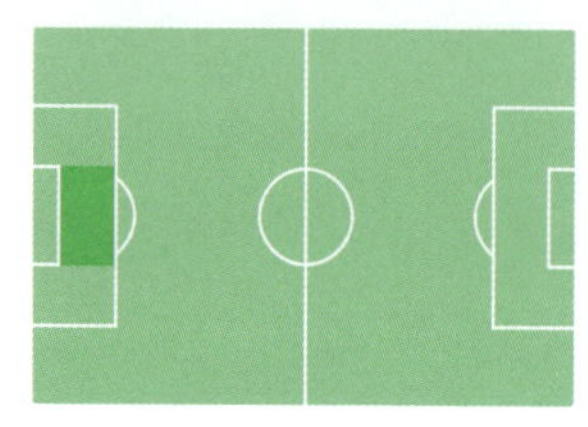

训练目标：

传球准确性

训练说明：

两名队员相距10米，相向站立。一名队员向另一名队员传低平球，另一名队员接球后直接将球传给对方，并向后跑3米，绕过标志锥，然后迎着队友的传球跑动，直接将球传回。

常见错误：

传球和跑动的时机把握不准、传球不准确。

身体素质： ⚽

技　　术： ⚽⚽

战　　术： ⚽

人数要求： 2人一组

训练时长： 3×1分钟

66 ◀ ▶ 68

传球接力 I

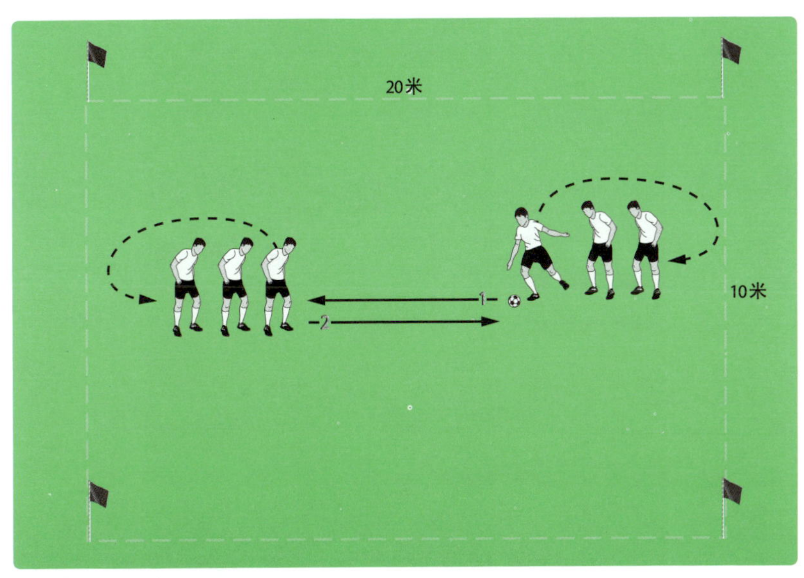

身体素质： ⚽
技　　术： ⚽⚽
战　　术： ⚽

人数要求： 所有队员
训练时长： 3×5 分钟

67 ◀ ▶ 69

训练目标：

传球准确性

训练说明：

队员分成两组，相向站立，以最快速度（两次触球——接球和传球）传接球。传球后的队员跑到队尾排队。

常见错误：

传球不准确、控球能力欠缺。

传球接力 II

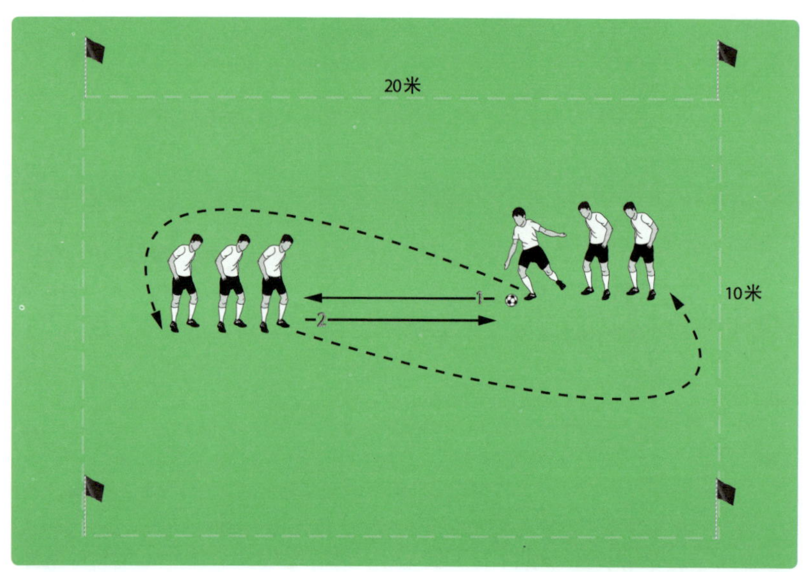

训练目标：

传球准确性

训练说明：

两组队员相向站立，以一脚出球的方式传接球。传球后的队员跑到对方的队尾排队。

常见错误：

传球不准确。

身体素质： ⚽

技　　术： ⚽⚽⚽

战　　术： ⚽

人数要求： 所有队员

训练时长： 3 × 5 分钟

68 ◀ ▶ 70

传球过标记区域

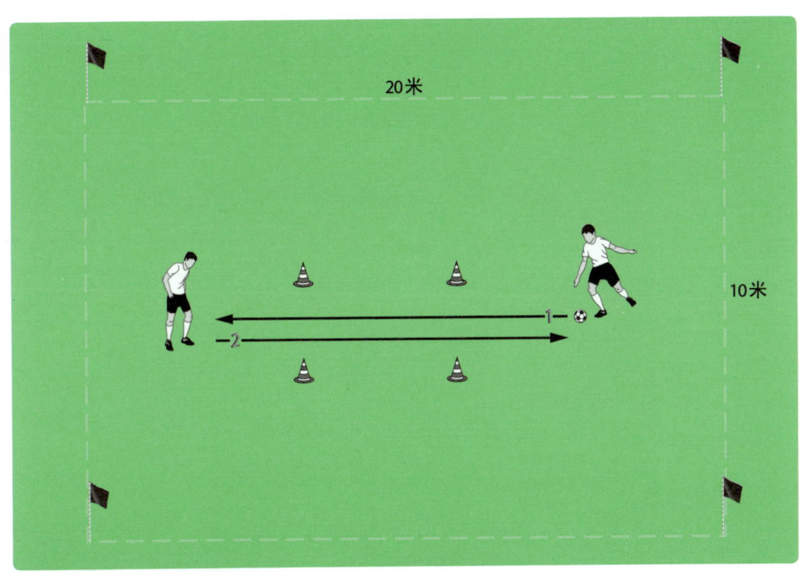

身体素质： ⚽⚽

技　　术： ⚽⚽⚽⚽

战　　术： ⚽

人数要求： 2 人一组

训练时长： 3 × 1 分钟

69 ◀ ▶ 71

训练目标：

运动中传球

训练说明：

两名队员互相传球，足球需要穿过由标志锥组成的两个球门。

常见错误：

传球不准确、处理球的能力差。

传球进球门

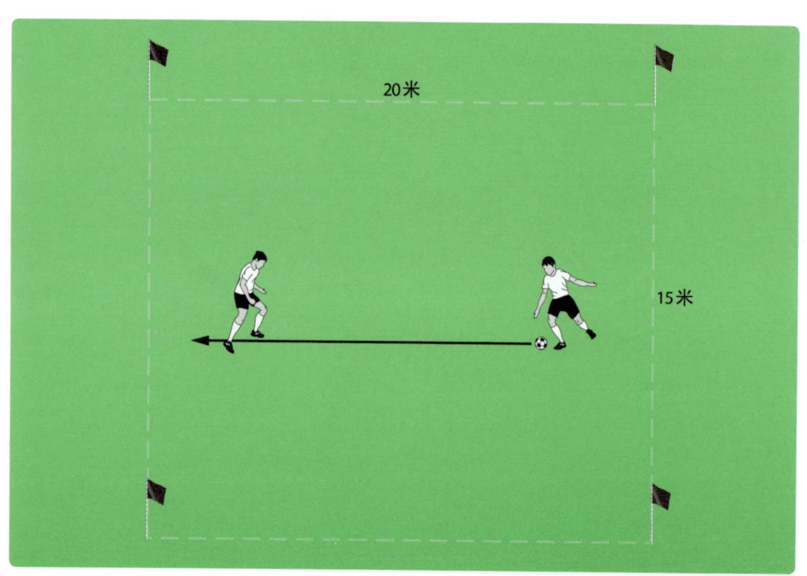

训练目标：

传球准确性

训练说明：

两名队员相距 10 米，相向站立。一名队员两腿微微分开，另一名队员踢低平球，使球从前者两腿间穿过。之后双方互换角色。

常见错误：

两腿间距过小、传球不准确、两名队员距离过远。

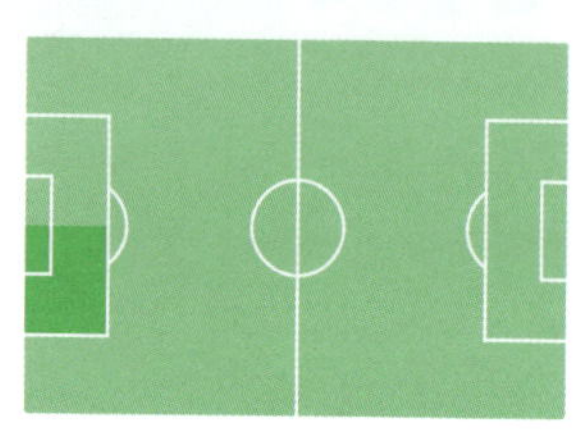

身体素质： ⚽

技　　术： ⚽⚽⚽

战　　术： ⚽

人数要求： 2 人一组

训练时长： 5 分钟

70 ◀ ▶ 72

传球过球门通道

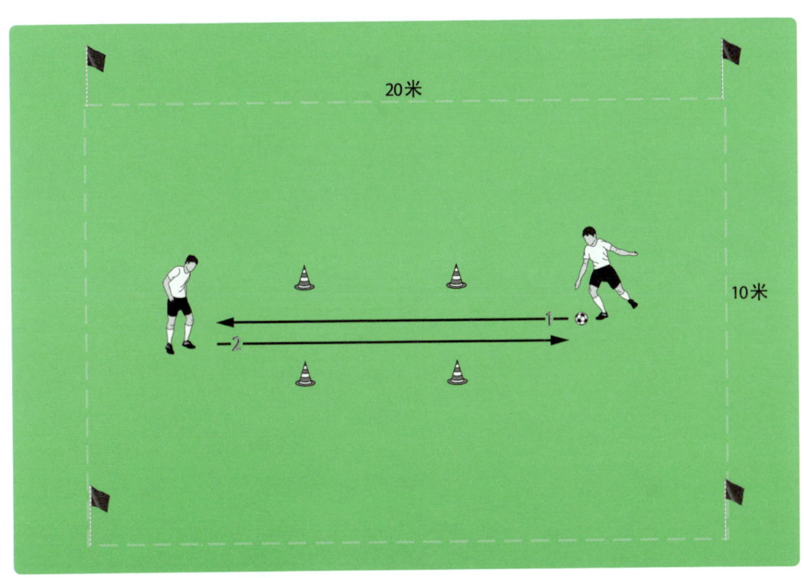

身体素质： ⚽
技　　术： ⚽⚽⚽
战　　术： ⚽

人数要求： 2 人一组
训练时长： 5 分钟

71 ◀ ▶ 73

训练目标：

传球准确性

训练说明：

两名队员相距 10 米，相向站立。一名队员传低平球给另一名队员，确保足球穿过宽 1 米的球门（由标志锥组成）。之后双方互换角色。

常见错误：

球门过小、传球不准确、两名队员距离过远。

定向传球 I

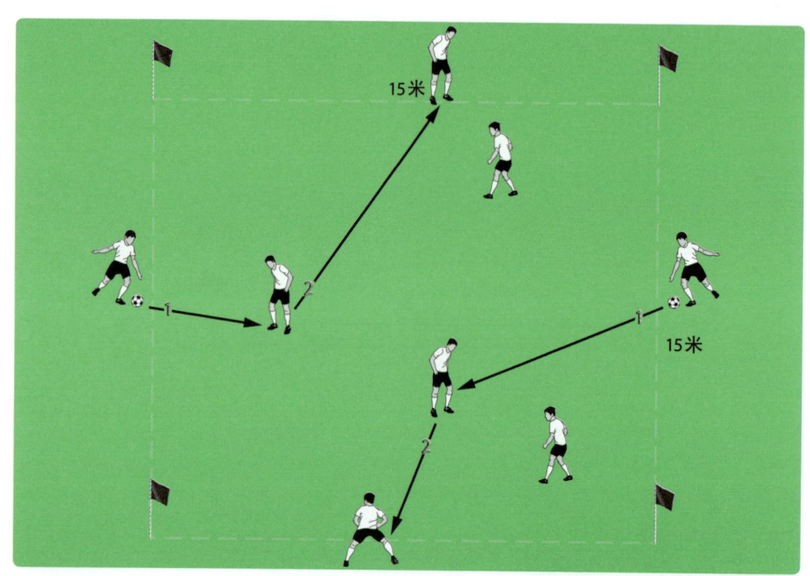

训练目标：

运动中定向传球

训练说明：

四名队员站在正方形训练区域之外，其中两名队员持球。另外四名无球队员在训练区域内跑动，有球队员与训练区域内无球队员眼神接触后传球。无球队员最多触球两次，然后把球传给训练区域外的另一名无球队员。

常见错误：

方向感差。

身体素质： ⚽⚽

技　　术： ⚽⚽⚽⚽

战　　术： ⚽⚽

人数要求： 8 名队员

训练时长： 3 × 3 分钟

72 ◀ ▶ 74

定向传球Ⅱ

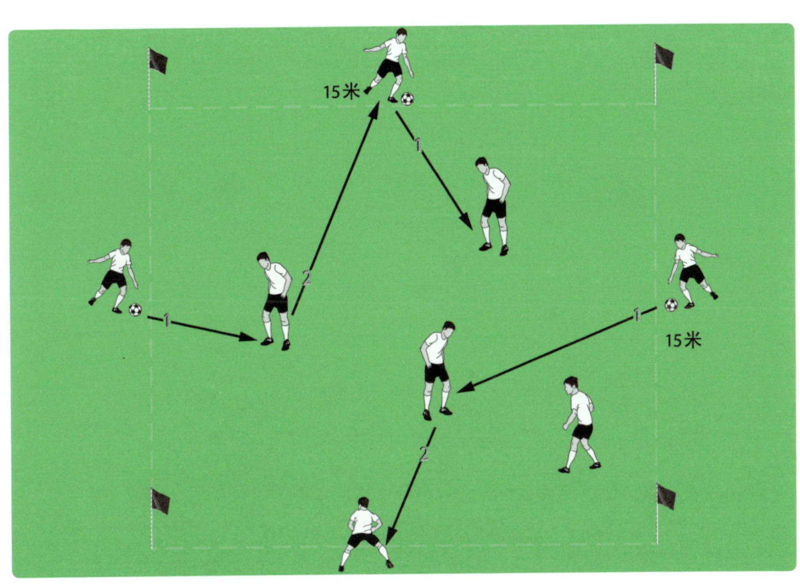

身体素质： ⚽⚽
技　　术： ⚽⚽⚽⚽
战　　术： ⚽⚽⚽

人数要求： 8 名队员
训练时长： 3×3 分钟

73 ◀ ▶ 75

训练目标：

运动中定向传球

训练说明：

四名队员站在正方形训练区域之外，其中三名队员持球。另外四名无球队员在训练区域内跑动，有球队员与训练区域内无球队员眼神接触后传球。无球队员最多触球两次，然后把球传给训练区域外的另一名无球队员。训练区域外无球队员可以把球停下。

常见错误：

方向感差。

带速度变化的传球

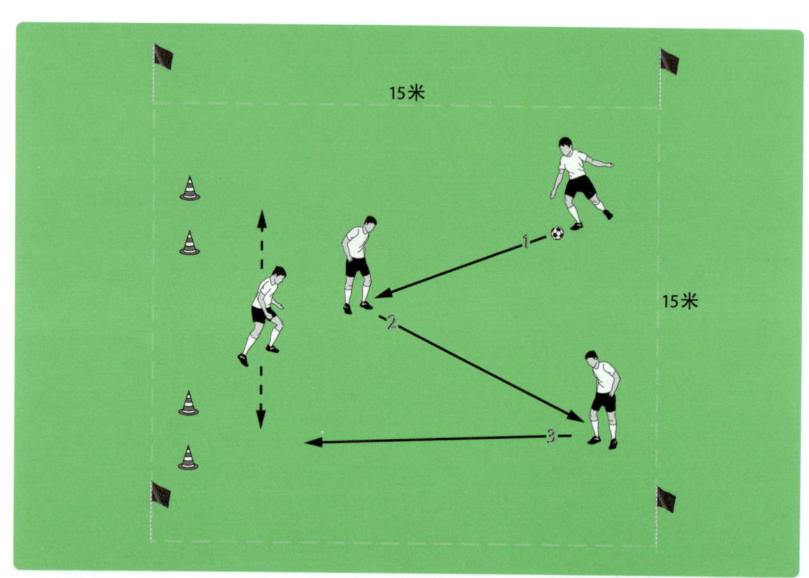

训练目标：

定向传球

训练说明：

一名队员交替将球传给两名传球队员，两名传球队员也可以选择以长传球的方式将球射向由标志锥组成的两个球门。第四名队员轮流把守两个球门。

常见错误：

传球控制不好。

身体素质： ⚽⚽⚽

技　　术： ⚽⚽⚽⚽

战　　术： ⚽⚽

人数要求： 4 名队员

训练时长： 3 × 2 分钟

74 ◀ ▶ 76

变向后传球

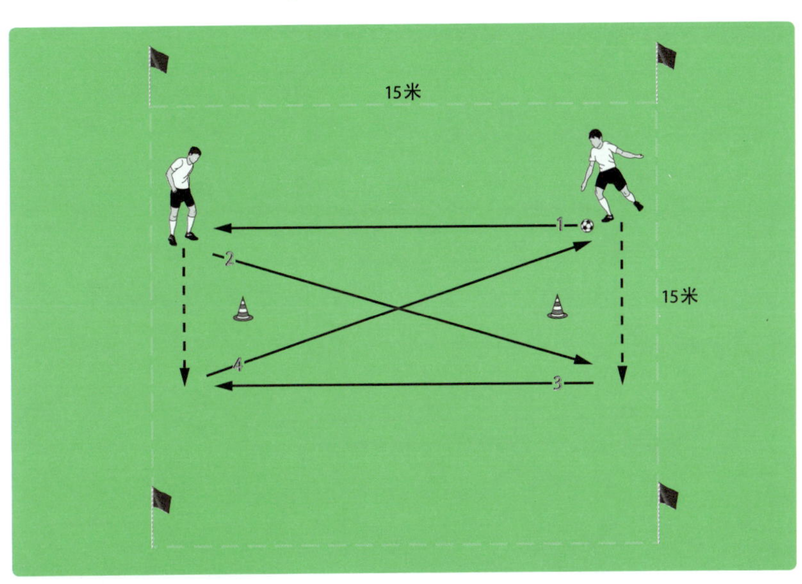

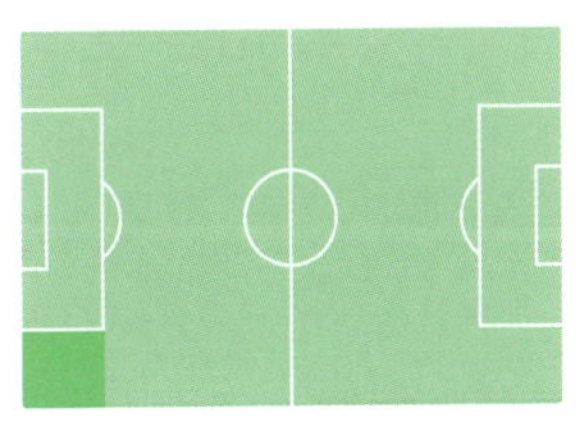

身体素质： ⚽⚽⚽
技　　术： ⚽⚽⚽⚽
战　　术： ⚽⚽

人数要求： 2 人一组
训练时长： 3 × 2 分钟

75 ◀ ▶ 77

训练目标：

运动中传球

训练说明：

一名队员从标志锥一侧传球，另一名队员将球从标志锥另一侧直接传回。

常见错误：

球的落点判断不准、传球不准确。

带方向变化的传球

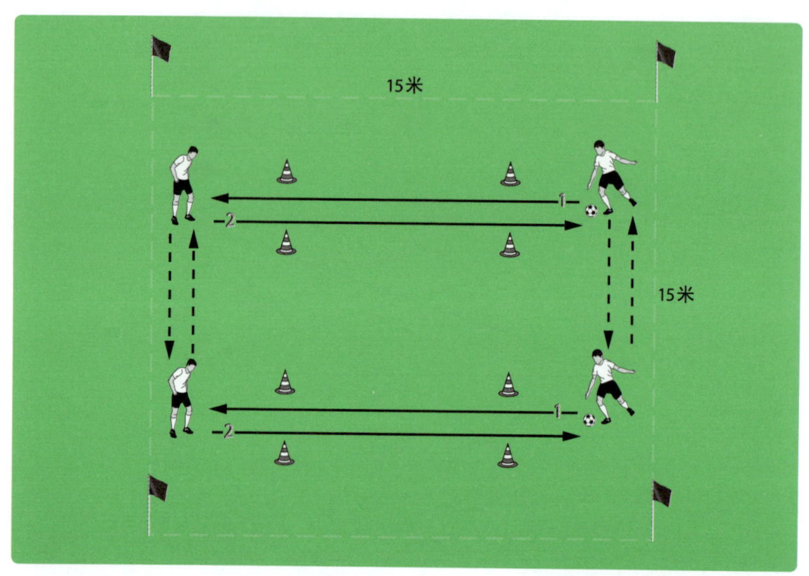

训练目标：

运动中传球、跑动和传球的时机

训练说明：

两名队员分别将球踢过标志锥组成的通道传给对面的队员，然后迅速互换位置。接球的两名队员直接将球传回，然后互换位置。

常见错误：

跑动和传球的时机把握不准。

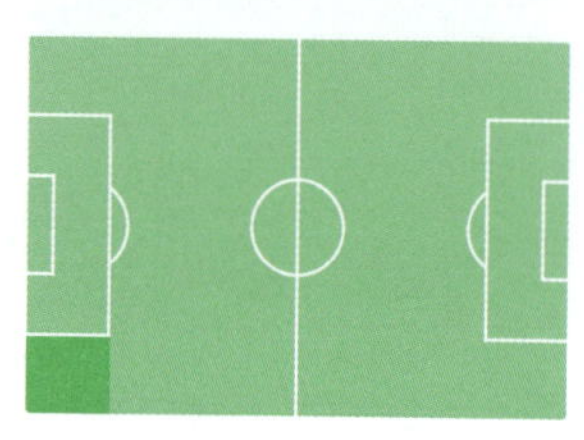

身体素质： ⚽⚽⚽⚽
技　　术： ⚽⚽⚽⚽
战　　术： ⚽⚽

人数要求： 4 名队员
训练时长： 3×2 分钟

76 ◀ ▶ 78

带提前量传球

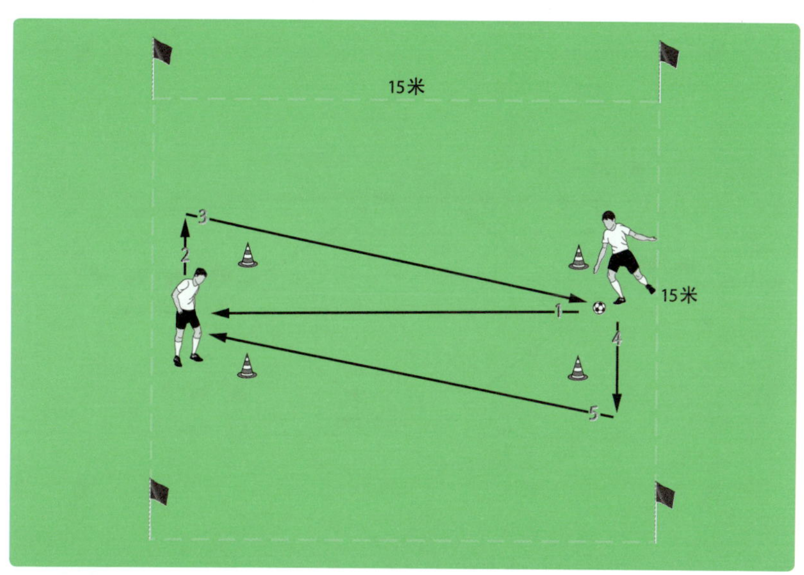

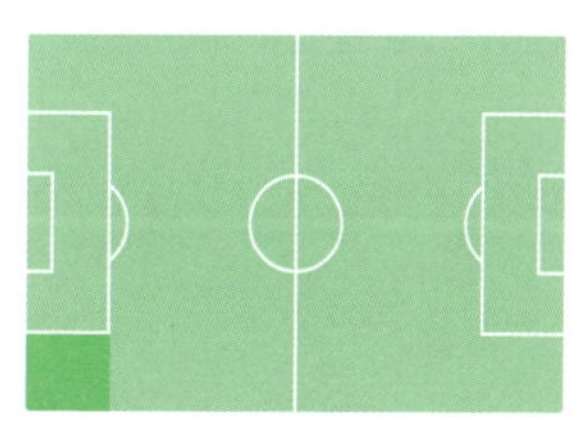

身体素质： ⚽
技　　术： ⚽⚽⚽
战　　术： ⚽

人数要求： 2人一组
训练时长： 3×2分钟

77 ◀ ▶ 79

训练目标：

传球准确性、接球

训练说明：

两名队员相距10米，各自站在用标志锥组成的球门（3米宽）之后，一名队员传低平球到球门中央，另一名队员停球后向一侧带球，将球带过标志锥后再传球给队友。

常见错误：

传球不准确、停球不稳。

跑动传球

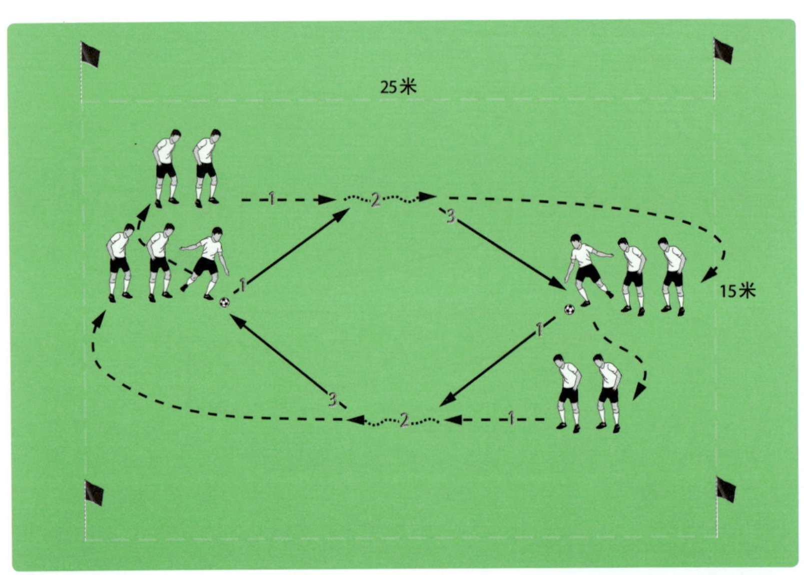

训练目标：

传球时机

训练说明：

持球队员给跑动中的队友传球，队友接球后将球传给队伍中的队友。

常见错误：

传球过快或过慢。

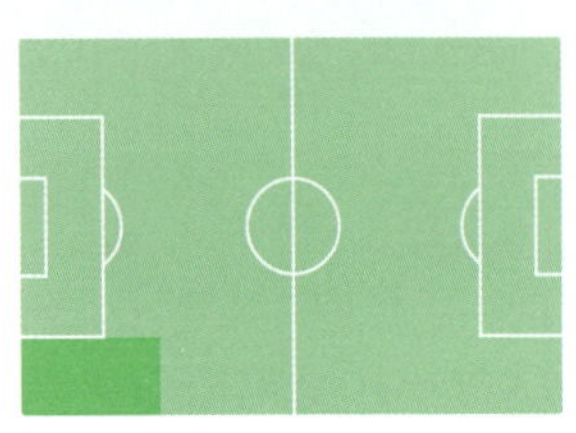

身体素质： ⚽⚽

技　　术： ⚽⚽⚽⚽

战　　术： ⚽⚽

人数要求： 所有队员

训练时长： 2×5 分钟

78 ◀ ▶ 80

一个球门的组合传球

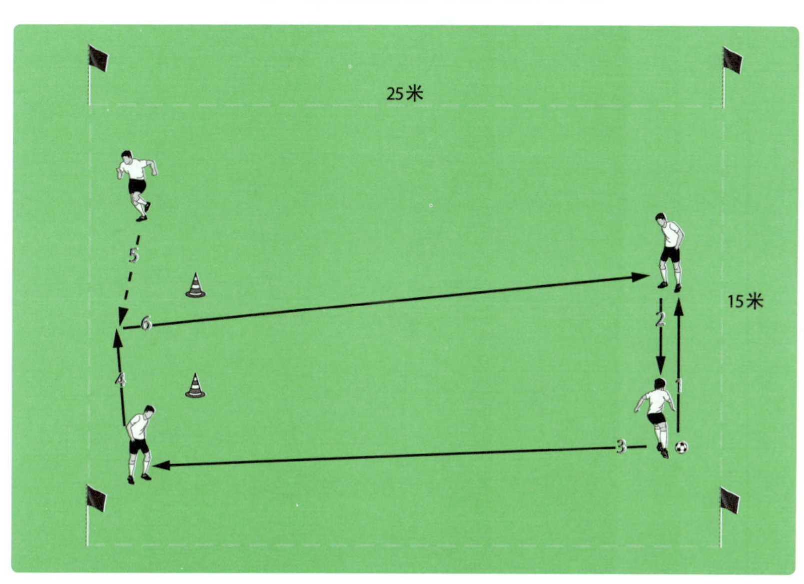

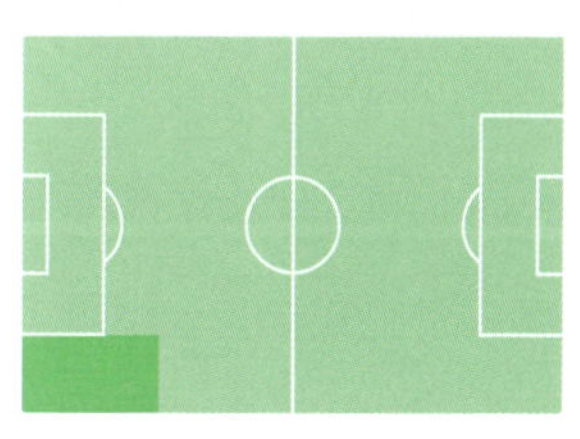

身体素质： ⚽⚽

技　　术： ⚽⚽⚽⚽⚽

战　　术： ⚽⚽⚽

人数要求： 4 名队员

训练时长： 2×5 分钟

79 ◀ ▶ 81

训练目标：

传球时机

训练说明：

队员 1 和 2 互相一脚传球，队员 1 接球后将球长传给队员 3，队员 3 直接将球传给队员 4，队员 4 跑动接球后将球踢过标志锥组成的球门传给队员 2。所有传球均为一脚传球。

常见错误：

传球不准确、时机把握不准。

传球和跑动时机

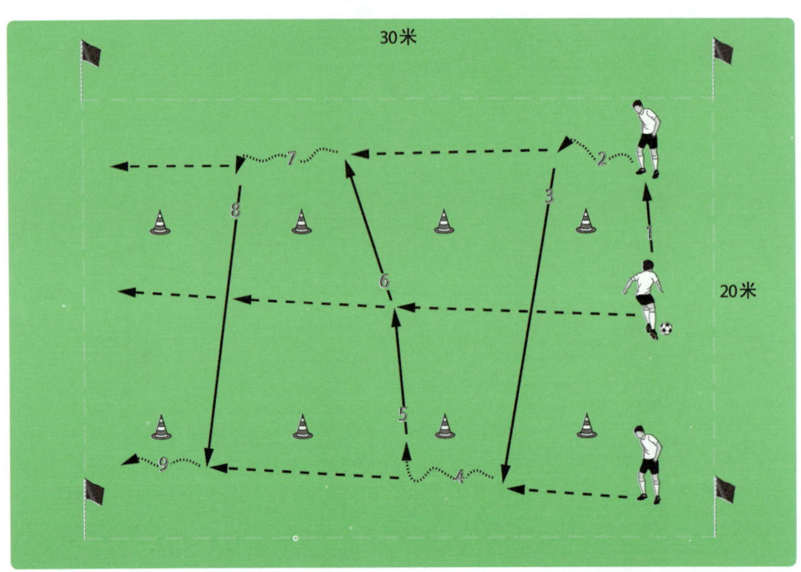

训练目标：

传球和跑动时机

训练说明：

三名队员在由标志锥组成的通道内互相传球，每隔一个标志锥需变化一次传球方式，外侧的两名队员可选择长传或短传。

常见错误：

传球和跑动时机不正确。

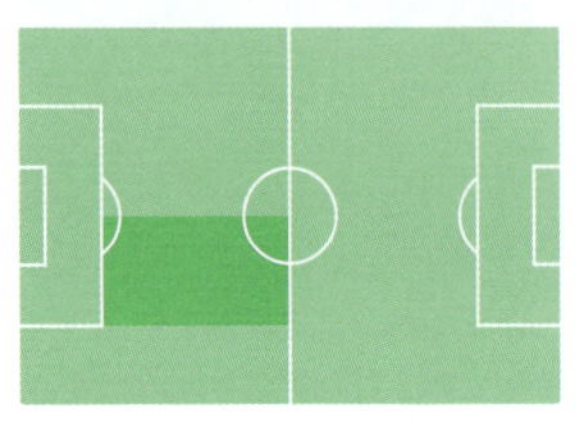

身体素质：⚽⚽⚽

技　　术：⚽⚽⚽⚽

战　　术：⚽⚽⚽

人数要求：3 名队员

训练时长：3×3 分钟

80 ◀ ▶ 82

传球过狭窄通道 I

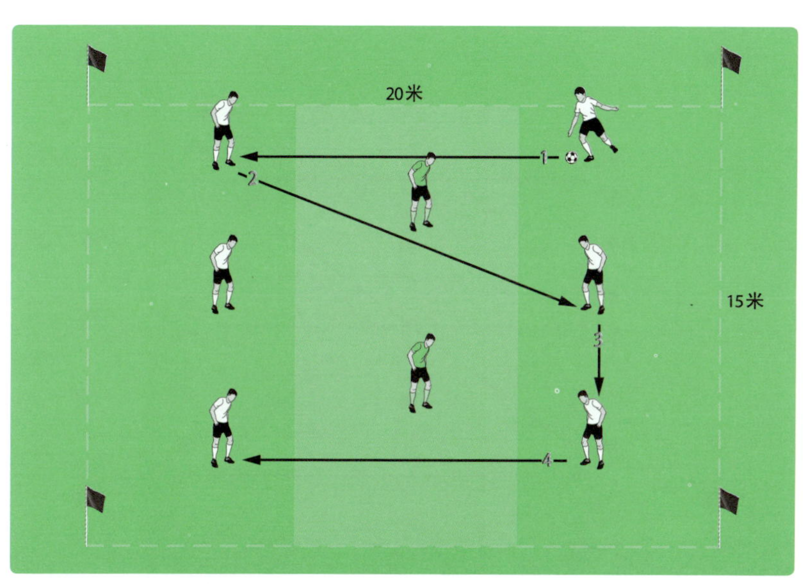

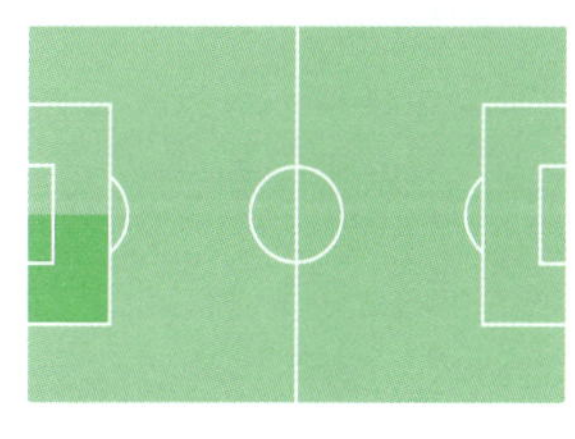

身体素质： ⚽⚽⚽

技　　术： ⚽⚽⚽⚽

战　　术： ⚽⚽⚽

人数要求： 8 名队员

训练时长： 3 × 3 分钟

81 ◀ ▶ 83

训练目标：

传球准确性、方向感

训练说明：

训练区域分为三部分，中间站两名队员，两侧各站三名队员，每名队员均不得离开所在部分。两侧的队员需尽可能多地将球踢过中间部分，传给对面的队员。两侧的队员最多可传球三次，每次传球最多可触球两次。

常见错误：

传球不准确、风险估计错误。

传球过狭窄通道 II

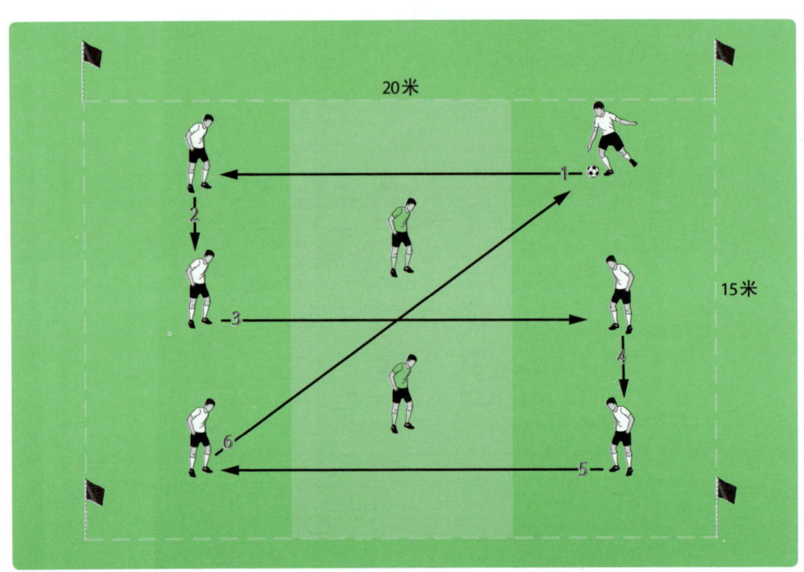

训练目标：

传球准确性、方向感

训练说明：

训练区域分为三部分，中间站两名队员，两侧各站三名队员，每名队员均不得离开所在部分。两侧的队员需尽可能多地将球踢过中间部分，传给对面的队员。两侧的队员最多可传球两次，每次传球均为一脚出球。

常见错误：

传球不准确、风险估计错误。

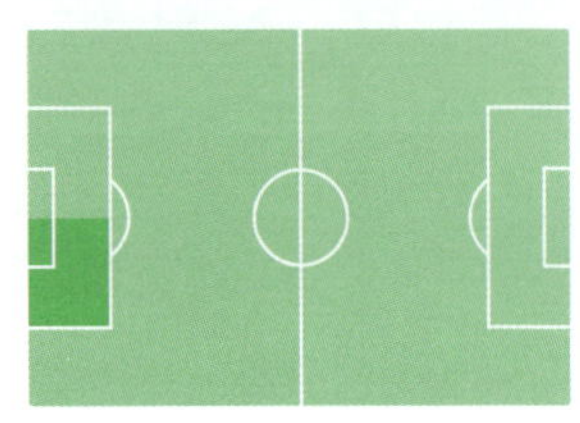

身体素质： ⚽⚽⚽
技　　术： ⚽⚽⚽⚽⚽
战　　术： ⚽⚽⚽

人数要求： 8 名队员
训练时长： 3 × 3 分钟

82 ◀ ▶ 84

传球过狭窄通道 III

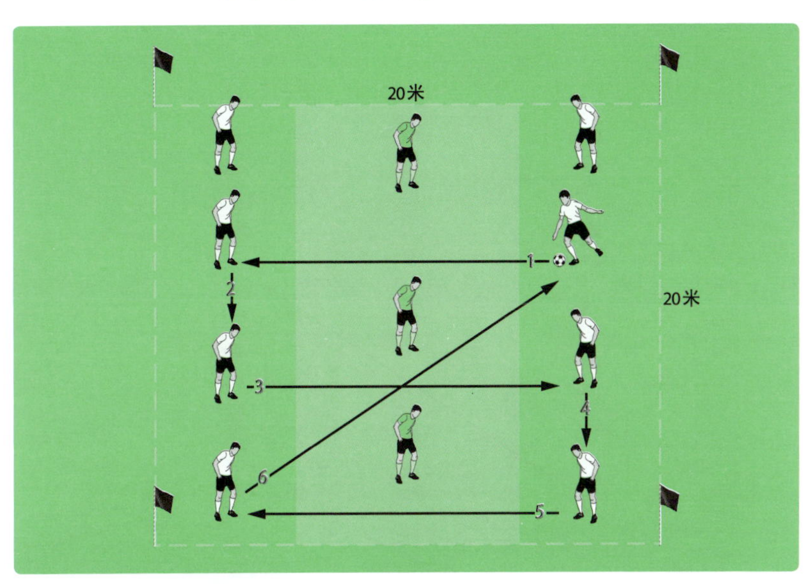

身体素质： ⚽⚽⚽

技　　术： ⚽⚽⚽⚽⚽

战　　术： ⚽⚽⚽

人数要求： 11 名队员

训练时长： 3 × 3 分钟

83 ◀ ▶ 85

训练目标：

传球准确性、方向感

训练说明：

训练区域分为三部分，中间站三名队员，两侧各站四名队员，每名队员均不得离开所在部分。两侧的队员需尽可能多地将球踢过中间部分，传给对面的队员。两侧的队员最多可传球三次，每次传球最多触球两次。

常见错误：

传球不准确、风险估计错误。

传球过狭窄通道Ⅳ

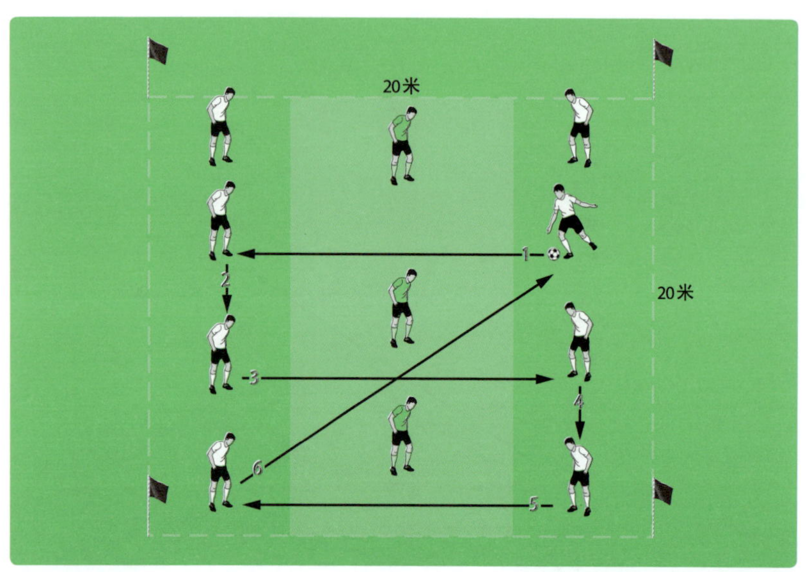

训练目标：

传球准确性、方向感

训练说明：

训练区域分为三部分，中间站三名队员，两侧各站四名队员，每名队员均不得离开所在部分。两侧的队员需尽可能多地将球踢过中间部分，传给对面的队员。两侧的队员最多可传球两次，每次传球均为一脚出球。

常见错误：

传球不准确、风险估计错误。

身体素质： ⚽⚽⚽

技　　术： ⚽⚽⚽⚽⚽

战　　术： ⚽⚽⚽⚽

人数要求： 11 名队员

训练时长： 3 × 3 分钟

84 ◀ ▶ 86

带位置变化的三角传球

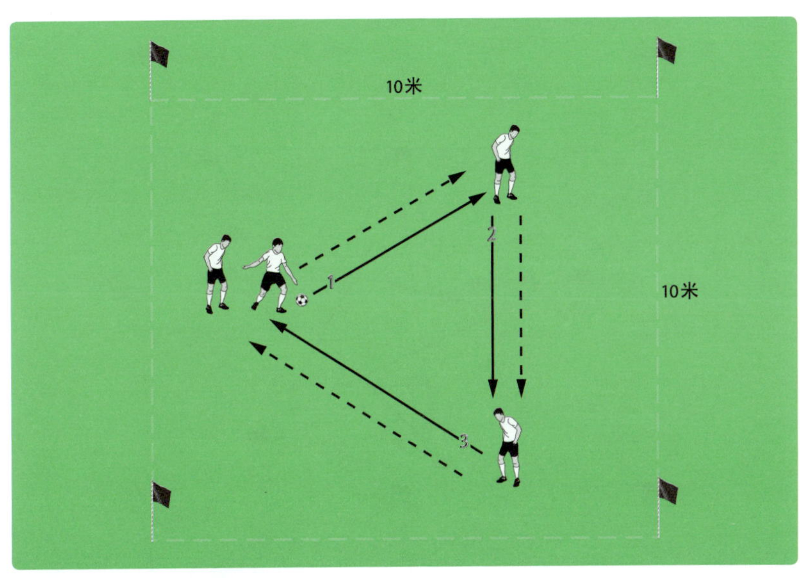

身体素质： ⚽⚽
技　　术： ⚽⚽⚽⚽
战　　术： ⚽

人数要求： 4 名队员
训练时长： 3×1 分钟

85 ◀ ▶ 87

训练目标：

运动中传球

训练说明：

队员站在三角形的三个角上，其中一个角站两名队员。两名队员中的一名向另外两个角上的队员传球，传球后立即沿球的前进线路跑动，并站在接球队员的位置上。

常见错误：

传球不准确。

带位置变化的五角传球

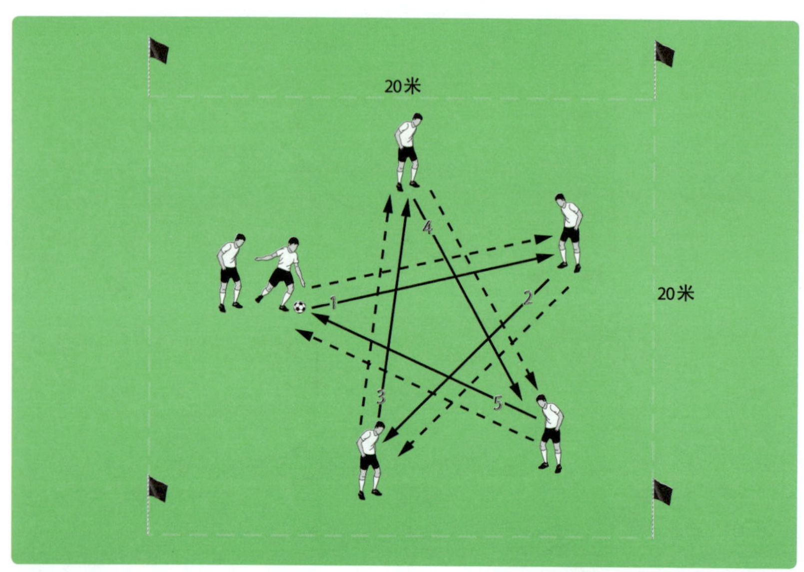

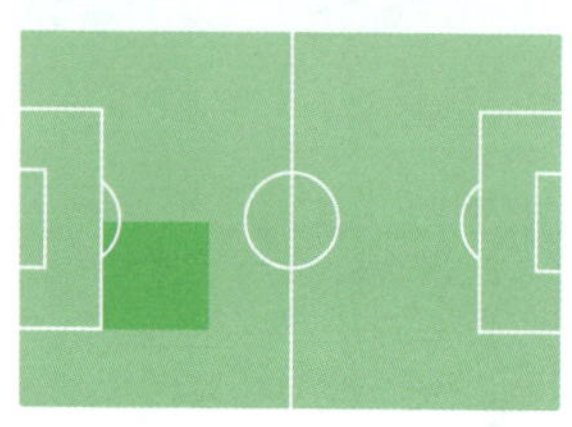

训练目标：

运动中传球

训练说明：

队员站在五角星形的五个角上，其中一个角站两名队员。两名队员中的一名向距离较远的任一队友传球，传球后立即沿球的前进线路跑动。接球队员接球后传给另一名距离较远的队友（不能传给之前传球的队友）。

常见错误：

传球不准确、传球对象错误。

身体素质： ⚽⚽

技　　术： ⚽⚽⚽⚽

战　　术： ⚽

人数要求： 6 名队员

训练时长： 3×3 分钟

86 ◀ ▶ 88

障碍传球

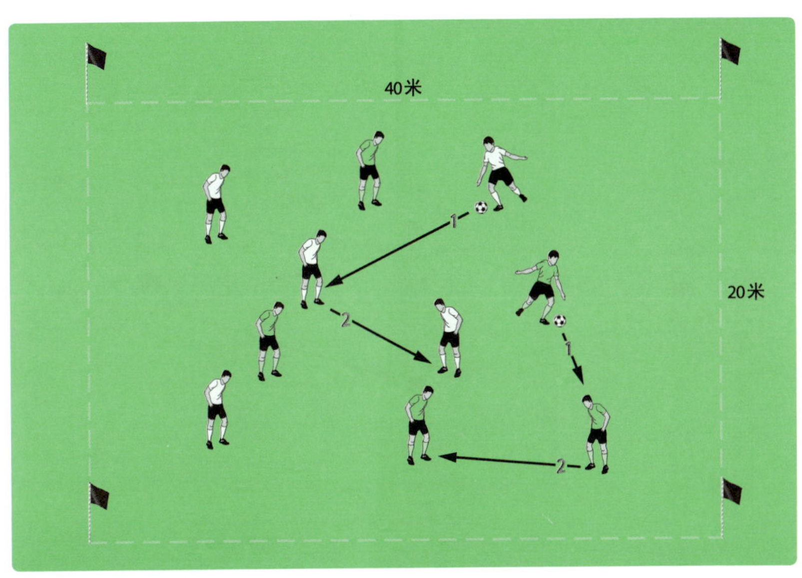

身体素质： ⚽⚽⚽

技　　术： ⚽⚽⚽⚽

战　　术： ⚽⚽

人数要求： 2 组队员

训练时长： 3 × 3 分钟

87 ◀ ▶ 89

训练目标：

区域内传球

训练说明：

两组队员在同一个场地内传球，只传给同组队员。

常见错误：

传球不准确、跑动线路选择不合理。

组合传球 I

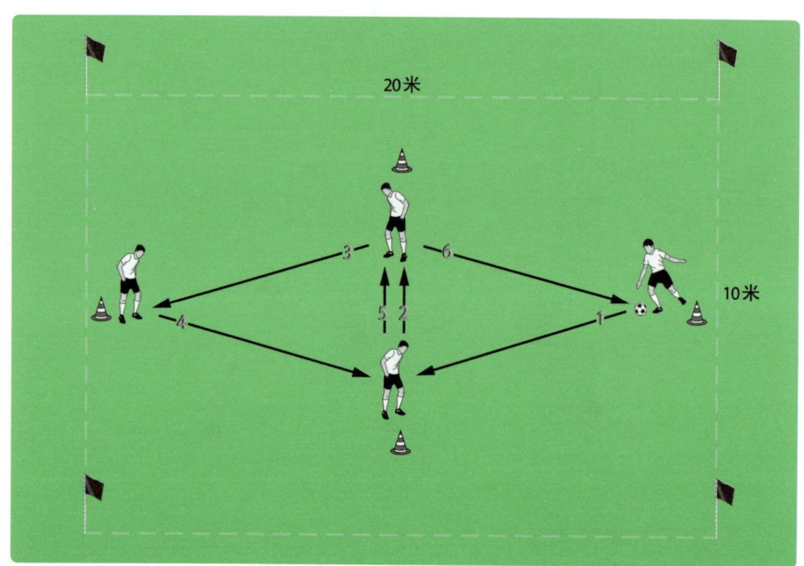

训练目标：

按规定传球

训练说明：

两名队员站在训练区域两侧，另外两名队员站在中间，根据图中要求互相一脚传球。中间的两名队员要保持较近的距离。

常见错误：

传球动作不正确。

身体素质： ⚽⚽

技　　术： ⚽⚽⚽⚽

战　　术： ⚽⚽

人数要求： 4 名队员

训练时长： 3 × 2 分钟

88 ◀ ▶ 90

组合传球 II

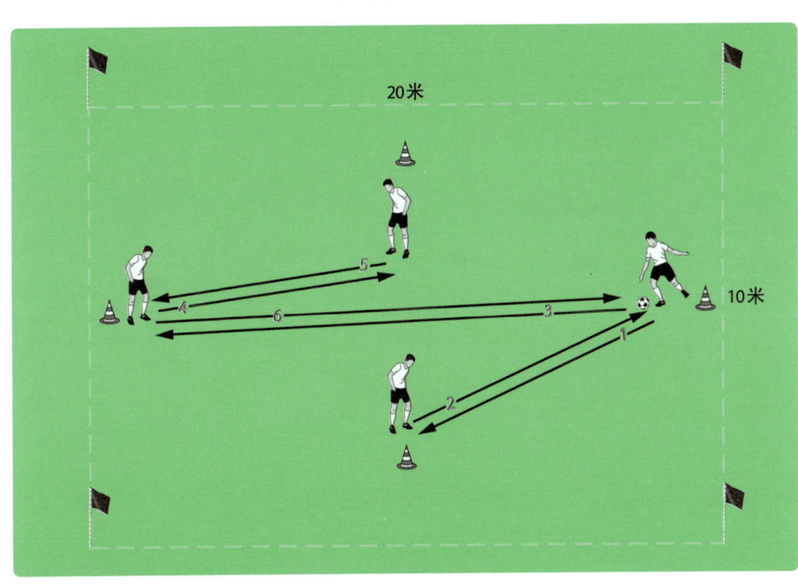

身体素质： ⚽⚽

技　　术： ⚽⚽⚽⚽

战　　术： ⚽⚽

人数要求： 4 名队员

训练时长： 3 × 2 分钟

89 ◀ ▶ 91

训练目标：

按规定传球

训练说明：

两名队员站在训练区域两侧，另外两名队员站在中间，根据图中要求互相一脚传球。中间的队员要保持较近的距离。

常见错误：

传球动作不正确。

组合传球Ⅲ

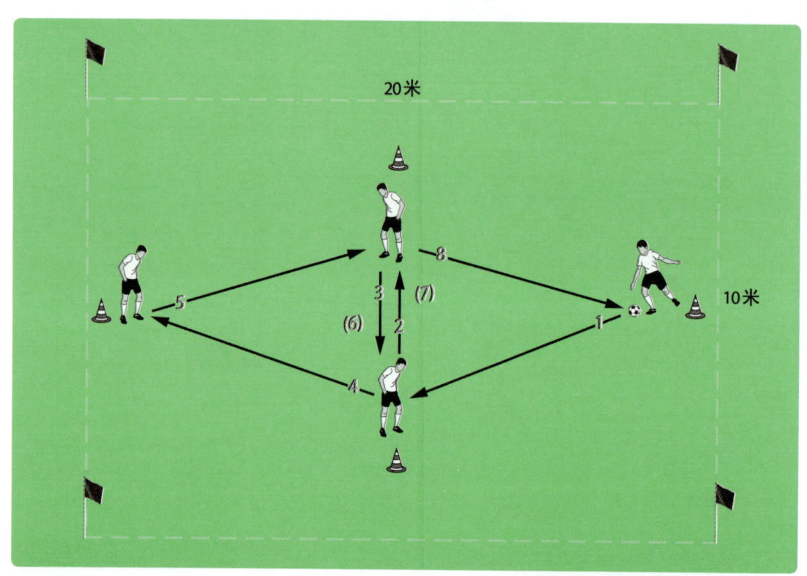

训练目标：

按规定传球

训练说明：

两名队员站在训练区域两侧，另外两名队员站在中间，根据图中要求互相一脚传球。中间的队员要保持较近的距离。

常见错误：

传球动作不正确。

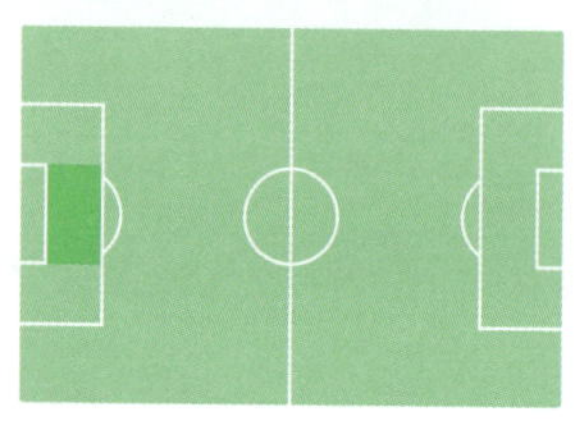

身体素质： ⚽⚽

技　　术： ⚽⚽⚽⚽

战　　术： ⚽⚽

人数要求： 4 名队员

训练时长： 3×2 分钟

90 ◀ ▶ 95

触球两次后传球

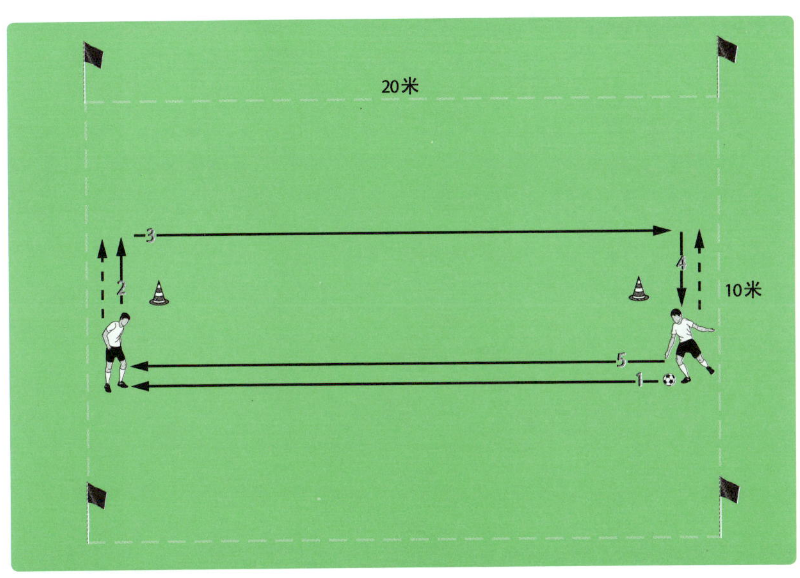

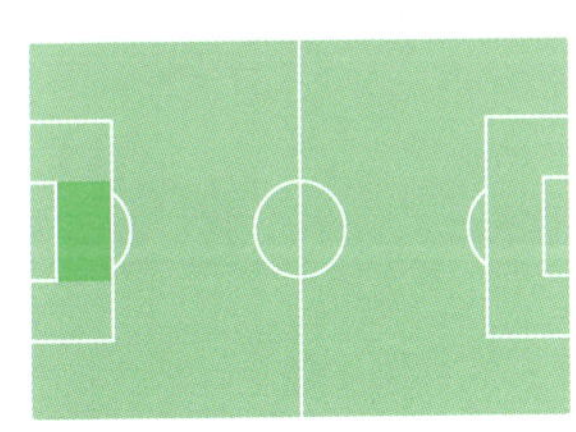

身体素质： ⚽
技　　术： ⚽⚽⚽⚽
战　　术： ⚽

人数要求： 2 人一组
训练时长： 3×2 分钟

78 ◀ ▶ 93

训练目标：

传球准确性、带球

训练说明：

两名队员相距 10 米，相向站立，每人身前放一个标志锥。一名队员传球到对面的标志锥附近，另一名队员触球一次，将球从标志锥后方带过后传给对面的队员。

常见错误：

传球不准确、带球不稳、时机把握不准。

按规定传球

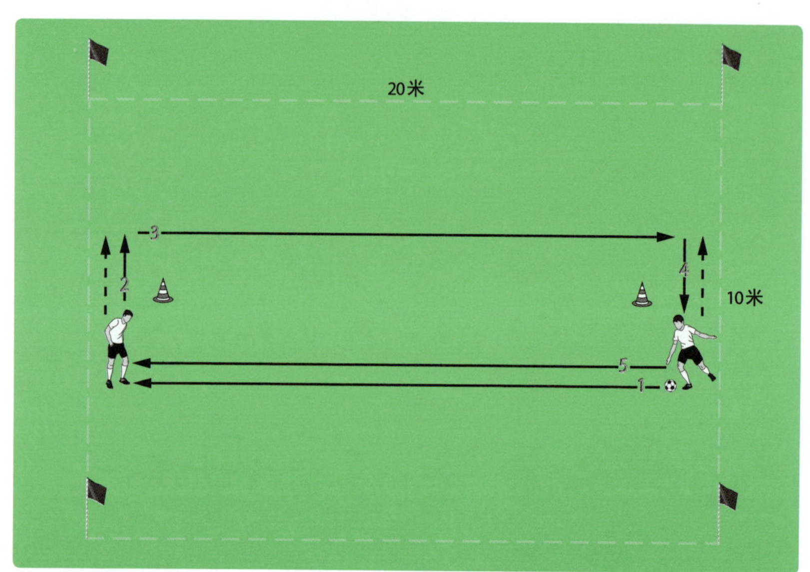

训练目标：

传球准确性、带球

训练说明：

两名队员相距 16 米，相向站立，每人身前放一个标志锥。一名队员传球到对面的标志锥附近，另一名队员触球一次，将球从标志锥后方带过后传给对面的队员。需按要求带球，如脚内侧带球，外脚背带球，等等。

常见错误：

传球不准确、带球不稳、时机把握不准。

身体素质： ⚽⚽

技　　术： ⚽⚽⚽⚽⚽

战　　术： ⚽

人数要求： 2 人一组

训练时长： 3 × 2 分钟

92 ◀ ▶ 103

三角传球

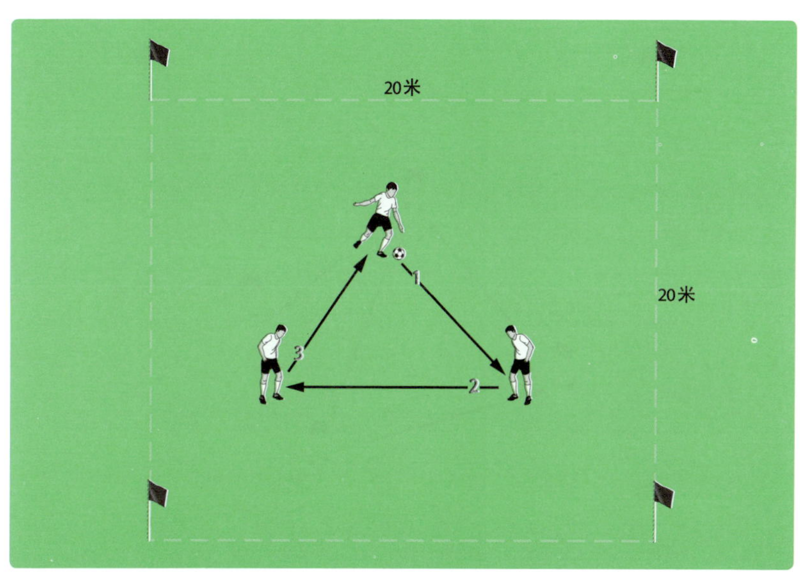

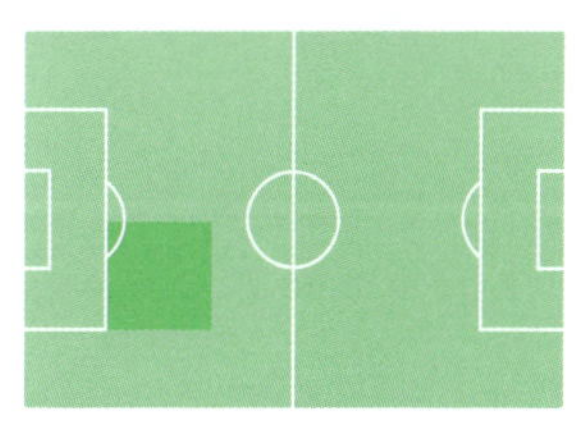

身体素质： ⚽⚽
技　　术： ⚽⚽⚽
战　　术： ⚽⚽

人数要求： 3 名队员
训练时长： 3×2 分钟

81 ◀ ▶ 95

训练目标：

传球准确性、跑动意识

训练说明：

三名队员在运动中一脚传球。球和队员都要一直处于运动状态。

常见错误：

缺乏位置变化、跑动意识差。

四角传球

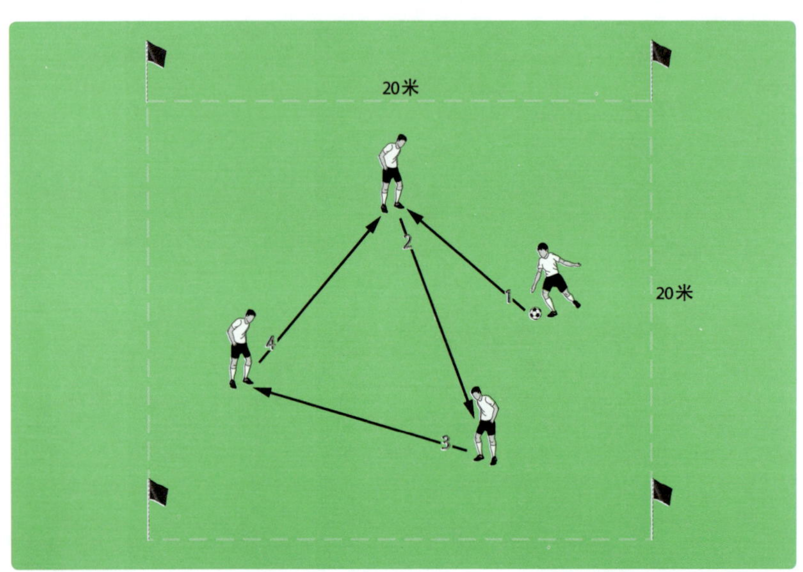

训练目标：

传球准确性、跑动意识

训练说明：

四名队员在运动中一脚传球。球和队员都要一直处于运动状态。

常见错误：

缺乏位置变化、跑动意识差。

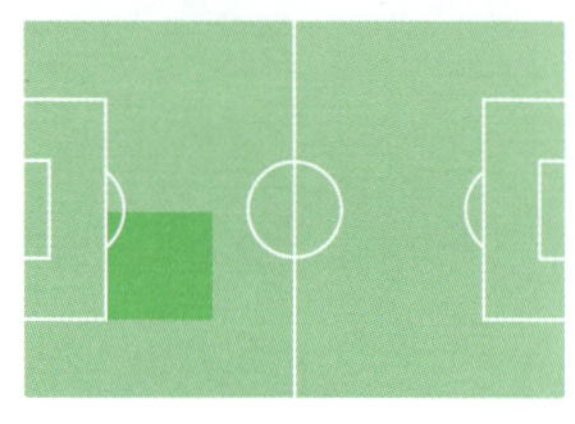

身体素质： ⚽⚽

技　　术： ⚽⚽⚽

战　　术： ⚽⚽

人数要求： 4 名队员

训练时长： 3×2 分钟

94 ◀ ▶ 96

四对一

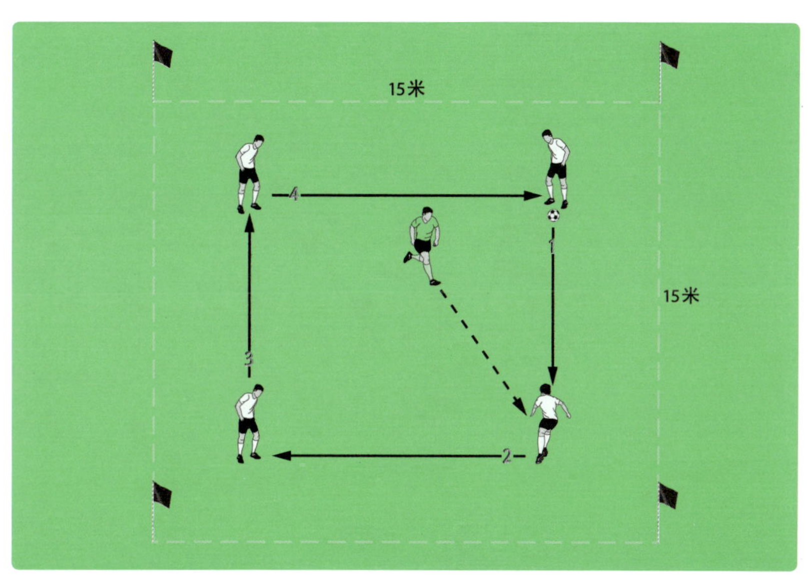

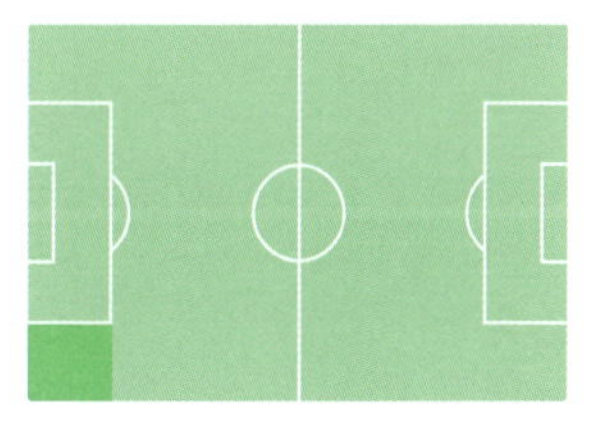

身体素质： ⚽⚽

技　　术： ⚽⚽⚽

战　　术： ⚽⚽

人数要求： 5 名队员

训练时长： 3×2 分钟

95 ◀ ▶ 97

训练目标：

传球准确性、跑动意识

训练说明：

四名队员在训练区域内一脚传球。第五名队员负责断球，断球后与被断球队员互换角色。

常见错误：

传球不准确、跑动意识差。

三对一

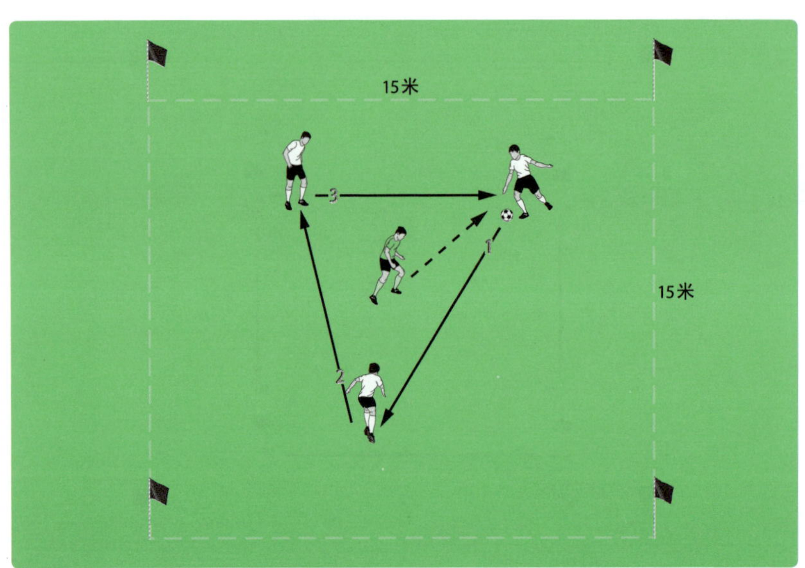

训练目标：

传球意识、无球跑动

训练说明：

三名队员在训练区域内一脚传球。第四名队员负责断球，断球后与被断球队员互换角色。

常见错误：

传球不准确、无球跑动意识差。

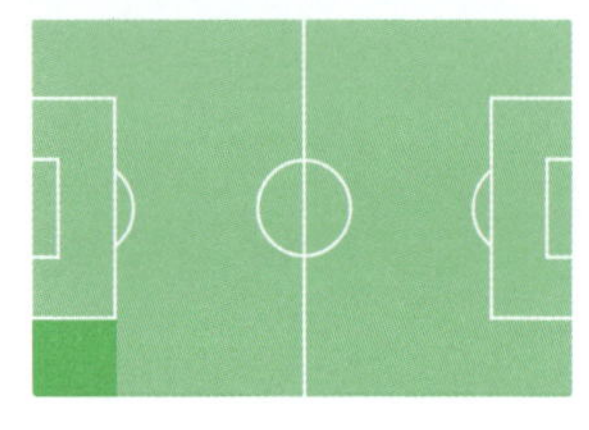

身体素质： ⚽⚽⚽

技　　术： ⚽⚽⚽

战　　术： ⚽⚽

人数要求： 4 名队员

训练时长： 3×2 分钟

96 ◀ ▶ 98

五对二

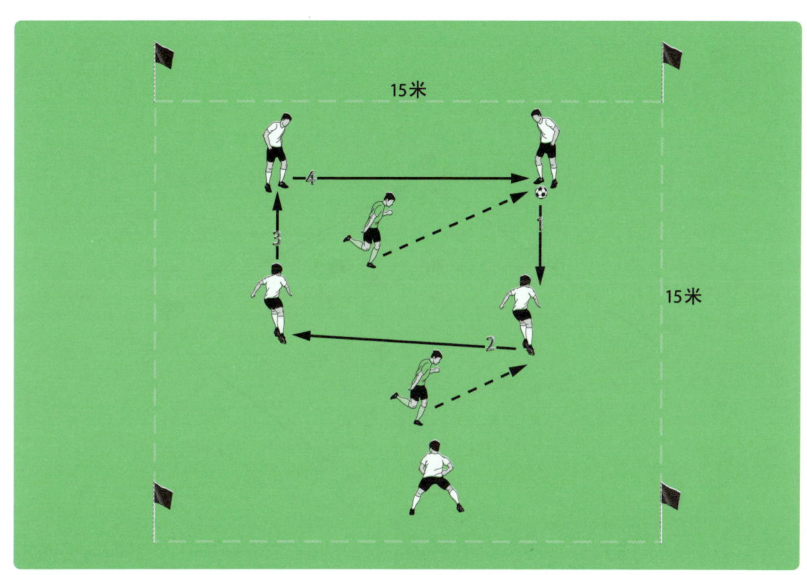

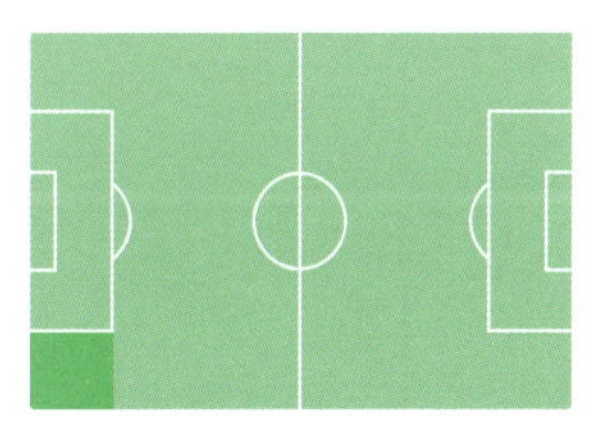

身体素质： ⚽⚽

技　　术： ⚽⚽⚽

战　　术： ⚽⚽

人数要求： 7名队员

训练时长： 4×3分钟

97 ◀ ▶ 100

训练目标：

传球准确性、跑动意识

训练说明：

五名队员在训练区域内一脚传球。剩下的两名队员站在规定区域中心断球，断球后与被断球队员互换角色。

常见错误：

传球不准确、无球跑动意识差。

带得分区的四对二传球

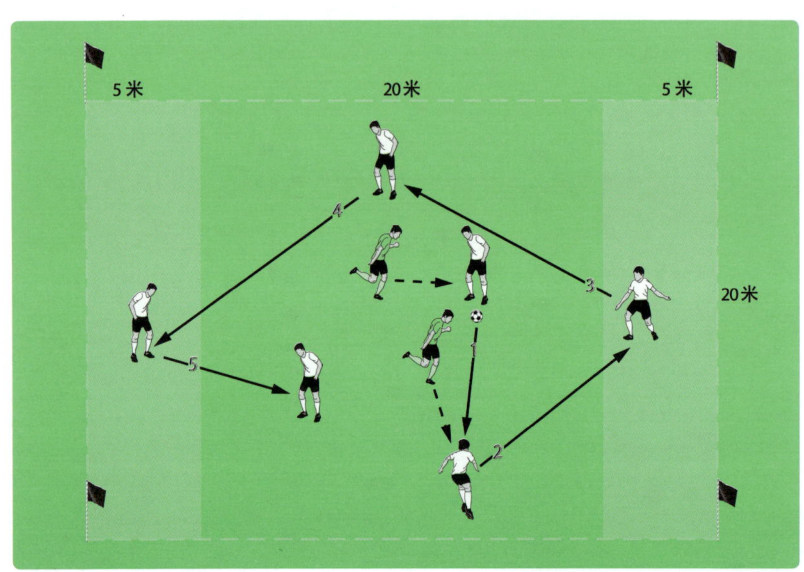

训练目标：

传球准确性、跑动意识

训练说明：

训练区域两侧的得分区各站一名队员，其他队员进行四对二传球。人数多的一队队员将球传给两侧得分区的队员。得分区的队员接球后立即将球传回，然后四名队员继续尝试将球传给另一侧得分区的队员。

常见错误：

传球过于拖沓。

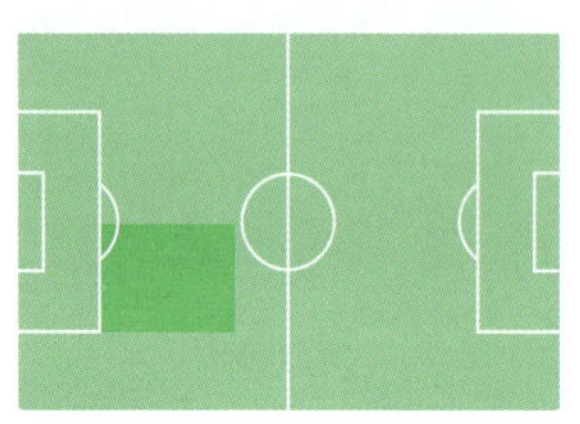

身体素质： ⚽⚽⚽⚽

技　　术： ⚽⚽⚽⚽⚽

战　　术： ⚽⚽⚽

人数要求： 8 名队员

训练时长： 4×3 分钟

95 ◀ ▶ 100

带得分区的五对三传球

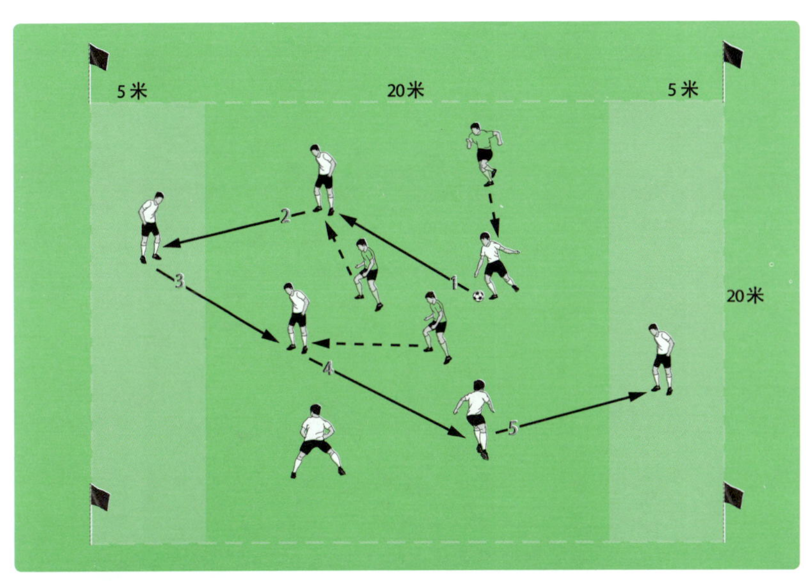

身体素质： ⚽⚽⚽⚽
技　　术： ⚽⚽⚽⚽⚽
战　　术： ⚽⚽⚽⚽

人数要求： 10名队员
训练时长： 4×3分钟

99 ◀ ▶ 244

训练目标：

传球准确性、跑动意识

训练说明：

训练区域两侧的得分区各站一名队员，其他队员进行五对三传球。人数多的一组队员将球传给两侧得分区的队员。得分区的队员接球后立即将球传回，然后五名队员继续尝试将球传给另一侧得分区的队员。

常见错误：

传球过于拖沓、人数多的球队传球配合不佳。

区域内三对三

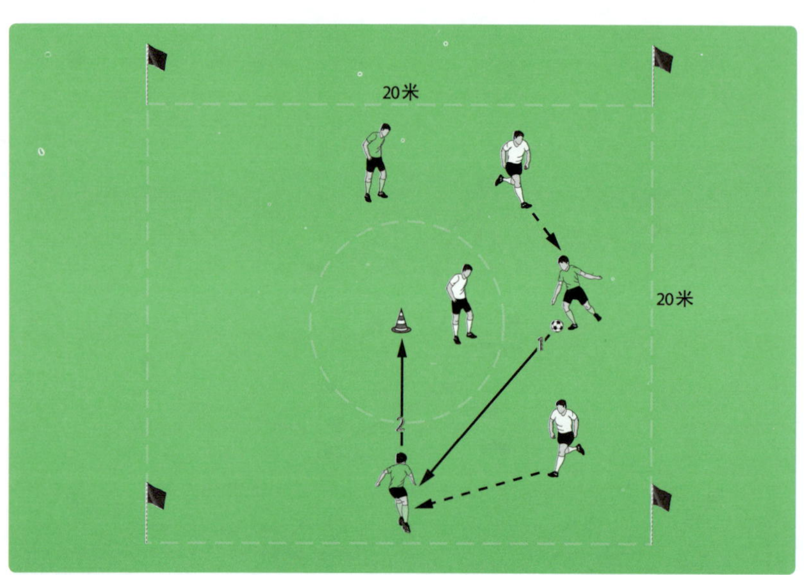

训练目标：

快速传球

训练说明：

在圆形区域内用标志锥代表球门，一名队员负责把守。圆形区域外进行三对二练习，人数较多的一组要用球踢中标志锥。除了圆形区域内把守球门的队员，其他人不得进入圆形区域。

常见错误：

传球过慢。

身体素质： ⚽⚽⚽⚽⚽
技　　术： ⚽⚽⚽⚽⚽
战　　术： ⚽⚽⚽⚽

人数要求： 6 名队员
训练时长： 3 × 3 分钟

100 ◀ ▶ 240

使用弱侧脚比赛

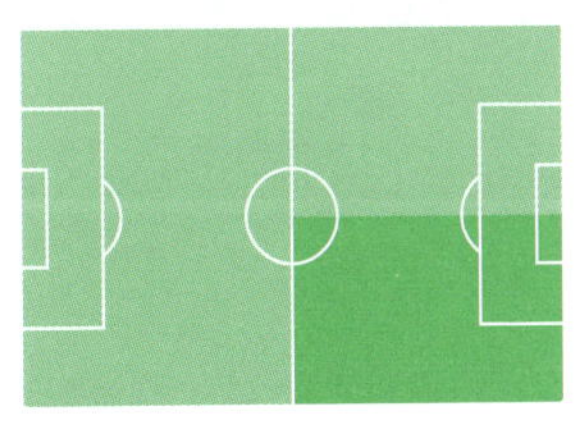

身体素质： ⚽⚽
技　　术： ⚽⚽⚽⚽⚽
战　　术： ⚽⚽⚽

人数要求： 2 组队员
训练时长： 15 分钟

63 ◀ ▶ 104

训练目标：

弱侧脚技术

训练说明：

自由比赛，但只能用弱侧脚触球。

常见错误：

惯用脚触球、停球位置不好。

触球次数有限制的比赛

训练目标：

控球

训练说明：

自由比赛，每名队员每次最多可触球两次。

常见错误：

第一次触球没有为下面的动作做好准备。

身体素质： ⚽⚽

技　　术： ⚽⚽⚽⚽⚽

战　　术： ⚽⚽⚽⚽

人数要求： 2 组队员

训练时长： 15 分钟

93 ◀ ▶ 263

只可一脚出球的比赛

身体素质：⚽⚽
技　　术：⚽⚽⚽⚽⚽
战　　术：⚽⚽⚽⚽

人数要求：2 组队员
训练时长：15 分钟

102 ◀▶ 264

训练目标：

一脚传球

训练说明：

自由比赛，每名队员只能一脚出球。

常见错误：

技术能力欠缺、专注力差。

绕中心点带球

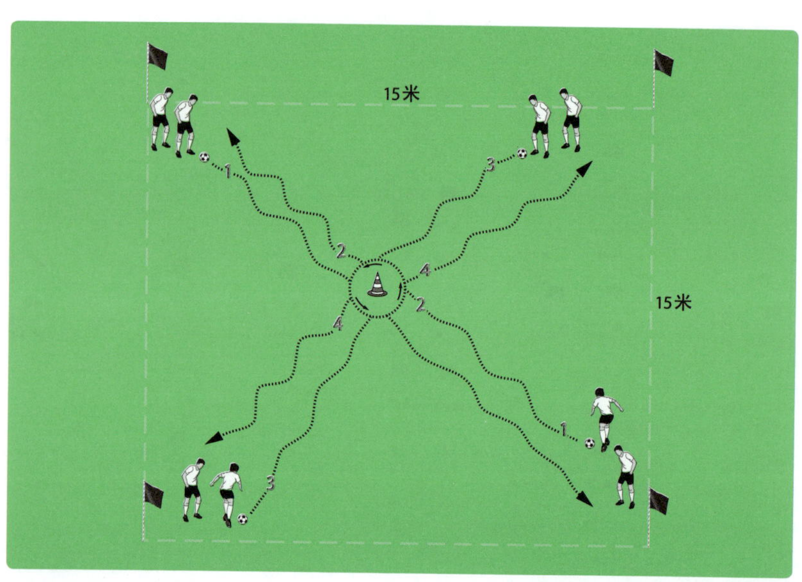

训练目标：

带球、变向

训练说明：

四组队员分别站在正方形训练区域的四个角。听到口令后在对角线上的两组最前面的队员开始向前带球，在中心点标志锥的右侧绕过，之后带球回到队伍中。另外两组的队员延时出发，进行同样的训练。

常见错误：

带球能力欠缺、跑动时机把握不准。

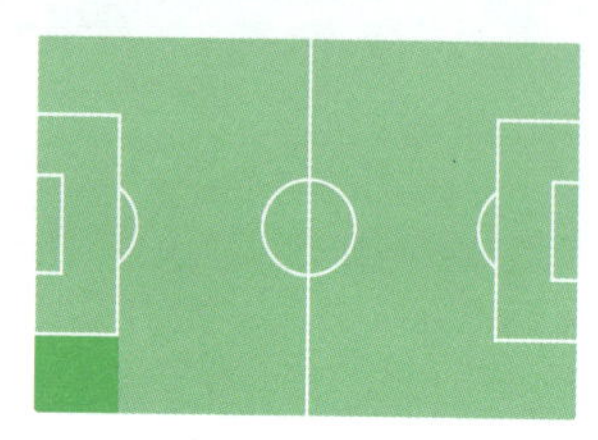

身体素质： ⚽⚽

技　　术： ⚽⚽⚽

战　　术： ⚽

人数要求： 4 组队员

训练时长： 3 × 3 分钟

1 ◀ ▶ 106

带球绕过中心点后传球

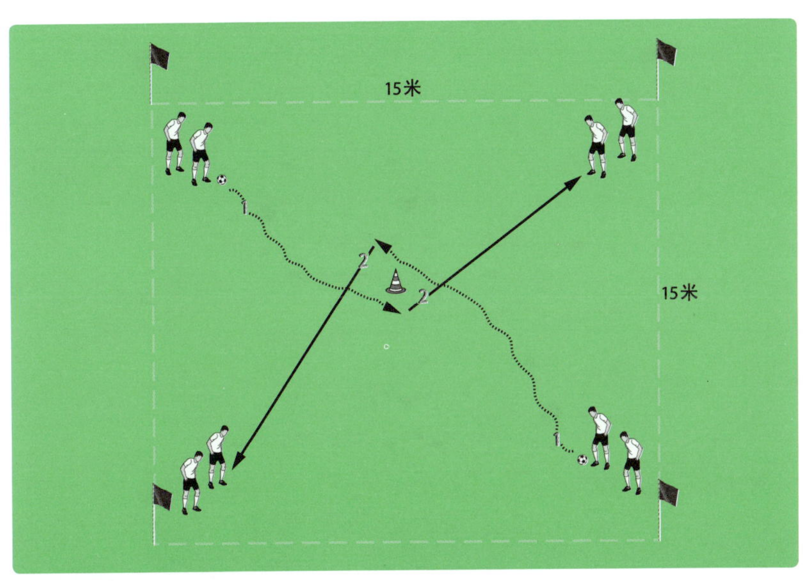

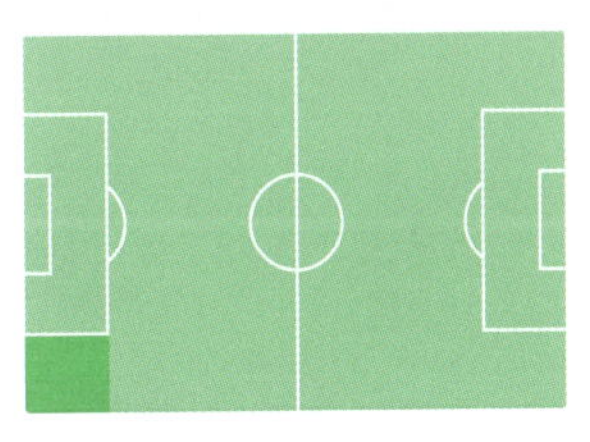

身体素质： ⚽⚽

技　　术： ⚽⚽⚽

战　　术： ⚽

人数要求： 4 组队员

训练时长： 3×3 分钟

105 ◀ ▶ 107

训练目标：

带球、传球

训练说明：

四组队员分别站在正方形训练区域的四个角。听到口令后在对角线上的两组最前面的队员开始向前带球，在中心点标志锥的右侧绕过，再将球传给其左侧那组的队友。另外两组的队员接球进行同样的训练。

常见错误：

带球能力欠缺、起跑时机把握不准、传球不好。

带球变向

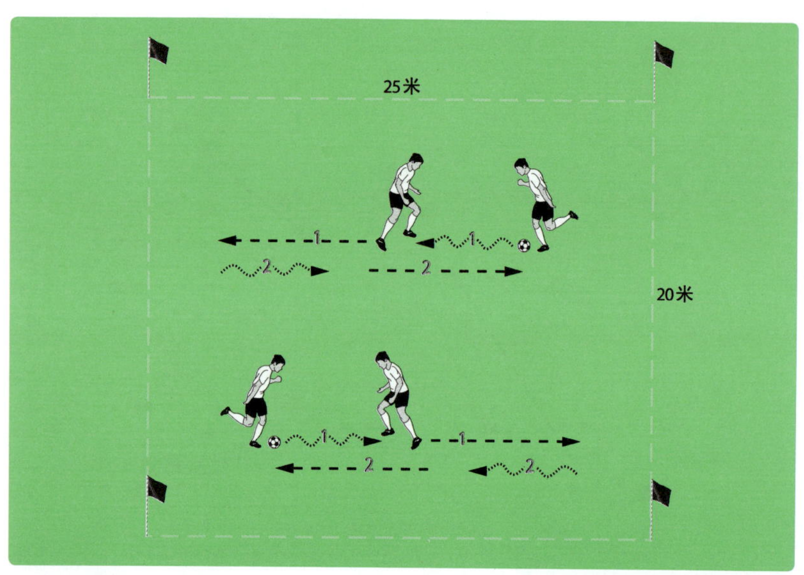

训练目标：

带球、变向

训练说明：

一名队员面向另一名队员带球，另一名队员不断后退。听到口令后带球队员停下，转为不带球往后退，另一名队员面向这名队员带球前进。

常见错误：

变向太慢、带球时球离身体过远。

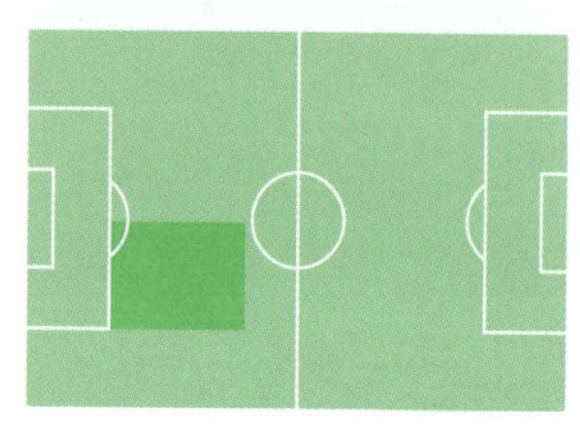

身体素质： ⚽⚽⚽⚽⚽

技　　术： ⚽⚽⚽⚽

战　　术： ⚽

人数要求： 2 人一组

训练时长： 5 × 30 秒

106 ◀ ▶ 108

向防守队员一侧带球

身体素质： ⚽⚽⚽⚽

技　　术： ⚽⚽⚽⚽⚽

战　　术： ⚽⚽

人数要求： 2 人一组

训练时长： 5 × 30 秒

107 ◀ ▶ 109

训练目标：

带球

训练说明：

持球队员在训练区域内向防守队员身后带球。

常见错误：

带球时球离身体过远。

带球接力

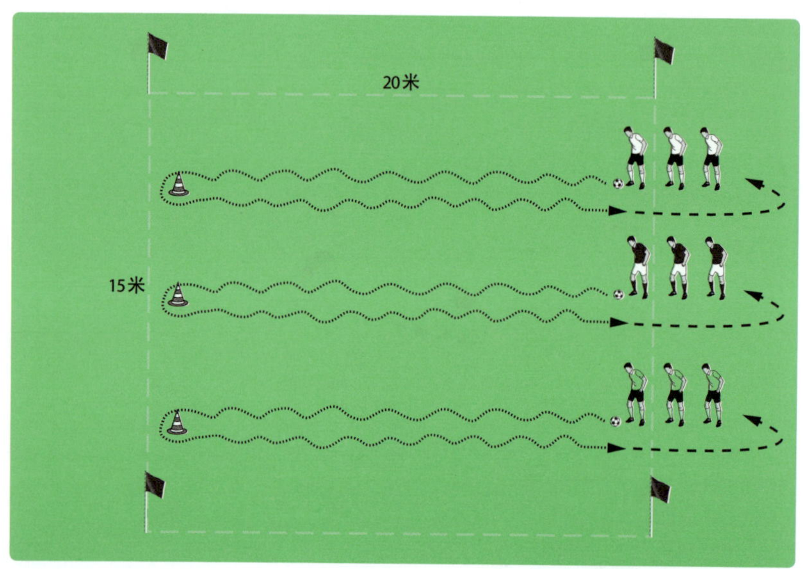

训练目标：

快速带球

训练说明：

每组的第一名队员听到口令后向前带球，绕过标志锥后将球交给本组下一名队员。

常见错误：

给球质量差、带球时球离身体过远。

身体素质： ⚽⚽⚽

技　　术： ⚽⚽⚽⚽

战　　术： ⚽

人数要求： 3 组队员

训练时长： 3×4 分钟

108 ◀ ▶ 110

带球—传球接力

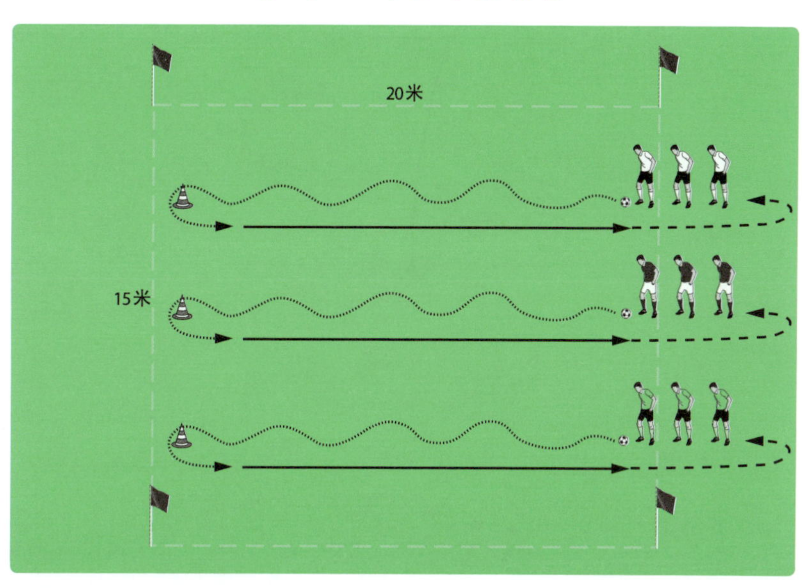

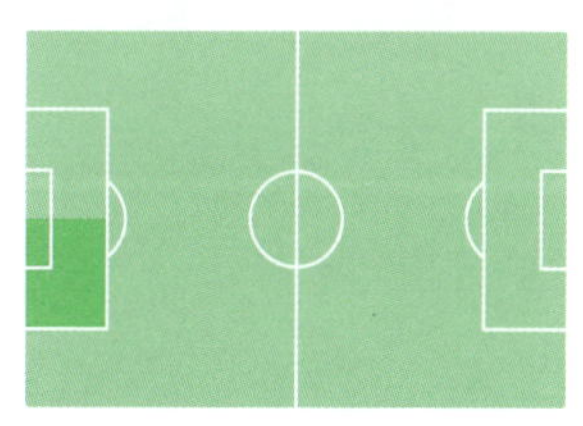

身体素质： ⚽⚽⚽

技　　术： ⚽⚽⚽⚽

战　　术： ⚽

人数要求： 3 组队员

训练时长： 3 × 4 分钟

109 ◀ ▶ 111

训练目标：

快速带球并传球

训练说明：

每组的第一名队员听到口令后向前带球，绕过标志锥后将球传给本组下一名队员。

常见错误：

传球不准、带球时球离身体过远。

带球并射门

训练目标：

快速带球绕过标志锥

训练说明：

队员快速带球绕过多个标志锥，然后射门。

常见错误：

带球时球离身体过远、射门质量差。

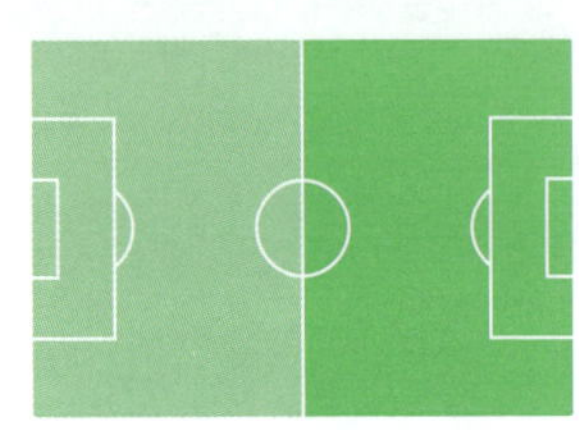

身体素质： ⚽⚽⚽⚽

技　　术： ⚽⚽⚽⚽

战　　术： ⚽

人数要求： 1 名队员

训练次数： 5 ～ 8 次

110 ◀ ▶ 116

带两球接力

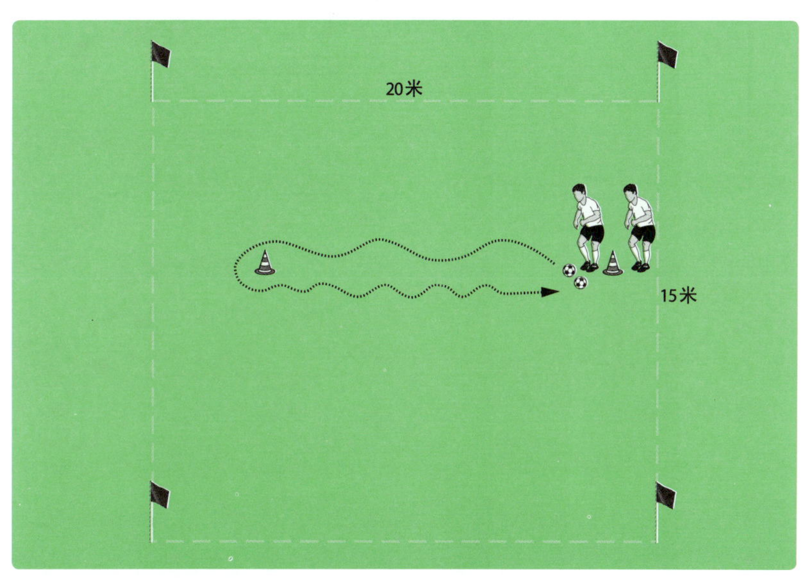

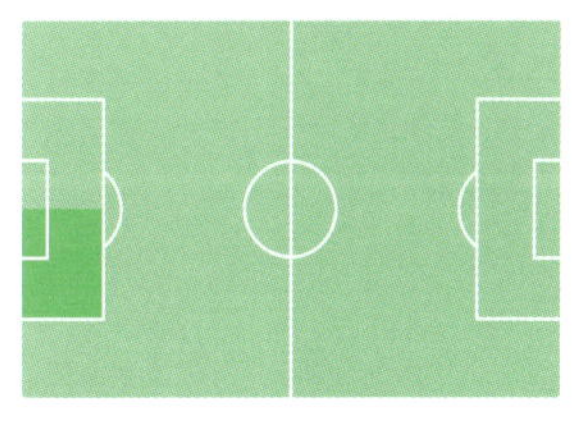

身体素质： ⚽⚽⚽

技　　术： ⚽⚽⚽⚽⚽

战　　术： ⚽

人数要求： 2 人一组

训练时长： 3 × 1 分钟

109 ◀ ▶ 114

训练目标：

快速带球并传球

训练说明：

一名队员脚下带两个球绕过标志锥，然后将球交给队友。

常见错误：

带球时球离身体过远。

弯道带球

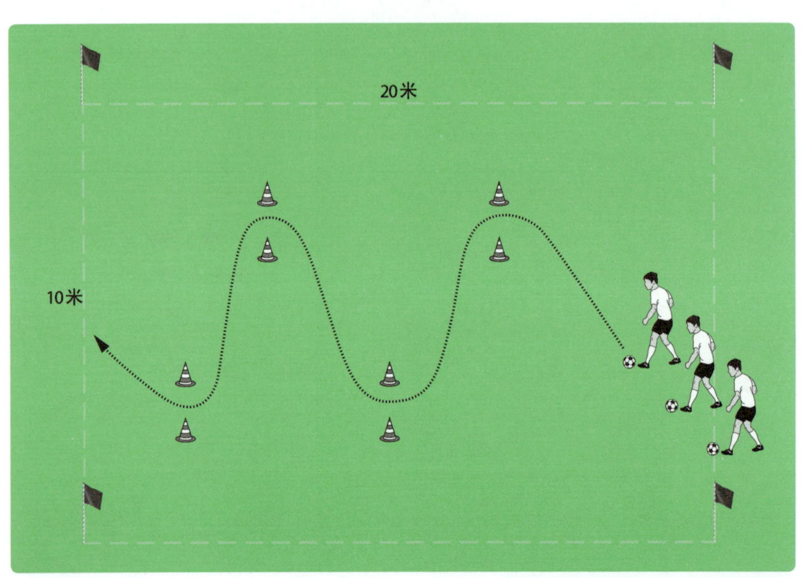

训练目标：

带球

训练说明：

队员以最快速度带球通过标志锥组成的弯道。

常见错误：

带球时球离身体过远。

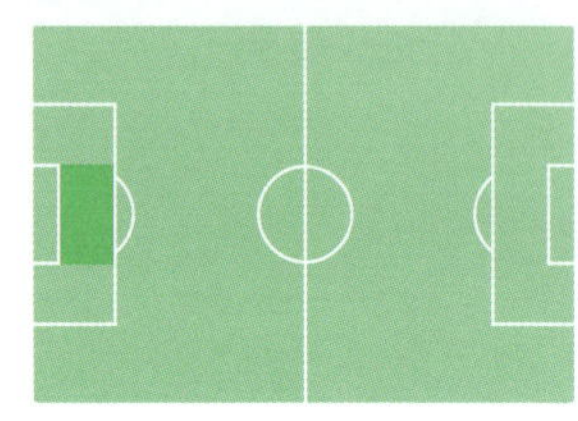

身体素质： ⚽⚽⚽

技　　术： ⚽⚽⚽⚽⚽

战　　术： ⚽

人数要求： 1 名队员

训练次数： 5 ～ 10 次

105 ◀ ▶ 114

弯道内同时带两球

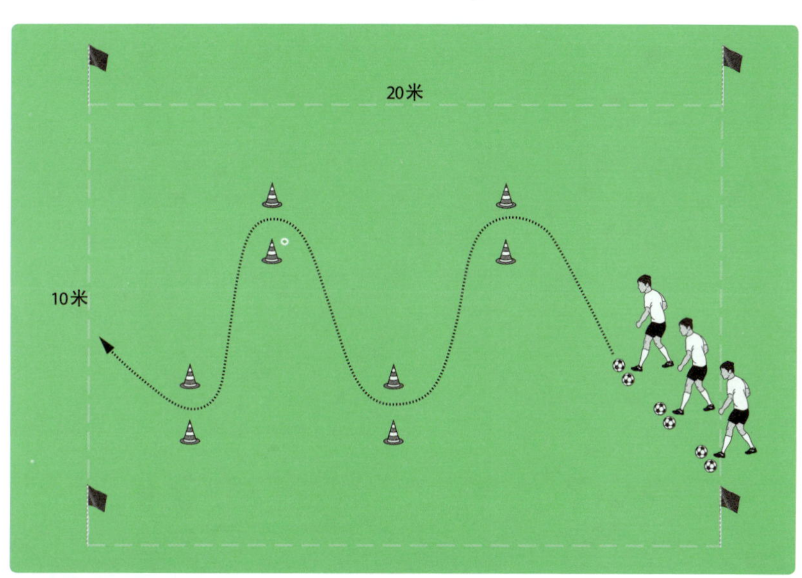

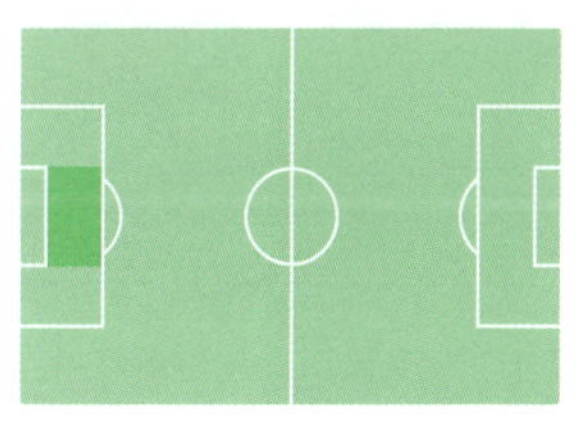

身体素质： ⚽⚽⚽⚽

技　　术： ⚽⚽⚽⚽⚽⚽

战　　术： ⚽

人数要求： 1 名队员

训练次数： 5 ～ 10 次

112 ◀ ▶ 115

训练目标：

带球

训练说明：

队员同时带两球以最快速度通过标志锥组成的弯道。

常见错误：

带球时球离身体过远。

小组带球

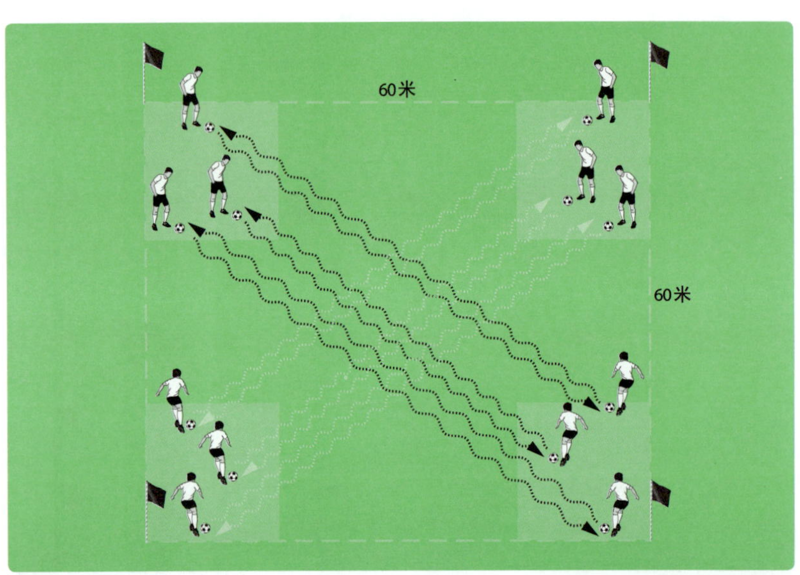

训练目标：

小组带球

训练说明：

队员分为四组，每名队员一个足球，听到口令后带球按对角线方向交换位置。

常见错误：

带球时球离身体过远、反应能力和专注力差。

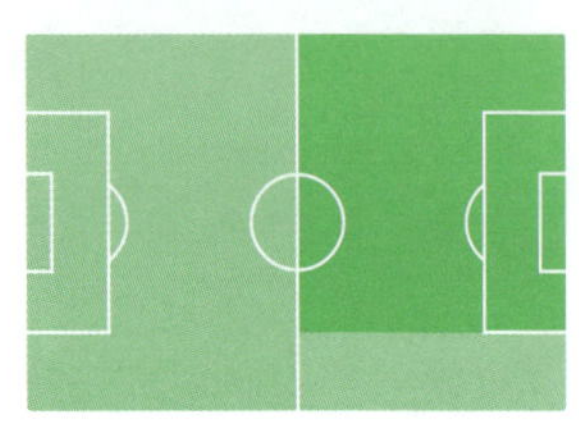

身体素质： ⚽⚽⚽⚽

技　　术： ⚽⚽⚽⚽⚽

战　　术： ⚽

人数要求： 4 组队员

训练次数： 5 ～ 10 次

114 ◀ ▶ 116

带球快速跑

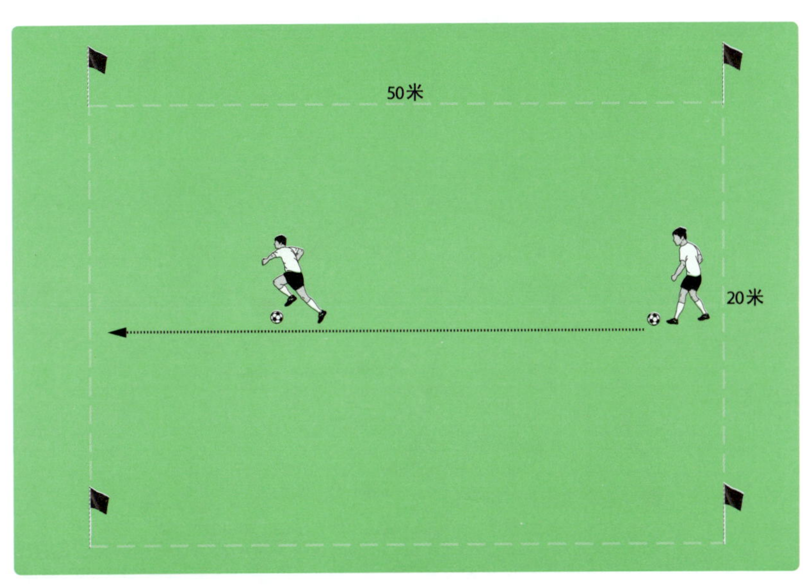

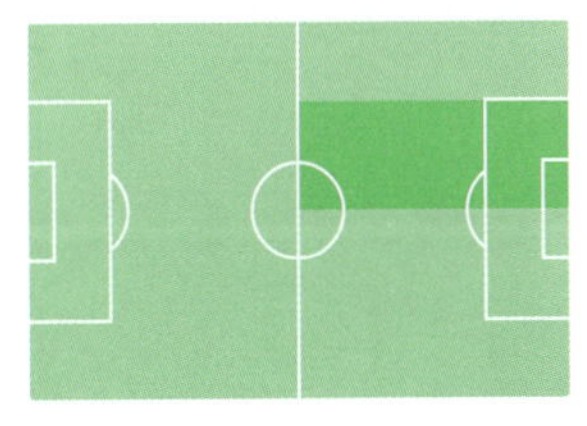

身体素质： ⚽⚽⚽⚽⚽
技　　术： ⚽⚽⚽⚽⚽
战　　术： ⚽

人数要求： 1 名队员
训练次数： 8 ～ 10 次

115 ◀ ▶ 140

训练目标：

快速带球

训练说明：

队员需要带球加速跑，并在带球过程中尽可能多触球。

常见错误：

带球时球离身体过远。

定向头球 I

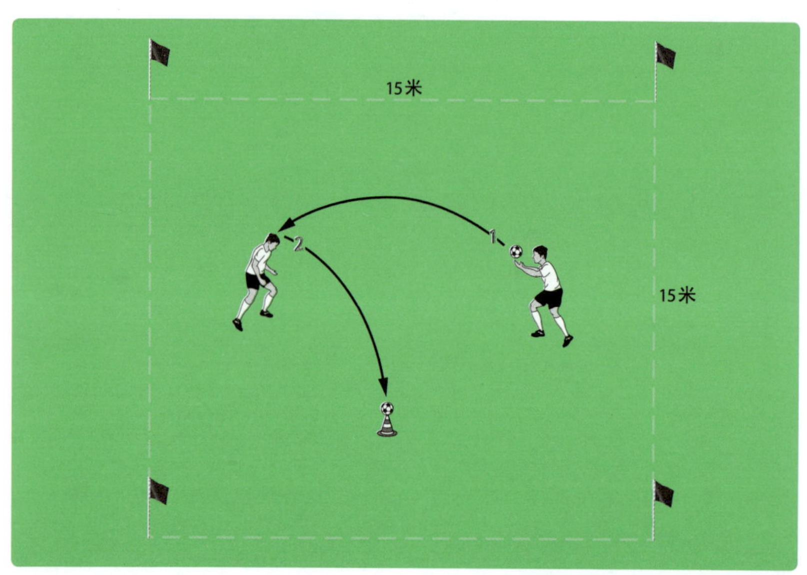

训练目标：

有目标的头球

训练说明：

一名队员用手掷球，另一名队员用头将球顶到事先摆好的标志锥处。

常见错误：

头球时没有下压动作。

身体素质：⚽⚽

技　　术：⚽⚽⚽⚽⚽

战　　术：⚽

人数要求：2 人一组

训练时长：5 分钟

4 ◀ ▶ 118

定向头球 II

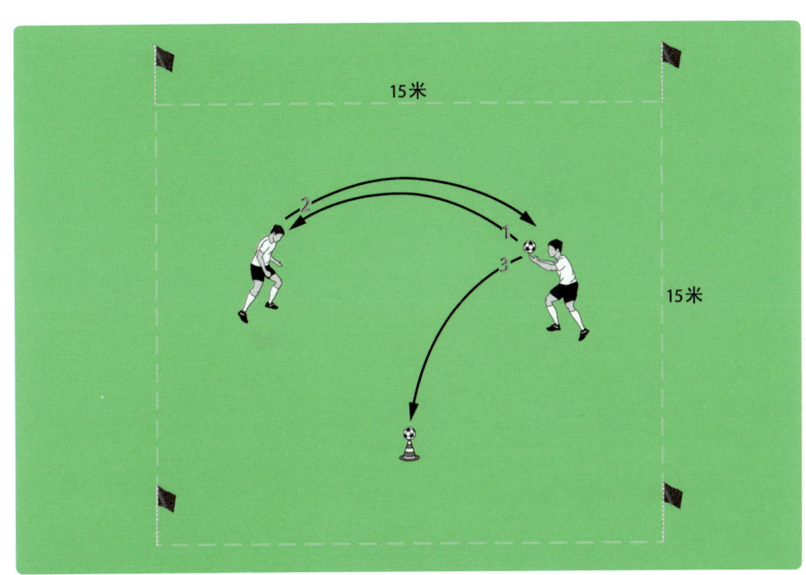

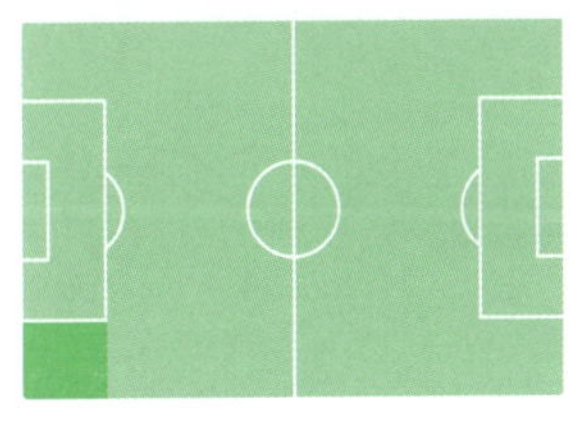

身体素质： ⚽⚽
技　　术： ⚽⚽⚽⚽⚽⚽
战　　术： ⚽

人数要求： 2人一组
训练时长： 5分钟

117 ◀ ▶ 128

训练目标：

有目标的头球

训练说明：

一名队员用手掷球，另一名队员用头将球顶回给队友，后者则用头将球顶到事先摆好的标志锥处。

常见错误：

头球时没有下压动作。

空中传递 I

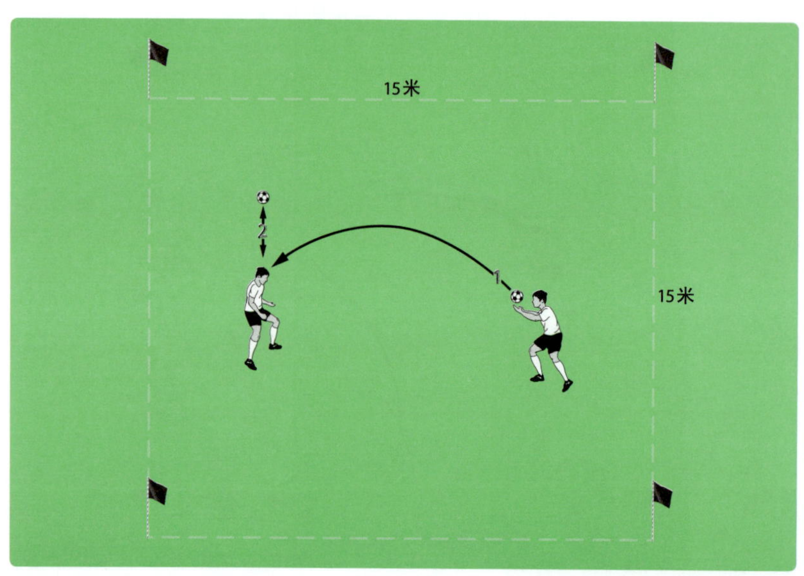

训练目标：

头球

训练说明：

一名队员用手掷高空球，另一名队员接球后，用头尽可能多颠球。

常见错误：

触球位置不准确。

身体素质： ⚽⚽

技　　术： ⚽⚽⚽⚽

战　　术： ⚽

人数要求： 2 人一组

训练时长： 5 分钟

4 ◀ ▶ 120

空中传递 II

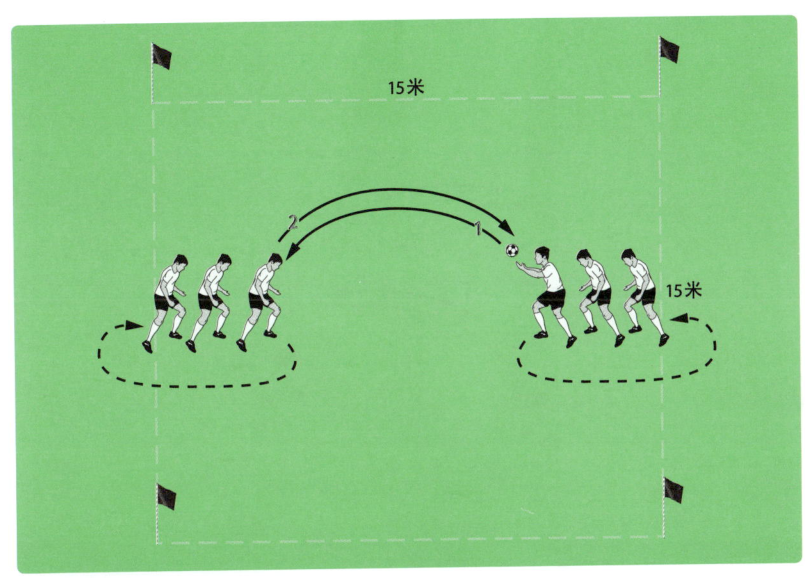

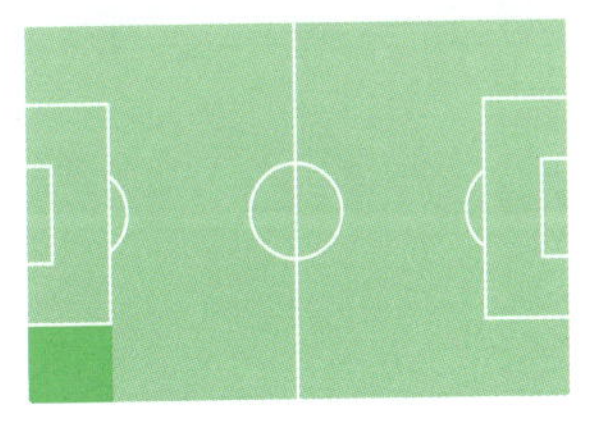

身体素质： ⚽⚽

技　　术： ⚽⚽⚽⚽

战　　术： ⚽

人数要求： 2 组队员

训练时长： 5 分钟

119 ◀ ▶ 121

训练目标：

头球

训练说明：

两组队员用头给对面队友传球，使球在空中传递不落地。

常见错误：

头球传球不准确。

空中传递 III

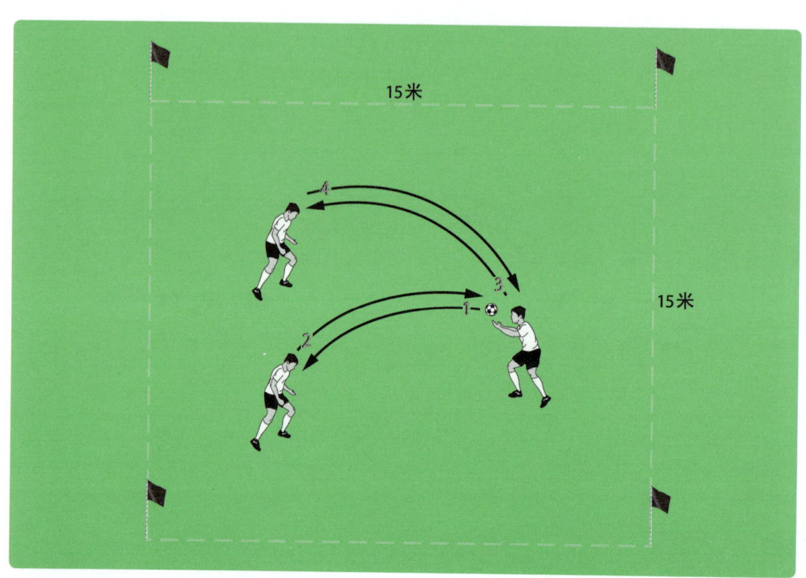

训练目标：

头球

训练说明：

三人一组进行头球练习。其中一名队员不断交换头球方向、交替给另外两名队员头球传球，另外两名队员只能向这名队员头球传球。

常见错误：

头球传球不准确。

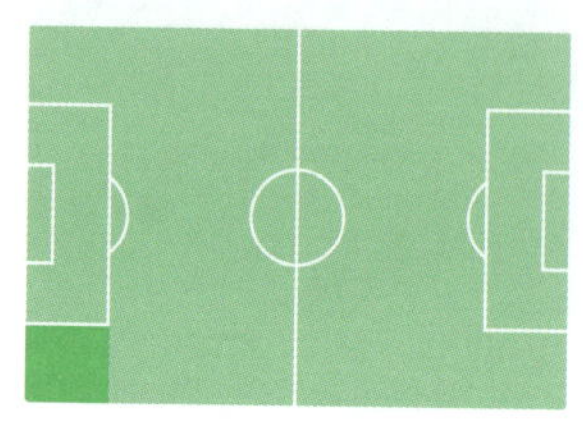

身体素质： ⚽⚽

技　　术： ⚽⚽⚽⚽⚽

战　　术： ⚽

人数要求： 3 名队员

训练时长： 5 分钟

120 ◀ ▶ 122

空中传递Ⅳ

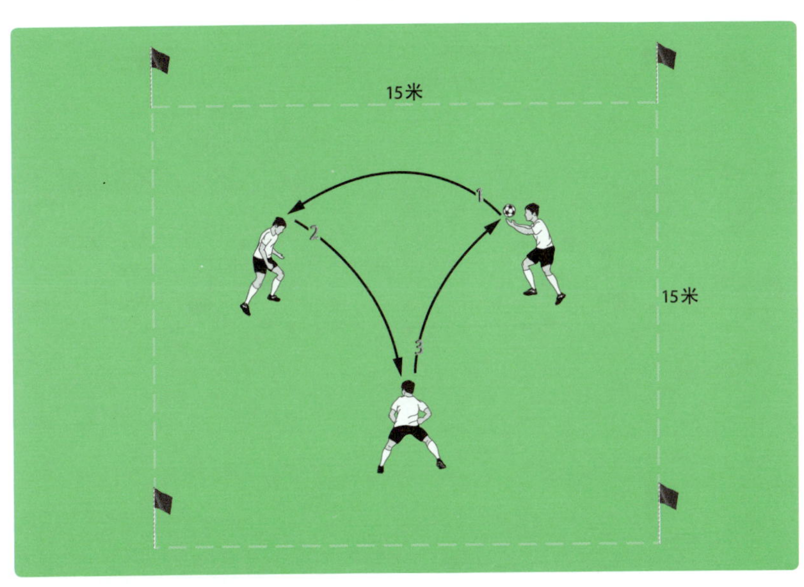

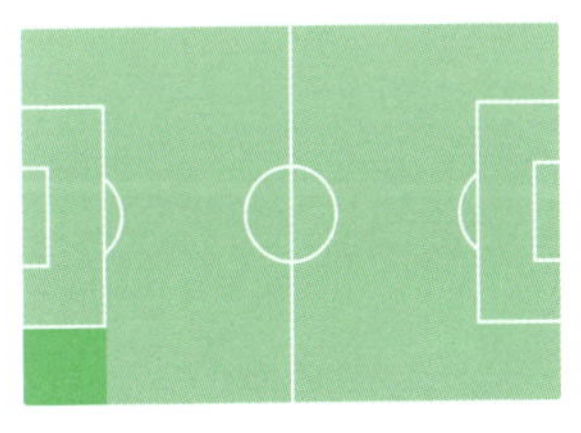

身体素质： ⚽⚽
技　　术： ⚽⚽⚽⚽⚽
战　　术： ⚽

人数要求： 3 名队员
训练时长： 5 分钟

121 ◀ ▶ 123

训练目标：

头球

训练说明：

三人小组头球传球，使球在空中的传递线路形成三角形。

常见错误：

头球传球不准确。

头顶静态球

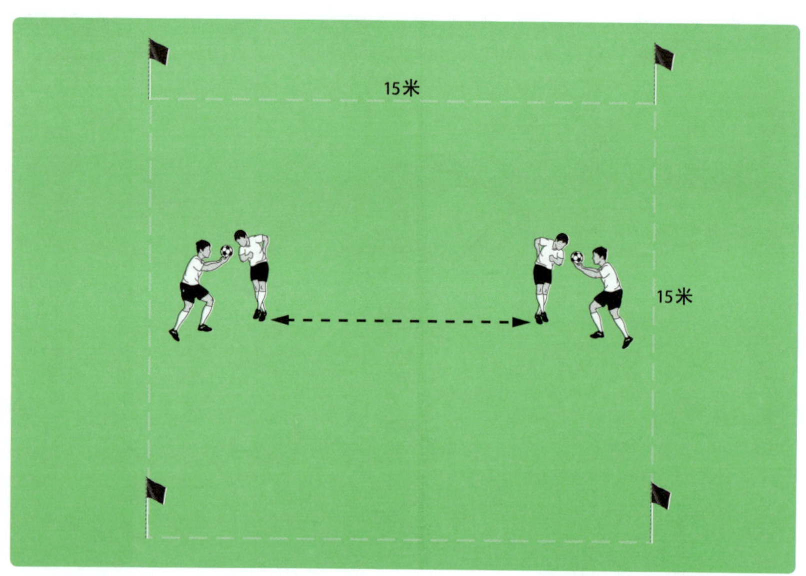

训练目标：

头球时机

训练说明：

两名队员相距 15 米，相向站立，各自向前伸展双臂，在手上放一个足球。另外两名队员在中间往返奔跑，并在不接触拿球队员的情况下用头顶球。

常见错误：

头球时机把握不准、缺乏竖直起跳发力。

身体素质： ⚽⚽⚽⚽
技　　术： ⚽⚽⚽
战　　术： ⚽

人数要求： 4 名队员
训练次数： 8 ～ 12 次

122 ◀ ▶ 128

跳起头球

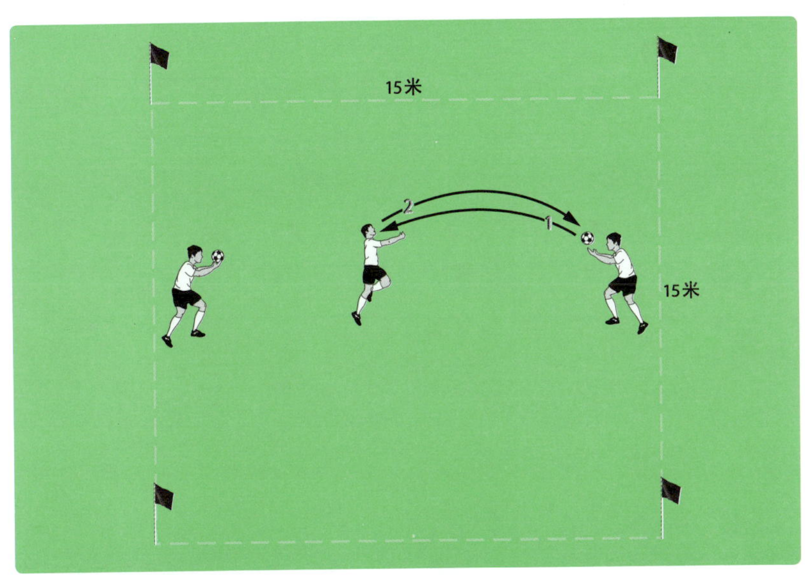

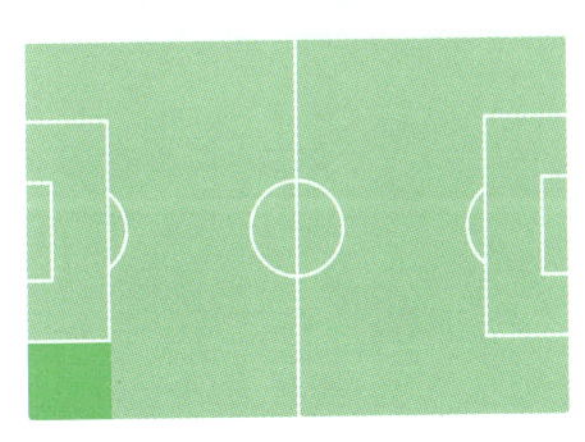

身体素质： ⚽⚽⚽

技　　术： ⚽⚽⚽⚽⚽

战　　术： ⚽

人数要求： 3 名队员

训练次数： 8 ～ 12 次

123 ◀ ▶ 125

训练目标：

跳起后头球

训练说明：

一名队员站在训练区域中间，剩下的两名队员交替向其掷高空球，站在中间的队员需要将球用头顶回给两侧队员。

常见错误：

跳起时机把握不准。

运动中头球

训练目标：

头球时机

训练说明：

一名队员站在训练区域中间，先向一侧跑动，用头将这侧队员掷来的球顶回，再跑向另一侧做同样的练习。

常见错误：

头球时机把握不准。

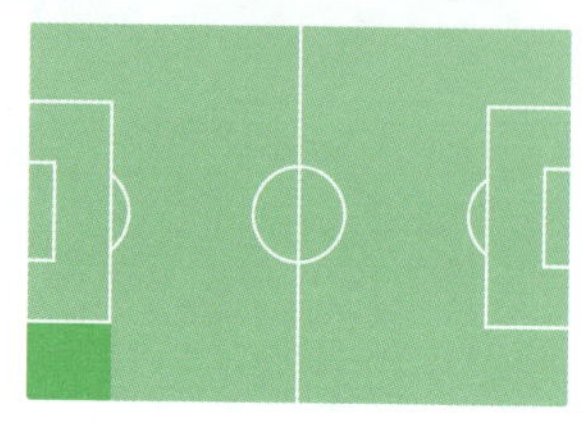

身体素质： ⚽⚽⚽
技　　术： ⚽⚽⚽
战　　术： ⚽

人数要求： 3 名队员
训练次数： 8 ～ 12 次

124 ◀ ▶ 126

头球和脚下传球相结合 I

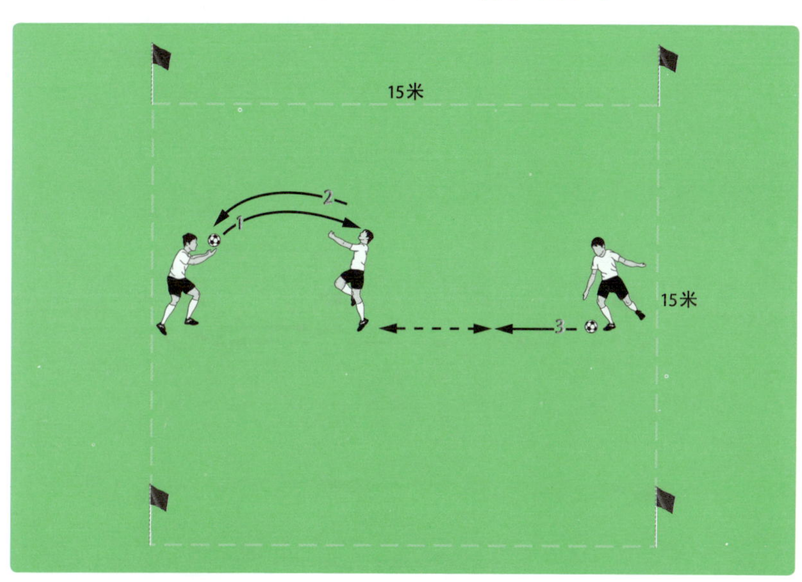

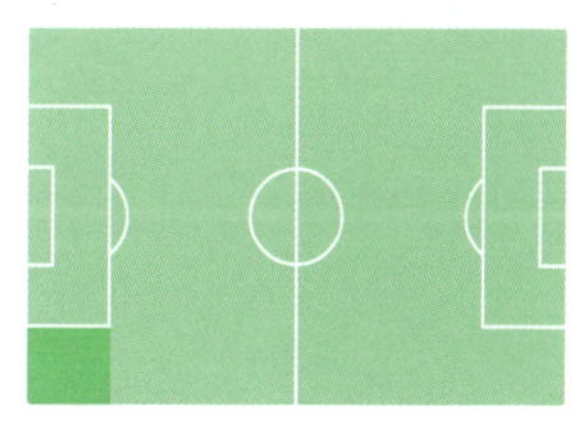

身体素质： ⚽⚽⚽
技　　术： ⚽⚽⚽
战　　术： ⚽

人数要求： 3 名队员
训练次数： 8 ～ 12 次

125 ◀ ▶ 127

训练目标：

头球和脚下传球

训练说明：

一名队员站在训练区域中间，先向一侧跑动，用头将这侧队员掷来的球顶回。他再跑向另一侧，接这侧队员传来的低平球后传回。

常见错误：

头球时机把握不准。

头球和脚下传球相结合 II

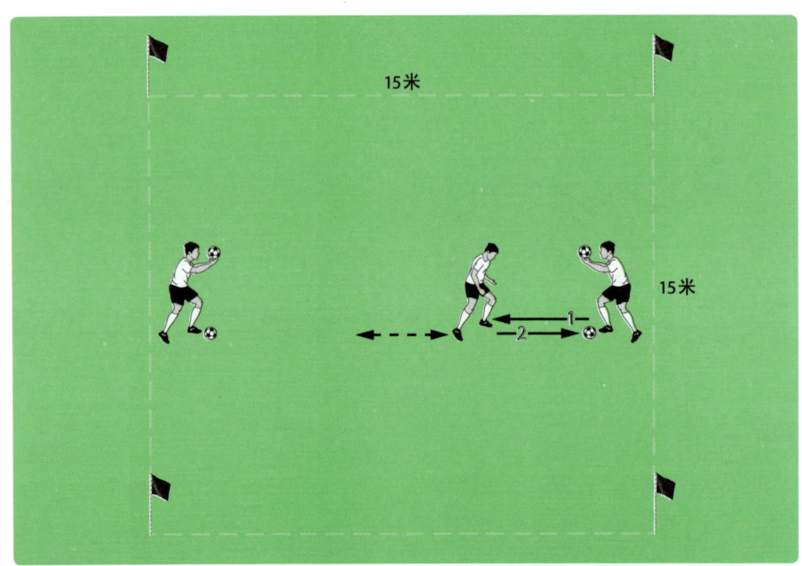

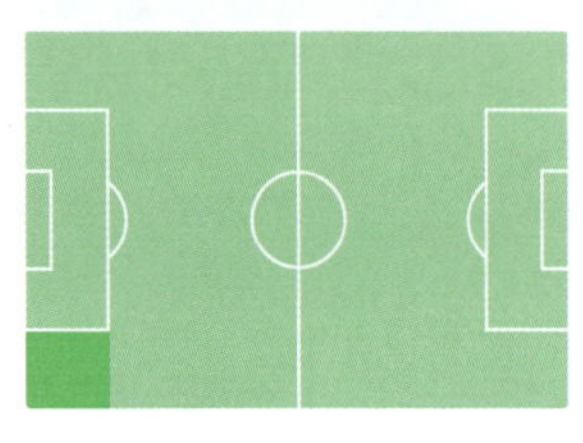

训练目标：

头球和脚下传球

训练说明：

一名队员站在训练区域中间，向任一侧跑动，根据情况用头或脚将传来的球传回。

常见错误：

头球和传球时机把握不准。

身体素质： ⚽⚽⚽

技　　术： ⚽⚽⚽

战　　术： ⚽

人数要求： 3 名队员

训练次数： 8 ～ 12 次

126 ◀ ▶ 128

头球防守

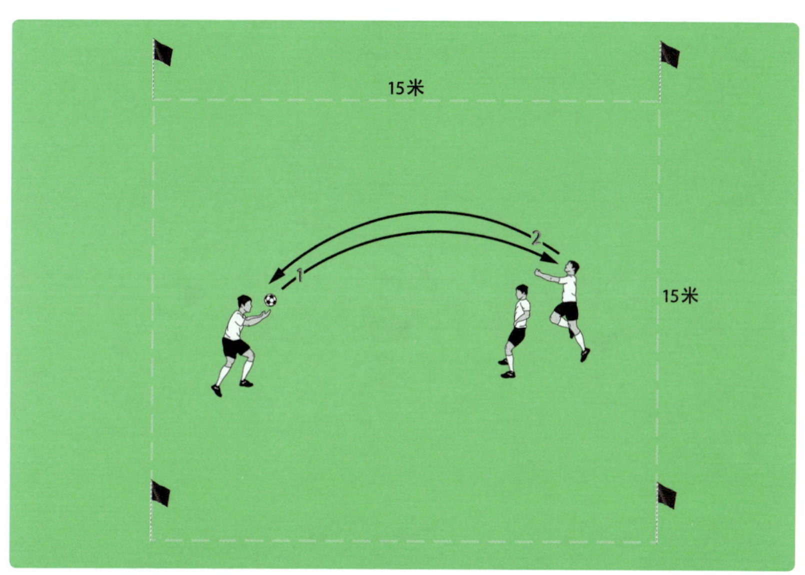

身体素质： ⚽⚽⚽

技　　术： ⚽⚽⚽⚽⚽

战　　术： ⚽⚽

人数要求： 3 名队员

训练次数： 8 ～ 12 次

123 ◀ ▶ 129

训练目标：

防守时的头球时机

训练说明：

一名队员负责掷球，防守队员站在进攻队员身后，在没有身体接触的情况下将球顶回。

常见错误：

起跳时机把握不准、有身体接触。

有目标的头球 I

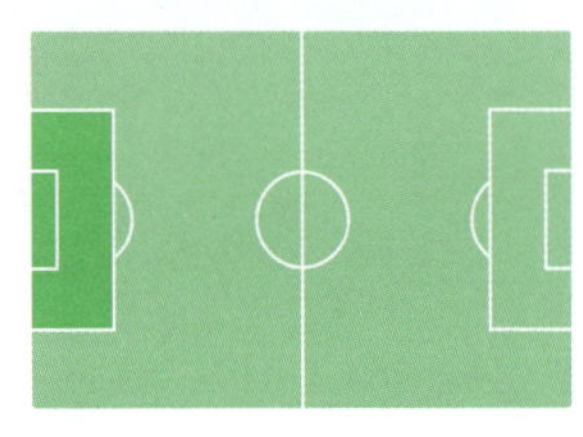

训练目标：

头球攻门

训练说明：

一名队员从球门后掷球，另一名队员在球门前直接头球攻门。

常见错误：

头球发力不足。

身体素质： ⚽⚽⚽

技　　术： ⚽⚽⚽⚽⚽

战　　术： ⚽⚽

人数要求： 2 人一组

训练次数： 8 ～ 12 次

118 ◀ ▶ 130

有目标的头球 II

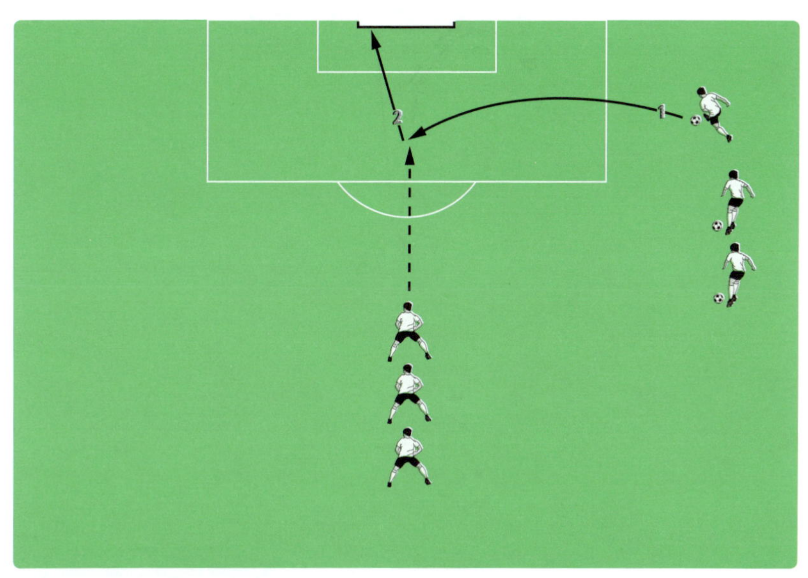

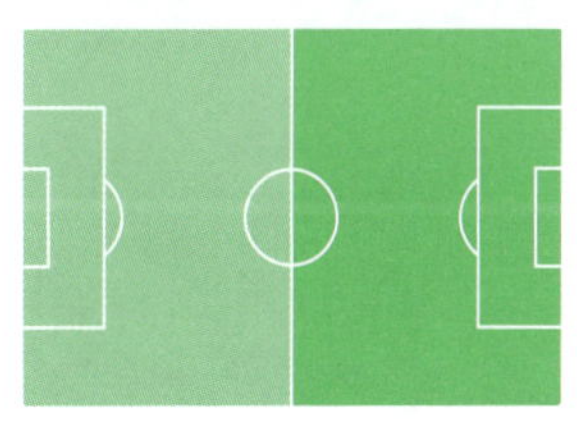

身体素质： ⚽⚽⚽
技　　术： ⚽⚽⚽⚽⚽⚽
战　　术： ⚽⚽

人数要求： 所有队员
训练次数： 5 ～ 10 次

129 ◀ ▶ 131

训练目标：

接侧方传球直接头球攻门

训练说明：

一组队员从侧面以较慢的速度将球传向门前，球门前的队员直接头球攻门。

常见错误：

时机把握不准。

有目标的头球 Ⅲ

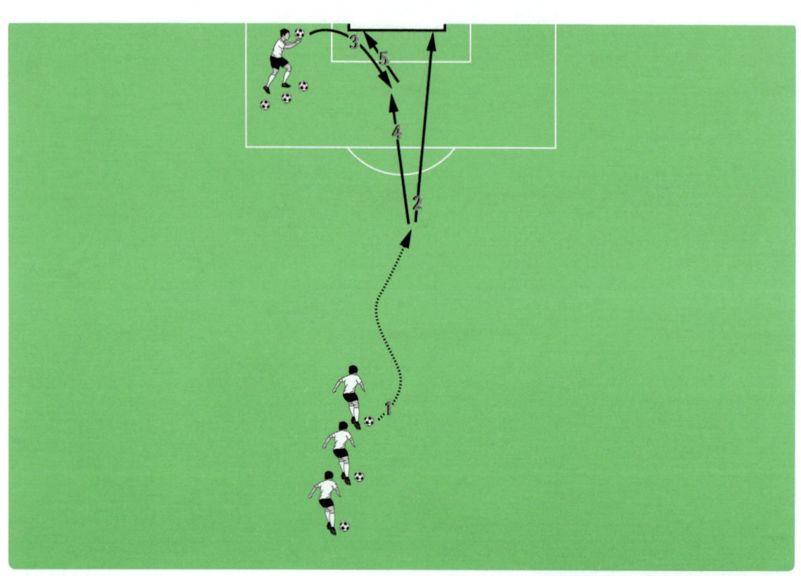

训练目标：

利用头球机会攻门

训练说明：

射门成功之后队员还会得到一次手抛球机会，这名队员需要利用机会直接头球攻门。

常见错误：

时机把握不准。

身体素质： ⚽⚽⚽

技　　术： ⚽⚽⚽⚽

战　　术： ⚽⚽

人数要求： 所有队员

训练次数： 5 ～ 10 次

130 ◀ ▶ 132

有目标的头球Ⅳ

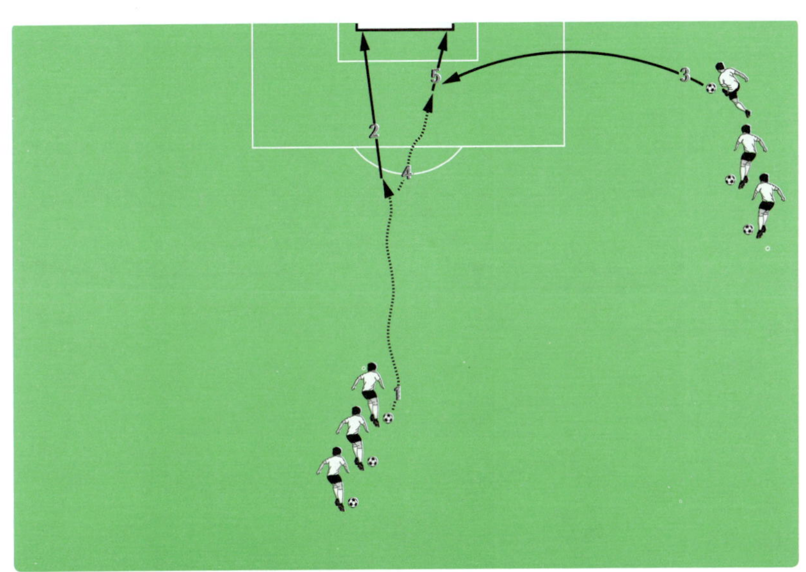

身体素质：⚽⚽⚽

技　　术：⚽⚽⚽⚽

战　　术：⚽⚽

人数要求：所有队员

训练次数：5 ～ 10 次

131 ◀ ▶ 171

训练目标：

利用头球机会攻门

训练说明：

射门成功之后队员还会得到一次边线传球，这名队员需要利用机会直接头球攻门。

常见错误：

时机把握不准。

自己传球并射门

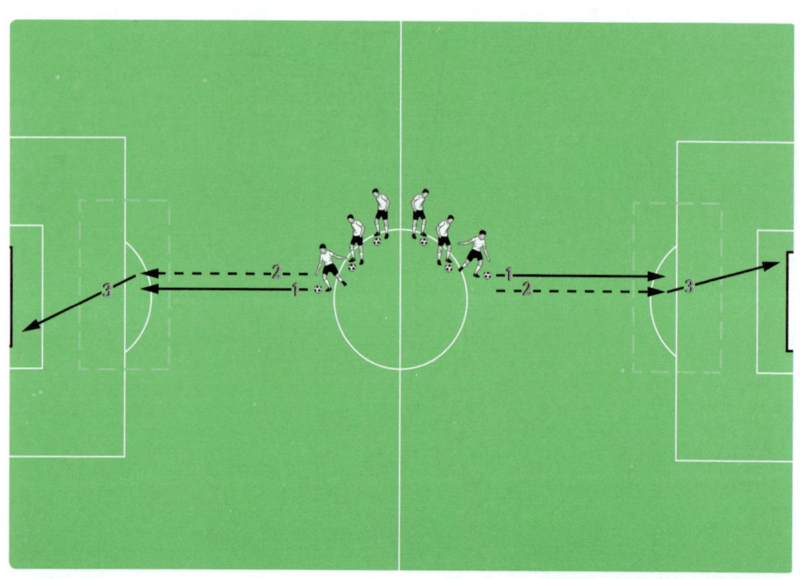

训练目标：

传球时机、射门

训练说明：

队员自己向前传球，追上球后在射门区域内直接射门。可以使用两边球门同时开始训练。

常见错误：

传球过快或过慢、射门技术差。

身体素质： ⚽⚽

技　　术： ⚽⚽⚽

战　　术： ⚽

人数要求： 所有队员

训练次数： 5 ～ 10 次

82 ◀ ▶ 134

迎队友传球并射门

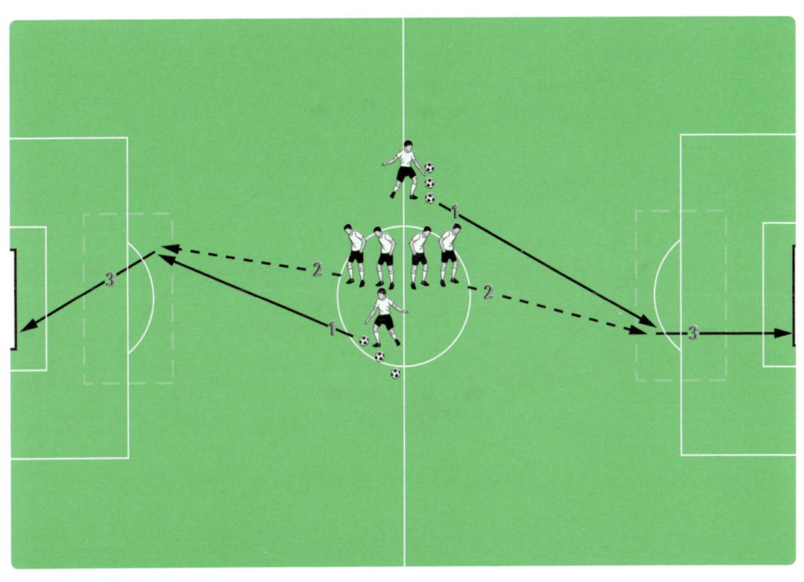

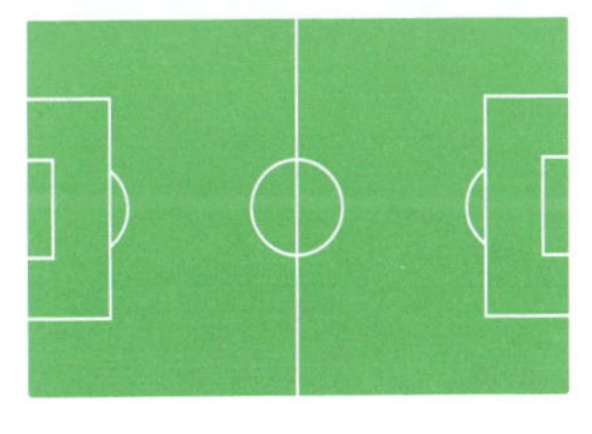

身体素质： ⚽⚽

技　　术： ⚽⚽⚽⚽

战　　术： ⚽

人数要求： 所有队员

训练次数： 5 ～ 10 次

133 ◀ ▶ 140

训练目标：

传球时机、射门

训练说明：

一名队员向射门区域侧面传球，其他队员追上球后直接射门。

常见错误：

传球过快或过慢、射门技术差。

迎 45° 低平球直接射门

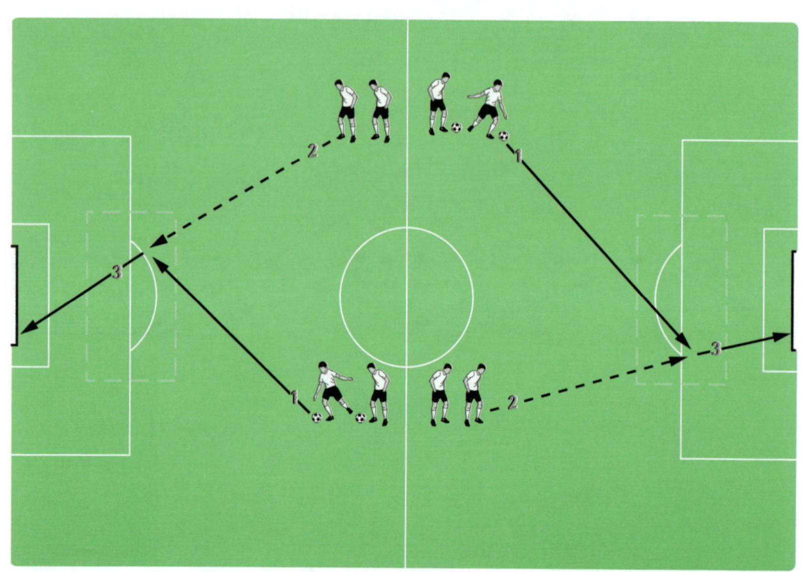

训练目标：

传球时机、射门

训练说明：

对面的队友传 45° 低平球，射门队员接到球后直接射门。

常见错误：

传球过快或过慢、射门技术差。

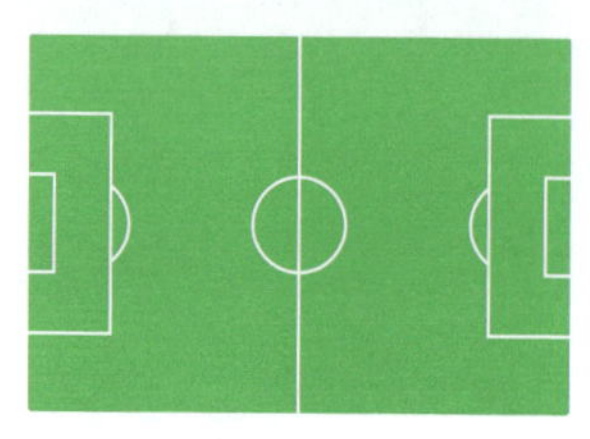

身体素质： ⚽⚽

技　　术： ⚽⚽⚽

战　　术： ⚽

人数要求： 所有队员

训练次数： 5 ～ 10 次

134 ◀ ▶ 136

踩球停球，队友直接射门

身体素质：⚽⚽⚽
技　　术：⚽⚽⚽
战　　术：⚽

人数要求：所有队员
训练次数：5～10次

135 ◀ ▶ 137

训练目标：

高速带球中踩球停球、射门

训练说明：

一名队员向前带球，到达射门区域后用脚踩住球，另一名队员直接迎球射门。两名队员互换角色。

常见错误：

停球质量差、射门过慢。

迎横传球直接射门

训练目标：

高速带球中横向传球

训练说明：

一侧的队员带球后横向传球，另一侧队员跑到相应位置直接射门。

常见错误：

横向传球质量差、射门过慢。

身体素质： ⚽⚽⚽

技　　术： ⚽⚽⚽⚽

战　　术： ⚽

人数要求： 所有队员

训练次数： 5 ～ 10 次

134 ◀ ▶ 138

接低平球转身射门

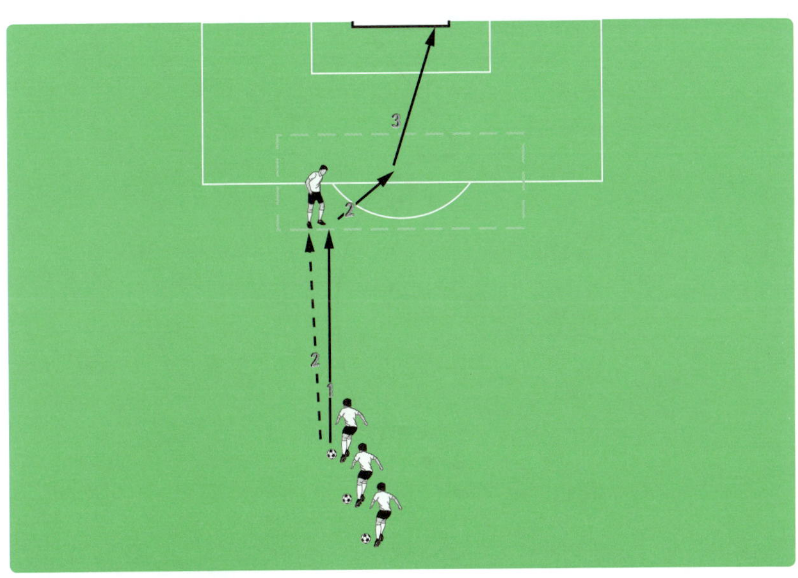

身体素质： ⚽⚽

技　　术： ⚽⚽⚽⚽⚽

战　　术： ⚽

人数要求： 所有队员

训练次数： 5 ～ 10 次

137 ◀ ▶ 139

训练目标：

接低平球后转身射门

训练说明：

前锋背对球门站立，其他队员向其传低平球，前锋触球一次，然后转身射门。

常见错误：

停球和射门技术差。

接高空球转身射门

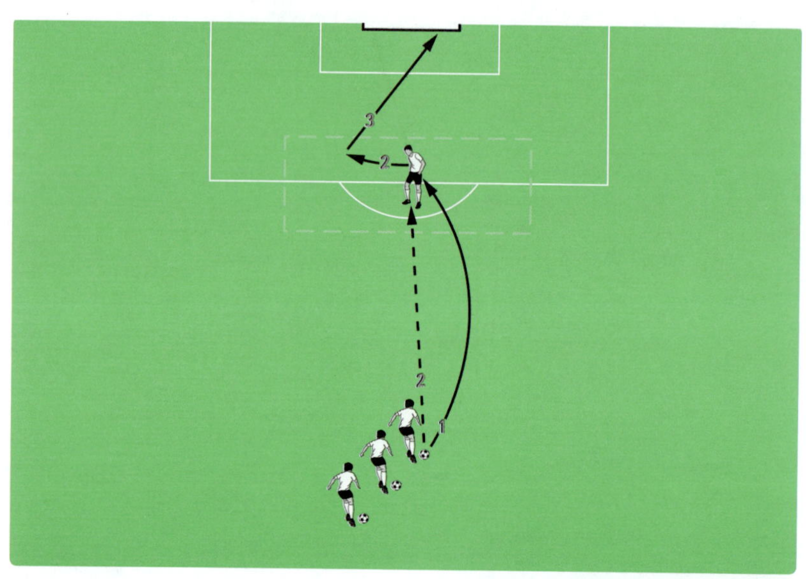

训练目标：

接高空球后转身射门

训练说明：

前锋背对球门站立，其他队员向其传高空球，前锋触球一次，然后转身射门。

常见错误：

停球和射门技术差。

身体素质： ⚽⚽

技　　术： ⚽⚽⚽⚽⚽⚽

战　　术： ⚽

人数要求： 所有队员

训练次数： 5 ～ 10 次

138 ◀ ▶ 142

快速带球射门

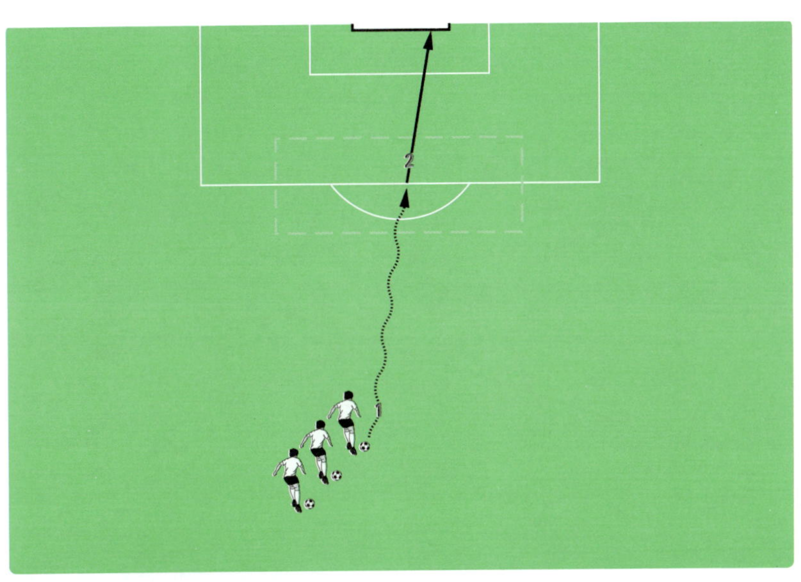

身体素质： ⚽⚽⚽⚽
技　　术： ⚽⚽⚽⚽
战　　术： ⚽

人数要求： 所有队员
训练次数： 5 ～ 10 次

115 ◀ ▶ 144

训练目标：

高速带球、射门

训练说明：

队员快速带球进入射门区域后射门。

常见错误：

射门准备不足、盘带拖沓。

接长传（低平）球射门

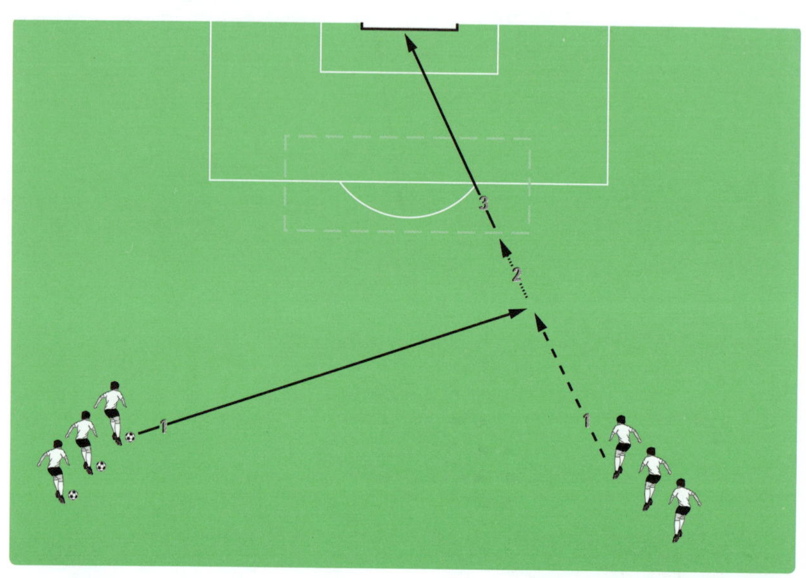

训练目标：

地面接球、射门

训练说明：

向前锋长距离横向传球，前锋触球一次，控球，然后直接射门。

常见错误：

传球时机和跑动时机把握不准、接球和射门技术差。

身体素质： ⚽⚽⚽⚽

技　　术： ⚽⚽⚽⚽⚽

战　　术： ⚽

人数要求： 所有队员

训练次数： 5 ～ 10 次

134 ◀ ▶ 142

接长传（高空）球射门

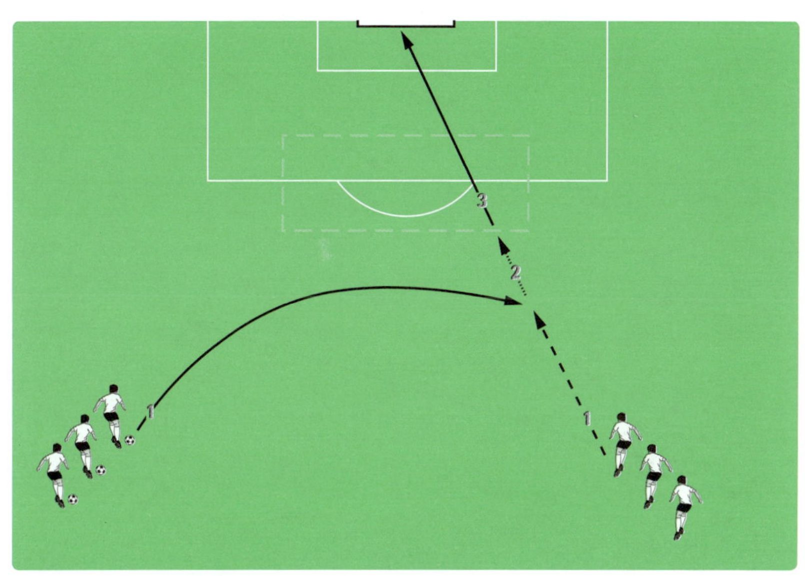

身体素质： ⚽⚽⚽⚽

技　　术： ⚽⚽⚽⚽⚽⚽

战　　术： ⚽

人数要求： 所有队员

训练次数： 5 ～ 10 次

141 ◀ ▶ 144

训练目标：

空中接球、射门

训练说明：

向前锋长距离横向传高空球，前锋触球一次，控球，然后直接射门。

常见错误：

传球时机和跑动时机把握不准、接球和射门技术差。

迎回传球射门

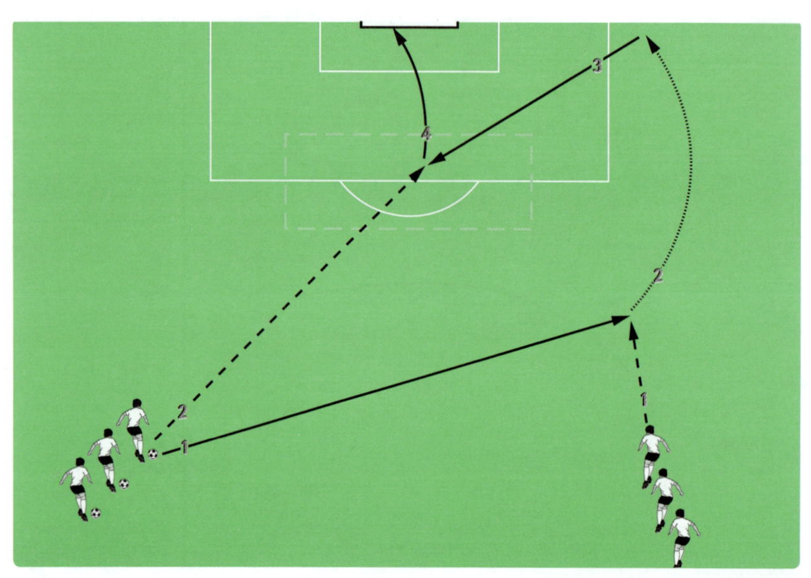

训练目标：

传球时机、射门

训练说明：

射门队员先给外侧的队友传低平球/高空球，队友接球后带球到大禁区底线附近，然后传低平球到射门区域，射门队员迎球直接射门。

常见错误：

传球时机和跑动时机把握不准、射门技术差。

身体素质：⚽⚽⚽⚽

技　　术：⚽⚽⚽⚽⚽

战　　术：⚽

人数要求：所有队员

训练次数：5 ～ 10 次

135 ◀ ▶ 171

停球后射门

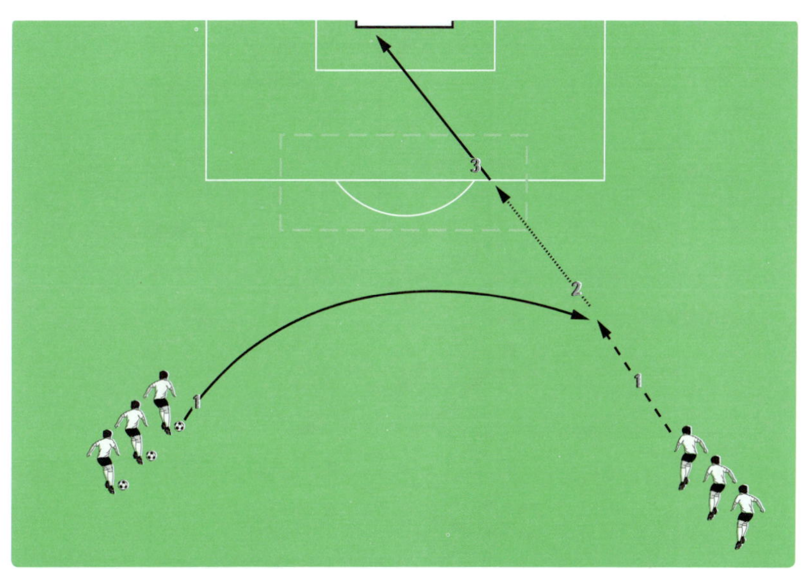

身体素质： ⚽⚽⚽⚽

技　　术： ⚽⚽⚽⚽⚽

战　　术： ⚽

人数要求： 所有队员

训练次数： 5 ～ 10 次

142 ◀ ▶ 149

训练目标：

接球、射门

训练说明：

一名队员传高空斜传球，前锋加速向前一脚停球，然后第二脚直接射门。

常见错误：

停球质量差、跑动无加速。

连过两人后射门 I

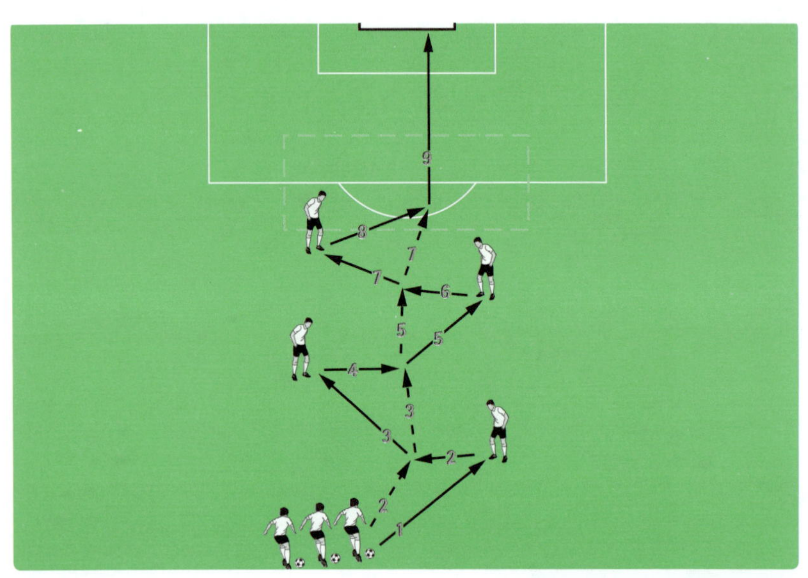

训练目标：

传球、停球、射门

训练说明：

一名队员交替给前方队友传球，不断向前跑动接队友回传的球，并在接球后变化跑动方向，最后一次接球后直接射门。

常见错误：

停球质量差。

身体素质： ⚽⚽⚽⚽⚽

技　　术： ⚽⚽⚽⚽

战　　术： ⚽

人数要求： 所有队员

训练次数： 5 ～ 10 次

134 ◀ ▶ 146

连过两人后射门 II

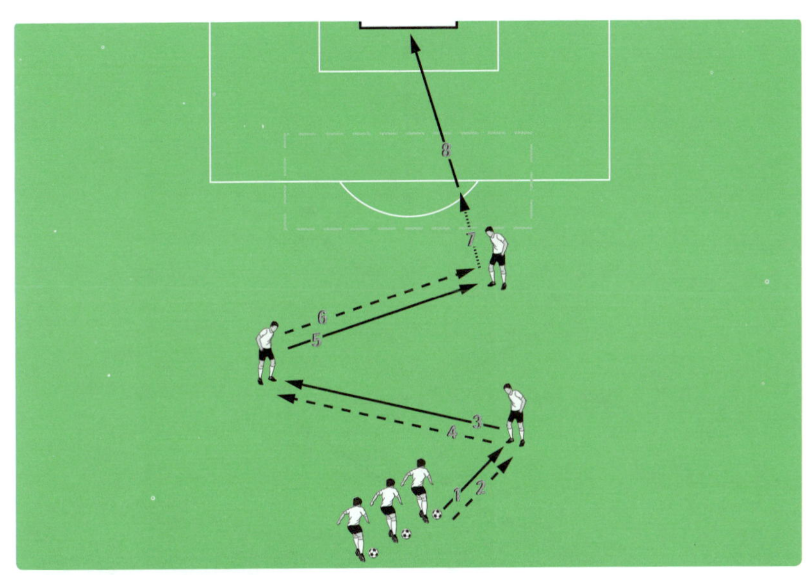

身体素质： ⚽⚽⚽

技　　术： ⚽⚽⚽⚽

战　　术： ⚽

人数要求： 所有队员

训练次数： 5 ～ 10 次

145 ◀ ▶ 147

训练目标：

传球、停球、射门

训练说明：

一名队员给前方的队友传球，传球后跑到队友的位置，队友接球后传给另一名队友并跑到其位置，最后一名队员接球后直接射门。

常见错误：

停球质量差。

连续传球后射门

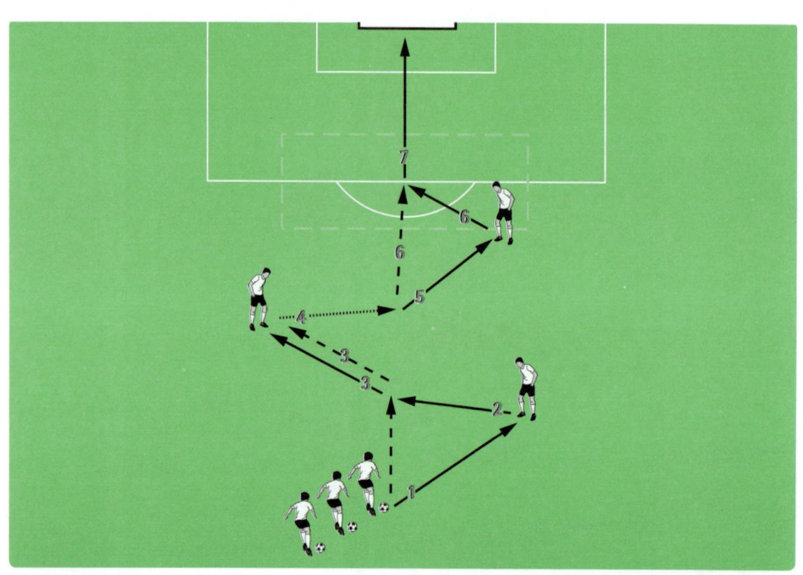

训练目标：

连续传球后射门

训练说明：

将球以不同方式短传后再射门。

常见错误：

传球不准确。

身体素质： ⚽⚽⚽

技　　术： ⚽⚽⚽⚽

战　　术： ⚽⚽⚽

人数要求： 所有队员

训练次数： 5 ～ 10 次

146 ◀▶ 150

带球后射门

身体素质： ⚽⚽⚽⚽

技　　术： ⚽⚽⚽⚽

战　　术： ⚽⚽

人数要求： 所有队员

训练次数： 5 ～ 10 次

140 ◀ ▶ 150

训练目标：

带球、射门

训练说明：

一名队员从中场开始向前带球，到标志锥位置后将球拨向球门正前方，随后射门。

常见错误：

射门准备不足。

前锋做球，后面队员跟上射门

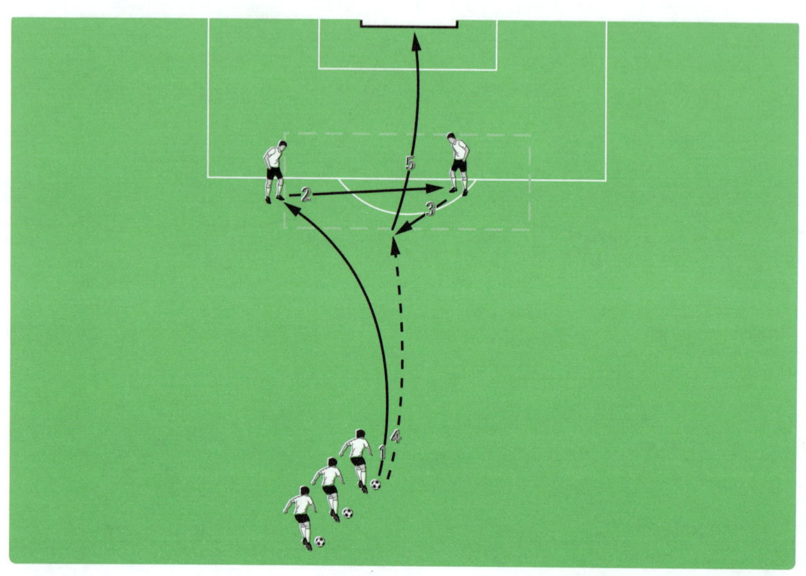

训练目标：

传高空球给前锋、前锋得球回做

训练说明：

在中场向一名前锋传高空球，这名前锋再将球传给另一名前锋，第二名前锋将球回做给插上的传球队员，由传球队员直接射门。

常见错误：

处理球能力差、前锋站位不好。

身体素质： ⚽⚽⚽

技　　术： ⚽⚽⚽⚽⚽

战　　术： ⚽⚽

人数要求： 所有队员

训练次数： 5 ～ 10 次

139 ◀▶ 153

强度射门

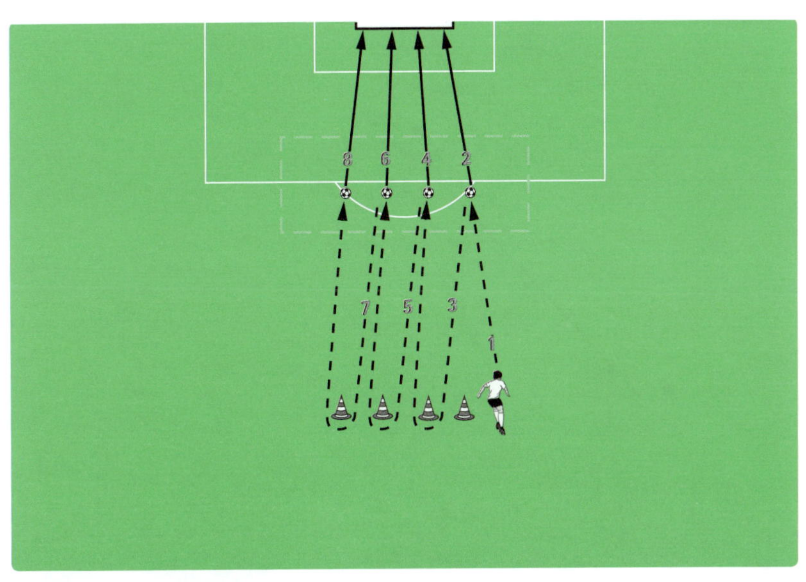

身体素质： ⚽⚽⚽⚽⚽⚽

技　　术： ⚽⚽⚽⚽⚽

战　　术： ⚽⚽

人数要求： 所有队员

训练次数： 3～5次

145 ◀ ▶ 152

训练目标：

高强度跑动后的射门控制

训练说明：

禁区线附近摆一排球，前锋完成一次射门后跑到中圈弧再折返，完成下一次射门。

常见错误：

力量欠缺、射门质量差。

接球后射门 I

训练目标：

接低平球后的射门控制

训练说明：

一名队员背对球门站在大禁区内，不同位置的三名队员依次向其传低平球，接球队员最多触球两次，然后射门。

常见错误：

射门准备不足。

身体素质： ⚽⚽⚽⚽⚽

技　　术： ⚽⚽⚽⚽⚽

战　　术： ⚽⚽

人数要求： 4 名队员

训练次数： 3 ～ 5 次

141 ◀ ▶ 152

接球后射门Ⅱ

身体素质：⚽⚽⚽⚽⚽

技　　术：⚽⚽⚽⚽⚽⚽

战　　术：⚽⚽

人数要求：4 名队员

训练次数：3 ～ 5 次

151 ◀ ▶ 153

训练目标：

接高空球后的射门控制

训练说明：

一名队员背对球门站在大禁区内，不同位置的三名队员依次向其传高空球，接球队员最多触球两次，然后射门。

常见错误：

射门准备不足。

前锋做球，另一队员直接射门

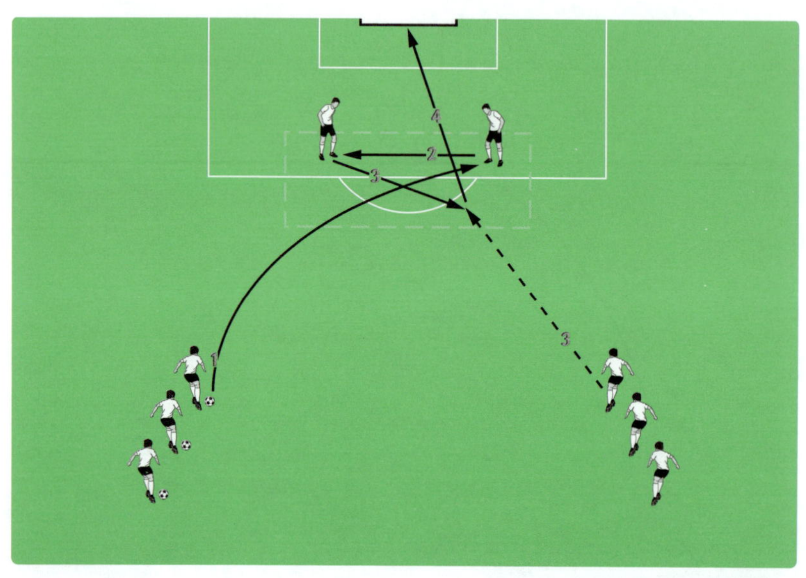

训练目标：

传高空球给前锋、前锋得球回做

训练说明：

在中场向一名前锋传高空球，这名前锋再将球传给另一名前锋，第二名前锋将球回做给另一侧插上的队员，由其直接射门。

常见错误：

处理球能力差把握不准、前锋站位不好。

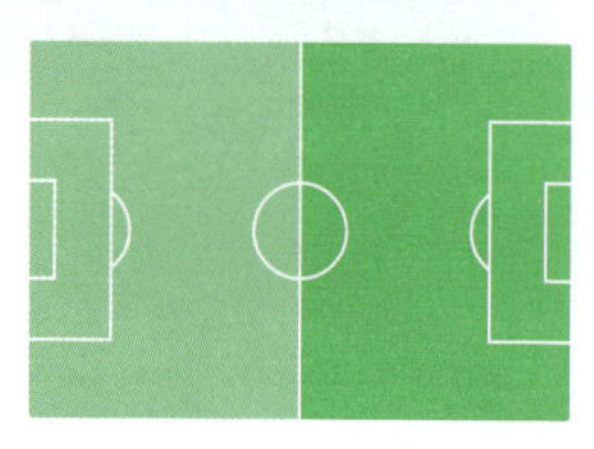

身体素质： ⚽⚽⚽

技　　术： ⚽⚽⚽⚽⚽

战　　术： ⚽⚽

人数要求： 所有队员

训练次数： 5 ～ 10 次

152 ◀ ▶ 154

凌空射门

身体素质： ⚽⚽⚽
技　　术： ⚽⚽⚽⚽⚽⚽
战　　术： ⚽⚽

人数要求： 所有队员
训练次数： 5～10 次

152 ◀ ▶ 155

训练目标：

凌空射门

训练说明：

从靠近底线的大禁区角附近传半高空球，接球队员直接凌空射门。

常见错误：

射门和跑动时机把握不准、传球球速过快或落点不准确。

空中停球射门

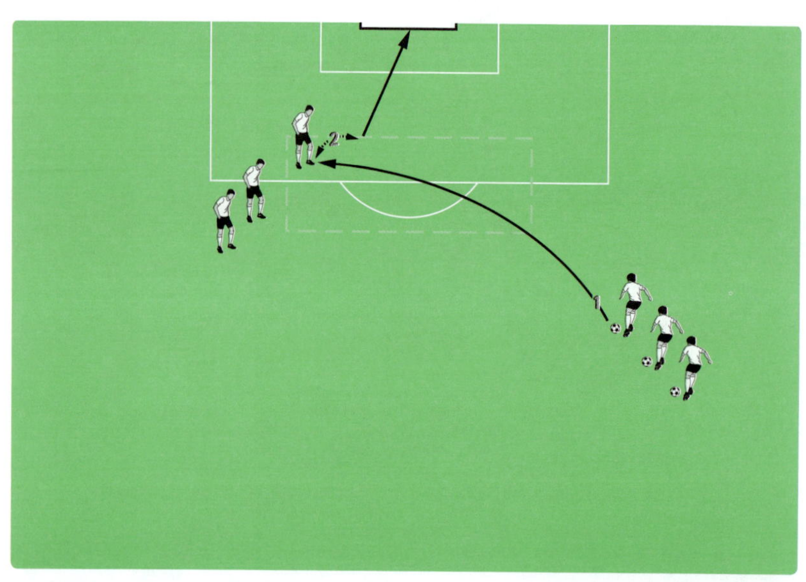

训练目标：

空中停球后凌空射门

训练说明：

从中场向射门队员传高空球，射门队员空中停球，不等球落地直接凌空射门。

常见错误：

射门时机，传球球速过快或落点不准。

身体素质： ⚽⚽⚽

技　　术： ⚽⚽⚽⚽⚽⚽

战　　术： ⚽⚽

人数要求： 所有队员

训练次数： 5 ～ 10 次

153 ◀ ▶ 156

接半高空球射门

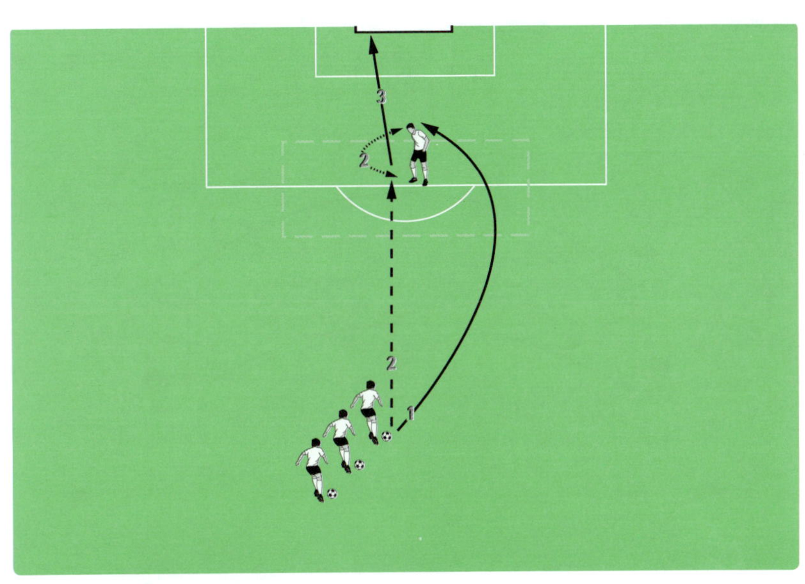

身体素质： ⚽⚽⚽

技　　术： ⚽⚽⚽⚽⚽⚽

战　　术： ⚽⚽

人数要求： 所有队员

训练次数： 5 ～ 10 次

155 ◀ ▶ 168

训练目标：

空中停球后凌空射门

训练说明：

前锋背对球门站立，其他队员向前锋传半高空球，前锋用头停球然后凌空射门。

常见错误：

射门时机和跑动时机把握不准、传球球速过快或落点不准确。

小组传接高空球（直线球）

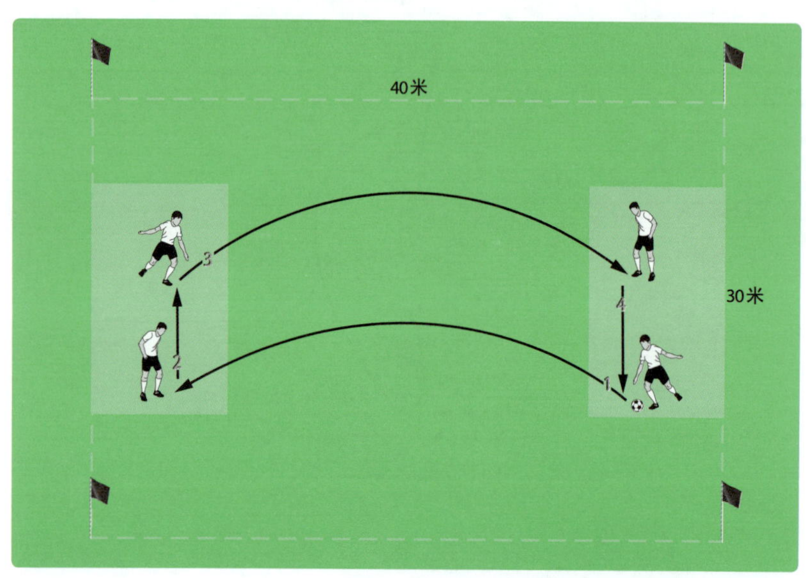

训练目标：

高空球、做球

训练说明：

四名队员两两一组，两组队员面对面站在训练区域内。第一名队员一脚触球，使对面来的高空球变为地滚球，同组队员接球后再起高空球传给对面队员。

常见错误：

处理球能力差、高空球传球不准确。

身体素质： ⚽⚽⚽

技　　术： ⚽⚽⚽⚽⚽

战　　术： ⚽⚽

人数要求： 4名队员

训练时长： 6～8分钟

92 ◀ ▶ 159

小组传接高空球（斜线球）

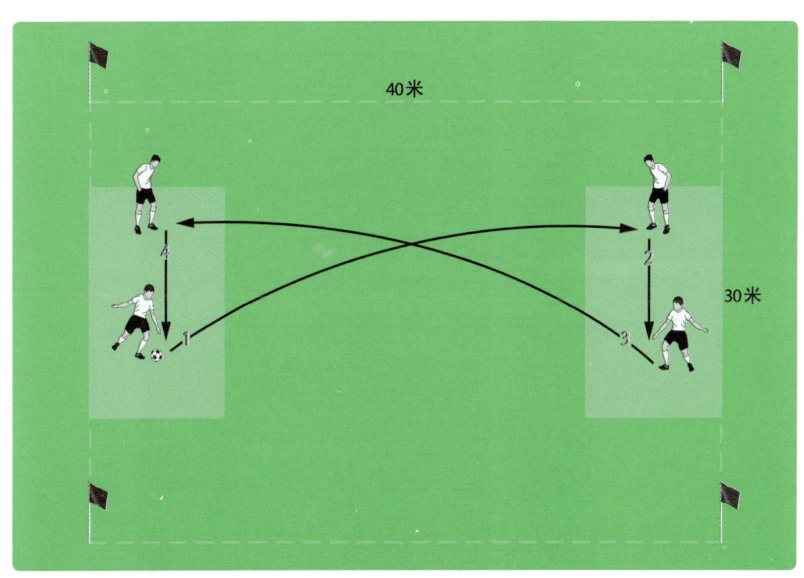

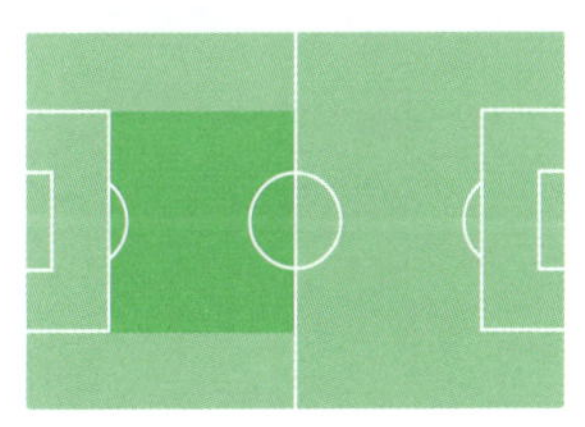

身体素质： ⚽⚽⚽⚽

技　　术： ⚽⚽⚽⚽⚽

战　　术： ⚽⚽

人数要求： 4 名队员

训练时长： 6 ～ 8 分钟

157 ◀ ▶ 160

训练目标：

高空球、做球

训练说明：

四名队员两两一组，两组队员面对面站在训练区域内。第一名队员一脚触球，使对面来的高空球变为地滚球，同组队员接球后再起高空球传给对面队员。

常见错误：

处理球质量差、高空球传球不准确。

高空球

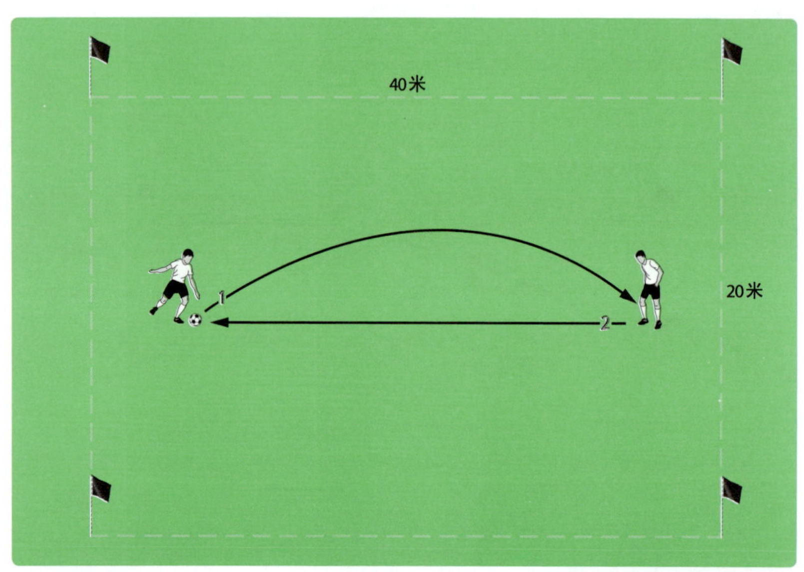

训练目标：

传接高空球

训练说明：

一名队员给队友传高空球，队友尝试不停球直接将球传回。

常见错误：

高空球传球不准确、传球质量差。

身体素质： ⚽⚽⚽⚽

技　　术： ⚽⚽⚽⚽⚽

战　　术： ⚽⚽

人数要求： 2 名队员

训练时长： 6 ～ 8 分钟

157 ◀ ▶ 160

高空球三角传递

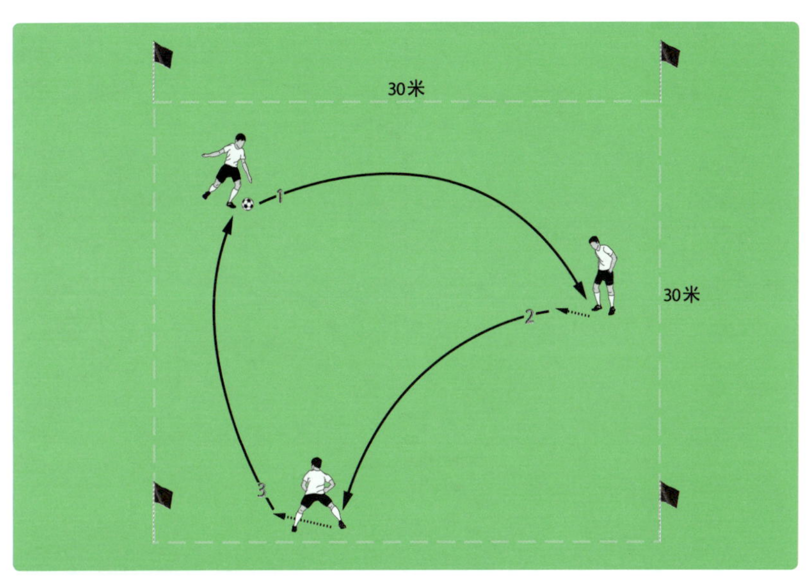

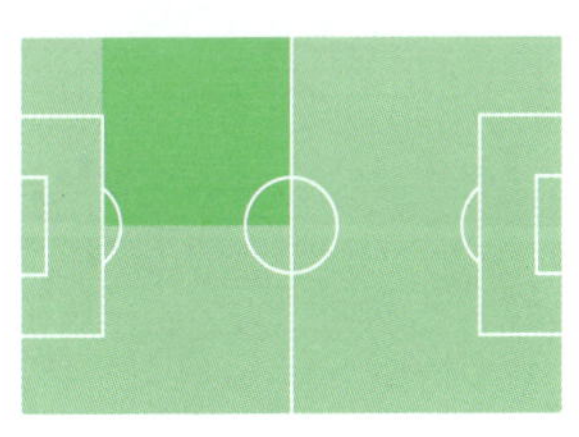

身体素质： ⚽⚽

技　　术： ⚽⚽⚽⚽⚽

战　　术： ⚽

人数要求： 3 名队员

训练时长： 6 ～ 8 分钟

159 ◀ ▶ 161

训练目标：

高空球传递、接球

训练说明：

三名队员站成三角形，队员 1 用内脚背向队员 2 传高空球，队员 2 一脚触球将球停在面前，然后再次触球向队员 3 传高空球，队员 3 再传球给队员 1。

常见错误：

高空球传球不准确、停球质量差。

跑动中接球后传中

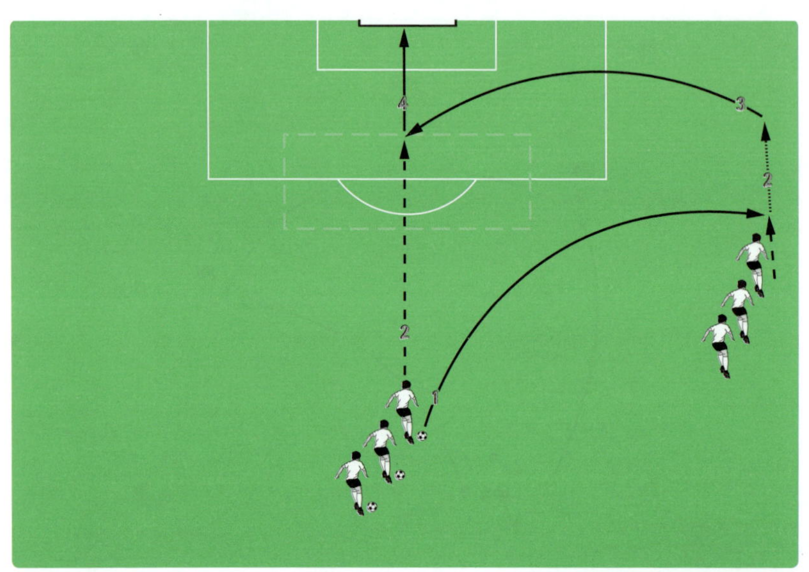

训练目标：

传接高空球、传中

训练说明：

一名队员球场在中心位置向侧面队员传高空球，侧面队员随即跑动，一脚触球使球沿跑动线路前进，然后用内脚背向跟进的传球队员传中。

常见错误：

高空球传球不准确、停球质量差、传中技术差。

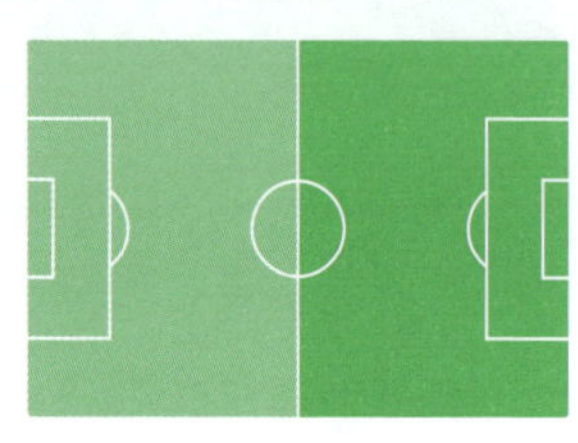

身体素质： ⚽⚽

技　　术： ⚽⚽⚽⚽

战　　术： ⚽⚽

人数要求： 所有队员

训练次数： 5 ～ 10 次

155 ◀ ▶ 167

过障碍物传中 I

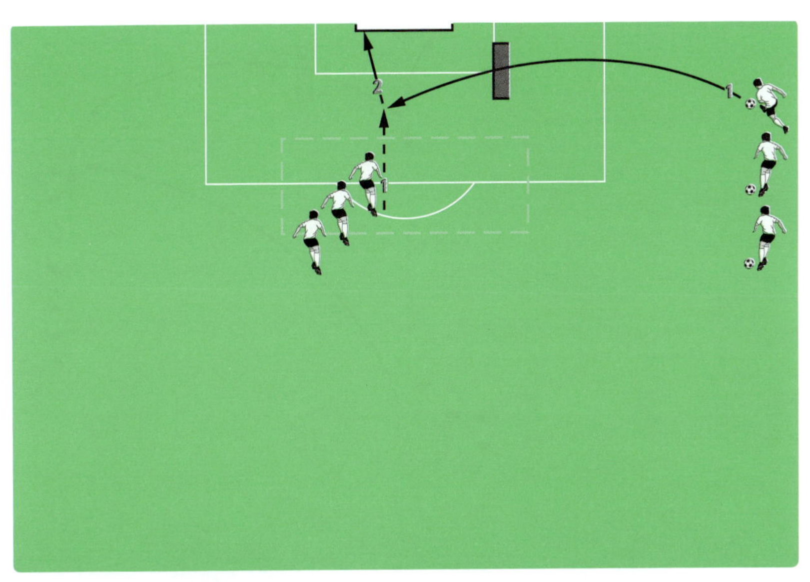

身体素质： ⚽⚽

技　　术： ⚽⚽⚽⚽⚽

战　　术： ⚽

人数要求： 所有队员

训练次数： 5 ～ 10 次

161 ◀ ▶ 163

训练目标：

远离球门方向的传中

训练说明：

在小禁区侧边线延长线处放一个小球门作为障碍物，传中队员的传中球需要越过障碍物进入大禁区，前锋得球后射门。

常见错误：

传中线路过于低平。

过障碍物传中 Ⅱ

训练目标：

运动中远离球门方向的传中

训练说明：

在小禁区侧边线延长线处放一个小球门作为障碍物，传中队员接高空球一脚触球，然后传中，传中球需要越过障碍物进入大禁区。

常见错误：

停球不好、传中线路过于低平。

身体素质： ⚽⚽

技　　术： ⚽⚽⚽⚽⚽

战　　术： ⚽

人数要求： 所有队员

训练次数： 5 ～ 10 次

162 ◀ ▶ 164

过障碍物传中 Ⅲ

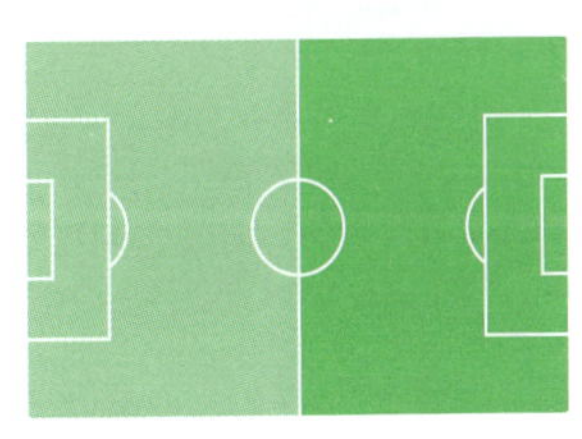

身体素质： ⚽⚽

技　　术： ⚽⚽⚽⚽⚽

战　　术： ⚽

人数要求： 所有队员

训练次数： 5 ～ 10 次

163 ◀ ▶ 165

训练目标：

近球门方向的传中

训练说明：

在小禁区侧边线延长线处放一个小球门作为障碍物，传中队员的传球需要越过障碍物进入禁区，传球要带有向球门方向倾斜的弧度。

常见错误：

传中线路过于低平、传球对球门没有威胁。

过障碍物传中Ⅳ

训练目标：

运动中朝球门方向传中

训练说明：

在小禁区侧边线延长线处放一个小球门作为障碍物，传中队员接高空球一脚触球，使球改变方向后传中。传中球需要越过障碍物进入禁区并要带有向球门方向倾斜的弧度。

常见错误：

停球不好、传中线路过于低平。

身体素质： ⚽⚽

技　　术： ⚽⚽⚽⚽⚽

战　　术： ⚽

人数要求： 所有队员

训练次数： 5 ～ 10 次

164 ◀ ▶ 166

短距离或长距离传中 I

身体素质：⚽⚽
技　　术：⚽⚽⚽⚽⚽
战　　术：⚽⚽⚽

人数要求：所有队员
训练次数：5 ～ 10 次

165 ◀ ▶ 167

训练目标：

短距离或长距离传中

训练说明：

传中队员往球门的远门柱或近门柱方向传球。

常见错误：

传中落点不准确。

短距离或长距离传中 II

训练目标：

运动中短距离或长距离传中

训练说明：

传中队员接高空球，一脚触球使球沿跑动方向滚动，然后往球门的远门柱或近门柱方向传球。

常见错误：

停球不好、传中落点不准确。

身体素质： ⚽⚽

技　　术： ⚽⚽⚽⚽⚽⚽

战　　术： ⚽⚽⚽

人数要求： 所有队员

训练次数： 5 ～ 10 次

166 ◀ ▶ 171

凌空射门

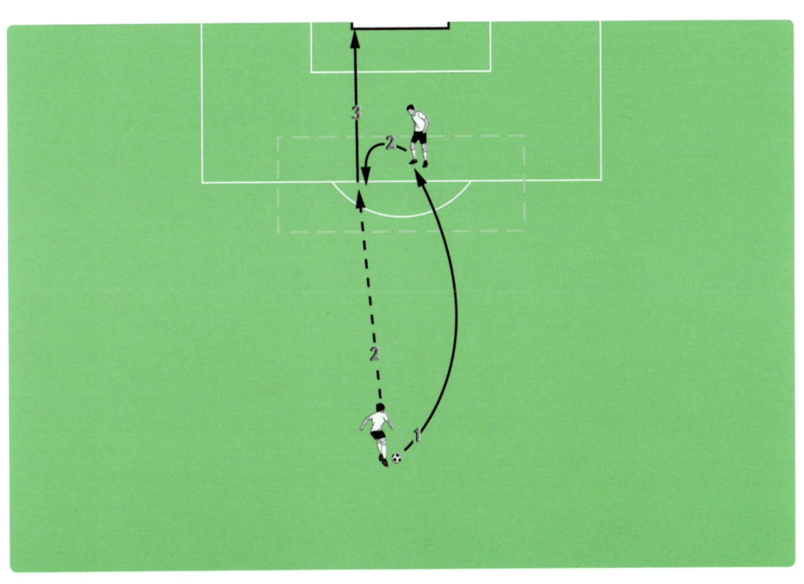

身体素质：⚽⚽

技　　术：⚽⚽⚽⚽

战　　术：⚽⚽

人数要求：所有队员

训练次数：5～10 次

156 ◀ ▶ 169

训练目标：

正脚背凌空射门

训练说明：

前锋给大禁区内的队友传球，队友停球并使球弹地跳起，前锋向前助跑，迎球用正脚背直接凌空射门。

常见错误：

助跑太慢、触球过早或过晚、射门时脚未绷紧。

反弹球

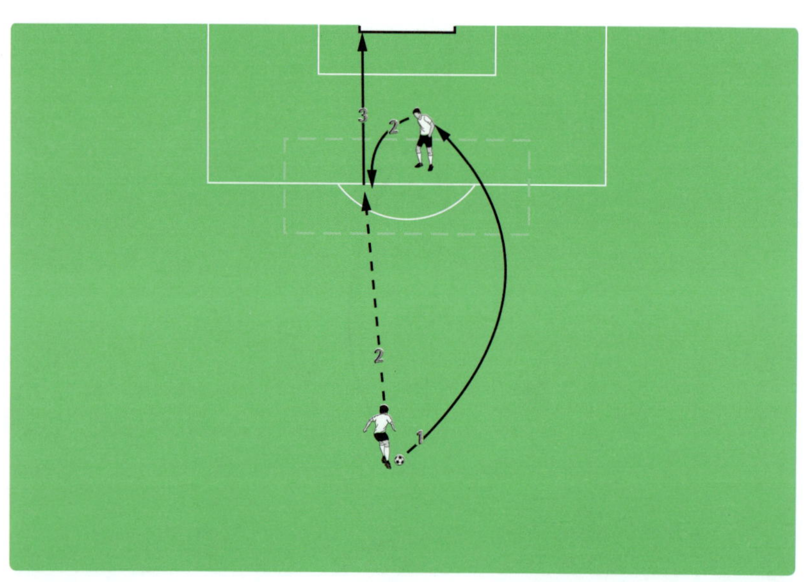

训练目标：

正脚背踢反弹球

训练说明：

前锋给大禁区内的队友传高空球，队友使球回弹，前锋向前助跑，用正脚背接反弹球直接射门。

常见错误：

触球部位不准确、球弹地后旋转太快。

身体素质： ⚽⚽

技　　术： ⚽⚽⚽⚽⚽

战　　术： ⚽⚽

人数要求： 所有队员

训练次数： 5 ～ 10 次

168 ◀ ▶ 170

正脚背射门之地面球

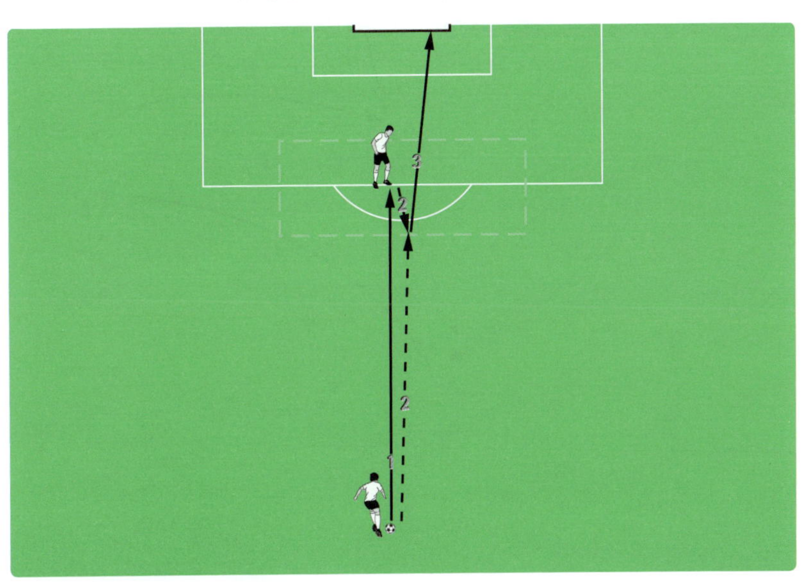

身体素质： ⚽⚽

技　　术： ⚽⚽⚽⚽⚽⚽

战　　术： ⚽⚽

人数要求： 所有队员

训练次数： 5 ～ 10 次

169 ◀ ▶ 151

训练目标：

地面球正脚背射门

训练说明：

前锋给大禁区内的队友传高空球，队友将球停在地面上，前锋向前助跑，并用正脚背直接射门。

常见错误：

触球部位不准确、射门时脚未绷紧。

高空球—传中—射门 I

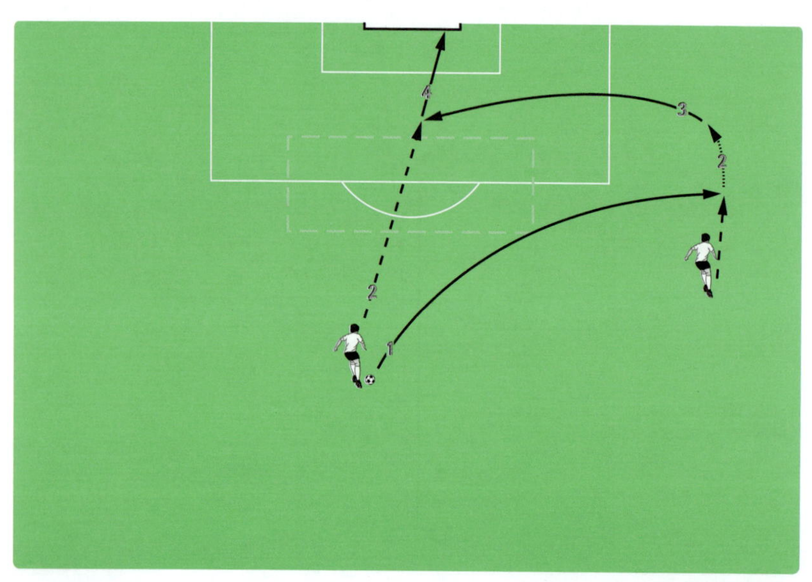

训练目标：

射门准备、射门

训练说明：

队员 1 往禁区一侧传高空球，在传球后向前跑动。队员 2 接球后传中，队员 1 包抄射门。

常见错误：

前锋过早进入禁区、传中落点不准确。

身体素质： ⚽⚽⚽

技　　术： ⚽⚽⚽⚽⚽

战　　术： ⚽⚽

人数要求： 所有队员

训练次数： 5 ～ 10 次

167 ◀ ▶ 172

高空球—传中—射门 II

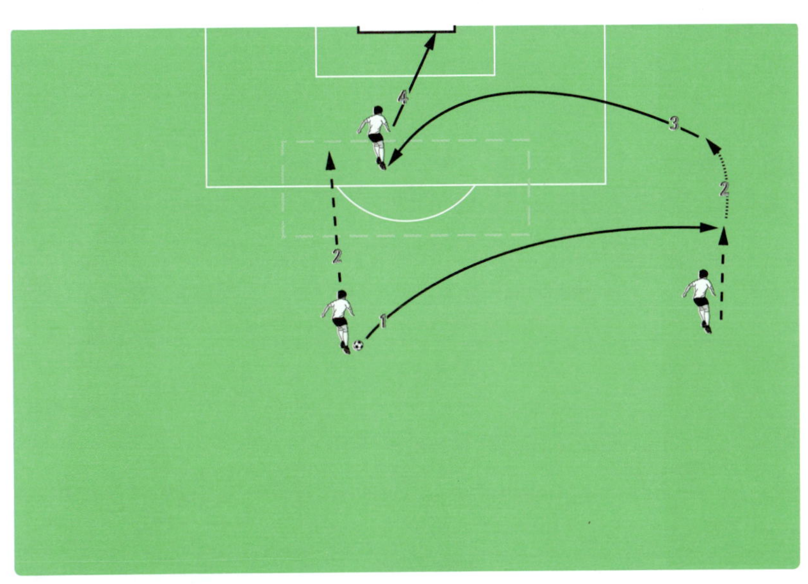

身体素质： ⚽⚽⚽

技　　术： ⚽⚽⚽⚽⚽

战　　术： ⚽⚽⚽

人数要求： 所有队员

训练次数： 5 ～ 10 次

171 ◀ ▶ 237

训练目标：

射门准备、射门

训练说明：

队员 1 往禁区一侧传高空球，在传球后向前跑动。队员 2 接球后传中，队员 1 和队员 3 包抄射门。

常见错误：

两名射门队员配合不默契。

对抗能力

足球是一项充满对抗的运动，不只是两支球队的对抗，还包括队员为了争夺球权和改变球的方向而进行的对抗。所以，“一对一对抗”就成了足球训练的重要组成部分，同时也象征着足球的最基本理念——进球和阻止对方进球。

“一对一对抗”能够教会队员在所有其他运动和比赛中也通用的一些基本功。这些基本功是动作协调、技术得当、干净利落的对抗的基础，不具备这些素质的队员将难以适应比赛节奏。

抛球—头球

训练目标：

连贯头球

训练说明：

两侧球门都有守门员把守的头球训练。队员先用手抛球，其他队员不得推挤或者阻挡持球者。如果有一组队员没能用头接住队友的第一个手抛球，则双方交换球权。只能用头球攻门。

常见错误：

头球和头球争顶少、传球拖沓。

身体素质： ⚽⚽⚽⚽⚽

技　　术： ⚽⚽⚽⚽⚽

战　　术： ⚽⚽⚽⚽⚽

人数要求： 2 组队员

训练时长： 3 × 5 分钟

132 ◀ ▶ 15

互挽手臂移动

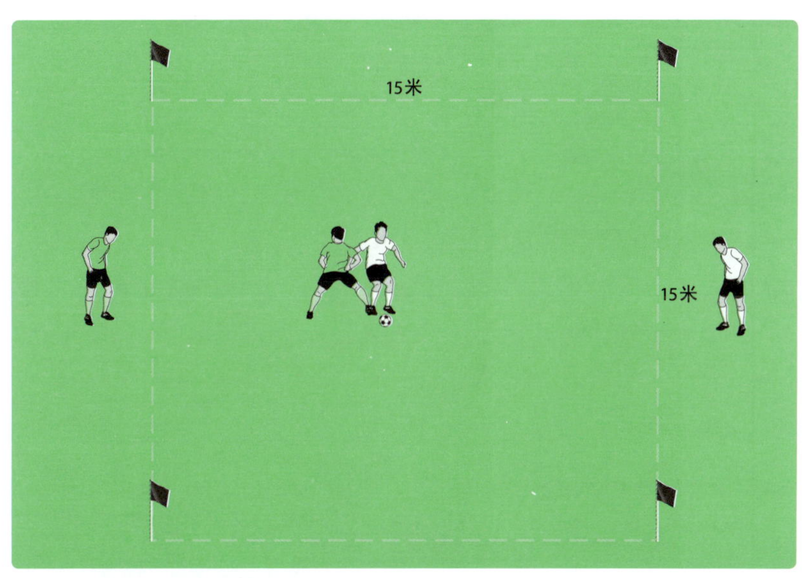

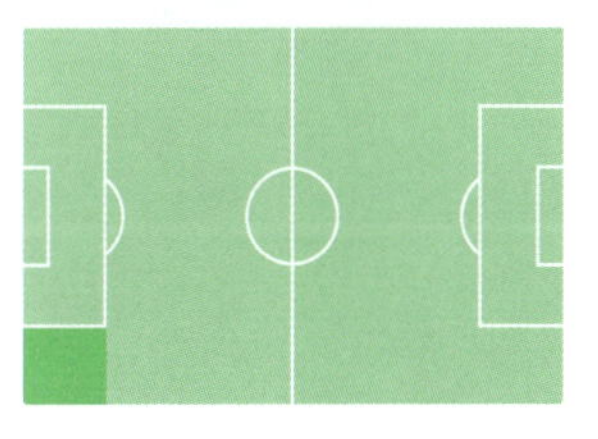

身体素质： ⚽⚽⚽⚽⚽
技　　术： ⚽⚽⚽⚽
战　　术： ⚽⚽

人数要求： 2 人一组
训练时长： 5 × 30 秒

12 ◀ ▶ 175

训练目标：

身体对抗、逼迫

训练说明：

两名队员互挽胳膊，面朝不同的方向站立，尝试带球到各自所面向的边线，在此期间两人的胳膊不能松开。

常见错误：

身体对抗不够、平衡感差。

两人正面推挤

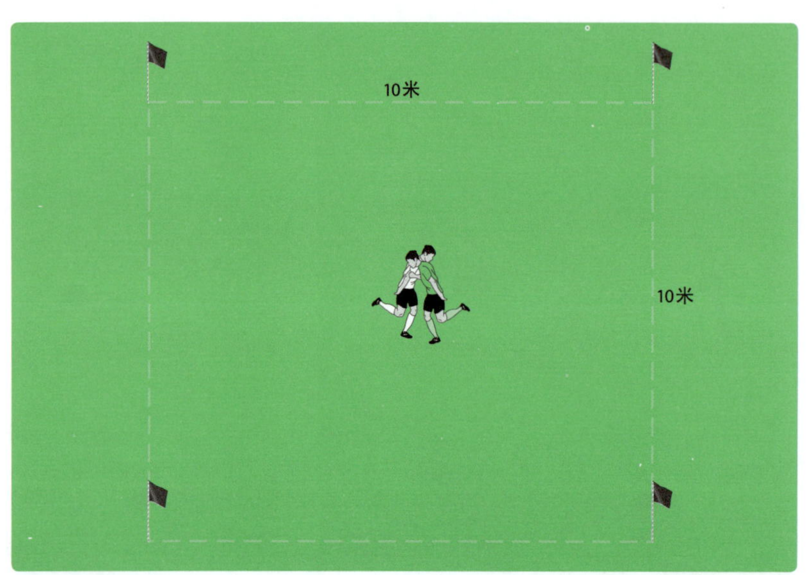

训练目标：

身体对抗、逼迫、平衡感

训练说明：

两名队员单腿站立，尝试在训练区域内推开对方。

常见错误：

身体控制能力欠缺、平衡感差。

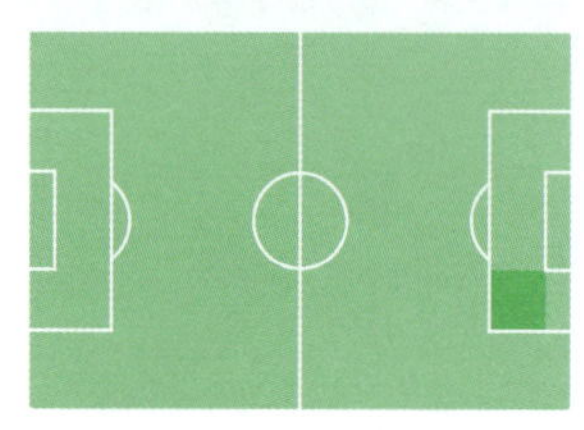

身体素质： ⚽⚽⚽⚽⚽

技　　术： ⚽⚽⚽

战　　术： ⚽⚽

人数要求： 2 人一组

训练时长： 5 × 30 秒

174 ◀ ▶ 176

护球

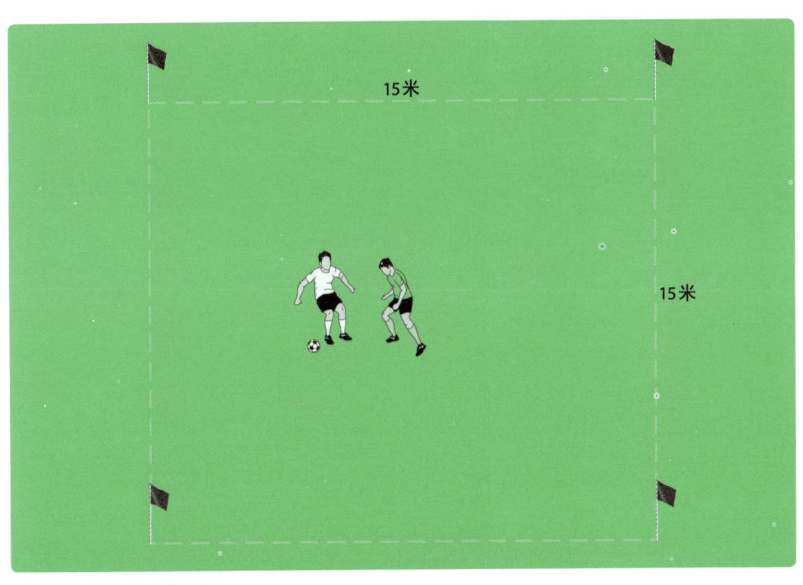

身体素质： ⚽⚽⚽⚽⚽

技　　术： ⚽⚽⚽

战　　术： ⚽⚽⚽

人数要求： 2人一组

训练时长： 5×1分钟

175 ◀▶ 209

训练目标：

护球

训练说明：

在训练区域内一名队员持球，要在另一名队员的进攻下将球护住。

常见错误：

未利用身体、没有护住足球。

以标志锥为目标的一对一

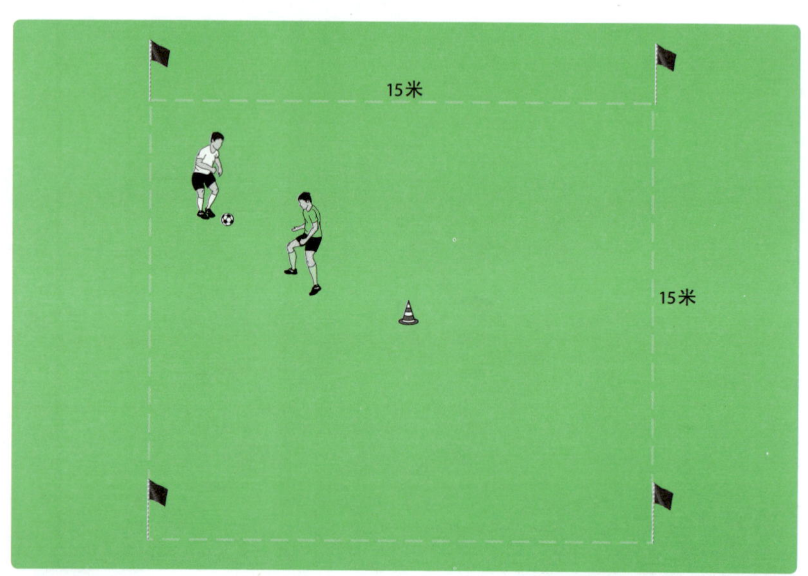

训练目标：

对抗意识、守住内线、拦截球

训练说明：

以标志锥为目标的一对一训练，球每碰到一次标志锥记为得 1 分。

常见错误：

未守住内线、未封锁线路、转换太慢、被过后不回追。

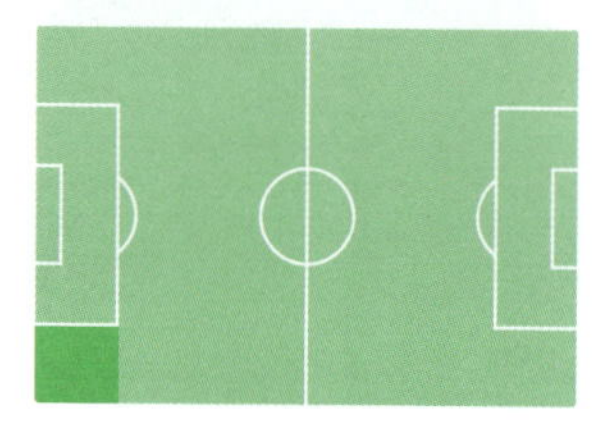

身体素质： ⚽⚽⚽⚽⚽

技　　术： ⚽⚽⚽⚽

战　　术： ⚽⚽⚽

人数要求： 2 人一组

训练时长： 5 × 1 分钟

175 ◀ ▶ 178

有两个标志锥的一对一

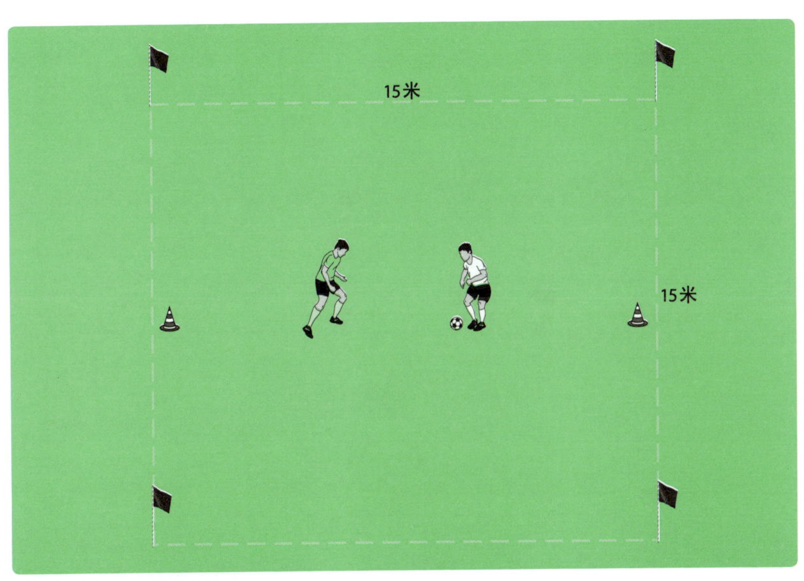

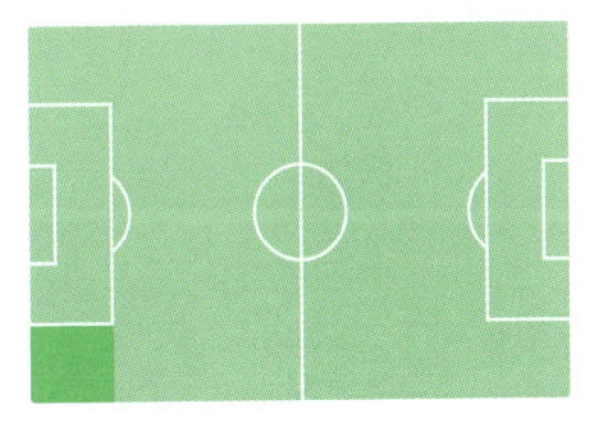

身体素质： ⚽⚽⚽⚽⚽
技　　术： ⚽⚽⚽⚽
战　　术： ⚽⚽⚽

人数要求： 2 人一组
训练时长： 5×1 分钟

177 ◀ ▶ 179

训练目标：

对抗意识、守住内线、拦截球

训练说明：

以标志锥为目标的一对一训练，在场地两侧各放一个标志锥。球每碰到一次标志锥记为得 1 分。

常见错误：

未守住内线、未封锁线路、转换太慢、被过后不回追。

有三个标志锥的一对一

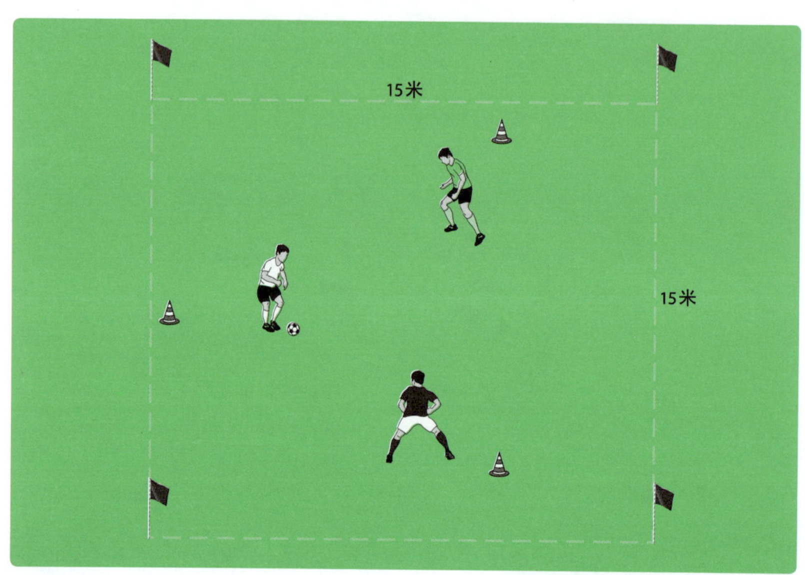

训练目标：

对抗意识、守住内线、拦截球

训练说明：

以标志锥为目标的一对一训练，标志锥组成一个三角形。每名队员把守一个标志锥，尝试用球击中对面的标志锥。

常见错误：

未守住内线、未封锁线路、转换太慢、被过后不回追。

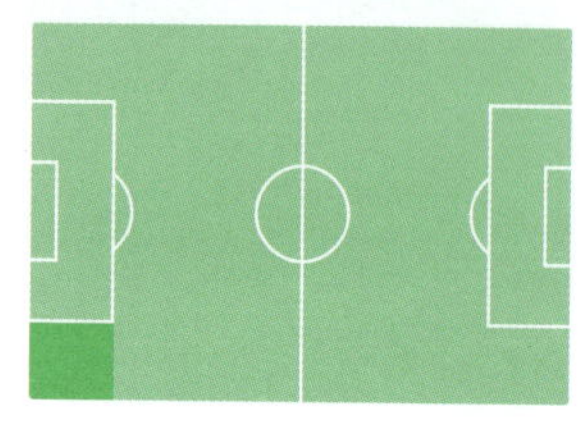

身体素质： ⚽⚽⚽⚽⚽

技　　术： ⚽⚽⚽⚽

战　　术： ⚽⚽⚽

人数要求： 3 名队员

训练时长： 10 分钟

178 ◀ ▶ 180

有宽球门的一对一

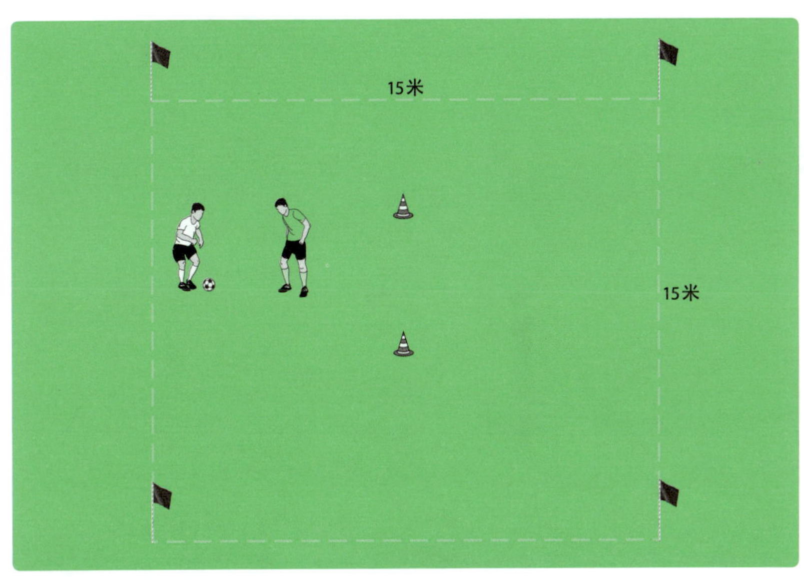

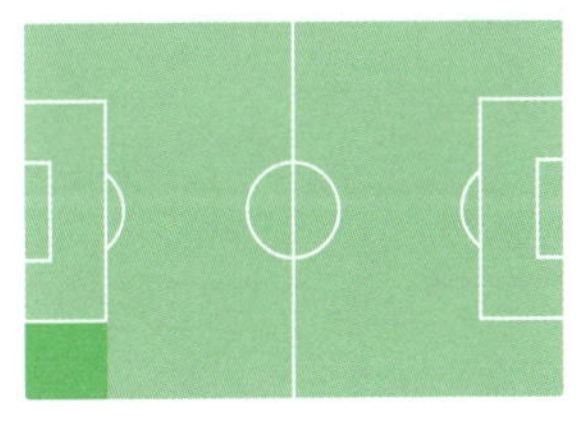

身体素质： ⚽⚽⚽⚽⚽
技　　术： ⚽⚽⚽⚽
战　　术： ⚽⚽⚽

人数要求： 2 人一组
训练时长： 5 × 1 分钟

179 ◀ ▶ 181

训练目标：

假动作、对抗意识

训练说明：

面向无人把守球门的一对一训练。每次进球后改变方向，在球门另一侧继续练习。

常见错误：

进攻队员持球时动作过于单一。

有两个小门的一对一 I

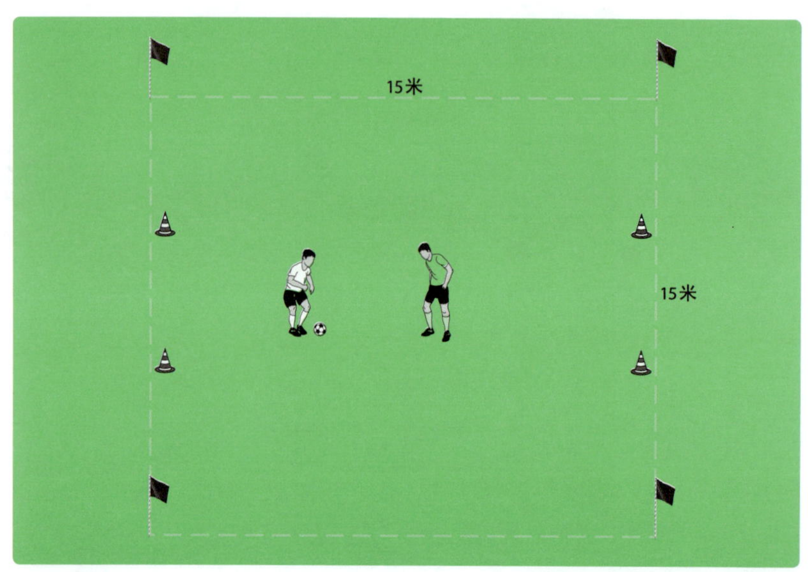

训练目标：

对抗意识、守住内线、拦截球

训练说明：

训练区域两侧各摆放一个小球门的一对一训练。

常见错误：

未守住内线、未封锁线路、转换太慢、被过后不回追。

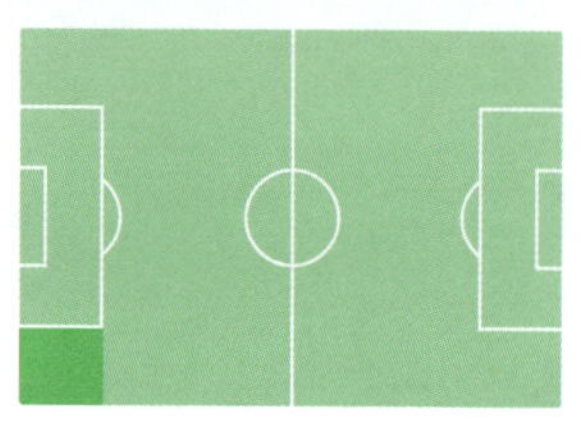

身体素质： ⚽⚽⚽⚽⚽⚽

技　　术： ⚽⚽⚽⚽

战　　术： ⚽⚽⚽

人数要求： 2 名队员

训练时长： 5 × 1 分钟

180 ◀ ▶ 182

有两个小门的一对一 Ⅱ

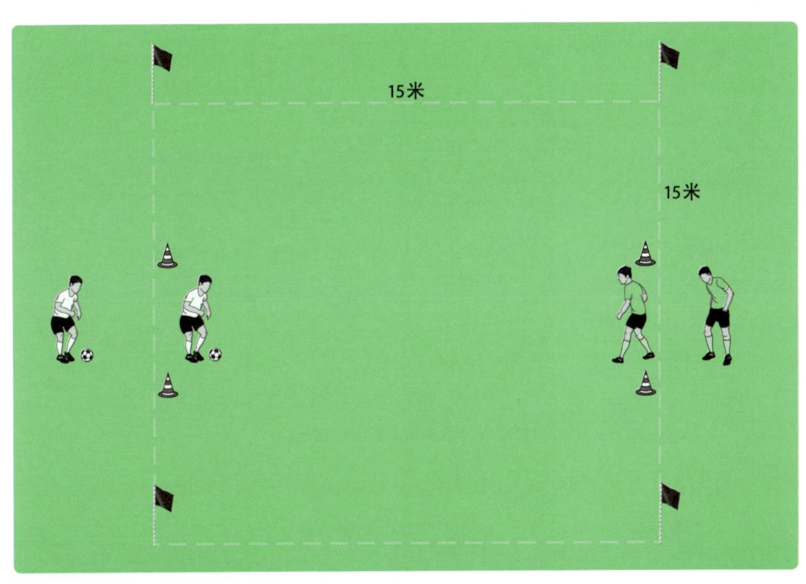

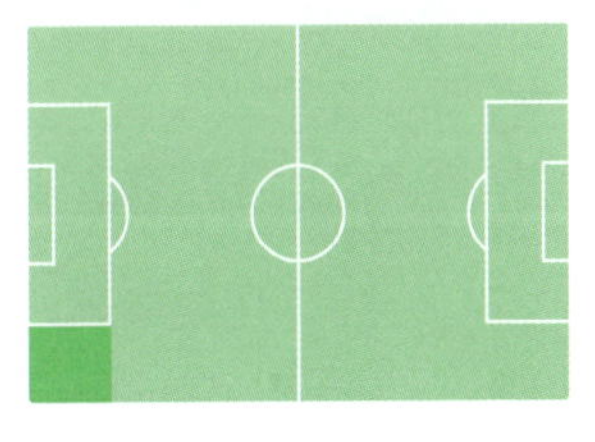

身体素质： ⚽⚽⚽⚽⚽⚽

技　　术： ⚽⚽⚽⚽

战　　术： ⚽⚽⚽

人数要求： 所有队员

训练次数： 5 ～ 10 次

181 ◀ ▶ 183

训练目标：

对抗意识、守住内线、拦截球

训练说明：

一名队员从一侧球门带球发起进攻，一名防守队员从另一侧球门出发，尝试阻止对方的进攻。下一组队员无须等候，紧跟着开始练习。之后下一组队员立即开始。

常见错误：

未守住内线、未封锁线路、转换太慢、被过后不回追。

一对一带球过终点线

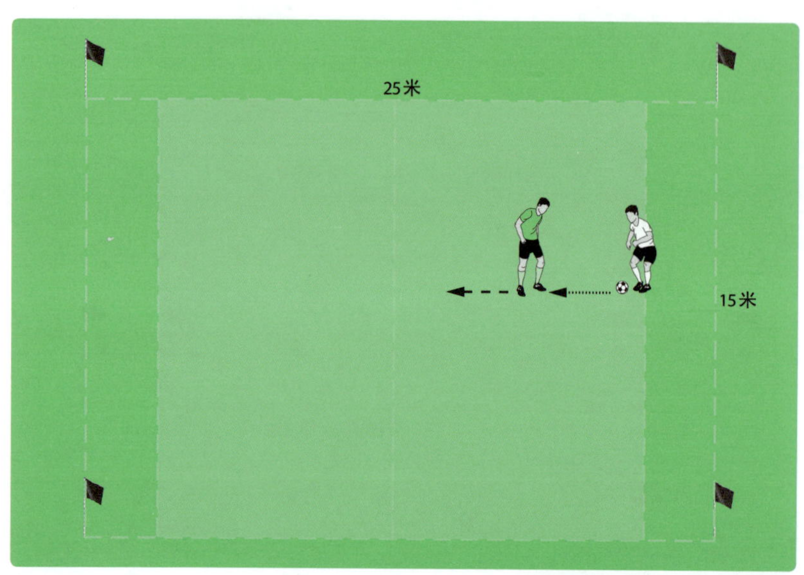

训练目标：

对抗意识、迅速反应和做出动作

训练说明：

进攻队员以较慢的速度向前带球，防守队员随之不断后退。在到达训练区域中间后进攻队员可以突然做动作，晃过防守队员，带球到达终点线。

常见错误：

进攻队员持球时动作过于单一、缺乏速度变化。

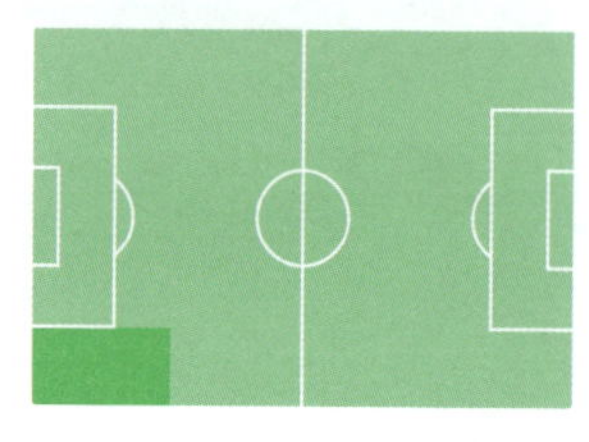

身体素质：⚽⚽⚽⚽⚽

技　　术：⚽⚽⚽⚽

战　　术：⚽⚽⚽

人数要求：2 人一组

训练次数：5 ～ 10 次

182 ◀ ▶ 184

带终点线且断球后可直接反击的一对一

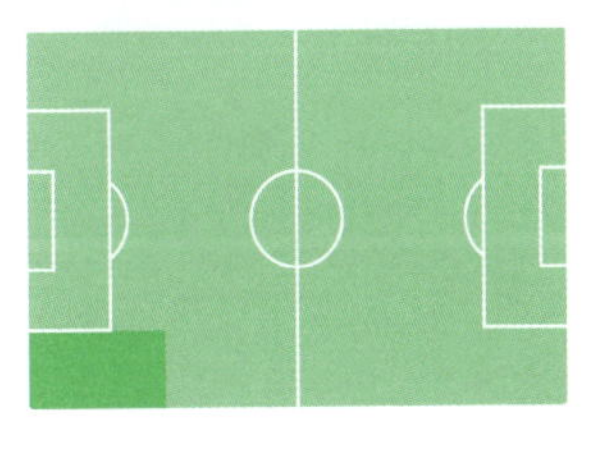

身体素质： ⚽⚽⚽⚽⚽
技　　术： ⚽⚽⚽⚽
战　　术： ⚽⚽⚽

人数要求： 2人一组
训练次数： 5～10次

183 ◀ ▶ 185

训练目标：

对抗意识、迅速反应、做动作

训练说明：

进攻队员以较慢的速度向前带球，防守队员随之不断后退。在到达训练区域中间后进攻队员可以突然做动作，晃过防守队员，带球到达终点线。一旦被防守队员断球，他可以直接发动反击。

常见错误：

进攻队员带球时动作过于单一、缺乏速度变化、缺乏攻防转换。

穿越防守区域的二对一 I

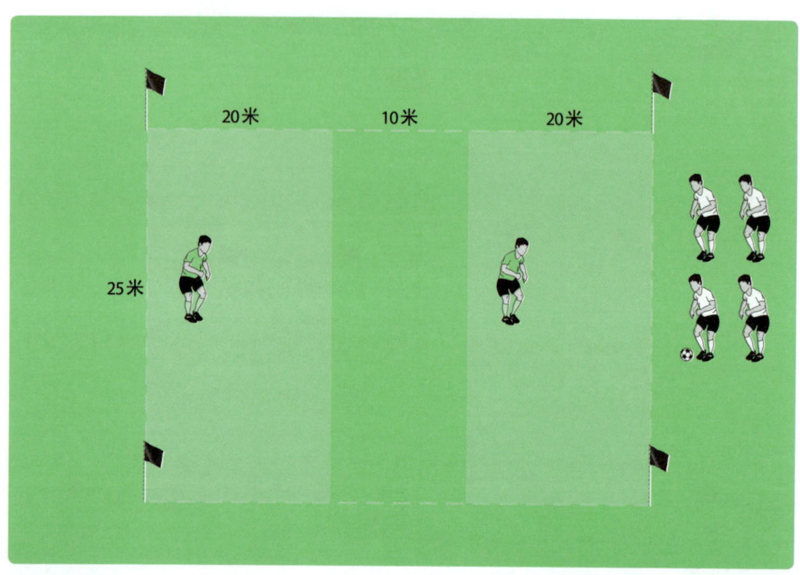

训练目标：

利用人数优势

训练说明：

两名持球队员先后通过两个各由一名防守队员防守的区域。两个防守区域之间有一个中间区域，持球队员可在此做短暂调整。

常见错误：

有人数优势的一方不必要的丢球。

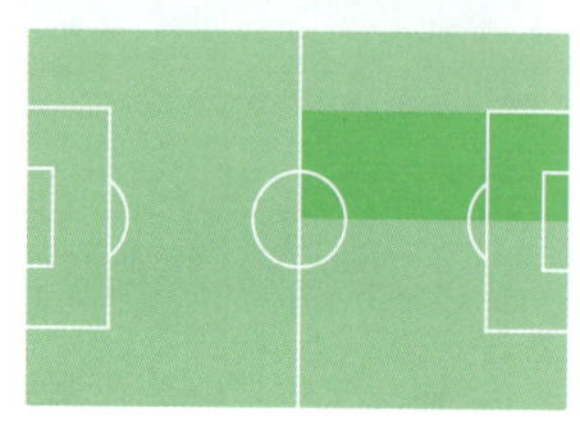

身体素质： ⚽⚽⚽⚽

技　　术： ⚽⚽⚽⚽

战　　术： ⚽⚽⚽

人数要求： 所有队员

训练次数： 5 ～ 10 次

184 ◀ ▶ 186

穿越防守区域的二对一 II

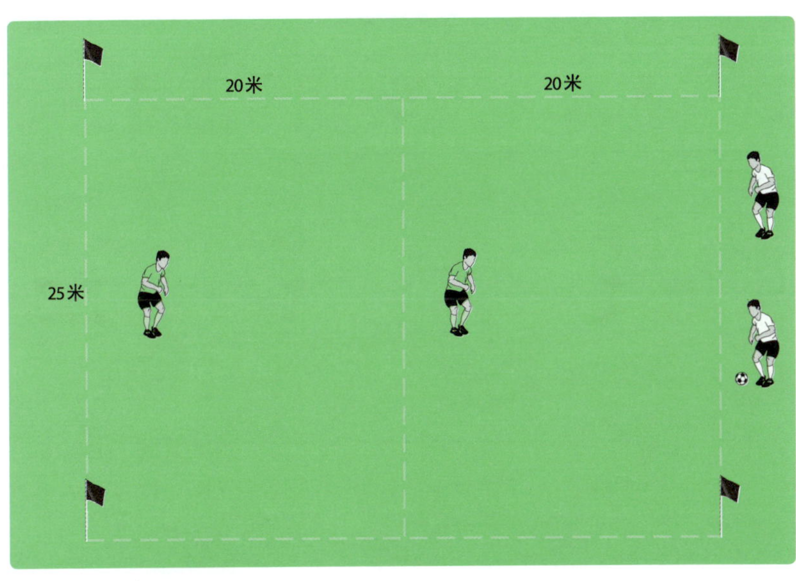

身体素质： ⚽⚽⚽⚽

技　　术： ⚽⚽⚽⚽

战　　术： ⚽⚽⚽

人数要求： 所有队员

训练次数： 5 ～ 10 次

185 ◀ ▶ 187

训练目标：

利用人数优势

训练说明：

两名持球队员连续通过两个各由一名防守队员防守的区域。

常见错误：

有人数优势的一方不必要的丢球。

穿越防守区域的一对一 I

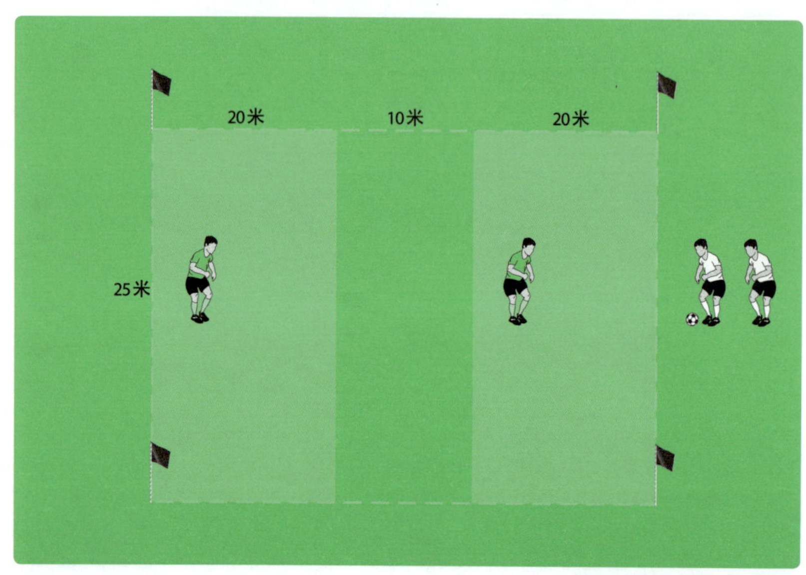

训练目标：

对抗意识、假动作

训练说明：

一名队员持球，先后通过两个各由一名防守队员防守的区域。两个防守区域之间有一个中间区域，持球队员可在此做短暂调整。

常见错误：

进攻队员持球时动作过于单一。

身体素质： ⚽⚽⚽⚽

技　　术： ⚽⚽⚽⚽

战　　术： ⚽⚽⚽

人数要求： 所有队员

训练次数： 5 ～ 10 次

186 ◀ ▶ 188

穿越防守区域的一对一 II

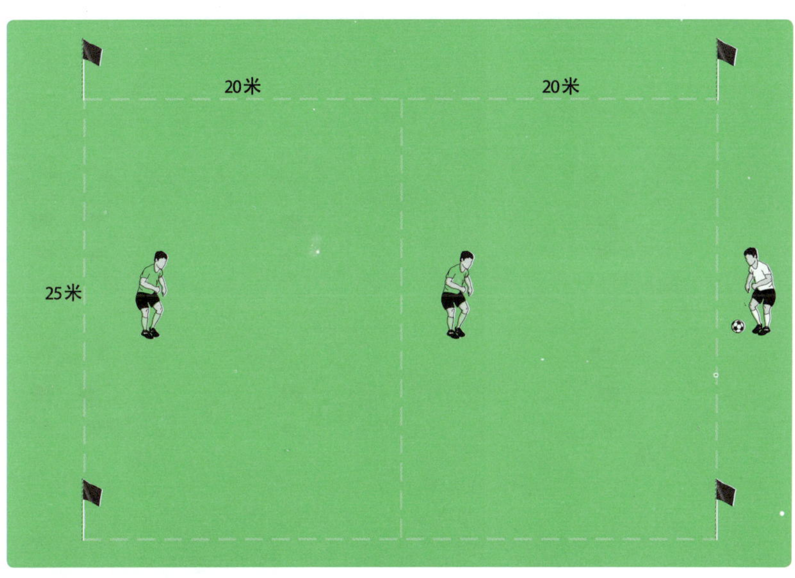

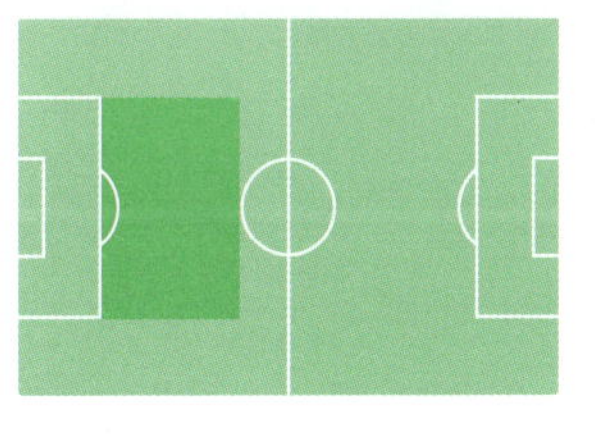

身体素质： ⚽⚽⚽⚽
技　　术： ⚽⚽⚽⚽
战　　术： ⚽⚽⚽

人数要求： 所有队员
训练次数： 5 ～ 10 次

187 ◀ ▶ 189

训练目标：

对抗意识、假动作

训练说明：

一名队员持球，连续通过两个各由一名防守队员防守的区域。

常见错误：

进攻队员持球时动作过于单一。

穿越防守区域的二对二 I

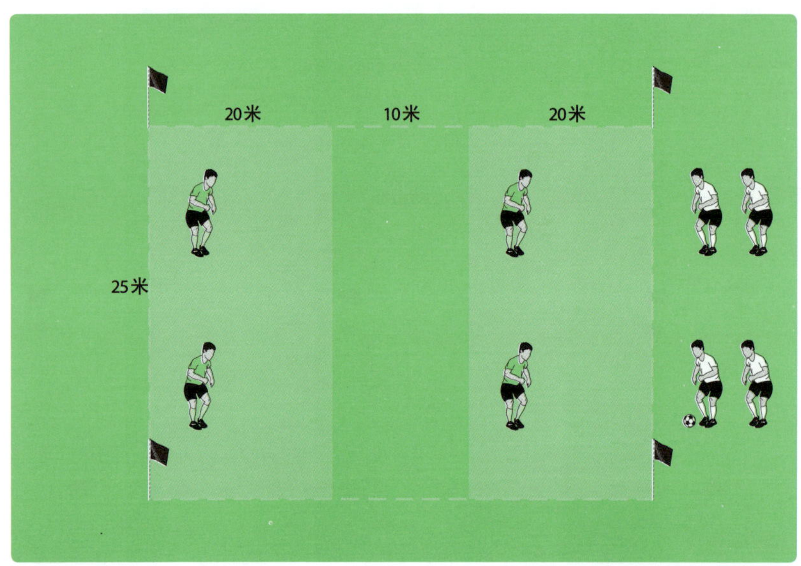

训练目标：

对抗意识、假动作

训练说明：

两名队员持球，先后通过两个各由两名防守队员防守的区域。两个防守区域之间有一个中间区域，持球队员在此可做短暂调整。

常见错误：

进攻队员持球时动作过于单一、缺少队友支持。

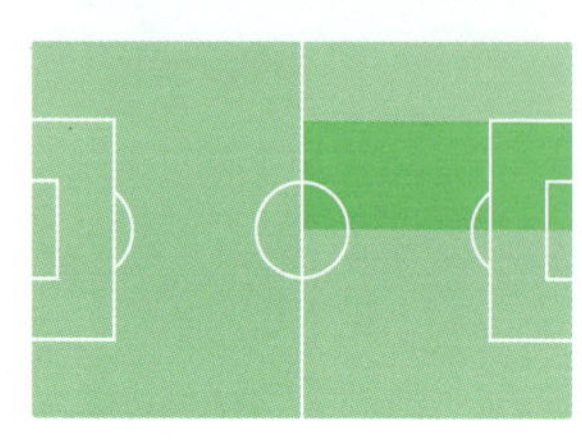

身体素质：⚽⚽⚽⚽

技　　术：⚽⚽⚽⚽

战　　术：⚽⚽⚽⚽

人数要求：所有队员

训练次数：5 ～ 10 次

188 ◀ ▶ 190

穿越防守区域的二对二 II

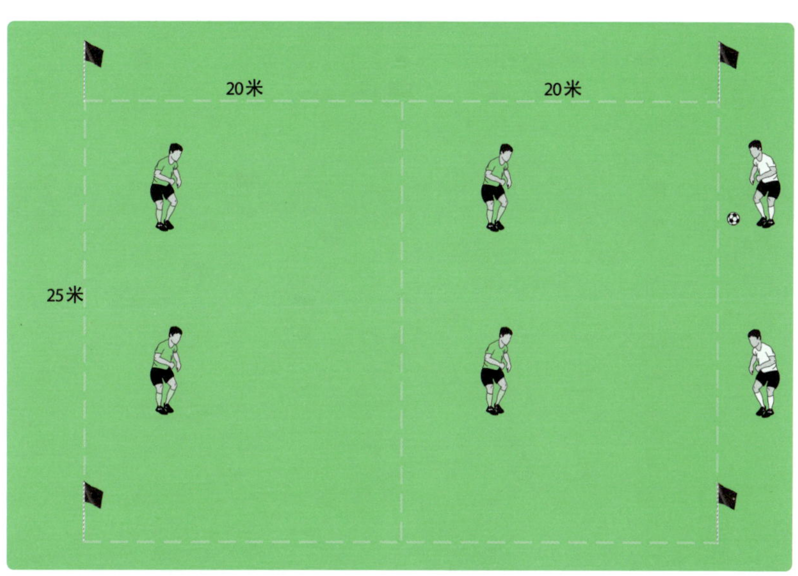

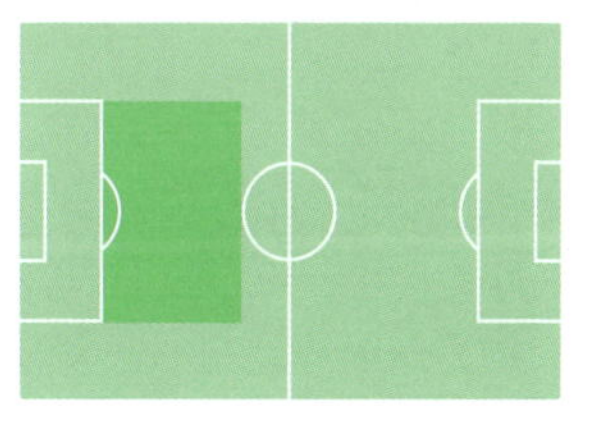

身体素质： ⚽⚽⚽⚽

技　　术： ⚽⚽⚽⚽

战　　术： ⚽⚽⚽⚽

人数要求： 所有队员

训练次数： 5 ～ 10 次

189 ◀ ▶ 191

训练目标：

对抗意识、假动作

训练说明：

两名队员持球，连续通过两个各由两名防守队员防守的区域。

常见错误：

进攻队员持球时动作过于单一、缺少队友支持。

以标志锥为目标的二对二

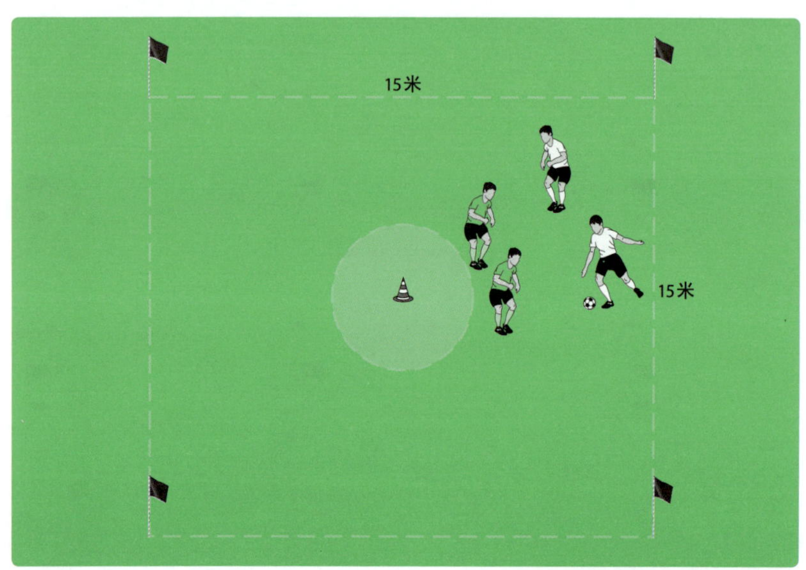

训练目标：

对抗意识、守住内线、拦截球、支援队友

训练说明：

以标志锥为目标的二对二训练，球碰到标志锥一次记为得 1 分。所有队员均不得进入标志锥周围两米的区域内。

常见错误：

未守住内线、未封锁线路、转换太慢、被过后不回追。

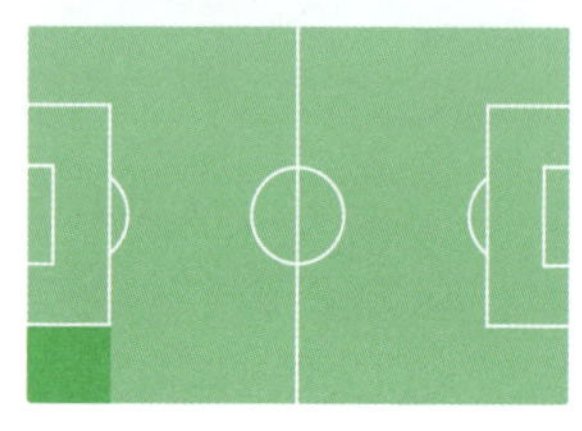

身体素质： ⚽⚽⚽⚽⚽
技　　术： ⚽⚽⚽⚽
战　　术： ⚽⚽⚽⚽

人数要求： 4 名队员
训练时长： 4 × 2 分钟

190 ◀ ▶ 192

以两个标志锥为目标的二对二

身体素质： ⚽⚽⚽⚽⚽
技　　术： ⚽⚽⚽⚽
战　　术： ⚽⚽⚽⚽

人数要求： 4 名队员
训练时长： 4×2 分钟

191 ◀ ▶ 193

训练目标：

对抗意识、守住内线、拦截球、支援队友

训练说明：

以标志锥为目标的二对二训练，球碰到标志锥一次记为得 1 分。所有队员均不得进入标志锥周围两米的区域内。

常见错误：

未守住内线、未封锁线路、转换太慢、被过后不回追。

以标志锥为目标的三对三

训练目标：

对抗意识、守住内线拦截球

训练说明：

以标志锥为目标的三对三训练，球碰到标志锥一次记为得1分。所有队员均不得进入标志锥周围两米的区域内。

常见错误：

未守住内线、未封锁线路、转换太慢、被过后不回追。

身体素质： ⚽⚽⚽⚽⚽

技　　术： ⚽⚽⚽⚽

战　　术： ⚽⚽⚽

人数要求： 6名队员

训练时长： 4×2分钟

192 ◀ ▶ 194

以两个标志锥为目标的三对三

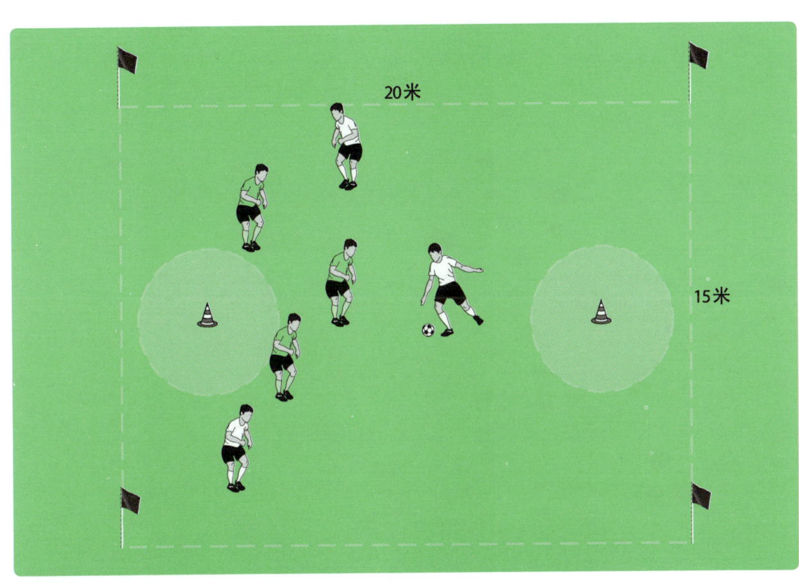

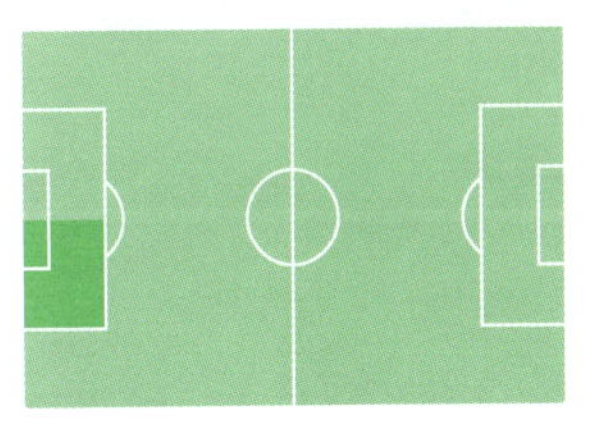

身体素质： ⚽⚽⚽⚽⚽

技　　术： ⚽⚽⚽⚽

战　　术： ⚽⚽⚽

人数要求： 6 名队员

训练时长： 4 × 2 分钟

193 ◀ ▶ 195

训练目标：

对抗意识、守住内线、拦截球

训练说明：

以标志锥为目标的三对三训练，球碰到标志锥一次记为得 1 分。所有队员均不得进入标志锥周围两米的区域内。

常见错误：

未守住内线、未封锁线路、转换太慢、被过后不回追。

以两个标志锥为目标的四对四

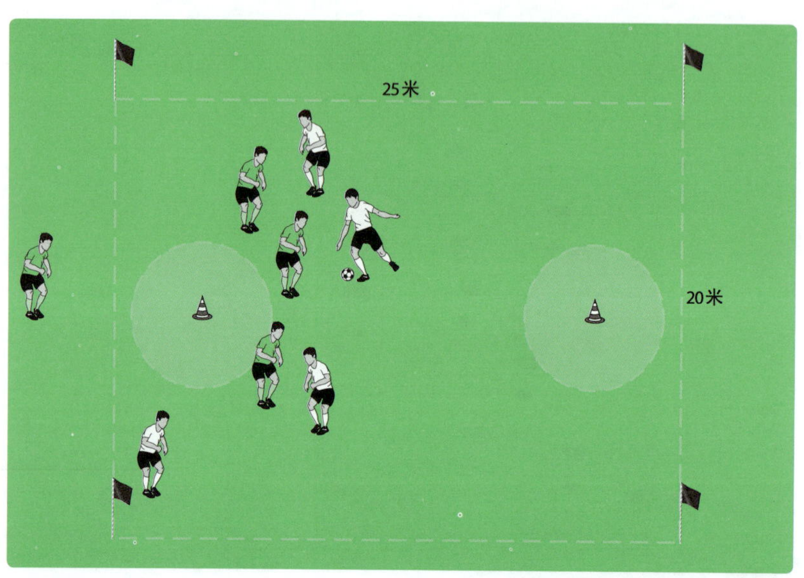

训练目标：

守住内线、支援队友

训练说明：

两侧均放置标志锥的四对四训练，球碰到标志锥一次记为得 1 分。场上进攻队员比防守队员多一人，防守方在防守时有一名队员须站在场地外等候，待己方赢得球权后参与到进攻中。

常见错误：

未守住内线、缺少队友支持。

身体素质： ⚽⚽⚽⚽⚽

技　　术： ⚽⚽⚽⚽

战　　术： ⚽⚽⚽⚽

人数要求： 8 名队员

训练时长： 4 × 3 分钟

194 ◀ ▶ 226

传低平球后跟上铲球

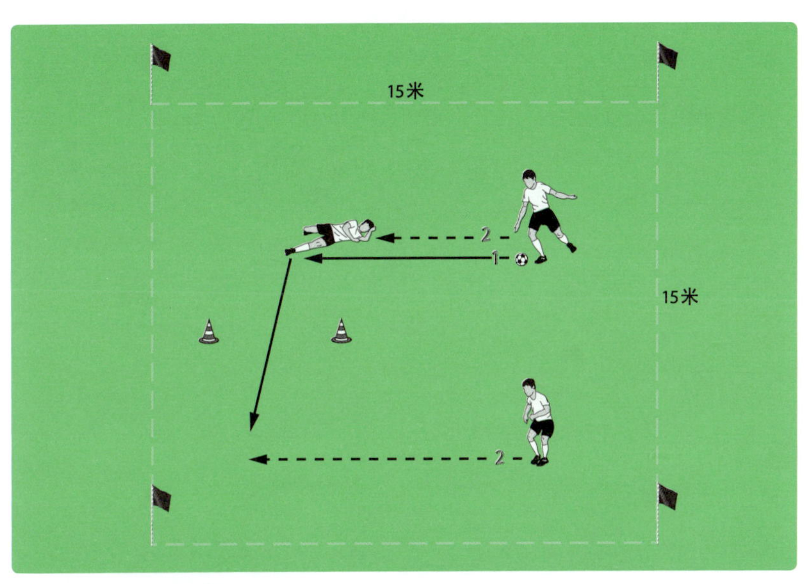

身体素质：⚽⚽⚽

技　　术：⚽⚽⚽⚽

战　　术：⚽⚽

人数要求：2 人一组

训练次数：5 ～ 10 次

133 ◀ ▶ 200

训练目标：

传低平球后自己跟上铲球

训练说明：

一名队员传出低平球，然后自己跟上铲球，使球通过用标志锥组成的球门传给另一名队员。

常见错误：

时机把握不准。

无球跑动

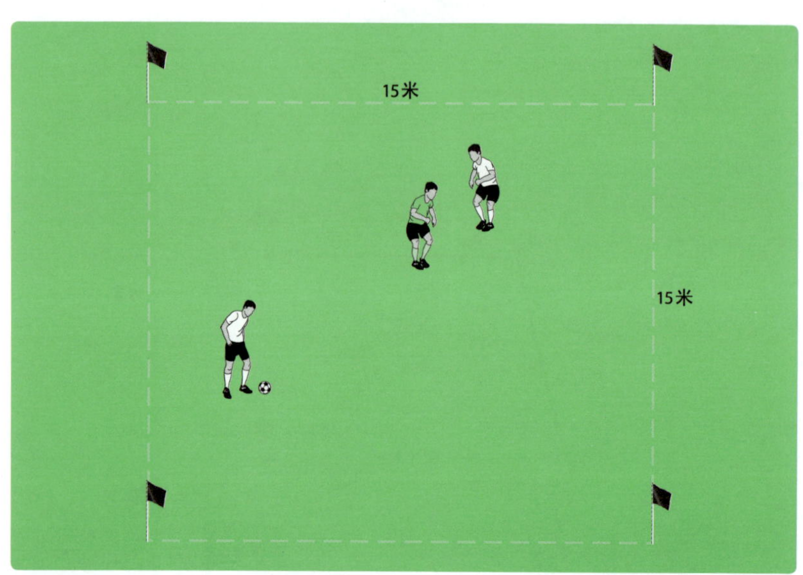

训练目标：

无球状态下的假动作跑动

训练说明：

一名队员用假动作摆脱防守队员，然后向另一名队员要球并传回。

常见错误：

防守队员盯人不紧。

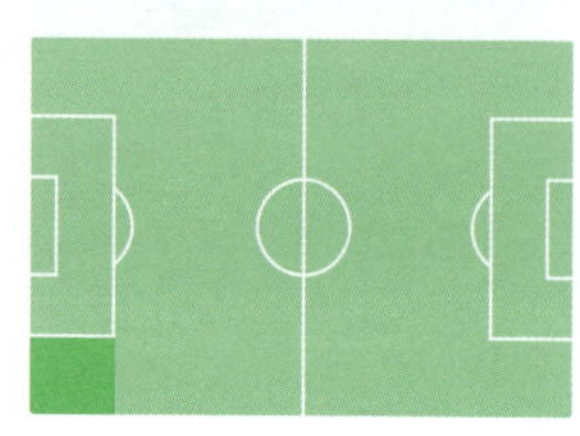

身体素质： ⚽⚽⚽⚽

技　　术： ⚽⚽

战　　术： ⚽⚽⚽

人数要求： 3 名队员

训练时长： 5 × 30 秒

2 ◀ ▶ 209

跑动比拼

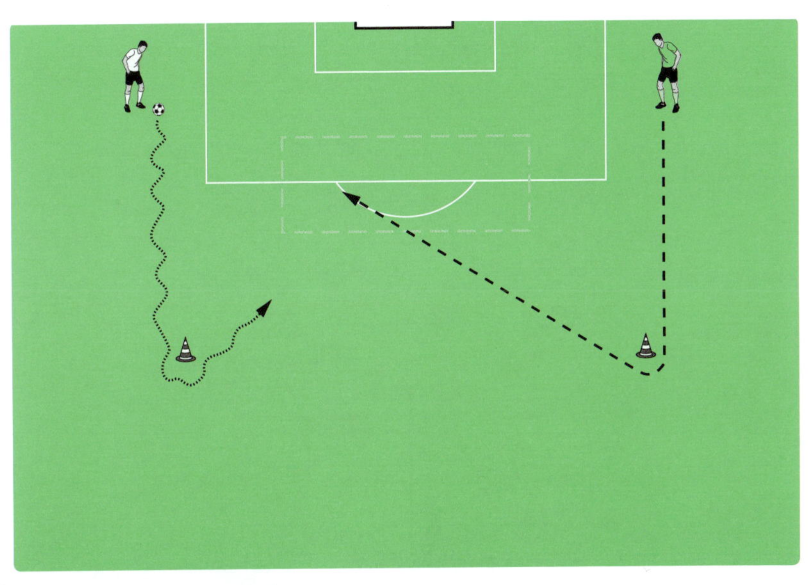

身体素质： ⚽⚽⚽⚽
技　　术： ⚽⚽⚽
战　　术： ⚽⚽⚽

人数要求： 2 人一组
训练次数： 5 ～ 10 次

116 ◀▶ 200

训练目标：

带球速度、自信心

训练说明：

听到口令后一名持球队员和一名无球队员同时从底线出发并绕过标志锥，持球队员尝试射门得分，无球队员则要阻止其射门得分。

常见错误：

不必要的犯规。

有额外任务的跑动比拼

训练目标：

起动速度、反应速度、自信心、运动协调性

训练说明：

两名队员练习颠球。听到口令后，队员绕标志锥向后颠球。然后教练向前传球，两名队员争抢球权并射门。

常见错误：

协调性差、反应慢。

身体素质：⚽⚽⚽⚽

技　　术：⚽⚽⚽⚽

战　　术：⚽⚽⚽

人数要求：2 人一组

训练次数：5 ～ 10 次

198 ◀ ▶ 200

争抢球权冲刺 I

身体素质： ⚽⚽⚽⚽⚽⚽

技　　术： ⚽⚽⚽⚽

战　　术： ⚽⚽⚽

人数要求： 2 人一组、所有队员

训练次数： 5 ～ 10 次

199 ◀ ▶ 201

训练目标：

起动速度、反应速度、自信心

训练说明：

教练向球门方向传低平球，两名队员向球的方向冲刺，争夺球权并射门。

常见错误：

不必要的犯规。

争抢球权冲刺 II

训练目标：

起动速度、反应速度、自信心

训练说明：

教练向球门方向传高空球，两名队员向球的方向冲刺，争夺球权并射门。

常见错误：

不必要的犯规。

身体素质： ⚽⚽⚽⚽⚽⚽

技　　术： ⚽⚽⚽⚽

战　　术： ⚽⚽⚽

人数要求： 2 人一组

训练次数： 5 ～ 10 次

200 ◀ ▶ 202

争抢球权冲刺Ⅲ

身体素质： ⚽⚽⚽⚽⚽⚽

技　　术： ⚽⚽⚽⚽

战　　术： ⚽⚽⚽

人数要求： 2 人一组

训练次数： 5 ～ 10 次

201 ◀ ▶ 203

训练目标：

起动速度、反应速度、自信心

训练说明：

教练传低平球，两名队员站在小禁区的两个角，听到教练口令后同时出发，争夺球权并射门。

常见错误：

不必要的犯规。

争抢球权冲刺Ⅳ

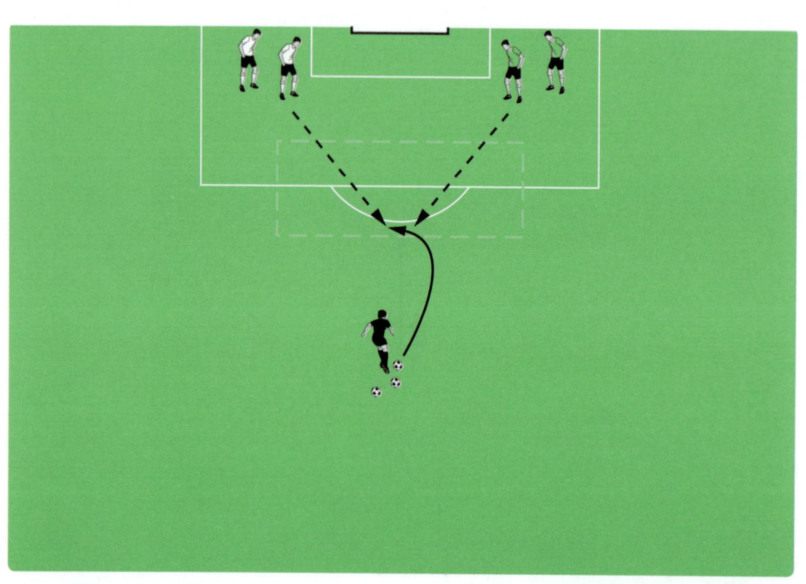

训练目标：

起动速度、反应速度、自信心

训练说明：

教练传高空球，两名队员站在小禁区的两个角，听到教练口令后同时出发，争夺球权并射门。

常见错误：

不必要的犯规。

身体素质： ⚽⚽⚽⚽⚽⚽

技　　术： ⚽⚽⚽⚽

战　　术： ⚽⚽⚽

人数要求： 2 人一组

训练次数： 5 ～ 10 次

202 ◀ ▶ 204

争抢球权冲刺 V

身体素质： ⚽⚽⚽⚽⚽⚽

技　　术： ⚽⚽⚽⚽

战　　术： ⚽⚽⚽

人数要求： 2 人一组

训练次数： 5 ～ 10 次

203 ◀ ▶ 205

训练目标：

起动速度、反应速度、自信心

训练说明：

教练轮番变化传球方向。两名队员站在小禁区的两个角，听到教练口令后同时出发，争夺球权并射门。

常见错误：

不必要的犯规。

转身射门——低平球

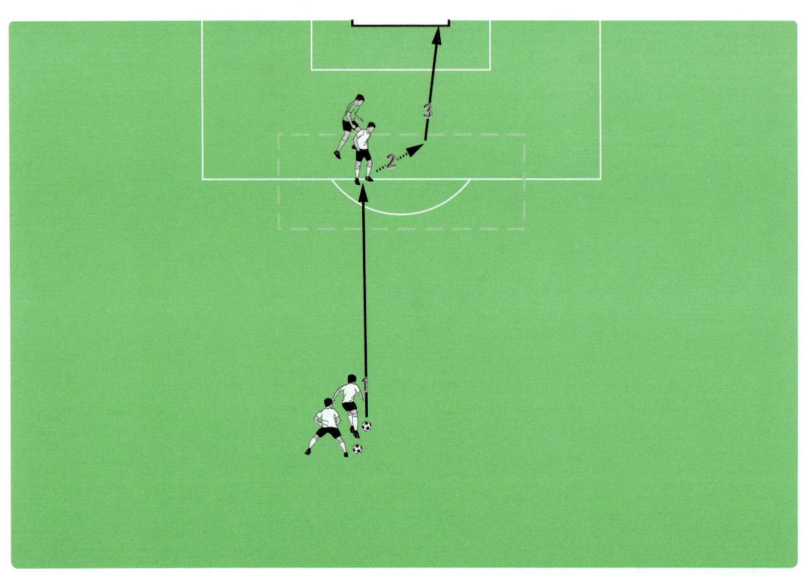

训练目标：

有队员防守的情况下接低平球后转身射门

训练说明：

前锋背对球门站立，其他队员向前锋传低平球，前锋触球一次，然后转身射门。

常见错误：

停球和射门技术差。

身体素质： ⚽⚽⚽

技　　术： ⚽⚽⚽⚽⚽

战　　术： ⚽

人数要求： 所有队员

训练次数： 5 ～ 10 次

138 ◀ ▶ 206

转身射门——高空球

身体素质： ⚽⚽⚽

技　　术： ⚽⚽⚽⚽⚽⚽

战　　术： ⚽

人数要求： 所有队员

训练次数： 5 ～ 10 次

139 ◀▶ 209

训练目标：

有队员防守的情况下接高空球后转身射门

训练说明：

前锋背对球门站立，其他队员向前锋传高空球，前锋触球一次，然后转身射门。

常见错误：

停球和射门技术差。

一对一冠军联赛

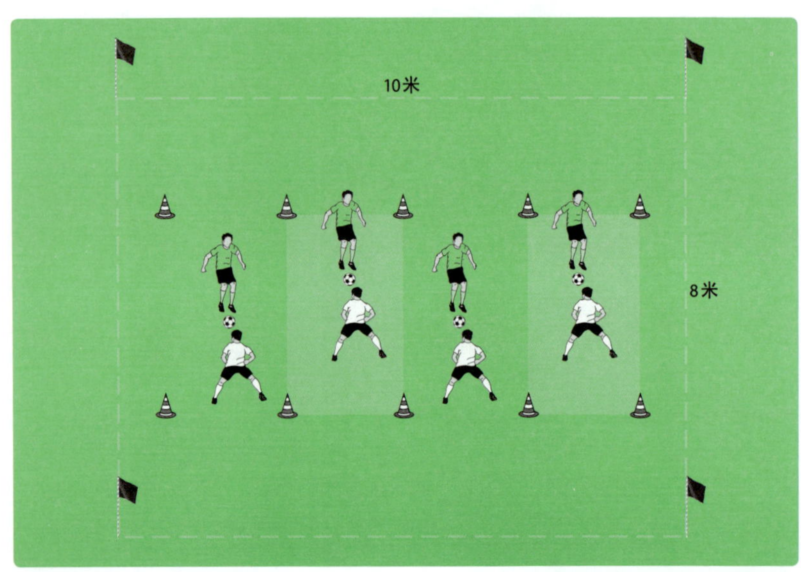

训练目标：

带射门的身体对抗、攻防转换、防射门、守住内线

训练说明：

在一个由标志锥组成的通道内进行一对一训练，先进三个球的队员上升一个级别，另一名队员下降一个级别。每个球门代表一个级别，从地区级别到冠军联赛级别。

常见错误：

忽视防守、被过后不回追。

身体素质： ⚽⚽⚽⚽⚽

技　　术： ⚽⚽⚽⚽

战　　术： ⚽⚽

人数要求： 所有队员

训练时长： 6 轮

181 ◀ ▶ 208

一对一带球过底线

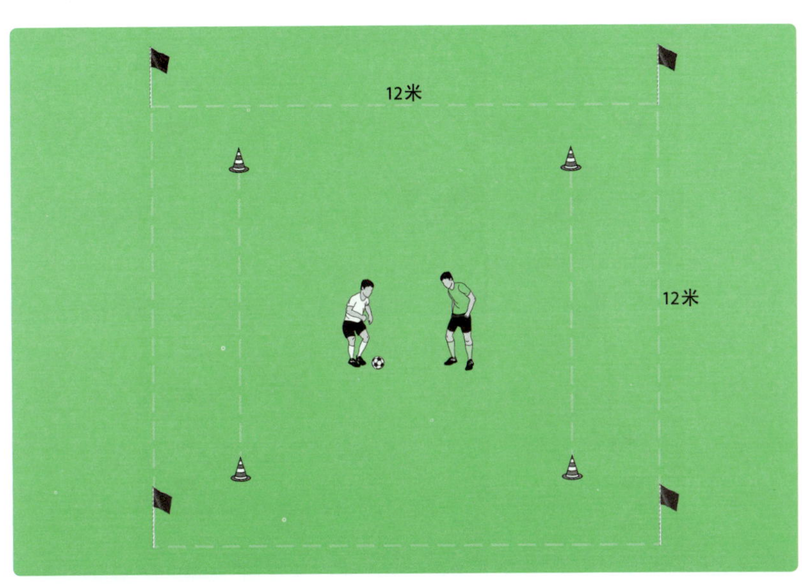

身体素质： ⚽⚽⚽⚽⚽
技　　术： ⚽⚽⚽⚽
战　　术： ⚽⚽

人数要求： 2人一组
训练次数： 5～10次

207 ◀ ▶ 209

训练目标：

对抗意识、防守

训练说明：

两名队员分别带球过对面底线，一人带球时，另一人防守。

常见错误：

位置感差。

正方形区域内有传接球队友的一对一

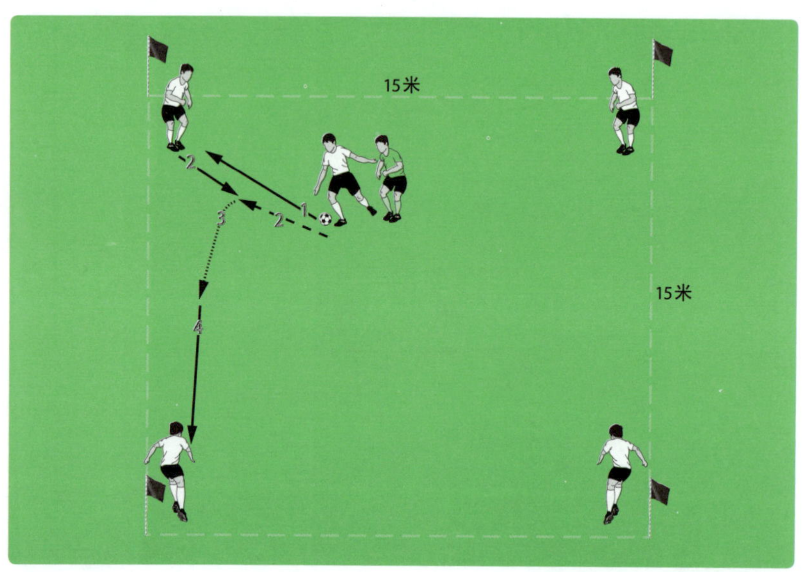

训练目标：

控球、压力下传球

训练说明：

正方形训练区域的四个角各站一名传接球队员，两名队员在中间进行一对一对抗训练。控球队员寻找合适的接球队员将球传出，接球队员将球传回。控球队员持球，并传给下一名接球队员。

常见错误：

缺乏自信心。

身体素质： ⚽⚽⚽⚽⚽

技　　术： ⚽⚽⚽⚽

战　　术： ⚽⚽⚽

人数要求： 6 名队员

训练时长： 5 × 30 秒

176 ◀ ▶ 211

带射门的一对一

身体素质： ⚽⚽⚽⚽⚽⚽

技　　术： ⚽⚽⚽⚽

战　　术： ⚽⚽

人数要求： 所有队员

训练时长： 5 × 1 分钟

207 ◀ ▶ 211

训练目标：

自信心、被过后回追

训练说明：

在有守门员、可射门的场地内一对一自由训练。

常见错误：

射门过于匆忙、缺乏攻守转换和回追。

场外站传接球队友的一对一

训练目标：

自信心、被过后回追、目的性传球

训练说明：

在有守门员、可射门的场地内一对一自由训练。传接球队员分别站在边线和底线外。

常见错误：

射门过于匆忙、缺乏攻守转换和回追、缺乏向前传球后的突然加速。

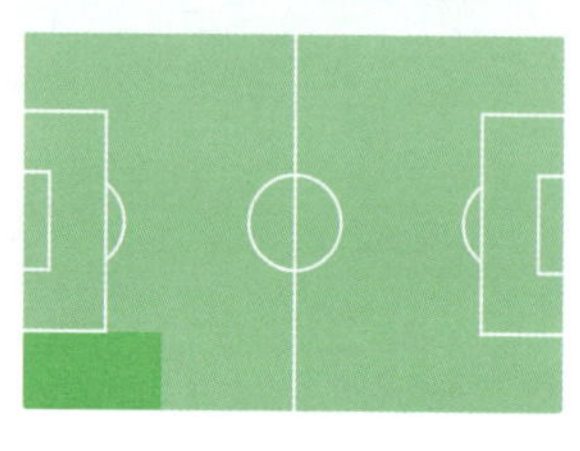

身体素质： ⚽⚽⚽⚽⚽⚽

技　　术： ⚽⚽⚽⚽⚽

战　　术： ⚽⚽⚽⚽

人数要求： 所有队员

训练时长： 5 × 1 分钟

210 ◀ ▶ 209

进攻区一对一

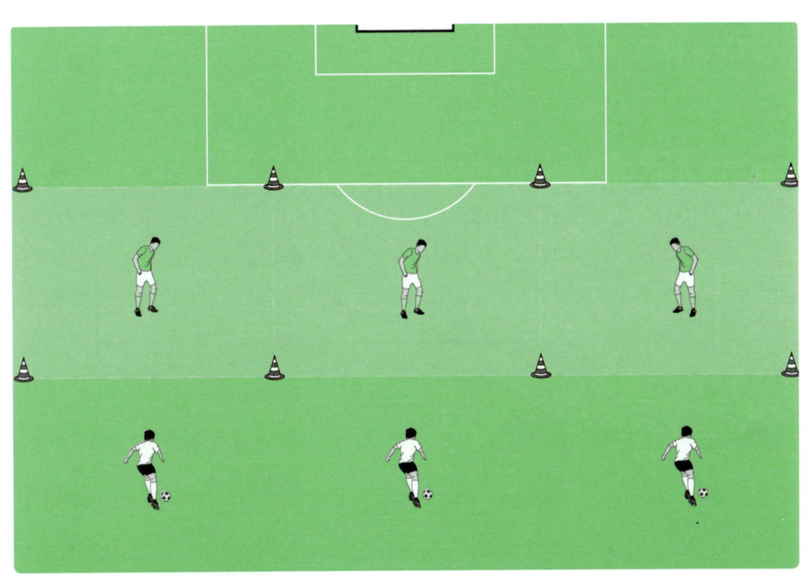

身体素质： ⚽⚽⚽⚽

技　　术： ⚽⚽⚽⚽

战　　术： ⚽⚽⚽

人数要求： 所有队员

训练次数： 5 ～ 10 次

207 ◀ ▶ 187

训练目标：

自信心

训练说明：

在球门前用标志锥标记出三个防守区域，每个区域由一名队员负责防守。进攻队员尝试突破防守，带球通过防守区域并射门。防守队员不可以离开自己的防守区域。

常见错误：

防守队员上抢过慢、进攻队员未利用自身行动优势。

一对一

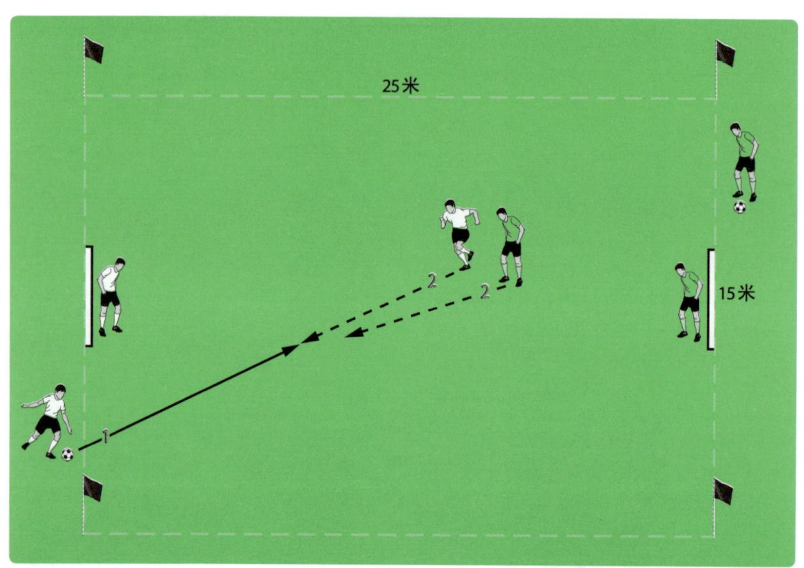

训练目标：

不让对手转身

训练说明：

站在底线外的队员给进攻队员传球，进攻队员尝试射门得分。防守队员紧贴在进攻队员身后，阻止进攻队员转身。

常见错误：

距离对手过远、防守队员的不必要犯规。

身体素质： ⚽⚽⚽⚽⚽

技　　术： ⚽⚽⚽⚽

战　　术： ⚽⚽⚽

人数要求： 所有队员

训练次数： 5 ～ 10 次

205 ◀ ▶ 214

战　术

在足球比赛中如果想达到一个具体的预设目标就需要考虑战术，并制订临场应对突发状况的替代战术。例如，球队是以进攻为主还是以防守为主？这同时也会受到可用队员人数以及队员类型的影响。外部因素也会对战术的选择产生影响，包括对手情况、主客场、杯赛还是联赛、球队在积分榜的位置、球队状态、比赛时间节点、天气和观众等。当然，在比赛过程中也可以根据具体情况对战术做出调整。教练在赛前进行精密的战术布局以及队员们在比赛中对战术的正确执行是赢得比赛的关键因素。

在日常训练中，教练需要将复杂的整体战术分成多个小的训练单元，让队员分别练习。此部分的所有练习都以提升球队的战术能力为目的，虽然有些练习只有细微的差别，但是队员们仍然要按照要求进行训练。

最重要的是要找到能够应对不对等情况（如人数、规则等）的战术并加以练习。虽然意外情况会对比赛结果产生影响，但是比赛获得成功的基础却是正确的战术选择和执行。

带高空球和位置前提的一对一

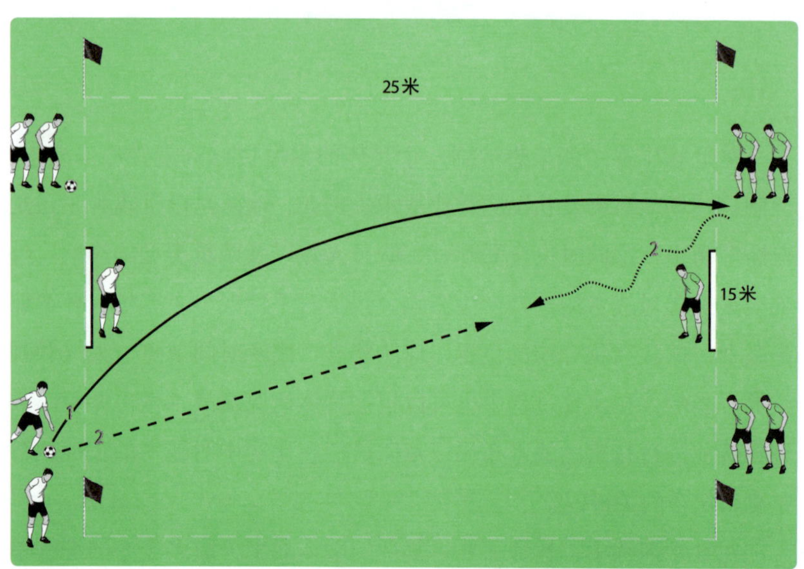

训练目标：

位置快速前压、速度比拼

训练说明：

一名队员传高空球给对角线方向的另一名队员，两人在场地内一对一对抗，之后另一组立即开始。

常见错误：

进攻队员和防守队员一对一对抗节奏太慢。

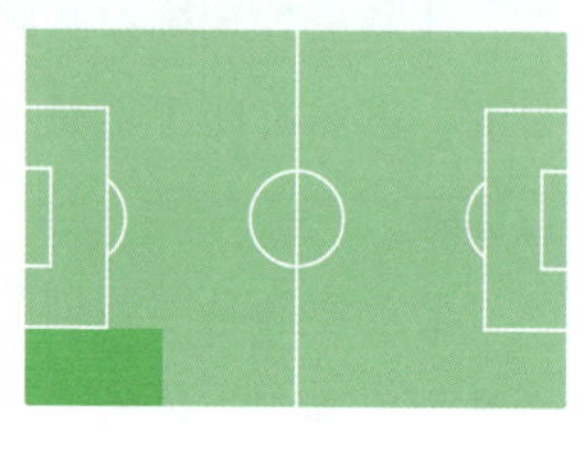

身体素质： ⚽⚽⚽⚽⚽
技　　术： ⚽⚽⚽⚽
战　　术： ⚽⚽⚽⚽

人数要求： 所有队员
训练次数： 5 ～ 10 次

213 ◀ ▶ 215

传高空球后二对二

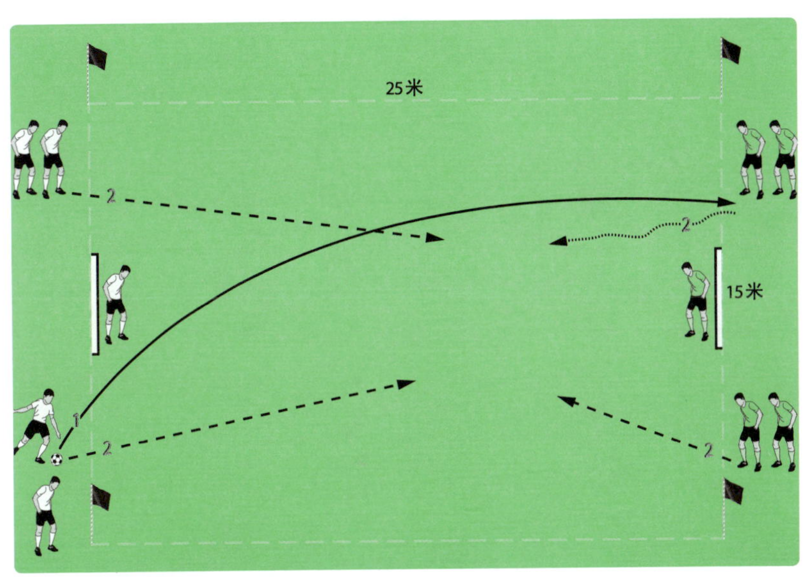

身体素质： ⚽⚽⚽⚽⚽

技　　术： ⚽⚽⚽⚽⚽

战　　术： ⚽⚽⚽⚽⚽

人数要求： 所有队员

训练次数： 5 ～ 10 次

214 ◀ ▶ 216

训练目标：

与队友的配合

训练说明：

两名队员分别站在球门两侧。一名队员先给对角线方向的对手传高空球，这名队员停球后与队友向对面的球门进攻。传球队员和队友在球传出后位置前提，与进攻队员进行二对二对抗，直到进攻队员射门。

常见错误：

缺乏转换、位置没有前提、配合得不好。

二对二后射门

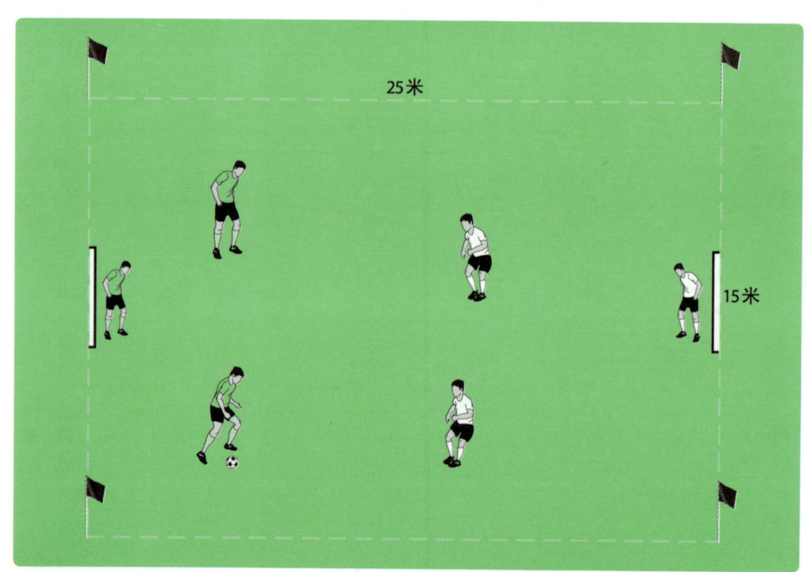

训练目标：

执行力、回追、支援和保护

训练说明：

二对二对抗后射门的自由练习。两个球门均有守门员。

常见错误：

反应慢、支援和保护时配合得不好。

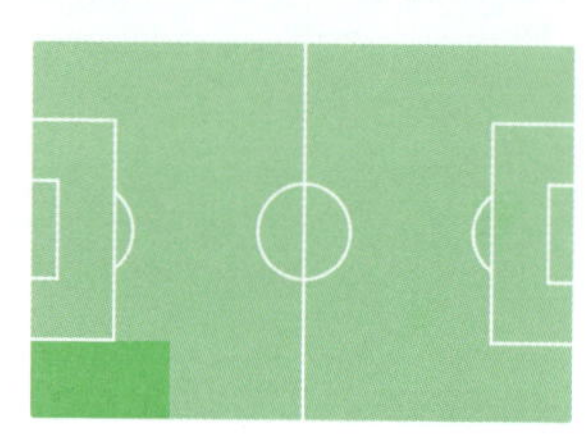

身体素质： ⚽⚽⚽⚽⚽⚽

技　　术： ⚽⚽⚽⚽

战　　术： ⚽⚽⚽

人数要求： 6 名队员

训练时长： 5 × 2 分钟

215 ◀ ▶ 217

场地外有队员的二对二

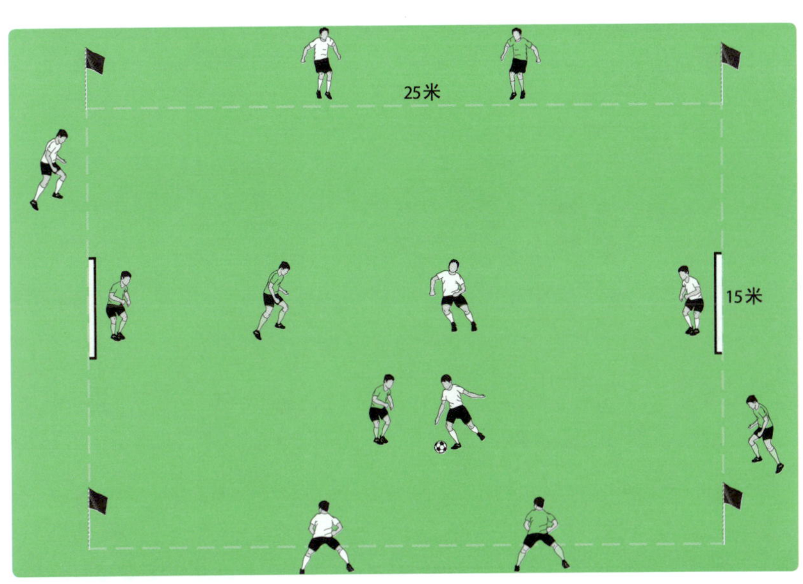

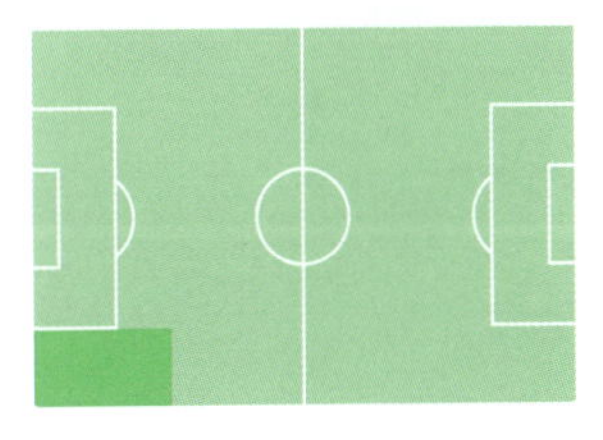

身体素质： ⚽⚽⚽⚽⚽⚽

技　　术： ⚽⚽⚽⚽

战　　术： ⚽⚽⚽

人数要求： 12 名队员

训练时长： 5×2 分钟

216 ◀ ▶ 218

训练目标：

执行力、回追、支援和保护

训练说明：

在守门员和边锋到位的情况下，场地内二对二对抗后射门的自由练习。

常见错误：

反应慢、支援和保护时配合得不好。

人盯人三对三

训练目标：

人盯人防守、进攻和防守中的对抗意识

训练说明：

两个球门均有守门员的三对三对抗，采用人盯人战术。

常见错误：

跑动和防守缺乏延续性。

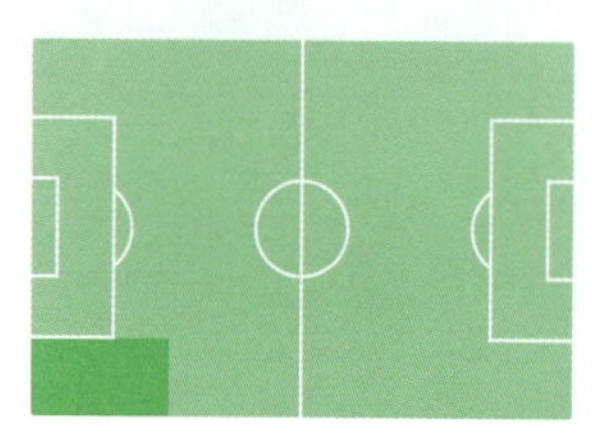

身体素质： ⚽⚽⚽⚽⚽⚽

技　　术： ⚽⚽⚽⚽

战　　术： ⚽⚽⚽

人数要求： 8 名队员

训练时长： 4 × 2 分钟

217 ◀ ▶ 219

带协防的三对三

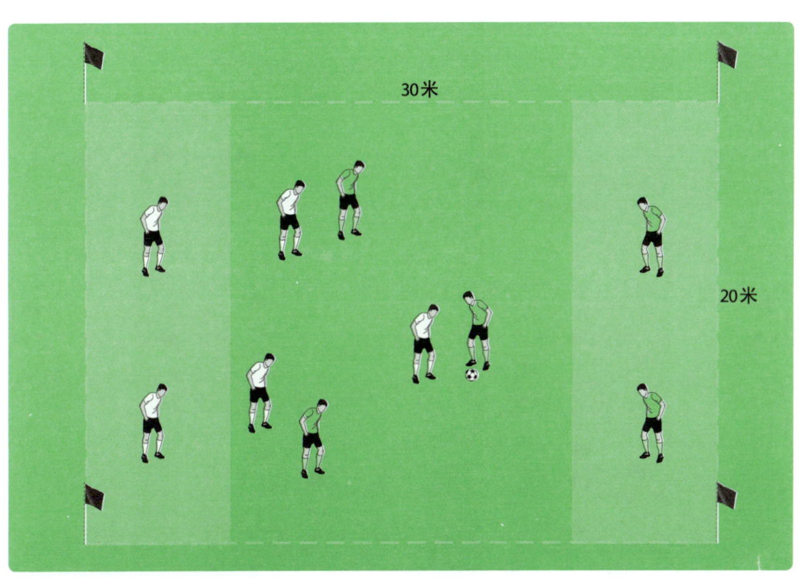

身体素质： ⚽⚽⚽⚽

技　　术： ⚽⚽⚽⚽

战　　术： ⚽⚽⚽⚽

人数要求： 10 名队员

训练时长： 4×2 分钟

218 ◀ ▶ 220

训练目标：

人盯人防守和区域防守结合

训练说明：

长方形训练区域内三对三对抗。区域两侧为得分区，分别由两名队员把守。队员带球通过底线即得分。

常见错误：

区域分配不合理、一对一能力弱。

区域内六对六盯人防守 I

训练目标：

人盯人防守

训练说明：

每个半场分别进行人盯人的三对三对抗，队员可以帮助身边的队友协防。

常见错误：

一对一能力弱、与所盯防队员距离过远。

身体素质： ⚽⚽⚽⚽⚽

技　　术： ⚽⚽⚽⚽

战　　术： ⚽⚽⚽⚽

人数要求： 12 名队员

训练时长： 4 × 4 分钟

219 ◀ ▶ 221

区域内六对六盯人防守 II

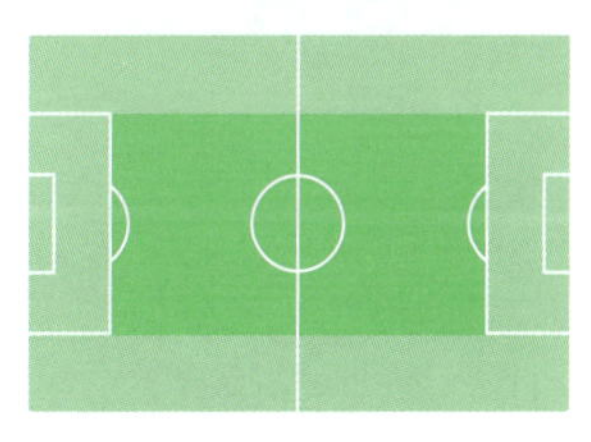

身体素质： ⚽⚽⚽⚽⚽

技　　术： ⚽⚽⚽⚽

战　　术： ⚽⚽⚽⚽

人数要求： 12 名队员

训练时长： 4 × 4 分钟

220 ◀ ▶ 222

训练目标：

人盯人防守

训练说明：

每个半场分别进行人盯人的三对三练习，所有队员均不得离开所在半场，也不可以协助队友防守。

常见错误：

一对一能力弱、与所盯防队员距离过远、无球跑动过少。

带中间区域的六对六盯人防守

训练目标：

人盯人防守

训练说明：

每个半场分别进行人盯人的三对三练习，所有队员均不得离开所在半场，也不可以协助队友防守。在场地中心画出中间区域，队员可隔着这个区域给对面半场的队友传球。

常见错误：

一对一能力弱、与所盯防队员距离过远、无球跑动过少。

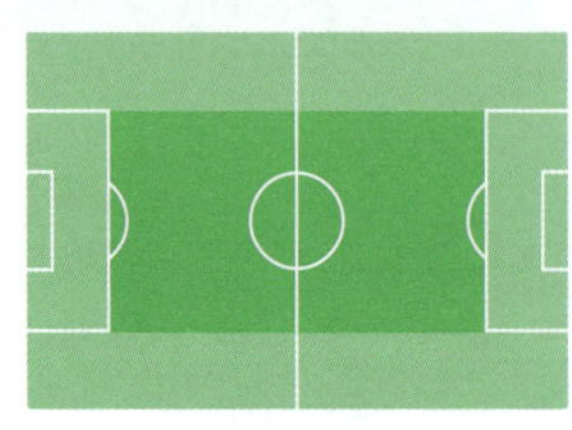

身体素质： ⚽⚽⚽⚽⚽

技　　术： ⚽⚽⚽⚽

战　　术： ⚽⚽⚽⚽

人数要求： 12 名队员

训练时长： 4 × 4 分钟

221 ◀ ▶ 241

把守标志锥的二对二

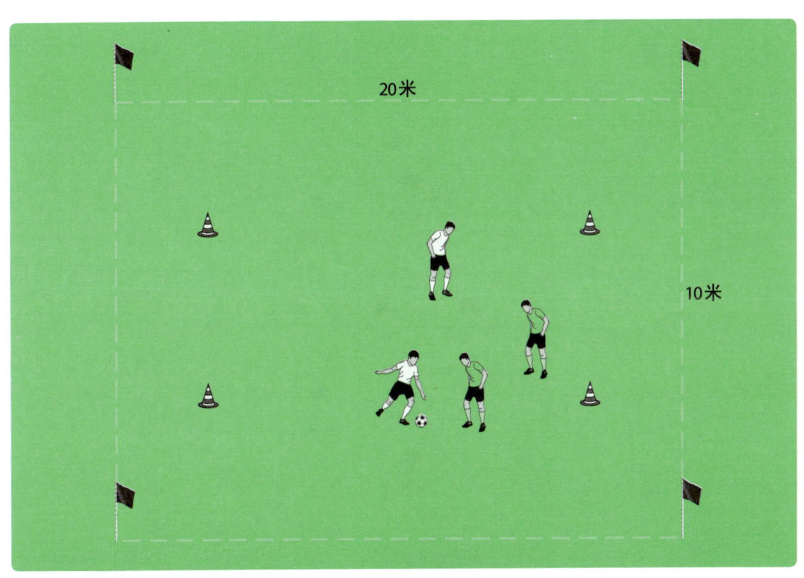

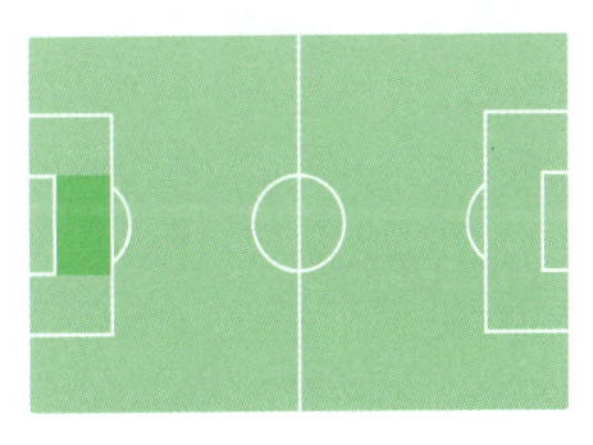

身体素质： ⚽⚽⚽⚽

技　　术： ⚽⚽⚽⚽

战　　术： ⚽⚽⚽⚽

人数要求： 4 名队员

训练时长： 4 × 2 分钟

192 ◀ ▶ 193

训练目标：

把守标志锥的同时保护队友

训练说明：

二对二对抗。每名队员把守一个标志锥，同时支援身边的队友。

常见错误：

一对一能力弱、缺乏队友支援。

把守标志锥的三对三

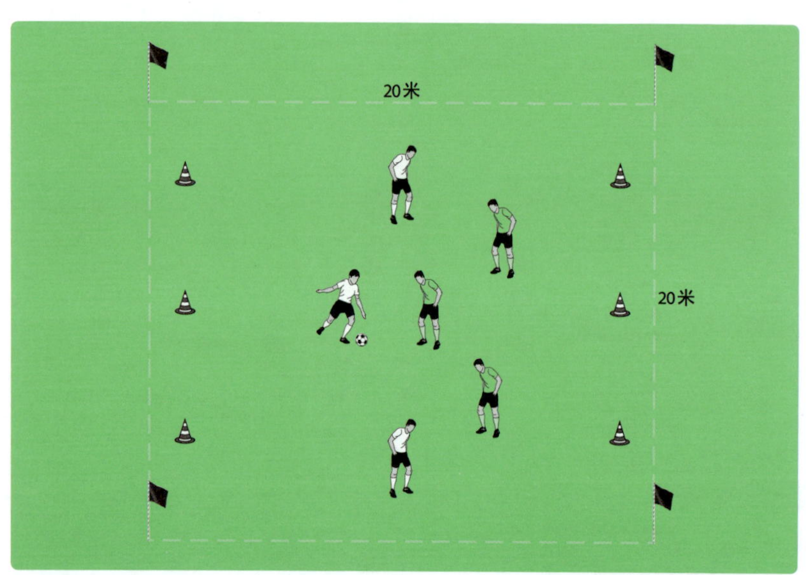

训练目标：

把守标志锥的同时保护队友

训练说明：

三对三对抗。每名队员把守一个标志锥，同时支援身边的队友。

常见错误：

缺乏队友支援、一对一能力弱。

身体素质：⚽⚽⚽⚽

技　　术：⚽⚽⚽⚽

战　　术：⚽⚽⚽⚽⚽

人数要求：6 名队员

训练时长：4 × 3 分钟

223 ◀ ▶ 225

把守标志锥的三对二

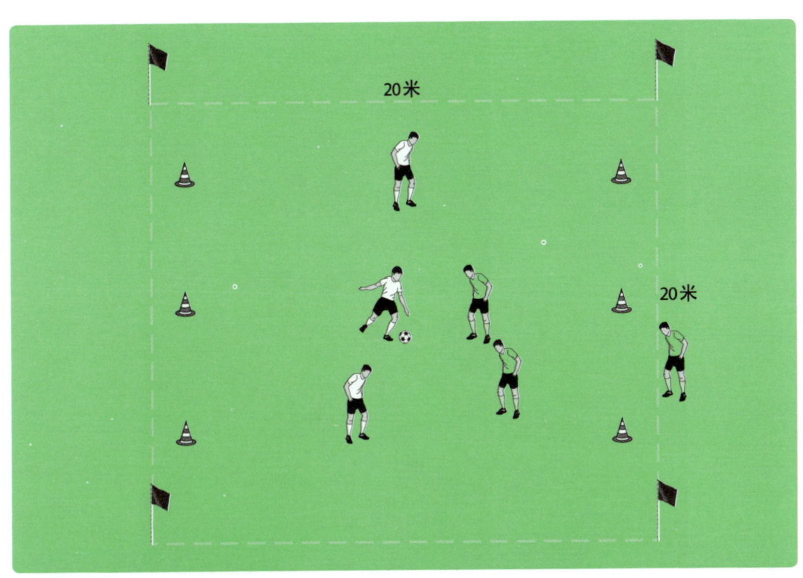

身体素质：⚽⚽⚽⚽
技　　术：⚽⚽⚽⚽
战　　术：⚽⚽⚽⚽

人数要求：6 名队员
训练时长：4 × 2 分钟

224 ◀ ▶ 226

训练目标：

把守标志锥的同时保护队友

训练说明：

三对二对抗。两名防守队员把守三个标志锥，同时支援身边的队友。第三名防守队员站在标志锥后等待，待己方断球后加入比赛，开始进攻。

常见错误：

缺乏队友支援。

把守标志锥的四对四 I

训练目标：

把守标志锥的同时保护队友

训练说明：

四对四对抗。每名队员把守一个标志锥，同时支援身边的队友。

常见错误：

缺乏队友支援、一对一能力弱。

身体素质： ⚽⚽⚽⚽

技　　术： ⚽⚽⚽⚽

战　　术： ⚽⚽⚽⚽⚽⚽

人数要求： 8 名队员

训练时长： 4×4 分钟

225 ◀ ▶ 227

把守标志锥的四对四 II

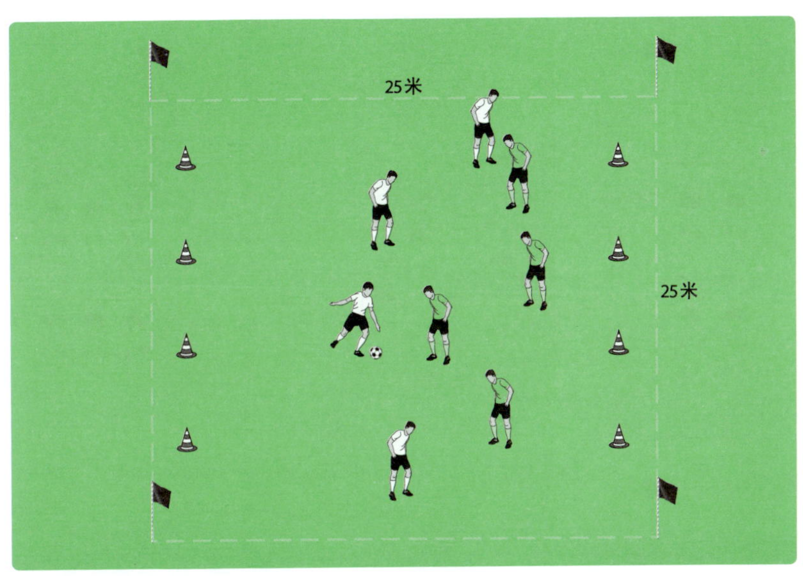

身体素质： ⚽⚽⚽⚽

技　　术： ⚽⚽⚽⚽

战　　术： ⚽⚽⚽⚽⚽⚽

人数要求： 8 名队员

训练时长： 4×4 分钟

226 ◀ ▶ 222

训练目标：

把守标志锥的同时保护队友

训练说明：

四对四对抗。每名队员把守一个标志锥，同时支援身边的队友。进攻队员一旦丢球需立即转为防守方，把守离断球队员最近的标志锥。

常见错误：

缺乏队友支援、一对一能力弱。

二对一

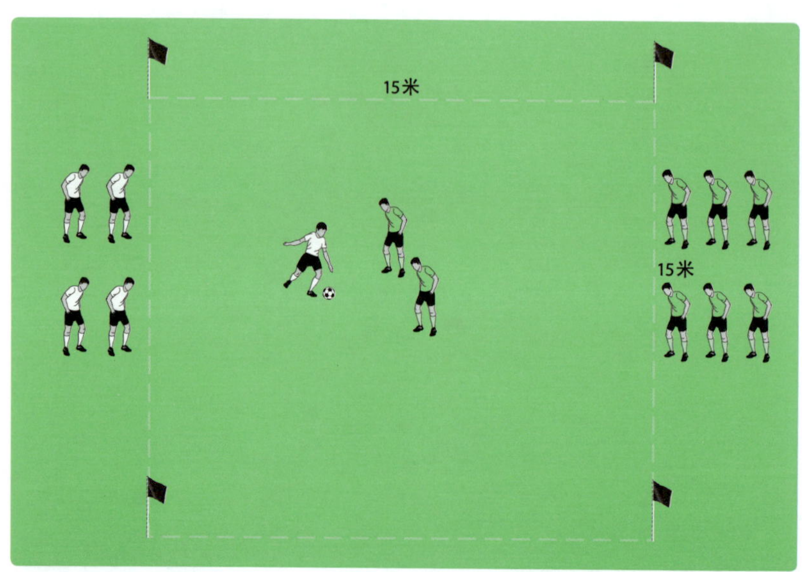

训练目标：

有人数优势时正确防守

训练说明：

正方形训练区域内二对一对抗。一名进攻队员尝试带球到对面底线，第一名防守队员阻止其前进，将其逼向已准确站位的第二名防守队员处。

常见错误：

第一名防守队员动作不合理、防守方思想不统一。

身体素质： ⚽⚽⚽
技　　术： ⚽⚽⚽
战　　术： ⚽⚽⚽⚽⚽

人数要求： 所有队员
训练次数： 5 ～ 10 次

176 ◀▶ 229

有两个球门的二对一

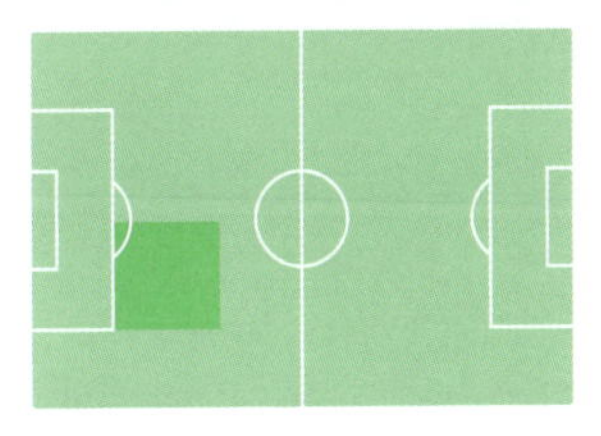

身体素质： ⚽⚽⚽⚽⚽

技　　术： ⚽⚽⚽⚽

战　　术： ⚽⚽⚽⚽⚽

人数要求： 4 名队员

训练时长： 4 × 2 分钟

228 ◀ ▶ 230

训练目标：

带攻防转换的进攻时以多对少

训练说明：

二对一进攻训练。进攻方丢球后双方互换角色，防守方一名队员上场，进攻方一名队员下场并站在底线后。

常见错误：

攻防转换慢、进攻方丢球。

角落区域二对一

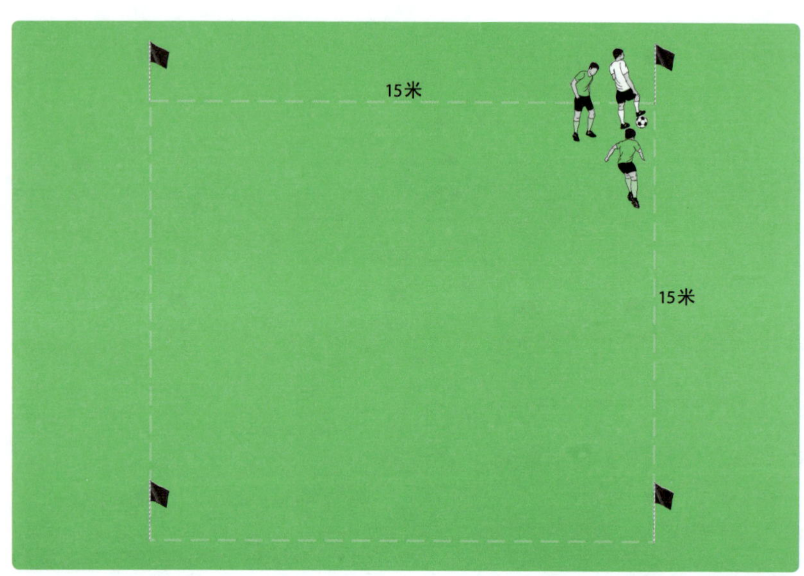

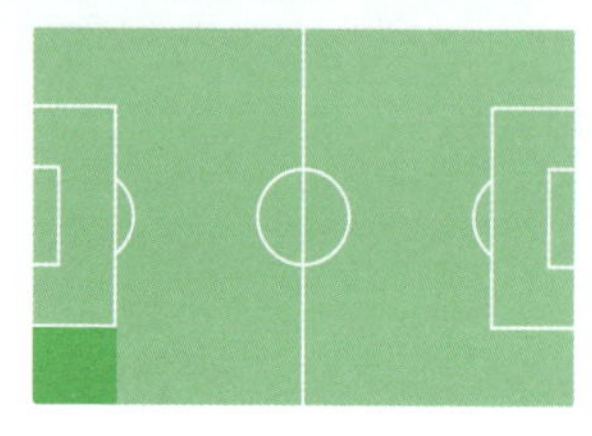

训练目标：

小范围内有人数优势时正确进行防守

训练说明：

一名进攻队员尝试在训练区域角落处持球，并要在两名队员的防守下保住球权。

常见错误：

犯规、给对方不必要的手抛球机会。

身体素质： ⚽⚽⚽

技　　术： ⚽⚽⚽

战　　术： ⚽⚽⚽⚽⚽

人数要求： 3 名队员

训练次数： 5 ～ 10 次

176 ◀ ▶ 331

二对一进攻

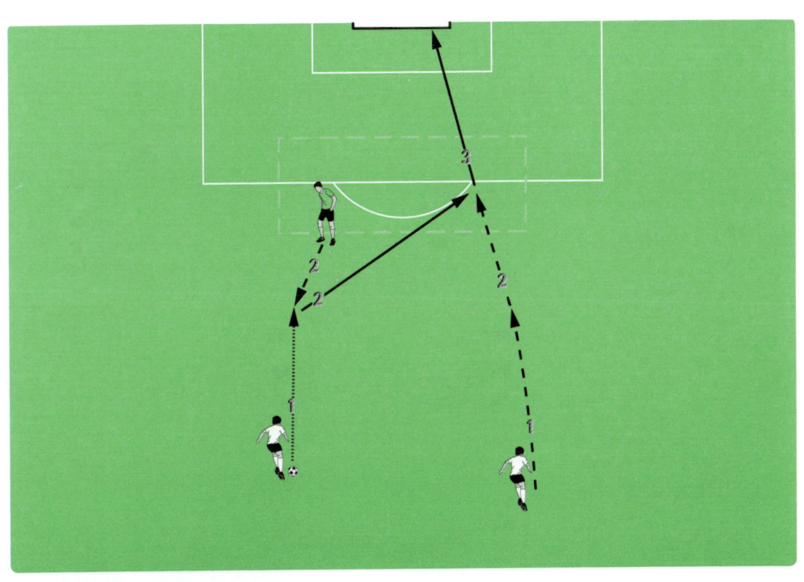

身体素质： ⚽⚽⚽⚽
技　　术： ⚽⚽⚽⚽
战　　术： ⚽⚽⚽⚽

人数要求： 3 名队员
训练次数： 5 ～ 10 次

134 ◀ ▶ 234

训练目标：

己方人数优势二对一反击

训练说明：

两名进攻队员向球门方向发起反击，一名队员防守。一名进攻队员向球门的近门柱方向高速带球，如果防守队员上前防守则将球横传给跑动中的队友，否则直接射球门近角。

常见错误：

给防守队员的压力不够、在防守队员做出动作时带球队员决定错误。

四对二进攻

训练目标：

人数绝对优势下的四对二

训练说明：

进攻队员面向球门横向排开，尝试通过传球制造机会射门。

常见错误：

给防守队员的压力不够、在防守队员做出动作时带球队员决定错误。

身体素质： ⚽⚽⚽⚽

技　　术： ⚽⚽⚽⚽

战　　术： ⚽⚽⚽⚽

人数要求： 6 名队员

训练次数： 5 ～ 10 次

231 ◀ ▶ 233

带交叉跑位的三对二

身体素质： ⚽⚽⚽⚽

技　　术： ⚽⚽⚽⚽

战　　术： ⚽⚽⚽⚽⚽

人数要求： 5 名队员

训练次数： 5 ～ 10 次

232 ◀▶ 233

训练目标：

三对二时正确进攻

训练说明：

反击中三名进攻队员对抗两名防守队员，带球队员居于中间。两名进攻队员交叉跑位，一名从带球队员身前跑过，另一名从带球队员身后跑过，带球队员根据情况选择传球或突破。

常见错误：

带球队员决定错误、跑动线路不好。

两侧都有球门的二对一

训练目标：

二对一时正确进攻

训练说明：

在每个半场都进行进攻队员和防守队员二对一的对抗。守门员可以直接将球开给进攻队员，所有队员均不得离开所在半场。

常见错误：

给防守队员的压力不够、在防守队员做出动作时带球队员决定错误。

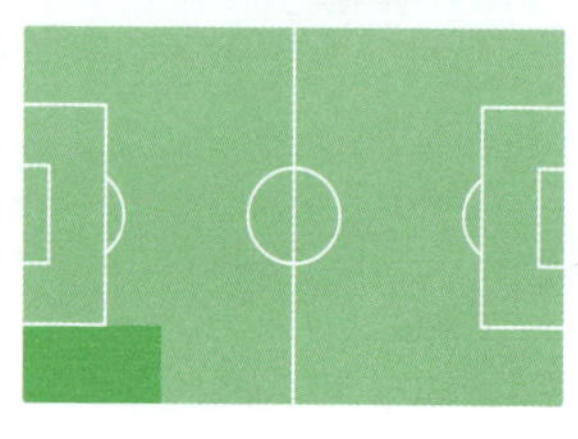

身体素质： ⚽⚽⚽⚽

技　　术： ⚽⚽⚽⚽

战　　术： ⚽⚽⚽⚽

人数要求： 6 名队员

训练次数： 5 ～ 10 次

231 ◀ ▶ 235

两侧都有球门的四对二

身体素质： ⚽⚽⚽⚽

技　　术： ⚽⚽⚽⚽

战　　术： ⚽⚽⚽⚽

人数要求： 12 名队员

训练次数： 5 ～ 10 次

234 ◀ ▶ 236

训练目标：

四对二时正确进攻

训练说明：

在每个半场都进行进攻队员和防守队员四对二的对抗。守门员可以直接将球开给进攻队员，所有队员均不得离开其所在半场。

常见错误：

给防守队员的压力不够、在防守队员做出动作时带球队员决定错误、进攻队员跑动线路不好。

两侧都有球门的三对二

训练目标：

进攻中多打少

训练说明：

在每个半场都进行进攻队员和防守队员三对二的对抗。守门员可以直接将球开给进攻队员，所有队员均不得离开其所在半场。

常见错误：

传球不好、有人数优势时进行不必要的一对一。

身体素质： ⚽⚽⚽⚽
技　　术： ⚽⚽⚽⚽
战　　术： ⚽⚽⚽⚽⚽

人数要求： 10 名队员
训练次数： 5 ～ 10 次

235 ◀ ▶ 240

八对八之边路以多打少 I

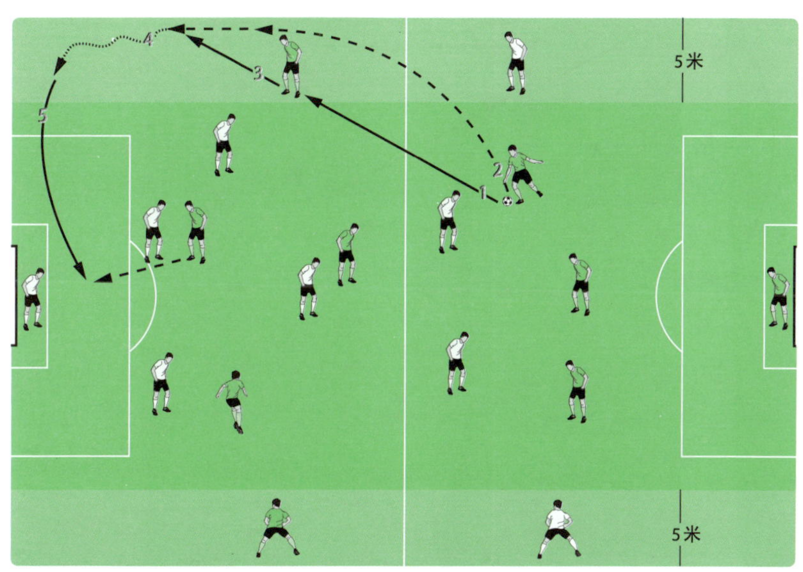

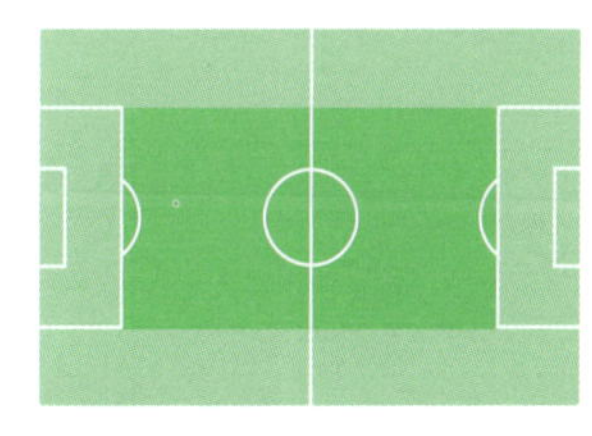

身体素质： ⚽⚽⚽⚽⚽

技　　术： ⚽⚽⚽⚽

战　　术： ⚽⚽⚽⚽⚽

人数要求： 2 组队员

训练时长： 10 ～ 20 分钟

167 ◀ ▶ 238

训练目标：

正确的边路追球

训练说明：

训练区域两侧明确标记出边路区域，每个边路区域各站双方一名队员，开始自由练习。攻方一名队员拿球后将球传至边路，然后高速追球，最多两次触球后传中。防守队员不得进入边路区域。

常见错误：

追球速度太慢、传球选择不合理。

八对八之边路以多打少 II

训练目标：

正确的边路追球

训练说明：

训练区域两侧明确标记出边路区域，每个边路区域各站双方一名队员，开始自由练习。攻方一名队员拿球后将球传至边路，此时站位最好的己方队员开始追球，最多触球两次后传中。防守队员不得进入边路区域。

常见错误：

追球速度太慢、判断失误。

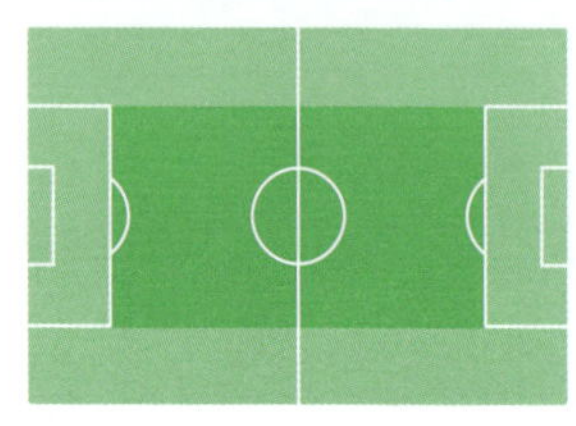

身体素质： ⚽⚽⚽⚽⚽

技　　术： ⚽⚽⚽⚽

战　　术： ⚽⚽⚽⚽⚽

人数要求： 2 组队员

训练时长： 10 ～ 20 分钟

237 ◀ ▶ 239

八对八之边路以多打少 Ⅲ

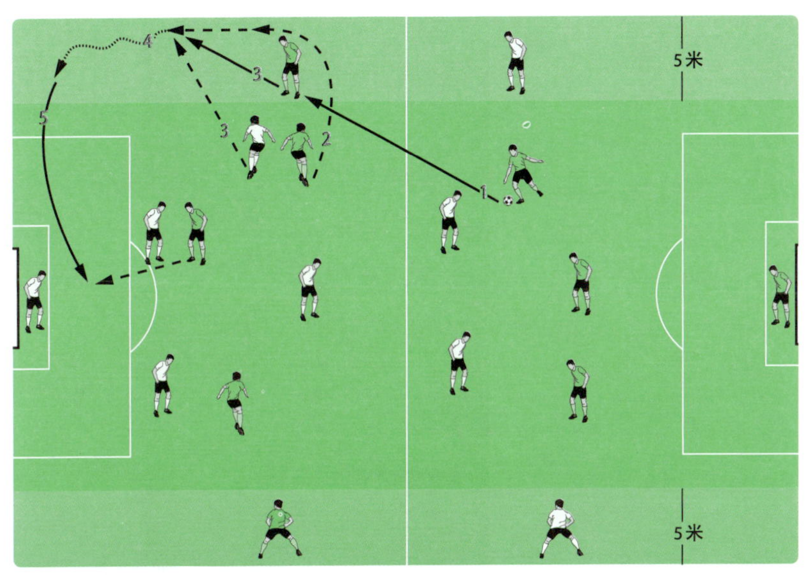

身体素质： ⚽⚽⚽⚽⚽

技　　术： ⚽⚽⚽⚽⚽

战　　术： ⚽⚽⚽⚽⚽⚽

人数要求： 2 组队员

训练时长： 10 ～ 20 分钟

238 ◀ ▶ 268

训练目标：

正确的边路追球

训练说明：

训练区域两侧明确标记出边路区域，每个边路区域各站双方一名队员，开始自由练习。攻方一名队员拿球后将球传至边路，此时站位最好的攻方队员开始追球，最多触球两次后传中。攻方队员传球后，守方便可有一名队员进入边路防守。

常见错误：

追球速度太慢、判断失误。

固定中心三对二

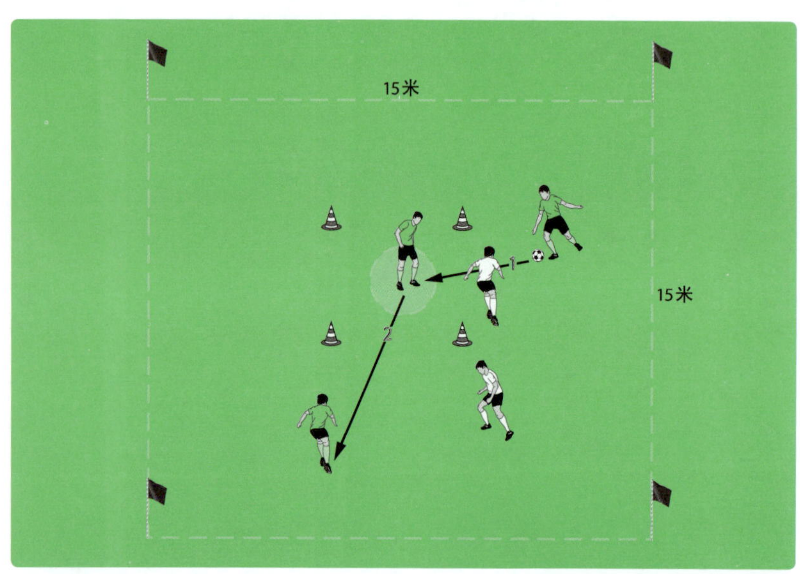

训练目标：

小范围内的团队配合

训练说明：

在正方形训练区域内进行三对二对抗。在训练区域中间用标志锥组成一个小正方形，人数较多的一方一名队员站在小正方形中间，其他队员不得进入这一区域。小正方形内的队员接队友传球后立即传给另一名队员。

常见错误：

传球不准确、球速过慢。

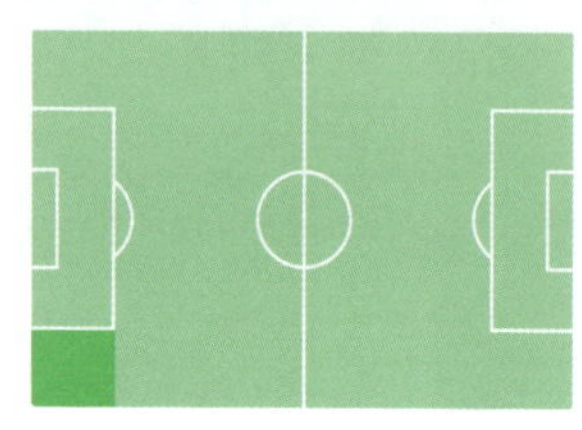

身体素质： ⚽⚽⚽⚽

技　　术： ⚽⚽⚽⚽

战　　术： ⚽⚽⚽

人数要求： 5 名队员

训练时长： 4 × 2 分钟

236 ◀ ▶ 237

固定中心四对三

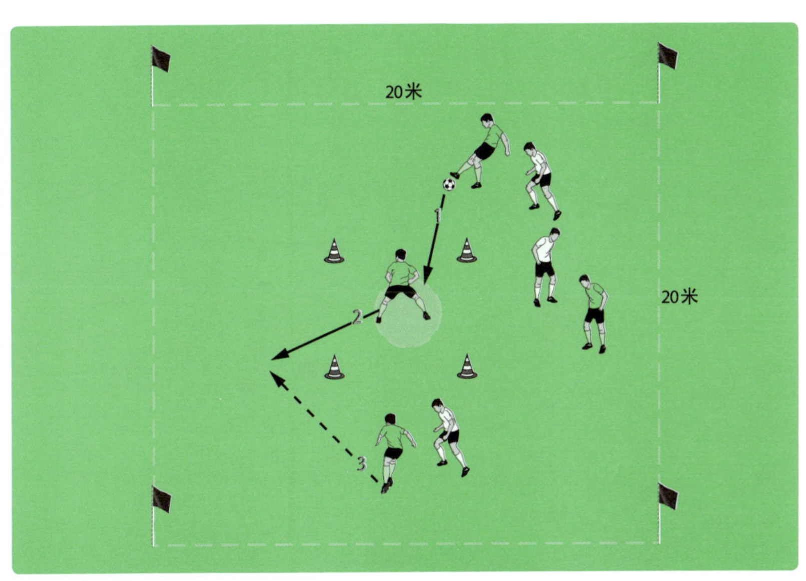

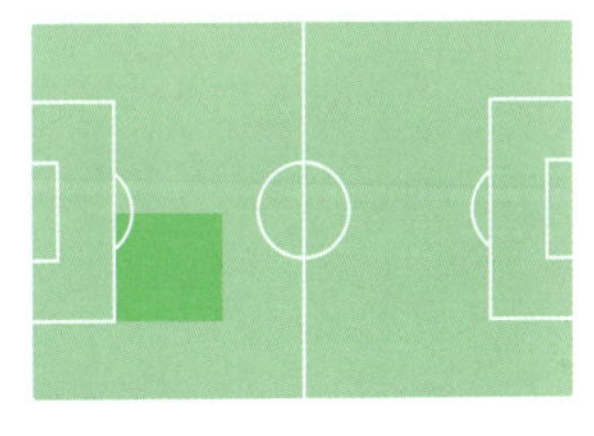

身体素质： ⚽⚽⚽⚽
技　　术： ⚽⚽⚽⚽
战　　术： ⚽⚽⚽⚽

人数要求： 7 名队员
训练时长： 4 × 2 分钟

240 ◀ ▶ 241

训练目标：

小范围内的团队配合

训练说明：

在正方形训练区域内进行四对三练习。在训练区域中间用标志锥组成一个小正方形，人数较多的一方一名队员站在小正方形中间，其他队员不得进入这一区域。小正方形内的队员接队友传球后立即传给另一名队员。

常见错误：

传球不准确、球速过慢。

固定中心五对四

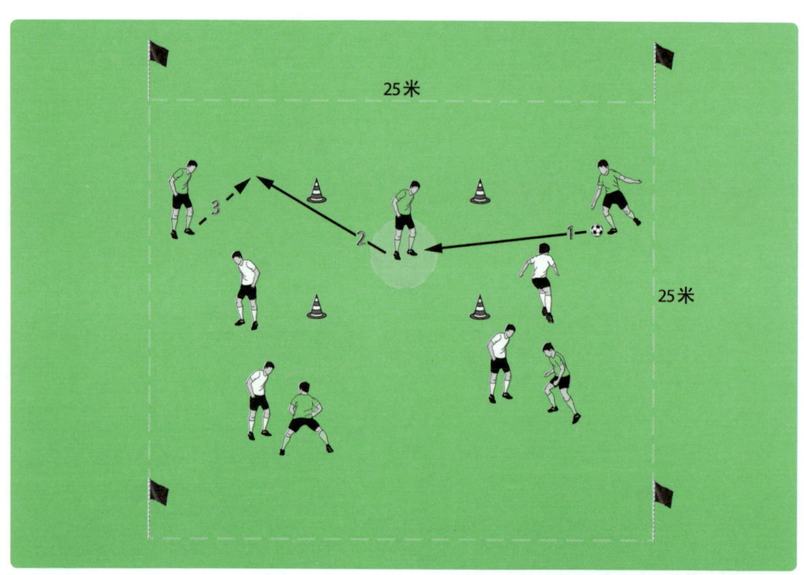

训练目标：

小范围内的团队配合

训练说明：

在正方形训练区域内进行五对四对抗。在训练区域中间用标志锥组成一个小正方形，人数较多的一方一名队员站在小正方形中间，其他队员不得进入这一区域。小正方形内的队员接队友传球后立即传给另一名队员。

常见错误：

传球不准确、球速过慢。

身体素质： ⚽⚽⚽⚽

技　　术： ⚽⚽⚽⚽

战　　术： ⚽⚽⚽⚽⚽

人数要求： 9 名队员

训练时长： 4 × 2 分钟

241 ◀ ▶ 243

二对二加四

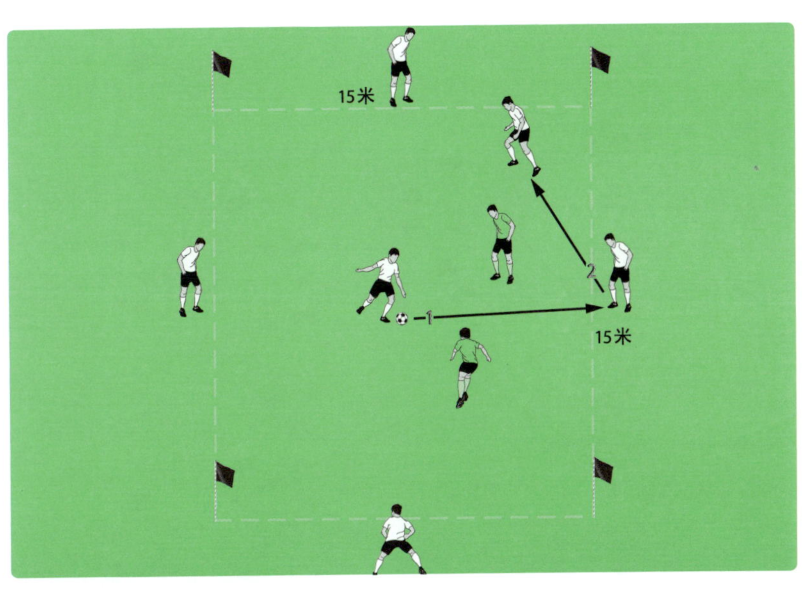

身体素质： ⚽⚽⚽⚽⚽
技　　术： ⚽⚽⚽⚽
战　　术： ⚽⚽⚽⚽

人数要求： 8 名队员
训练时长： 5 × 1 分钟

209 ◀ ▶ 244

训练目标：

有人数优势时的传球

训练说明：

正方形训练区域内二对二对抗。四名队员分别站在正方形四条边的外侧，接到进攻队员的传球后一脚传回。

常见错误：

无球跑动少或线路错误、传球不准确。

六对三（一脚传球）

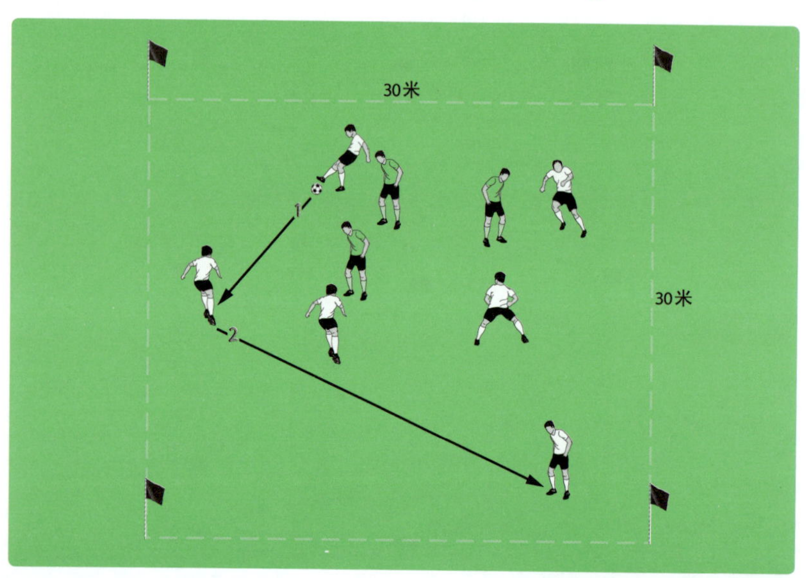

训练目标：

有人数优势时的传球

训练说明：

人数较多的一方必须一脚传球，人数较少的一方传球不受限制。

常见错误：

人数较多一方无球跑动过少或线路错误。

身体素质： ⚽⚽⚽⚽⚽

技　　术： ⚽⚽⚽⚽

战　　术： ⚽⚽⚽⚽

人数要求： 9 名队员

训练时长： 3×3 分钟

243 ◀ ▶ 246

区域内三对三 I

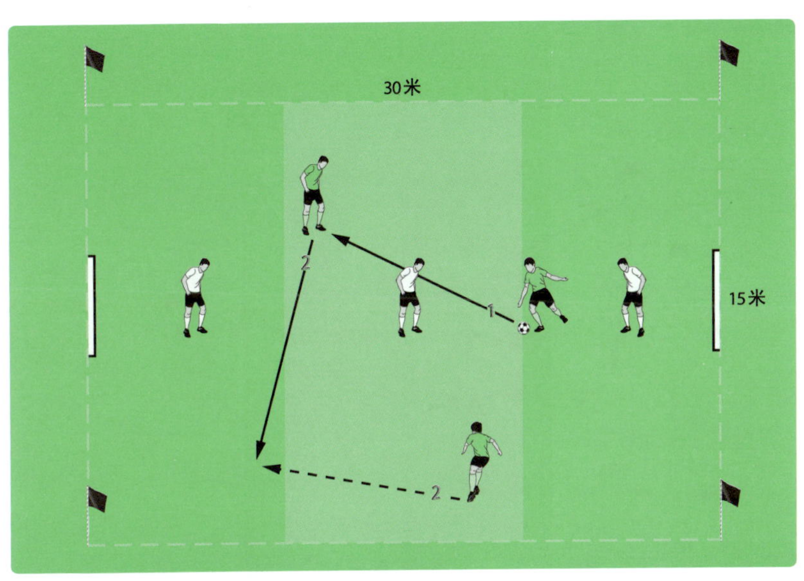

身体素质： ⚽⚽⚽⚽⚽⚽

技　　术： ⚽⚽⚽⚽

战　　术： ⚽⚽⚽⚽

人数要求： 6 名队员

训练次数： 5 ～ 10 次

244 ◀ ▶ 246

训练目标：

有人数优势时的传球

训练说明：

训练区域分为三部分，每部分均为进攻队员和防守队员一对一，防守队员不得离开所在部分。进攻队员可以自由跑动，通过跑动形成人数优势。

常见错误：

人数较多一方不必要的丢球。

区域内三对三 II

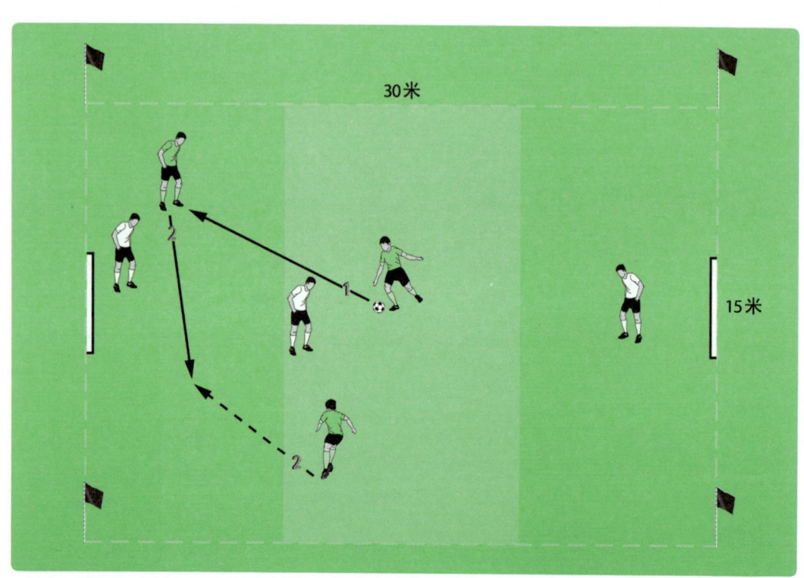

训练目标：

有人数优势时的传球

训练说明：

训练区域分为三部分，每部分均为进攻队员和防守队员一对一，防守队员不得离开所在部分。进攻队员可以无球跑动，通过跑动形成人数优势，但是必须保证至少有一名队员位于中间部分。

常见错误：

人数较多一方不必要的丢球、队员排布缺乏层次。

身体素质： ⚽⚽⚽⚽⚽⚽
技　　术： ⚽⚽⚽⚽
战　　术： ⚽⚽⚽⚽

人数要求： 6名队员
训练时长： 5×2分钟

245 ◀ ▶ 247

区域练习 I

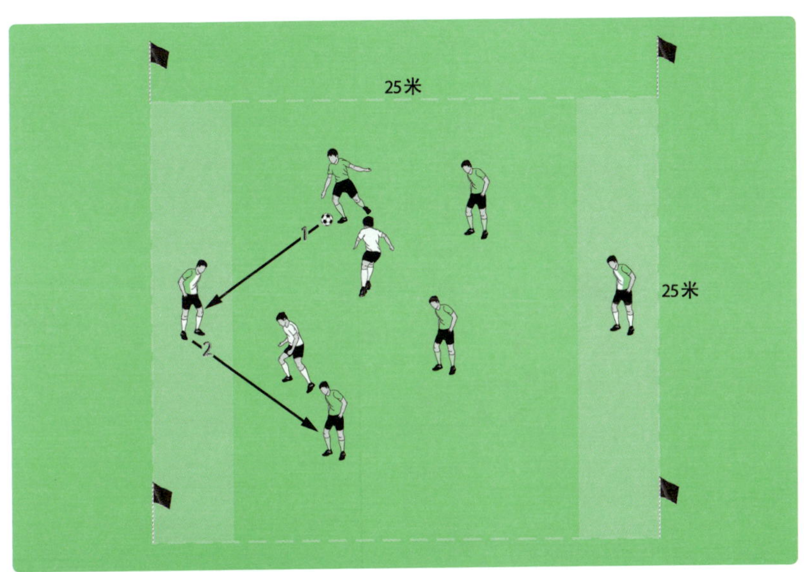

身体素质： ⚽⚽⚽⚽

技　　术： ⚽⚽⚽⚽

战　　术： ⚽⚽⚽⚽

人数要求： 8 名队员

训练时长： 5 × 3 分钟

246 ◀ ▶ 248

训练目标：

区域间传球

训练说明：

训练区域分为三部分，两侧的部分各站一名队员，中间部分进行四对二对抗。人数较多的一方将球从一侧传到另一侧。

常见错误：

人数较多一方不必要的丢球、传球不准确。

区域练习 II

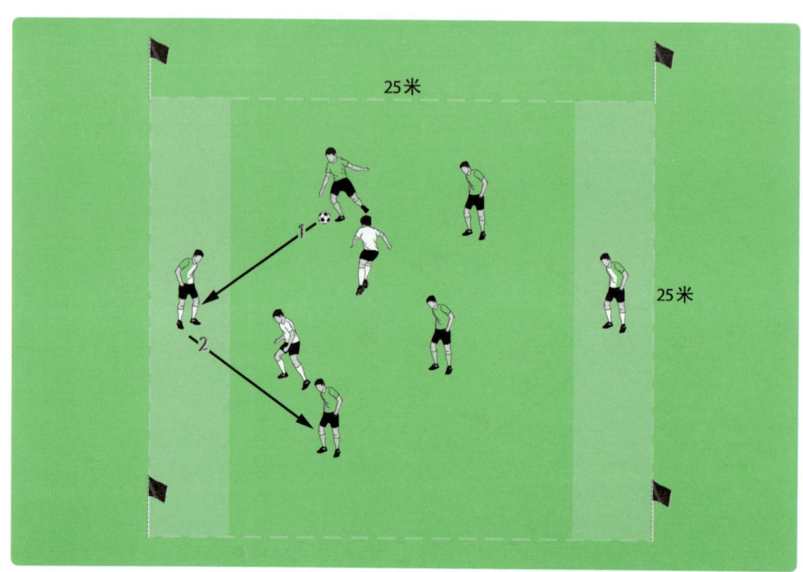

训练目标：

区域间传球

训练说明：

训练区域分为三部分，两侧的部分各站一名队员，中间部分进行四对二对抗。人数较多的一方以一脚传球的方式将球从一侧传到另一侧。

常见错误：

人数较多一方不必要的丢球、缺乏跑动意识。

身体素质： ⚽⚽⚽⚽
技　　术： ⚽⚽⚽⚽⚽
战　　术： ⚽⚽⚽⚽

人数要求： 8 名队员
训练时长： 5×2 分钟

247 ◀ ▶ 249

区域练习 Ⅲ

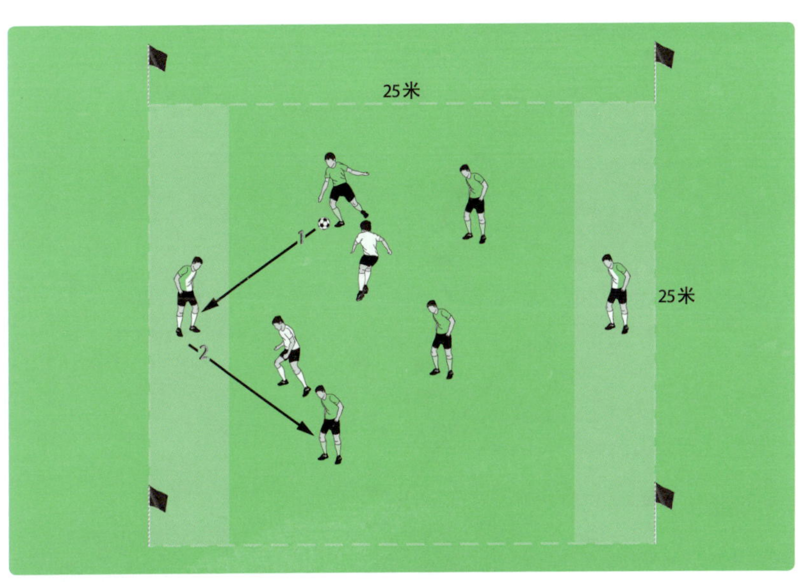

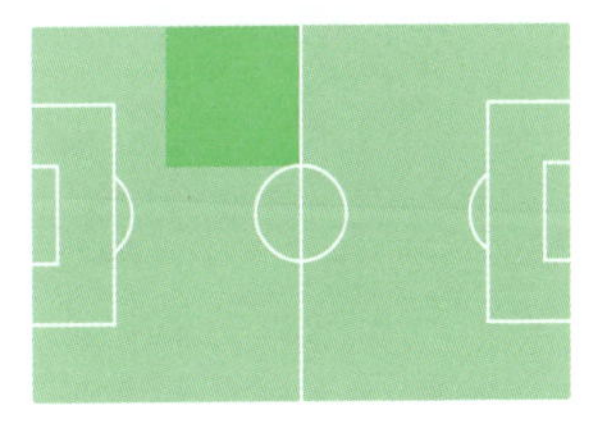

身体素质： ⚽⚽⚽⚽

技　　术： ⚽⚽⚽⚽⚽

战　　术： ⚽⚽⚽⚽⚽

人数要求： 8 名队员

训练时长： 5×2 分钟

248 ◀ ▶ 250

训练目标：

区域间传球

训练说明：

训练区域分为三部分，两侧各站一名队员，中间部分进行四对二对抗。人数较多的一方用一脚传球的方式将球从一侧传到另一侧。在中间部分每个回合最多可传三次球。

常见错误：

人数较多一方不必要的丢球、缺乏跑动意识。

区域练习Ⅳ

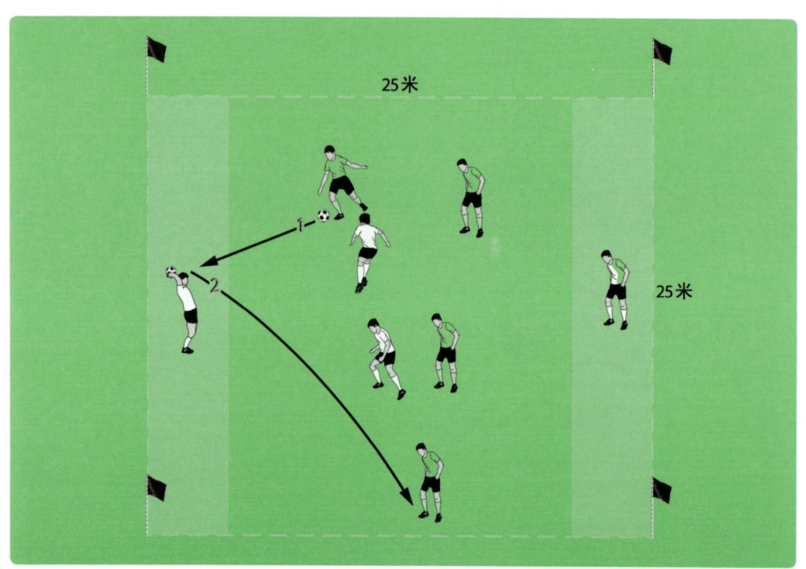

训练目标：

区域间传球

训练说明：

训练区域分三部分，两侧各站一名队员，中间部分进行四对二对抗。人数较多的一方用一脚传球的方式将球从一侧传到另一侧。在中间部分每个回合最多可传三次球。两侧的队员在接球后用手重新将球抛给中间部分的队友。

常见错误：

人数较多一方不必要的丢球、缺乏跑动意识。

身体素质： ⚽⚽⚽⚽

技　　术： ⚽⚽⚽⚽⚽

战　　术： ⚽⚽⚽⚽⚽

人数要求： 8 名队员

训练时长： 5×2 分钟

249 ◀ ▶ 265

区域练习 V

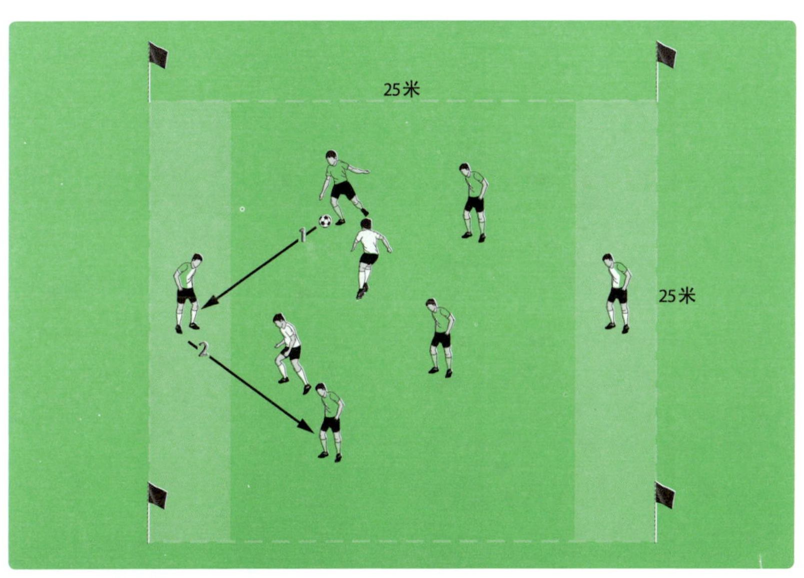

身体素质： ⚽⚽⚽⚽

技　　术： ⚽⚽⚽⚽⚽

战　　术： ⚽⚽⚽⚽⚽

人数要求： 8 名队员

训练时长： 5 × 2 分钟

250 ◀ ▶ 265

训练目标：

区域间传球

训练说明：

训练区域两侧各站一名队员，中间部分进行四对二对抗。人数较多的一方用一脚传球的方式将球从一侧传到另一侧。在中间部分每个回合最多可传三次球。两侧队员接球后将球抛给中间部分的队友。接球队员用头将球传给其他队友。

常见错误：

人数较多一方不必要的丢球、缺乏跑动意识。

战术

六对六加一

训练目标：

无球跑动、护球

训练说明：

六对六对抗，一名中立队员。在一个没有球门的训练区域中自由比赛，持球一方可以将球传给中立队员。

常见错误：

缺乏无球跑动或跑动线路错误、队员排布缺乏层次。

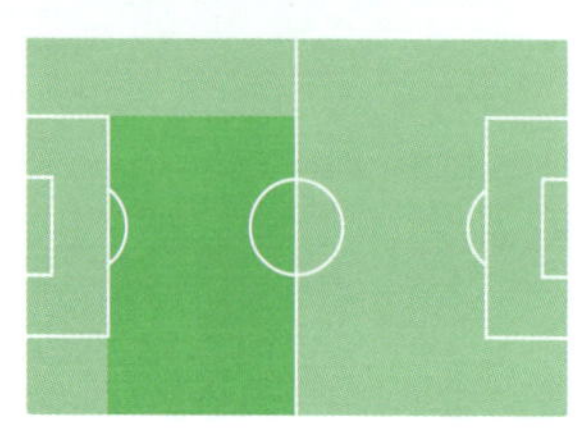

身体素质： ⚽⚽⚽

技　　术： ⚽⚽⚽

战　　术： ⚽⚽⚽⚽

人数要求： 13 名队员

训练时长： 3 × 8 分钟

100 ◄► 253

六对六

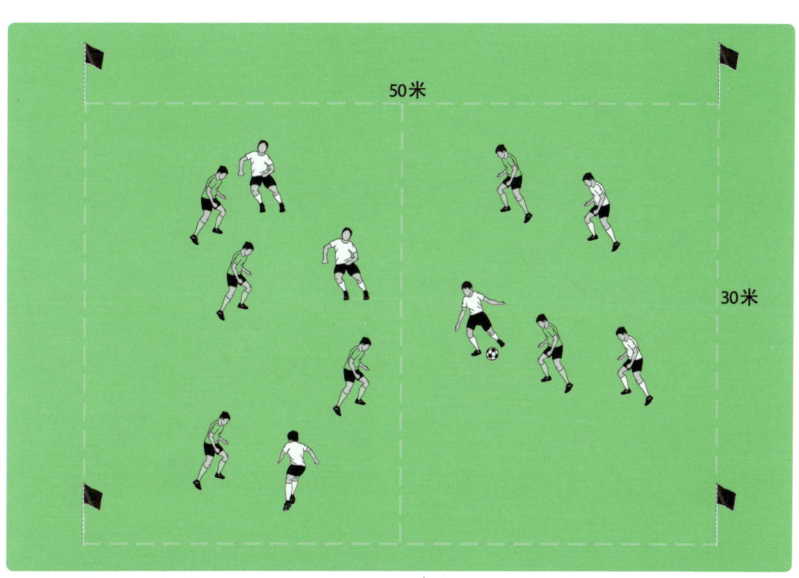

身体素质： ⚽⚽⚽

技　　术： ⚽⚽⚽

战　　术： ⚽⚽⚽⚽

人数要求： 12 名队员

训练时长： 3 × 8 分钟

201 ◀ ▶ 203

训练目标：

无球跑动、护球

训练说明：

在一个没有球门的训练区域中自由比赛。

常见错误：

缺乏无球跑动或跑动线路错误、队员排布缺乏层次。

有意识过小门传球的六对六

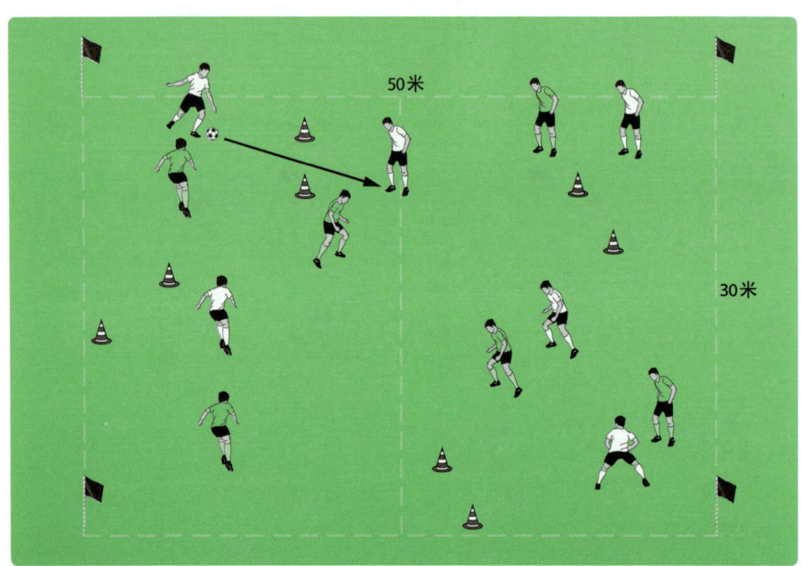

训练目标：

有目的的无球跑动

训练说明：

在一个没有球门的训练区域中自由比赛，传球时需要有意识地使球通过用标志锥组成的小门。

常见错误：

无球跑动能力欠缺。

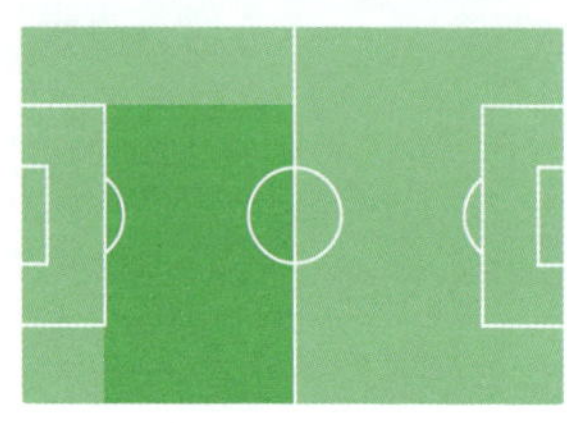

身体素质： ⚽⚽⚽⚽

技　　术： ⚽⚽⚽

战　　术： ⚽⚽⚽⚽⚽

人数要求： 12 名队员

训练时长： 3 × 8 分钟

202 ◀ ▶ 204

六对六带球过底线

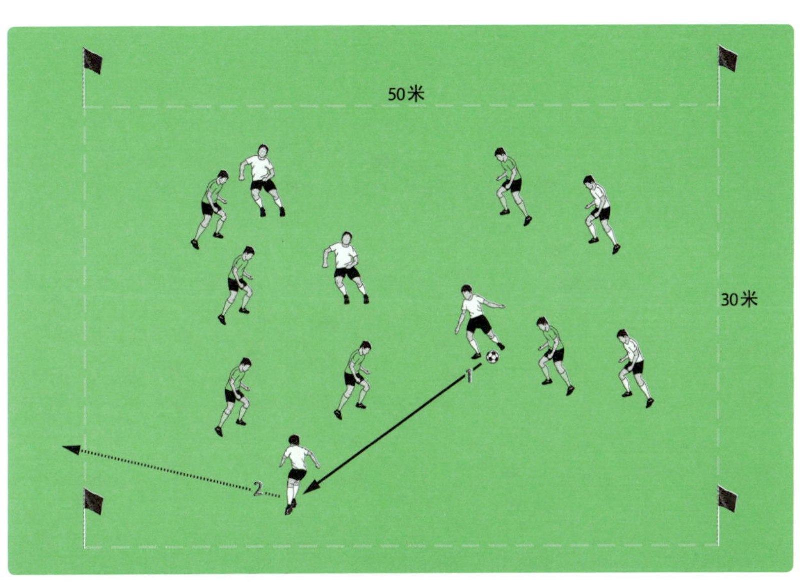

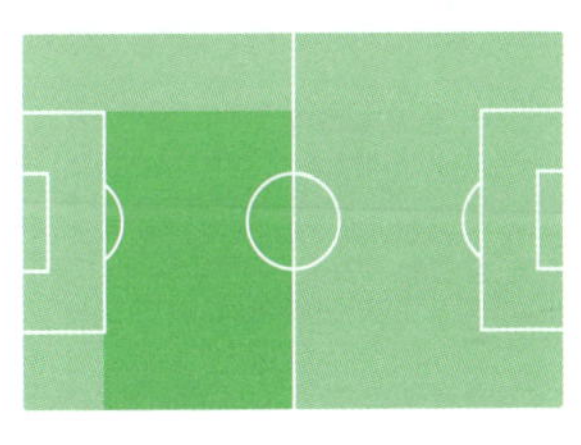

身体素质： ⚽⚽⚽⚽

技　　术： ⚽⚽⚽

战　　术： ⚽⚽⚽⚽⚽

人数要求： 12 名队员

训练时长： 3 × 8 分钟

254 ◀ ▶ 256

训练目标：

有目的的无球跑动

训练说明：

在一个没有球门的训练区域中自由比赛，哪队队员带球过对方底线，则哪队获胜。

常见错误：

无球跑动能力欠缺。

六对六加二

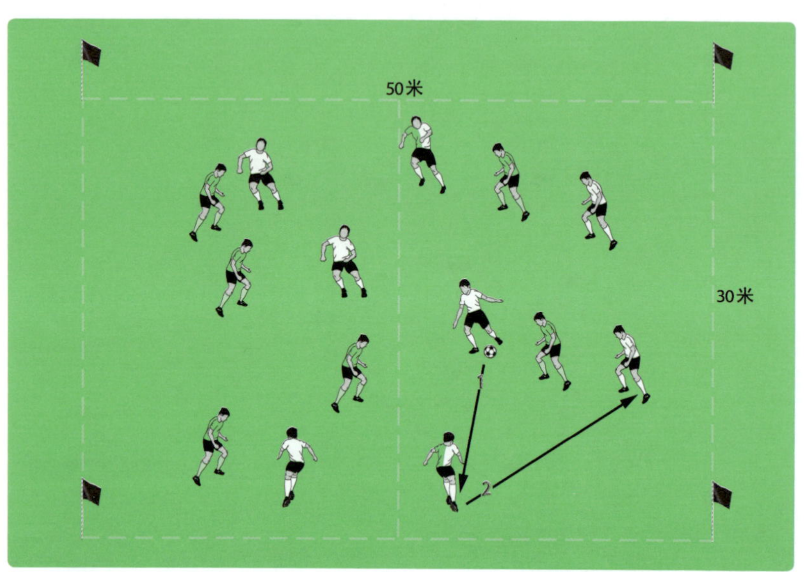

训练目标：

有目的的无球跑动

训练说明：

无球门、不限制方向的自由比赛。两名中立队员加入持球的一方，以保证球权的控制。

常见错误：

传球拖沓、不必要的对抗、传球不合理。

身体素质： ⚽⚽⚽⚽
技　　术： ⚽⚽⚽
战　　术： ⚽⚽⚽⚽⚽

人数要求： 14 名队员
训练时长： 3×8 分钟

255◀▶263

中场连接 I

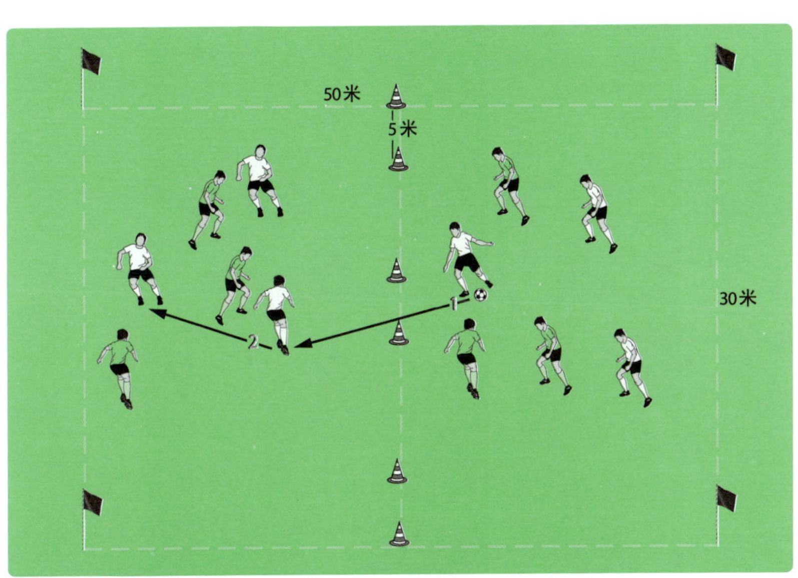

身体素质： ⚽⚽⚽⚽

技　　术： ⚽⚽⚽⚽

战　　术： ⚽⚽⚽⚽⚽

人数要求： 12 名队员

训练时长： 3 × 8 分钟

256 ◀ ▶ 258

训练目标：

传球过固定区域

训练说明：

自由比赛，在训练区域中线上用标志锥组成三个通道，跨中线的传球必须通过这些通道。

常见错误：

传球不准确、球速过慢、传球不合理。

中场连接 II

训练目标：

传球过固定区域

训练说明：

自由比赛，在训练区域中线上用标志锥组成三个通道，进攻必须由通过这些通道的传球发起，队员接球后必须直接将球传出。

常见错误：

传球不准确、球速过慢、传球不合理。

身体素质： ⚽⚽⚽⚽

技　　术： ⚽⚽⚽⚽

战　　术： ⚽⚽⚽⚽⚽

人数要求： 12 名队员

训练时长： 3 × 8 分钟

257 ◀ ▶ 259

中场连接Ⅲ

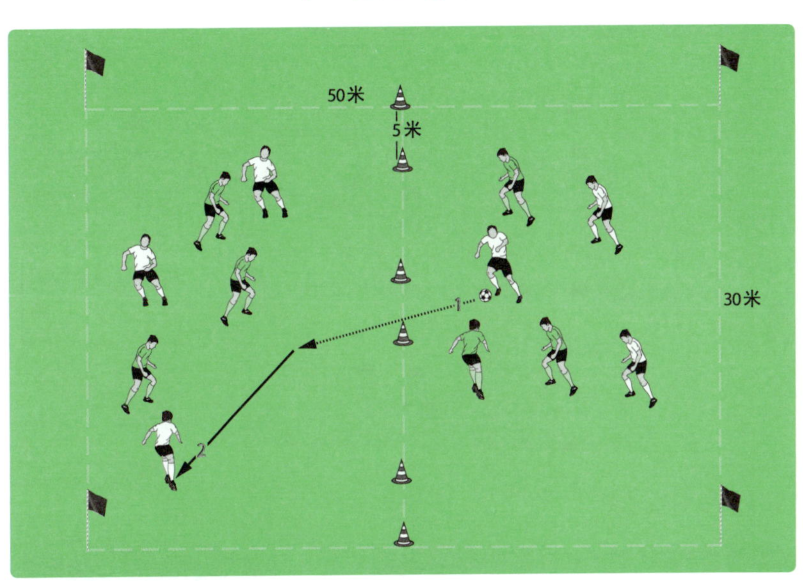

身体素质：⚽⚽⚽⚽

技　　术：⚽⚽⚽⚽

战　　术：⚽⚽⚽⚽⚽

人数要求：12 名队员

训练时长：3 × 8 分钟

258 ◀ ▶ 265

训练目标：

传球过固定区域

训练说明：

自由比赛，在训练区域中线上用标志锥组成三个通道，一名队员以快速带球通过通道的方式发起进攻。

常见错误：

传球不准确、球速过慢、传球不合理。

己方防区快速出球

训练目标：

己方防区快速出球

训练说明：

在有球门的训练区域内自由比赛，在己方防区防守队员必须一脚传球。

常见错误：

不必要的丢球、传球能力欠缺。

身体素质： ⚽⚽⚽⚽

技　　术： ⚽⚽⚽⚽

战　　术： ⚽⚽⚽⚽⚽

人数要求： 2 组队员

训练时长： 3×8 分钟

247 ◀ ▶ 261

中场区域快速传球

身体素质： ⚽⚽⚽⚽

技　　术： ⚽⚽⚽⚽

战　　术： ⚽⚽⚽⚽⚽

人数要求： 2 组队员

训练时长： 3 × 8 分钟

260 ◀ ▶ 262

训练目标：

中场区域快速传球、传球节奏

训练说明：

有球门的自由比赛，在中场区域队员必须一脚出球。

常见错误：

不必要的丢球、传球能力欠缺。

进攻中快速传球

训练目标：

进攻中快速传球

训练说明：

有球门的自由比赛，进入进攻区域的队员必须一脚出球。

常见错误：

不必要的丢球、传球能力欠缺。

身体素质： ⚽⚽⚽⚽

技　　术： ⚽⚽⚽⚽

战　　术： ⚽⚽⚽⚽⚽

人数要求： 2 组队员

训练时长： 3 × 8 分钟

261 ◀ ▶ 263

六对六（两次触球）

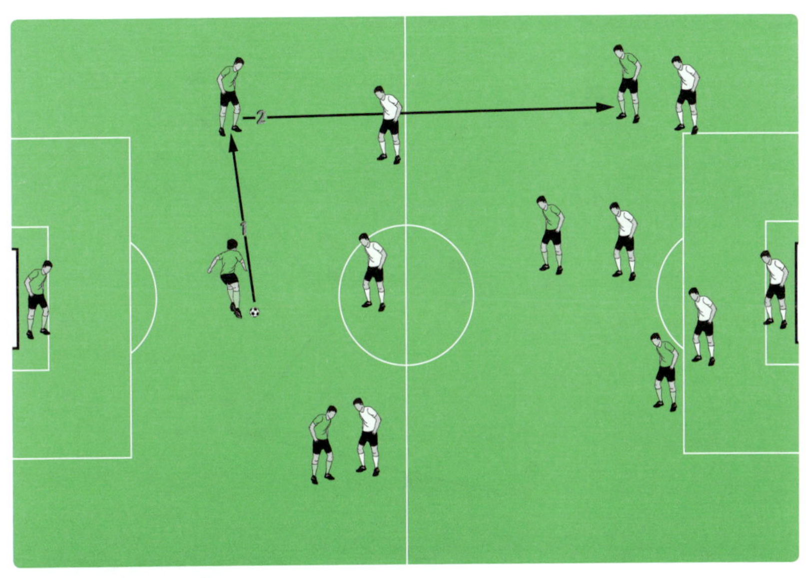

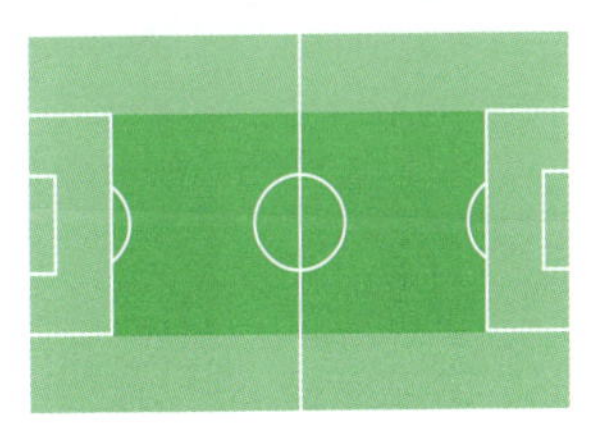

身体素质： ⚽⚽⚽⚽⚽

技　　术： ⚽⚽⚽⚽

战　　术： ⚽⚽⚽⚽⚽

人数要求： 2 组队员

训练时长： 3 × 8 分钟

253 ◀ ▶ 264

训练目标：

快速出球

训练说明：

有球门的自由比赛，进攻方每名队员最多可触球两次。

常见错误：

第一次触球没有效果、过于犹豫。

六对六（一脚出球）

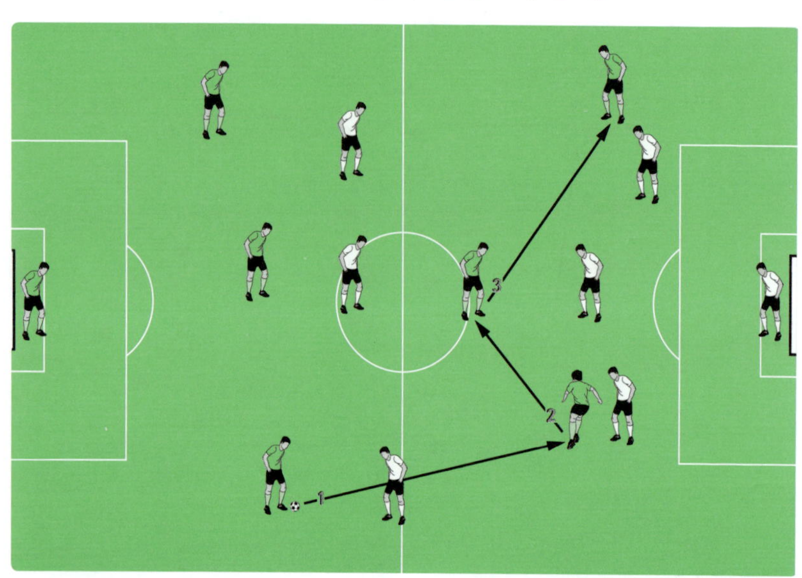

训练目标：

快速出球

训练说明：

有球门的自由比赛，进攻方每名队员必须一脚出球。

常见错误：

第一次触球没有效果、过于犹豫。

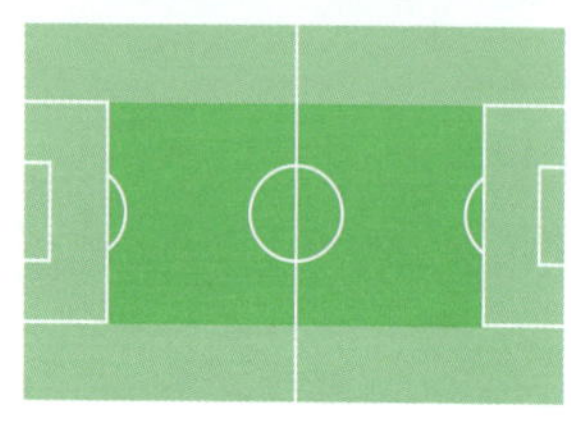

身体素质： ⚽⚽⚽⚽⚽

技　　术： ⚽⚽⚽⚽

战　　术： ⚽⚽⚽⚽⚽

人数要求： 2 组队员

训练时长： 3 × 8 分钟

263 ◀ ▶ 265

区域练习 I

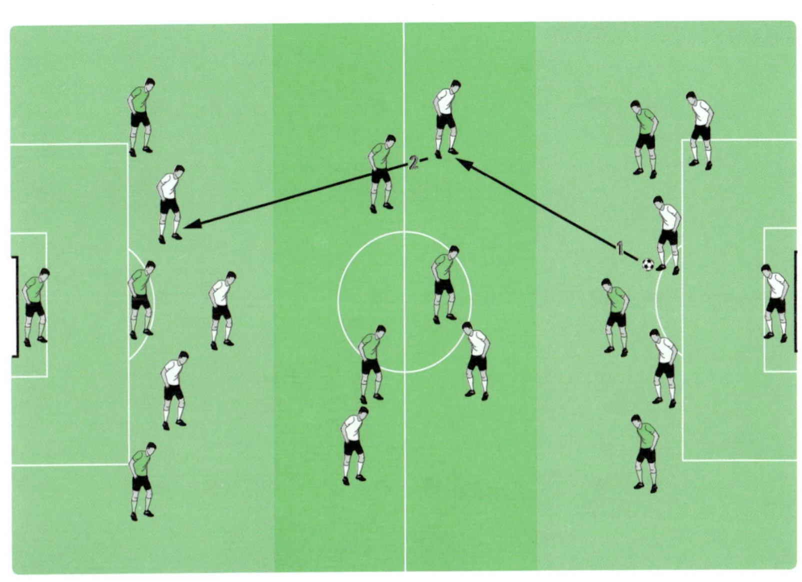

身体素质： ⚽⚽⚽⚽⚽

技　　术： ⚽⚽⚽⚽

战　　术： ⚽⚽⚽⚽⚽⚽

人数要求： 2 组队员

训练时长： 3×8 分钟

259 ◀▶ 266

训练目标：

球队不同部分的配合

训练说明：

自由比赛，场地分为防守、中场和进攻三个区域，每组在每个区域均有三名队员，每名队员均不得离开其所在区域。

常见错误：

与相邻区域的队友缺乏配合。

区域练习 II

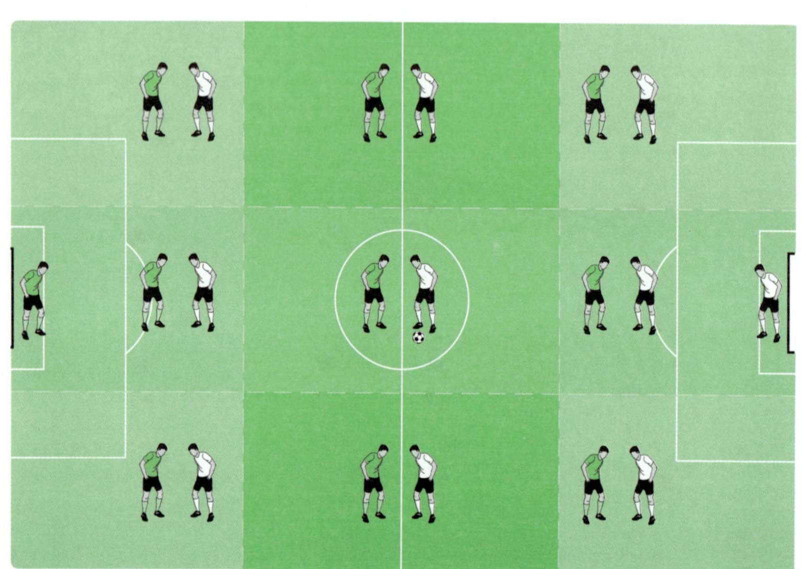

训练目标：

球队部分、队友间的配合

训练说明：

自由比赛。场地分为九个区域。防守、中场和进攻区域内的小组又细分出内、外区域，每组在每个区域均有一名队员，每名队员均不得离开所在区域。

常见错误：

区域交界处缺乏配合。

身体素质： ⚽⚽⚽⚽⚽

技　　术： ⚽⚽⚽⚽

战　　术： ⚽⚽⚽⚽⚽⚽

人数要求： 2 组队员

训练时长： 3×8 分钟

265 ◀ ▶ 267

区域练习Ⅲ

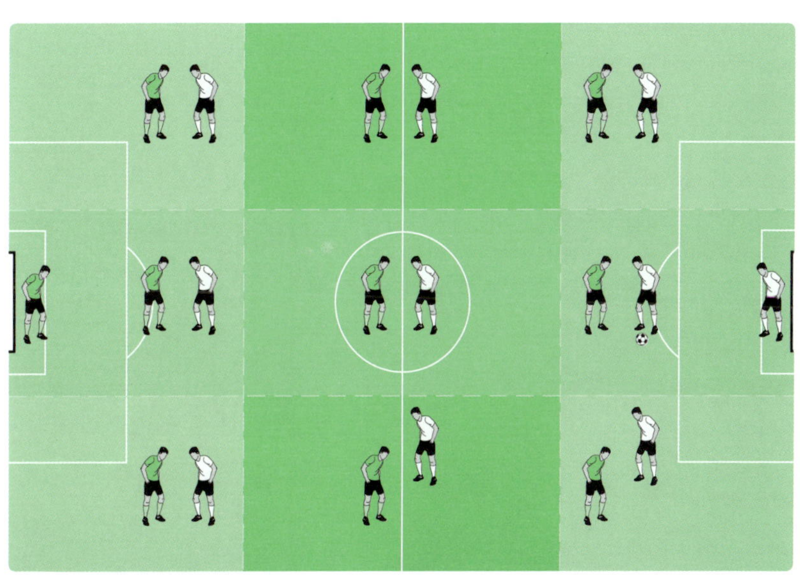

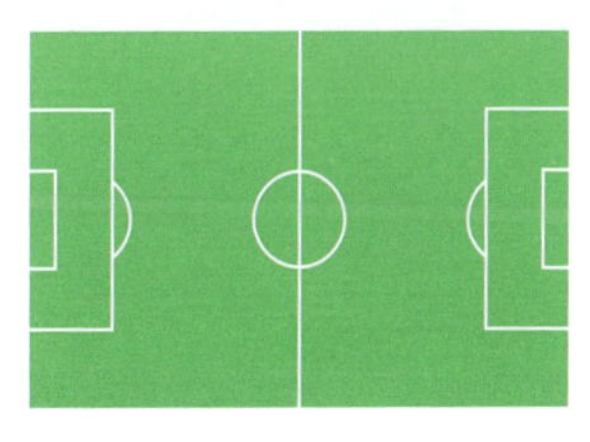

身体素质： ⚽⚽⚽⚽⚽

技　　术： ⚽⚽⚽⚽

战　　术： ⚽⚽⚽⚽⚽⚽

人数要求： 2组队员

训练时长： 3×8分钟

266 ◀ ▶ 269

训练目标：

球队部分、队友间的配合

训练说明：

中场区域一脚出球，其他区域没有限制。训练区域分为九小块，防守、中场和进攻区域又细分出内、外区域，每组在每个区域均有一名队员，每名队员均不得离开所在区域。

常见错误：

区域交界处缺乏配合。

区域练习Ⅳ

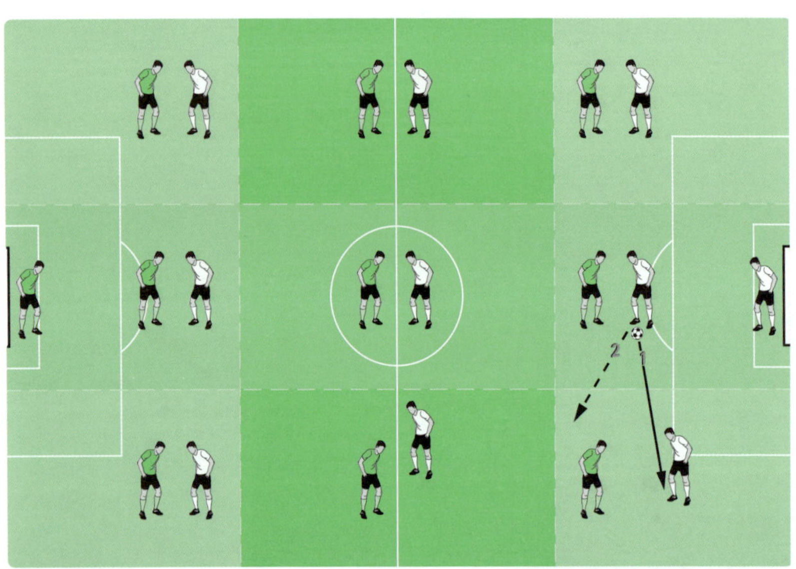

训练目标：

球队部分、队友间的配合

训练说明：

自由比赛。训练区域分为九小块，防守、中场和进攻区域又细分出内、外区域，每组在每个区域均有一名队员，每名队员均不得离开所在区域。只有将球传至相邻区域的队员可以进入传球的区域，以此在该区域形成人数优势。

常见错误：

缺乏配合、未能利用人数优势。

身体素质： ⚽⚽⚽⚽⚽

技　　术： ⚽⚽⚽⚽

战　　术： ⚽⚽⚽⚽⚽⚽

人数要求： 2 组队员

训练时长： 3×8 分钟

267 ◀ ▶ 270

区域练习V

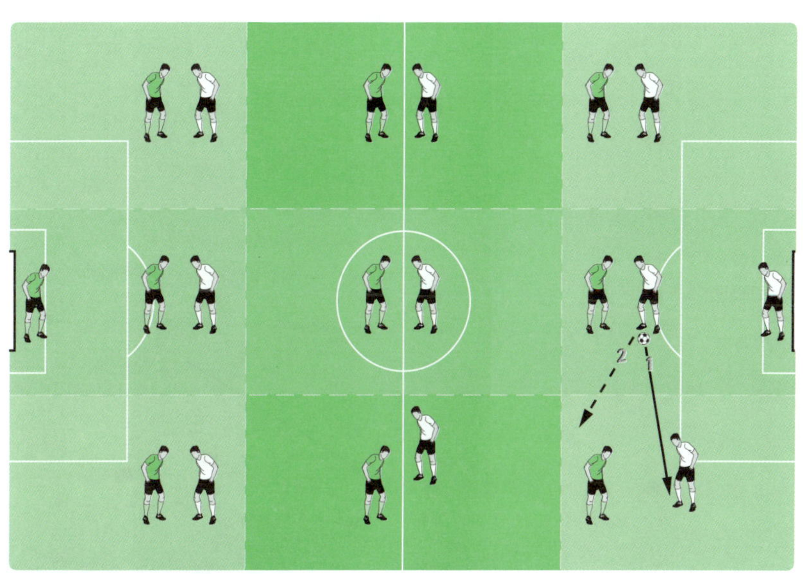

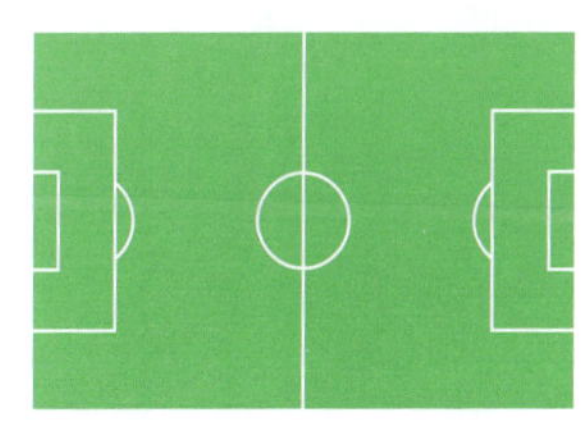

身体素质： ⚽⚽⚽⚽⚽

技　　术： ⚽⚽⚽⚽

战　　术： ⚽⚽⚽⚽⚽⚽

人数要求： 2 组队员

训练时长： 3×8 分钟

268 ◀ ▶ 271

训练目标：

球队部分、队友间的配合

训练说明：

中场区域必须一脚出球。训练区域分为九小块，防守、中场和进攻区域又细分出内、外区域，每组在每个区域均有一名队员，每名队员均不得离开所在区域。只有将球传至相邻区域的队员可以进入传球的区域，以此在该区域形成人数优势。

常见错误：

缺乏配合、未能利用人数优势。

区域练习VI

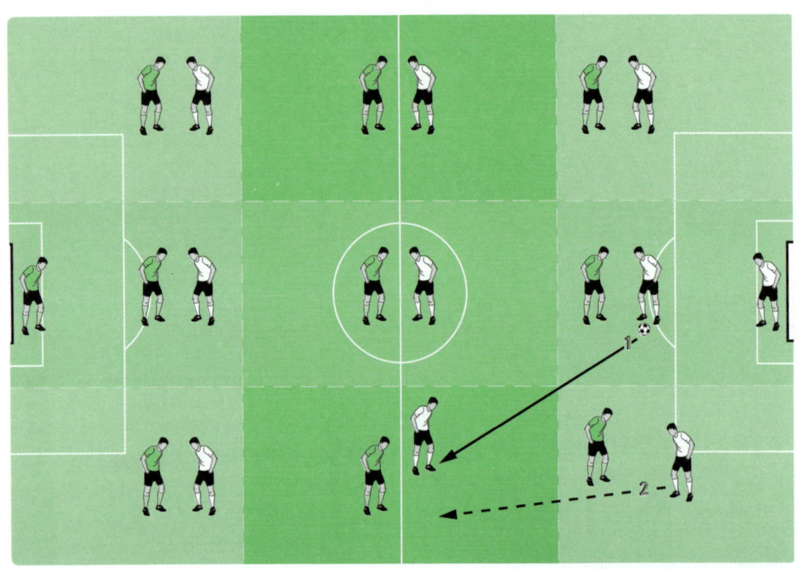

训练目标：

球队部分、队友间的配合

训练说明：

自由比赛。训练区域分为九小块，防守、中场和进攻区域分别细分为内、外区域，每组在每个区域均有一名队员。只有将球传至相邻区域的队员可以进入传球的区域，以此在该区域形成人数优势。

常见错误：

缺乏配合、未能利用人数优势。

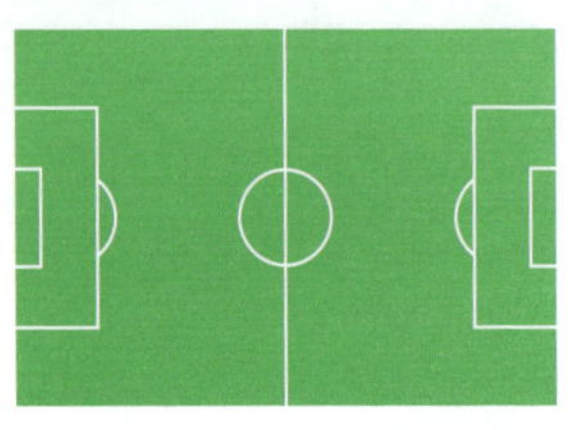

身体素质： ⚽⚽⚽⚽⚽

技　　术： ⚽⚽⚽⚽

战　　术： ⚽⚽⚽⚽⚽⚽

人数要求： 2 组队员

训练时长： 3×8 分钟

269 ◀ ▶ 272

区域练习Ⅶ

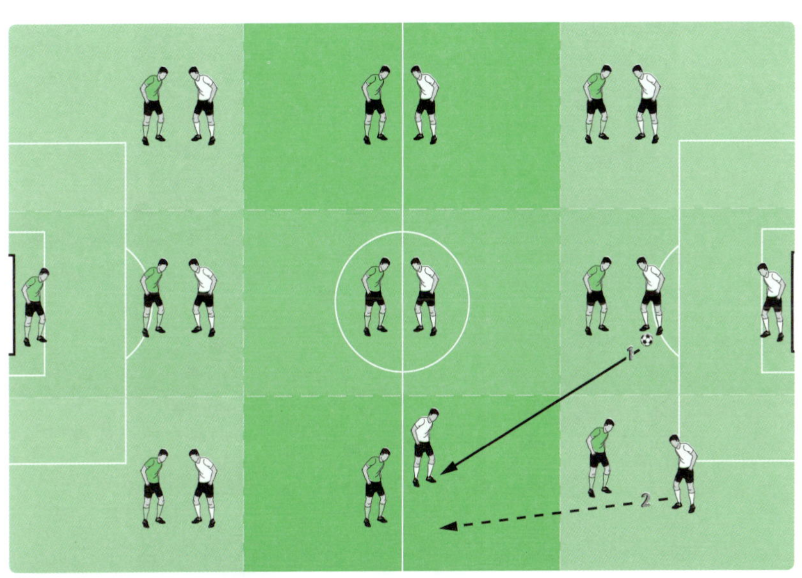

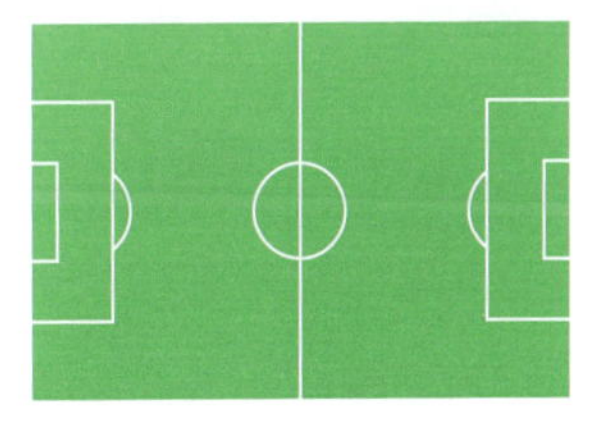

身体素质： ⚽⚽⚽⚽⚽

技　　术： ⚽⚽⚽⚽

战　　术： ⚽⚽⚽⚽⚽⚽

人数要求： 2 组队员

训练时长： 3×8 分钟

270 ◀ ▶ 297

训练目标：

球队部分、队友间的配合

训练说明：

中场区域一脚出球，其他区域没有限制。训练区域分为九小块，防守、中场和进攻区域又细分成内、外区域，每组在每个区域均有一名队员。每名队员均不得离开所在的区域。只有将球传至相邻区域的队员可以进入传球的区域，以此在该区域形成人数优势。

常见错误：

缺乏配合、未能利用人数优势。

中场施压

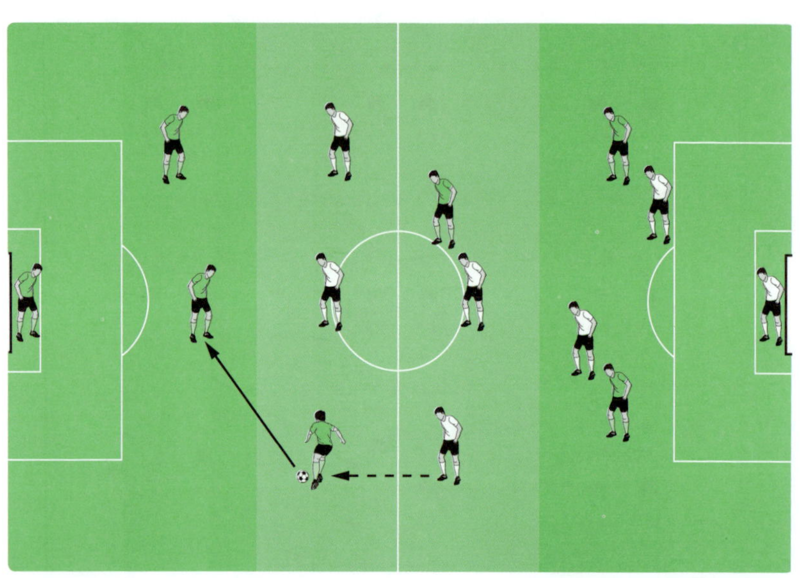

训练目标：

中场队员的防守压迫

训练说明：

有守门员的六对六自由比赛。在划出的中场区域防守方的队员需尽早上前逼抢持球队员的球，以打断其进攻，迫使其转为带球或犯错。

常见错误：

上前逼抢过晚、逼抢过猛、与进攻队员距离过远、防守区域的队友位置没有相应前提。

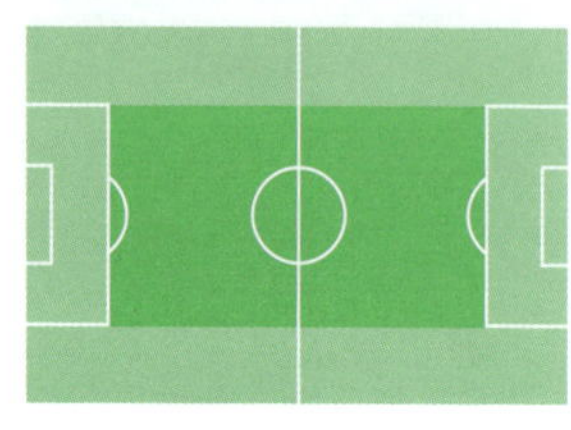

身体素质： ⚽⚽⚽⚽⚽
技　　术： ⚽⚽⚽⚽
战　　术： ⚽⚽⚽⚽⚽

人数要求： 12 名队员
训练时长： 3×6 分钟

228 ◀ ▶ 273

进攻区施压

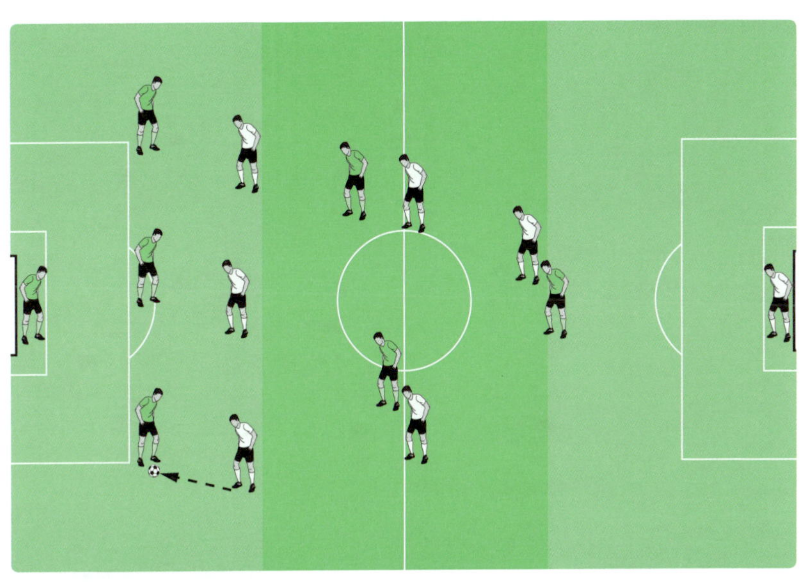

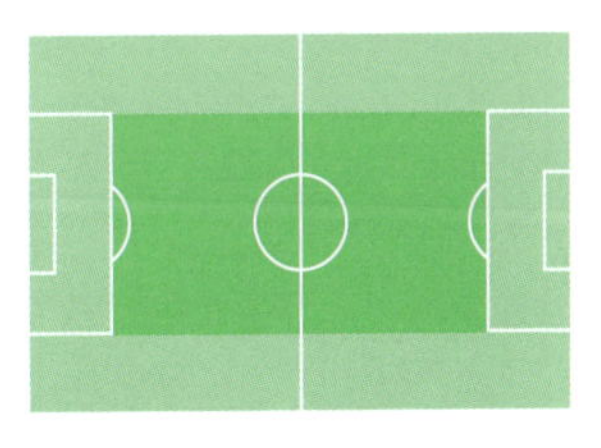

身体素质： ⚽⚽⚽⚽⚽⚽

技　　术： ⚽⚽⚽⚽

战　　术： ⚽⚽⚽⚽⚽⚽

人数要求： 12 名队员

训练时长： 3×6 分钟

272 ◀ ▶ 271

训练目标：

进攻队员的防守压迫

训练说明：

有守门员的六对六自由比赛。在标出的进攻区域，提早发动对持球队员的进攻，上前逼抢持球队员以迫使其回传、带球或犯错。

常见错误：

上前逼抢过晚、上抢过猛、与进攻队员距离过远、中场和防守区域的队友没有相应跟上。

前压

训练目标：

快速前压

训练说明：

自由比赛，只有在己方队员全部进入对方半场之后己方才可射门。

常见错误：

前压过慢、防守队员间缺少保护。

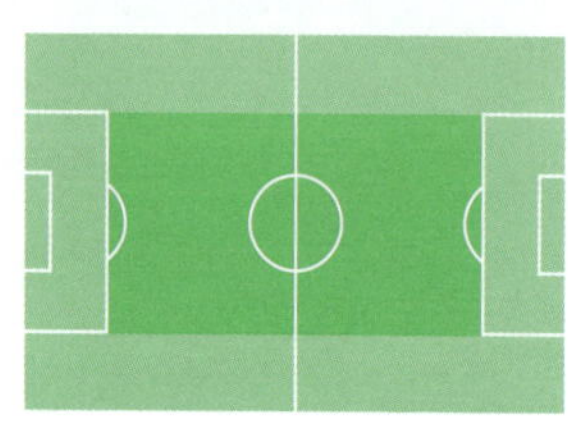

身体素质： ⚽⚽⚽⚽⚽

技　　术： ⚽⚽⚽⚽

战　　术： ⚽⚽⚽⚽⚽⚽

人数要求： 12 名队员

训练时长： 3 × 6 分钟

273 ◀ ▶ 292

二过二

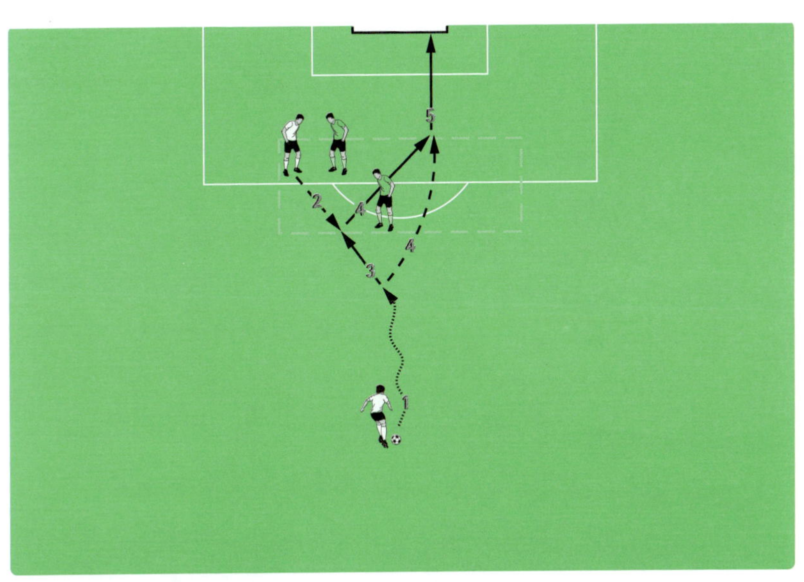

身体素质： ⚽⚽⚽⚽⚽

技　　术： ⚽⚽⚽⚽

战　　术： ⚽⚽⚽⚽⚽

人数要求： 4 名队员

训练次数： 5 ～ 10 次

191 ◀ ▶ 276

训练目标：

二过二找到进攻队员

训练说明：

一名前锋和一名防守队员站在禁区内，另一名前锋向另一名防守队员的方向带球。无球的前锋跑到防守队员身后与队友练习二过二，队友接到传球后，第一个训练回合结束。

常见错误：

进攻队员传球不好、缺乏速度变化。

二对二

训练目标：

传球 / 接球

训练说明：

二对二。持球的前锋寻找从两名防守队员中间穿过的机会，他可以将球传给已经绕开防守的另一名前锋寻求配合，也可以直接向球门方向带球。

常见错误：

传球信号不清晰、缺乏速度变化。

身体素质：⚽⚽⚽⚽⚽

技　　术：⚽⚽⚽⚽

战　　术：⚽⚽⚽⚽⚽

人数要求：4 名队员

训练次数：5 ～ 10 次

275 ◀▶ 277

有出球队员的禁区内三对三 I

身体素质： ⚽⚽⚽⚽⚽

技　　术： ⚽⚽⚽⚽

战　　术： ⚽⚽⚽⚽

人数要求： 7 名队员

训练次数： 5 ～ 10 次

276 ◀ ▶ 278

训练目标：

禁区内传球

训练说明：

三名前锋和三名防守队员站在禁区内，禁区外站一名出球队员。一名前锋向出球队员要球，并尝试与队友配合进球。

常见错误：

前锋传球不好。

有出球队员的禁区内三对三 II

训练目标：

禁区内传球

训练说明：

三名前锋和三名防守队员站在禁区内，禁区外站一名出球队员。一名前锋向出球队员要球，并尝试与队友配合进球。如果防守压力过大，接球的前锋可以直接将球传给出球队员，由其再将球传给另外两名前锋中的一名，重新开始比赛。

常见错误：

前锋传球不好。

身体素质： ⚽⚽⚽⚽⚽

技　　术： ⚽⚽⚽⚽

战　　术： ⚽⚽⚽⚽⚽

人数要求： 7 名队员

训练次数： 5 ～ 10 次

277 ◀ ▶ 305

四个球门的比赛

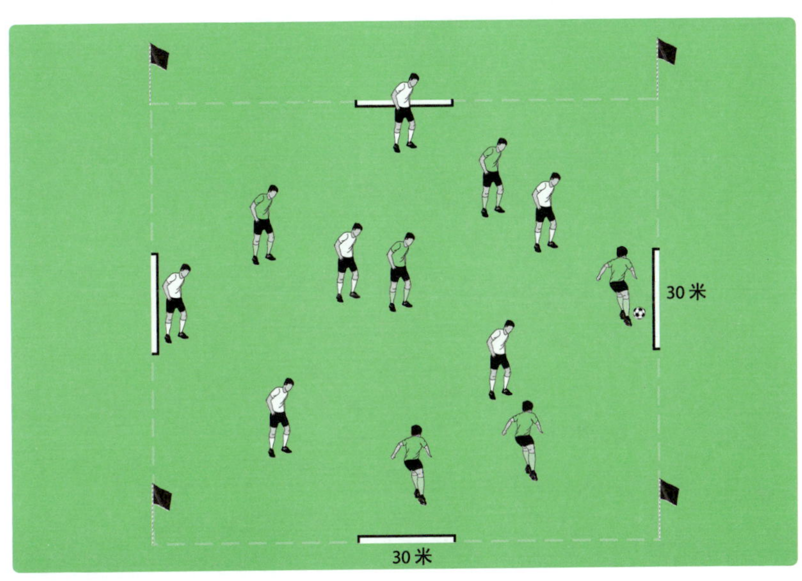

身体素质： ⚽⚽⚽

技　　术： ⚽⚽⚽

战　　术： ⚽⚽⚽⚽⚽⚽

人数要求： 2 组队员

训练时长： 3×6 分钟

281 ◀ ▶ 279

训练目标：

趣味比赛

训练说明：

有四个球门的比赛，每组把守两个球门。

常见错误：

空间过小时没有中断进攻。

三个球门的比赛

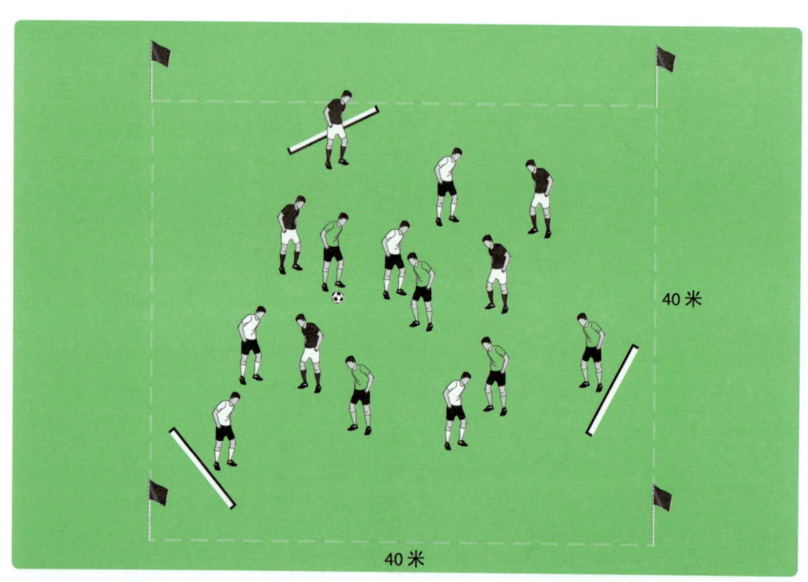

训练目标：

有三个球门的趣味比赛

训练说明：

三个球门呈三角形摆放。每组把守一个球门，还可以向另外两个球门进攻。

常见错误：

进攻中缺乏变化。

身体素质： ⚽⚽⚽⚽

技　　术： ⚽⚽⚽⚽

战　　术： ⚽⚽⚽⚽⚽

人数要求： 3 组队员

训练时长： 3×6 分钟

279 ◀ ▶ 281

两个背靠背球门的比赛

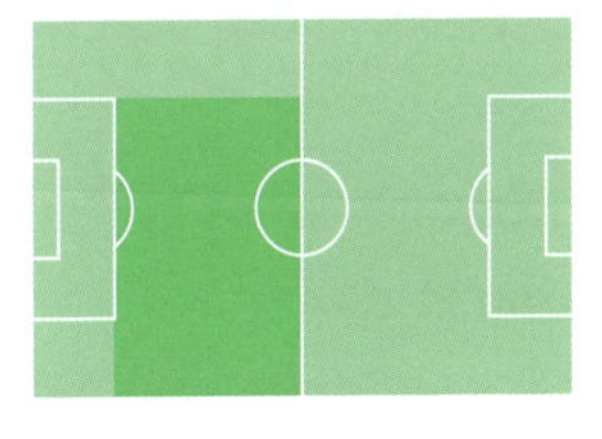

身体素质： ⚽⚽⚽⚽⚽

技　　术： ⚽⚽⚽⚽

战　　术： ⚽⚽⚽⚽⚽

人数要求： 2 组队员

训练时长： 3 × 6 分钟

279 ◀ ▶ 298

训练目标：

趣味比赛、快速转换

训练说明：

在有两个背靠背球门的训练区域上自由比赛，不得通过球门传球。

常见错误：

攻防转换过慢。

采用不同战术体系的比赛

训练目标：

战术纪律

训练说明：

六对六或更多人的自由比赛，教练提前决定所要采用的战术体系。

常见错误：

队员失去位置。

身体素质： ⚽⚽⚽⚽⚽

技　　术： ⚽⚽⚽⚽

战　　术： ⚽⚽⚽⚽⚽⚽

人数要求： 2 组队员

训练时长： 3 × 10 分钟

271 ◀ ▶ 283

在不熟悉的位置上比赛

身体素质： ⚽⚽⚽⚽⚽
技　　术： ⚽⚽⚽⚽
战　　术： ⚽⚽⚽⚽⚽

人数要求： 2 组队员
训练时长： 3×10 分钟

281 ◀ ▶ 265

训练目标：

理解队友的场上任务

训练说明：

自由比赛，每名队员都需要踢自己比较陌生的位置。

常见错误：

队员失去位置、错误的战术意识。

边路配合

训练目标：

进攻中的熟练配合

训练说明：

队员 1 给前锋 1 传低平球，前锋 1 上前接球并直接将球传给边路的一名队员，这名队员带球到底线附近然后给前锋 2 和队员 1 传中。

常见错误：

熟练的跑动时机把握。

身体素质： ⚽⚽⚽⚽

技　　术： ⚽⚽⚽⚽

战　　术： ⚽⚽⚽⚽

人数要求： 所有队员

训练次数： 5 ～ 10 次

141 ◀ ▶ 237

禁区弧位置的配合 I

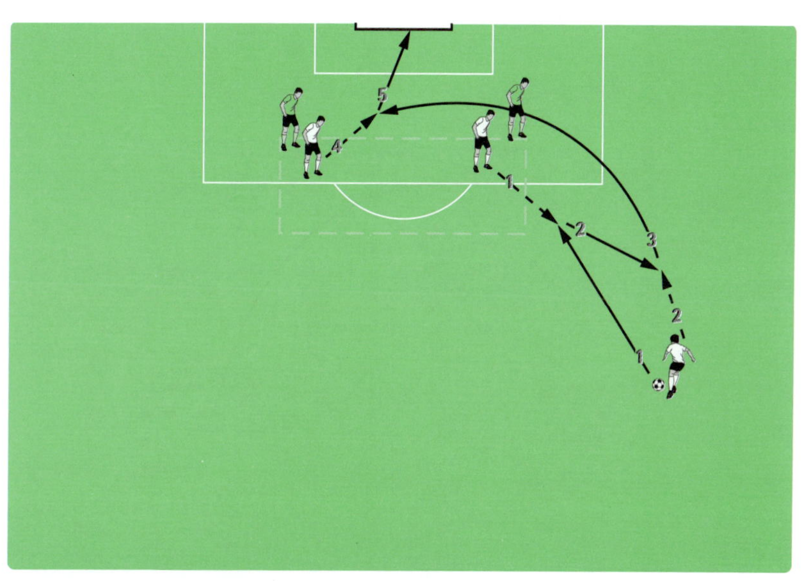

身体素质： ⚽⚽⚽⚽

技　　术： ⚽⚽⚽⚽

战　　术： ⚽⚽⚽⚽⚽

人数要求： 2 组队员

训练时长： 3 × 10 分钟

145 ◀▶ 286

训练目标：

中场和禁区弧位置的配合

训练说明：

队员 1 给前锋 1 传低平球，前锋 1 上前接球并直接将球回做，然后队员 1 直接给前锋 2 传中，前锋 2 尝试射门。

常见错误：

跑动和传球时机把握不准。

禁区弧位置的配合 II

训练目标：

中场和禁区弧位置的配合

训练说明：

一名队员给一名前锋传长距离的低平球，这名前锋直接将球横传给另一名前锋，后者直接射门。

常见错误：

跑动和传球时机把握不准。

身体素质： ⚽⚽⚽⚽

技　　术： ⚽⚽⚽⚽

战　　术： ⚽⚽⚽⚽⚽

人数要求： 所有队员

训练次数： 5 ～ 10 次

285 ◀ ▶ 149

边路配合 I

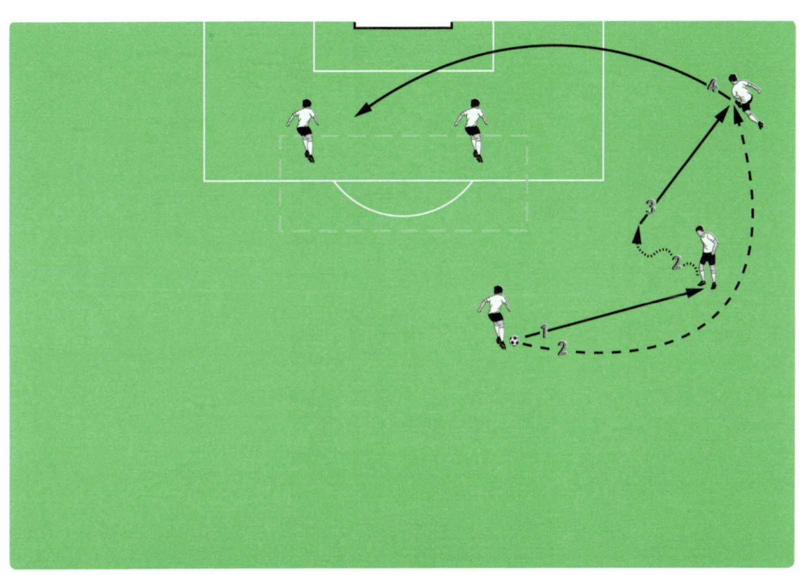

身体素质：⚽⚽⚽⚽
技　　术：⚽⚽⚽⚽
战　　术：⚽⚽⚽⚽⚽

人数要求：2 组队员
训练次数：5 ～ 10 次

286 ◀ ▶ 288

训练目标：

进攻中的熟练配合

训练说明：

队员 1 从中场给站在外侧的队员 2 传球，然后高速前插。队员 2 稍稍向内侧带球，然后将球传给跑动中的队员 1，队员 1 传中到门前。

常见错误：

跑动速度过慢、传球过早。

边路配合 II

训练目标：

进攻中的熟练配合

训练说明：

边路队员从后方向外侧带球，一名前锋迎着边路队员跑动并接过球，然后将球传给在外侧跑动的边路队员。

常见错误：

跑动速度过慢、传球过早。

身体素质： ⚽⚽⚽⚽

技　　术： ⚽⚽⚽⚽

战　　术： ⚽⚽⚽⚽⚽

人数要求： 所有队员

训练次数： 5 ～ 10 次

287 ◀ ▶ 289

边路配合 Ⅲ

身体素质： ⚽⚽⚽⚽
技　　术： ⚽⚽⚽⚽
战　　术： ⚽⚽⚽⚽

人数要求： 所有队员
训练次数： 5 ～ 10 次

288 ◀▶ 290

训练目标：

进攻中的熟练配合

训练说明：

队员 1 往中间带球并假装传球，队员 2 向其方向跑动，但是并不接球，而是继续向外侧跑动。队员 1 再向前带球 2 ～ 3 米后将球传给边路的队员 2，队员 2 接球后向门前包抄的队员 1 传中。

常见错误：

跑动速度过慢、传球过早。

边路配合Ⅳ

训练目标：

连续传递

训练说明：

队员 1 从训练区域中央向队员 2 传球，然后向前跑动。队员 2 将球传给队员 1，然后向球门方向跑动，队员 1 向边路传球。队员 3 沿边路向前跑动，得球后给队员 2 传中。

常见错误：

跑动速度过慢、传球过早。

身体素质： ⚽⚽⚽⚽

技　　术： ⚽⚽⚽⚽

战　　术： ⚽⚽⚽⚽

人数要求： 所有队员

训练次数： 5 ～ 10 次

289 ◀ ▶ 143

带得分区域的三对三

身体素质： ⚽⚽⚽

技　　术： ⚽⚽⚽⚽

战　　术： ⚽⚽⚽⚽⚽

人数要求： 6 名队员

训练时长： 3×4 分钟

249 ◀ ▶ 292

训练目标：

传球意识、传球、注意场上形势

训练说明：

两端带得分区域的三对三，队员需要在不越位的情况下将球传给进入得分区的队友。

常见错误：

传球不好、传球时机把握不准。

低平球向前推进

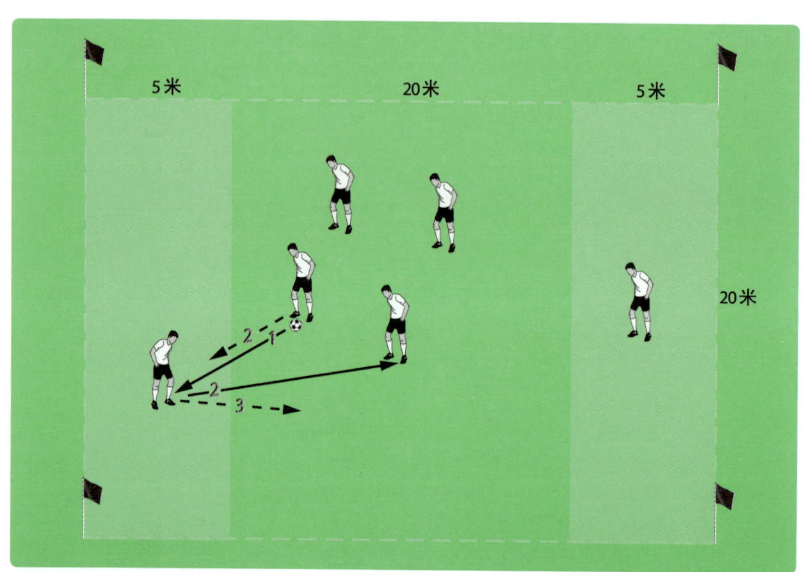

训练目标：

传球意识、传球、跑动线路、根据情况位置前提

训练说明：

四名队员站在训练区域中间的正方形区域内，区域两侧各站一名队员。中间区域的队员在球传出后迅速前压。两侧区域的队员接球后直接将球传给中间区域的另一名队员，传球队员顶替侧边区域的队员，之后变换传球方向。

常见错误：

传球和跑动时机把握不准。

身体素质： ⚽⚽

技　　术： ⚽⚽⚽⚽

战　　术： ⚽⚽⚽⚽⚽

人数要求： 6 名队员

训练时长： 3×6 分钟

123 ◀ ▶ 252

高空球向前推进

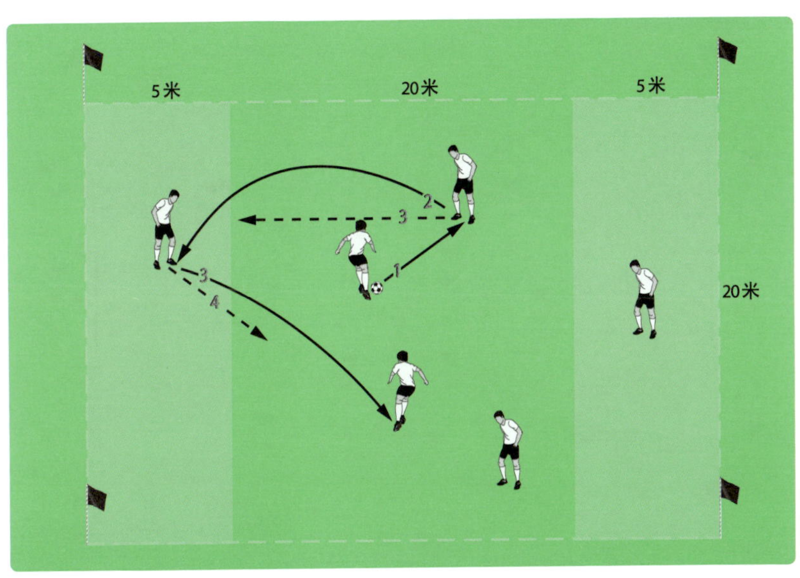

身体素质： ⚽⚽

技　　术： ⚽⚽⚽⚽⚽

战　　术： ⚽⚽⚽⚽⚽

人数要求： 6 名队员

训练时长： 3×4 分钟

251 ◀ ▶ 253

训练目标：

传高空球、跑动线路、根据情况将位置前提

训练说明：

四名队员站在训练区域中间的正方形区域内，两侧各站一名队员。中间区域的队员需要向距离较远的一侧传球，球传出后迅速、一致地前压。两侧区域的队员接球后直接将球传给中间区域的另一名队员，传球队员顶替侧边区域的队员。

常见错误：

传球和跑动时机把握不准。

带传球队员的五对五向前推进

训练目标：

向前传球、配合、射门、向前进攻的层次

训练说明：

五对五比赛，球门线后两侧门柱附近各站一名己方队员，这两名队员可以左右移动，也可以用一脚出球的方式给场地内的队友传球。

常见错误：

向前传球过少、向前传球不准确、向前传球过多、队员在纵深方向排布缺乏层次、未能利用人数优势。

身体素质： ⚽⚽⚽⚽

技　　术： ⚽⚽⚽⚽

战　　术： ⚽⚽⚽⚽⚽

人数要求： 14 名队员

训练时长： 3×6 分钟

293 ◀ ▶ 295

传球队员位于场地一侧的五对五

身体素质： ⚽⚽⚽⚽

技　　术： ⚽⚽⚽⚽

战　　术： ⚽⚽⚽⚽⚽

人数要求： 12 名队员

训练时长： 3×6 分钟

294 ◀ ▶ 296

训练目标：

配合、射门、横向的层次

训练说明：

五对五比赛，两队各有一名队员站在场地边线外，这两名队员可以沿边线移动，与训练区域内队员配合时必须一脚出球。

常见错误：

向两侧传球过多或过少、传球线路太短或缺乏意义、队员在横向和纵向排布缺乏层次、未能利用人数优势。

边线和底线外均有传球队员的五对五

训练目标：

配合、射门、横向和纵向的层次

训练说明：

五对五比赛，底线和边线外均站有双方队员，这些队员可以沿边线 / 底线自由移动，与训练区域内队员配合时必须一脚出球。这意味着控球一方拥有多四名队员的优势。

常见错误：

向两侧传球过多或过少、传球线路太短或缺乏意义、队员排布缺乏层次、射门准备不足。

身体素质： ⚽⚽⚽⚽⚽
技　　术： ⚽⚽⚽⚽
战　　术： ⚽⚽⚽⚽⚽

人数要求： 16 名队员
训练时长： 3 × 8 分钟

295 ◀ ▶ 297

进攻中竖直向前传球

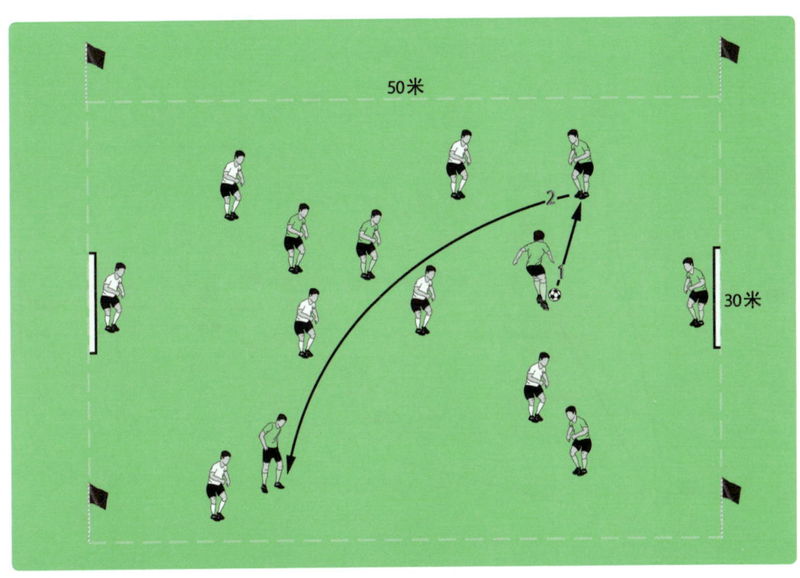

身体素质： ⚽⚽⚽⚽⚽

技　　术： ⚽⚽⚽⚽⚽

战　　术： ⚽⚽⚽⚽⚽

人数要求： 2 组队员

训练时长： 3 × 6 分钟

292 ◀ ▶ 298

训练目标：

快速向前传球

训练说明：

自由比赛，得到球权后将球传给最前方的队友，传球最多只能有两次。

常见错误：

向前传球不准确、处理球过慢。

横向传球

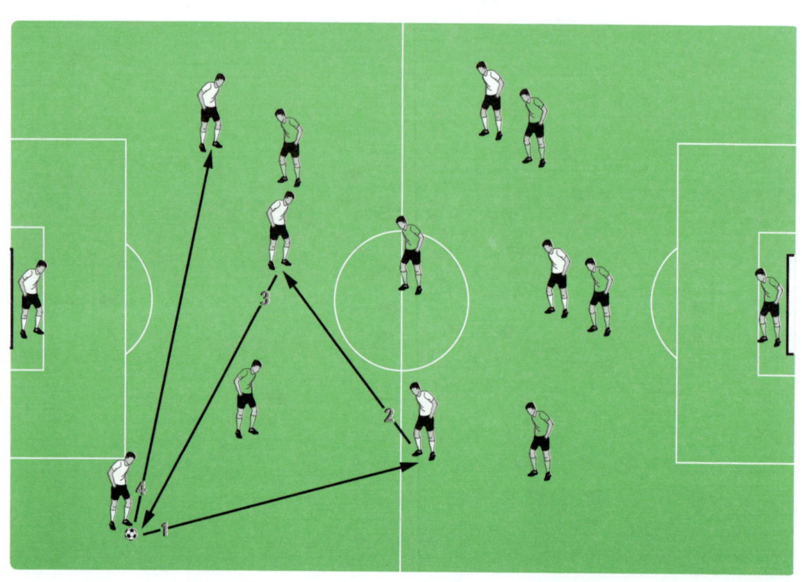

训练目标：

拉开宽度、传球节奏

训练说明：

六对六比赛，每支队伍在得到球权后需至少十次传球方可射门。

常见错误：

队员在横向和纵向排布缺乏层次。

身体素质： ⚽⚽⚽⚽

技　　术： ⚽⚽⚽⚽

战　　术： ⚽⚽⚽⚽⚽

人数要求： 2 组队员

训练时长： 3×8 分钟

297 ◀ ▶ 296

低平球向前传球

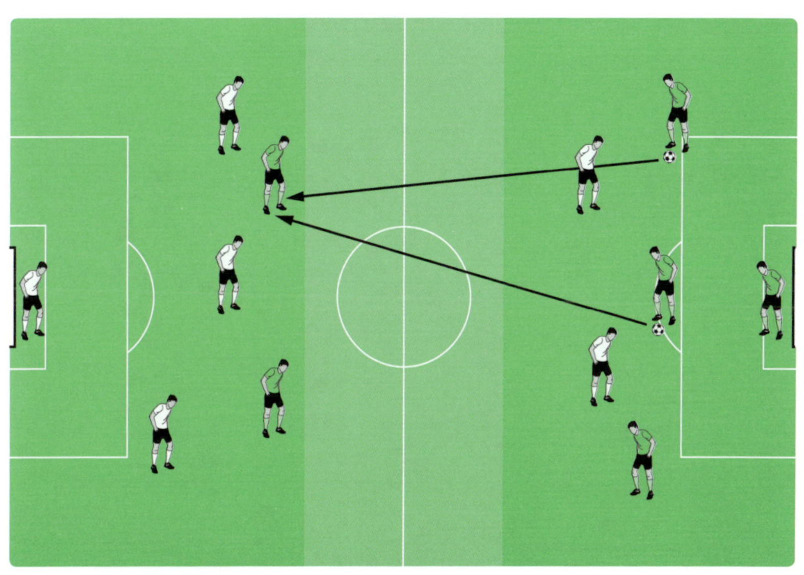

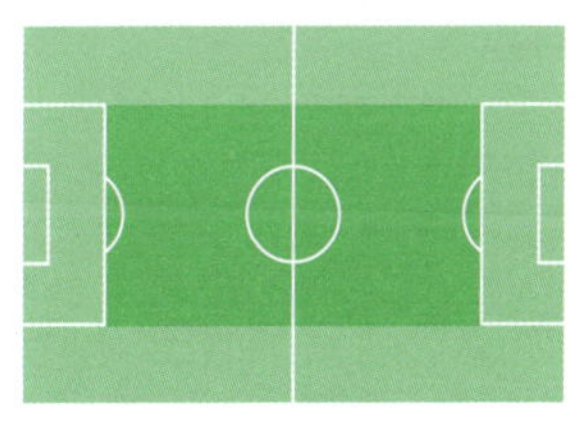

身体素质： ⚽⚽

技　　术： ⚽⚽⚽⚽

战　　术： ⚽⚽⚽⚽⚽

人数要求： 6（8）名队员

训练时长： 3×8 分钟

307 ◀ ▶ 303

训练目标：

向前传球

训练说明：

两侧都有球门的比赛，中场区域不得带球而应当传球。

常见错误：

球员纵向排布缺乏层次、传球不准确。

跨越式比赛

训练目标：

攻守转换

训练说明：

训练区域两侧各有一个球门。两组先进行比赛，进攻方丢球后防守方立刻向第三组防守的球门发起进攻。进球或者进攻中丢球后防守方立刻转为向对面球门进攻。

常见错误：

攻守转换太慢。

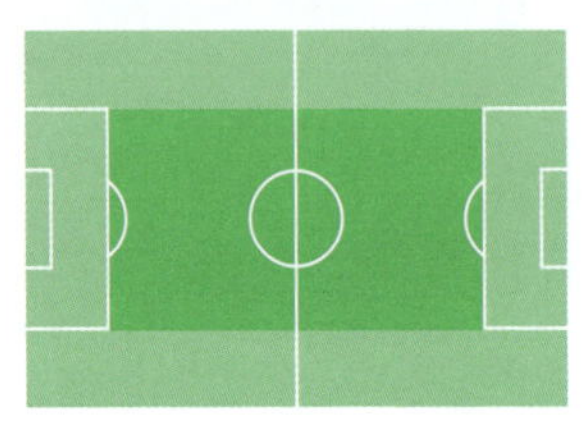

身体素质： ⚽⚽⚽⚽

技　　术： ⚽⚽⚽⚽

战　　术： ⚽⚽⚽⚽⚽

人数要求： 3 组队员

训练时长： 3 × 8 分钟

283 ◀ ▶ 303

从中线传球

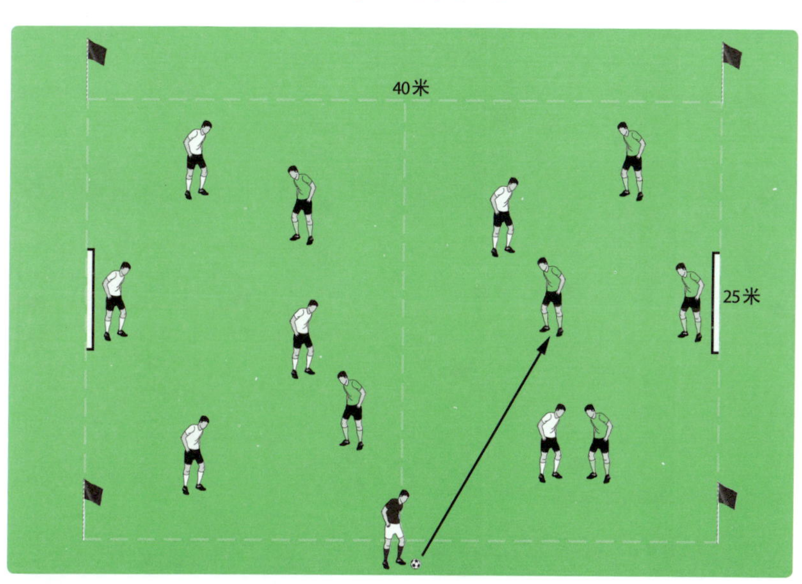

身体素质： ⚽⚽⚽⚽⚽
技　　术： ⚽⚽⚽⚽
战　　术： ⚽⚽⚽⚽⚽

人数要求： 2 组队员
训练次数： 3×5 次

300 ◀▶ 302

训练目标：

攻守转换

训练说明：

一名中立的队员从中线外给 A 队的一名队员传球，然后场上开始比赛，直至球出界。中立队员立即给 A 队的另一名队员传球，每组可连续获得五次传球。

常见错误：

攻守转换太慢、无球跑动太慢、跑动线路不清晰。

战术

有传球次数限制的反击

训练目标：

反击

训练说明：

自由比赛，交换球权后持球一方最多可触球五次后射门。

常见错误：

攻守转换太慢、无球跑动太慢、跑动线路不清晰。

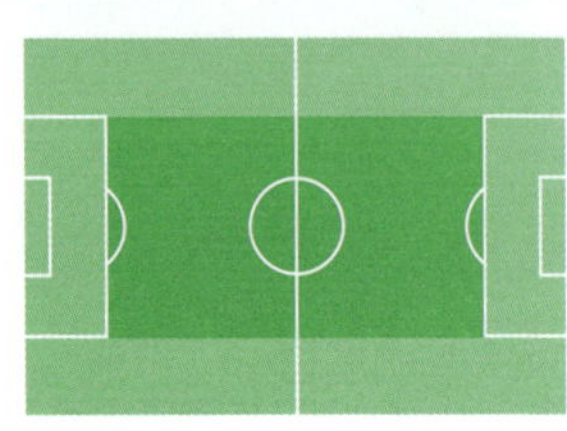

身体素质： ⚽⚽⚽⚽⚽

技　　术： ⚽⚽⚽⚽

战　　术： ⚽⚽⚽⚽⚽⚽

人数要求： 2 组队员

训练时长： 5×3 分钟

301 ◀ ▶ 303

有时间限制的反击

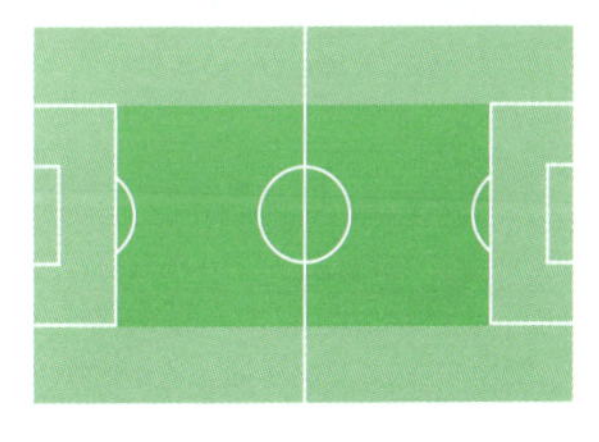

身体素质： ⚽⚽⚽⚽⚽
技　　术： ⚽⚽⚽⚽
战　　术： ⚽⚽⚽⚽⚽⚽

人数要求： 2 组队员
训练时长： 5×3 分钟

302 ◀ ▶ 307

训练目标：

反击

训练说明：

自由比赛，交换球权后持球一方要在 8 秒内射门。

常见错误：

攻守转换太慢、无球跑动太慢、跑动线路不清晰。

退到球后

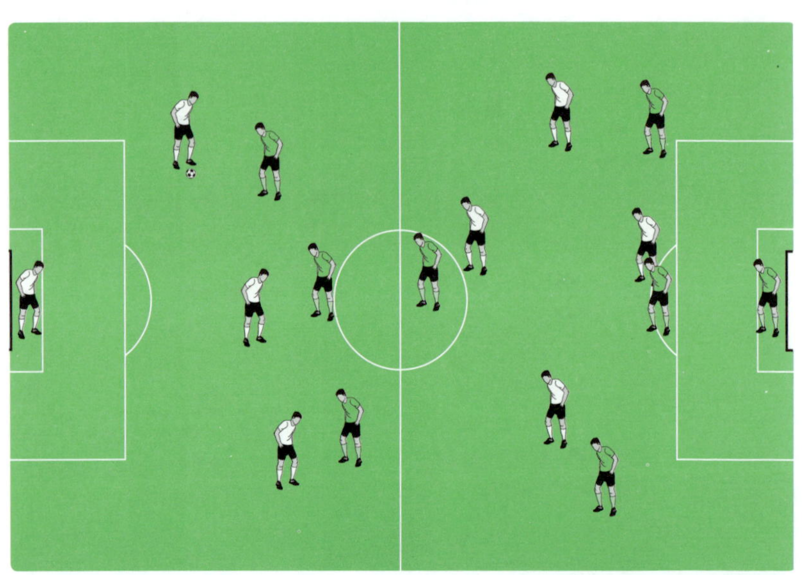

训练目标：

退到球后

训练说明：

持球一方在进攻区域丢球后需要在球出此区域之前以最快速度退到球的后方（回到防守位置）。

常见错误：

攻守转换太慢、无球跑动太慢、跑动线路不清晰。

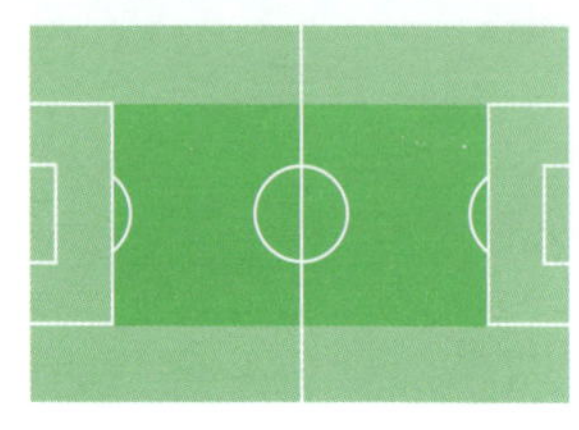

身体素质： ⚽⚽⚽⚽⚽

技　　术： ⚽⚽⚽⚽

战　　术： ⚽⚽⚽⚽⚽

人数要求： 2 组队员

训练时长： 5 × 3 分钟

301 ◀ ▶ 302

前锋的配合 I

身体素质： ⚽⚽⚽⚽⚽
技　　术： ⚽⚽⚽⚽⚽
战　　术： ⚽⚽⚽⚽⚽

人数要求： 12 名队员
训练时长： 3×6 分钟

277 ◀ ▶ 307

训练目标：

安全的传球

训练说明：

有一个球门的六对六攻防练习，进攻方要通过安全的传球获胜。

常见错误：

传球太慢、传球不准确。

斜向转移球

训练目标：

通过斜向传球发起比赛

训练说明：

有一个球门的六对六攻防练习，进攻方尝试传斜向的高空球扯开对方防线。

常见错误：

高空球传球太慢、传球不准确。

身体素质： ⚽⚽⚽⚽⚽

技　　术： ⚽⚽⚽⚽⚽

战　　术： ⚽⚽⚽⚽⚽

人数要求： 12 名队员

训练时长： 3 × 6 分钟

238 ◀ ▶ 307

前锋的配合 II

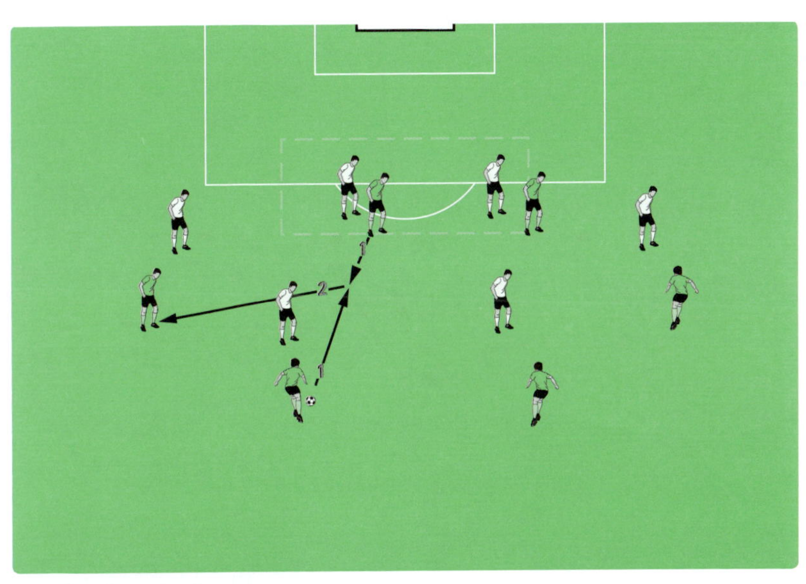

身体素质： ⚽⚽⚽⚽⚽
技　　术： ⚽⚽⚽⚽⚽
战　　术： ⚽⚽⚽⚽⚽

人数要求： 12 名队员
训练时长： 3 × 8 分钟

305 ◀ ▶ 308

训练目标：

安全的传球

训练说明：

有一个球门的六对六攻防练习，进攻方尝试通过安全的传球以及前锋的频繁回撤配合获胜。

常见错误：

传球不准确。

后排射门

训练目标：

远射

训练说明：

有一个球门的六对六攻防练习，进攻方尝试通过远射进球突破对方防守。

常见错误：

射门缺乏控制。

身体素质： ⚽⚽⚽⚽⚽

技　　术： ⚽⚽⚽⚽⚽

战　　术： ⚽⚽⚽⚽⚽

人数要求： 12 名队员

训练时长： 3 × 6 分钟

307 ◀ ▶ 309

个人突破

身体素质： ⚽⚽⚽⚽⚽

技　　术： ⚽⚽⚽⚽⚽

战　　术： ⚽⚽⚽⚽⚽

人数要求： 12 名队员

训练时长： 3×6 分钟

308 ◀ ▶ 310

训练目标：

个人能力

训练说明：

有一个球门的六对六攻防练习，进攻方尝试通过队员的个人进球突破对方防守。

常见错误：

突破缺乏控制。

前锋的跑动换位

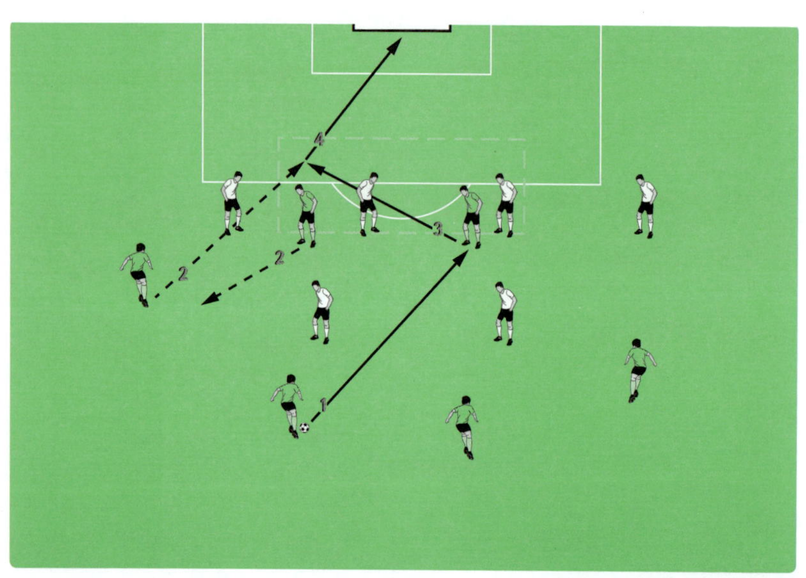

训练目标：

个人能力

训练说明：

有一个球门的六对六攻防练习，进攻方尝试通过进攻队员的跑动和换位进球突破对方防守。

常见错误：

进攻队员跑动线路不合理、缺乏速度变化。

身体素质：⚽⚽⚽⚽⚽

技　　术：⚽⚽⚽⚽⚽

战　　术：⚽⚽⚽⚽⚽

人数要求：12 名队员

训练时长：3×6 分钟

309 ◀ ▶ 307

定位球

足球比赛中大约 1/3 的射门得分都是通过定位球实现的，因此定位球是优秀球队的重要进攻手段，必须在训练中多加练习。重要的是队员需要理解定位球的意义和目的，并将其不打折扣的执行下来。定位球是足球比赛中唯一可以提前布置的部分，因为它只需几步便可完成——即便在执行战术时出现错误或者受到对手的影响。

己方发定位球的优势主要是可以提前计划和部署，而且是由己方的“专家”在没有对方干扰的情况下发球。如果没有具体的战术安排和合适的队员，定位球进攻将难以取得积极的效果。己方发定位球的情况下也隐藏着一定的风险，这种风险主要是己方在获得定位球后队员的站位会比较偏向于进攻，不利于防守。

发定位球要么非常迅速，在对手尚未组织起防守时攻其不意；要么非常慢，使己方的进攻队员都能站到最为理想的位置。定位球的选择也应当与队员的水平相适应——对于定位球的练习在精而不在多——这样能够使队员更为轻松的贯彻战术。

整支球队的定位球战术也应当建立在个人能力的基础上。但是，先不需要追求变化，而要保证所有队员都对定位球的战术布局了然于心。一旦定位球进攻没有按照预先的安排进行，就应当立即停止进攻使队员回到防守位置。

如果对手定位球进攻质量不高、站位组织不好或者不能很快的转为防守，那么对手的定位球机会也可以为己方带来好处。此时，最关键的就是要在抢下球权后快速出球。此外，如果有必要的话，己方还可以利用定位球的机会消磨比赛时间。

任意球 I

训练目标：

任意球进攻

训练说明：

自由训练，每组在对方半场每触球五次可获得一次快发任意球机会。

常见错误：

发球过于匆忙。

身体素质： ⚽⚽⚽⚽⚽

技　　术： ⚽⚽⚽⚽⚽

战　　术： ⚽⚽⚽⚽⚽

人数要求： 2 组队员

训练时长： 3 × 8 分钟

302 ◀ ▶ 312

任意球 II

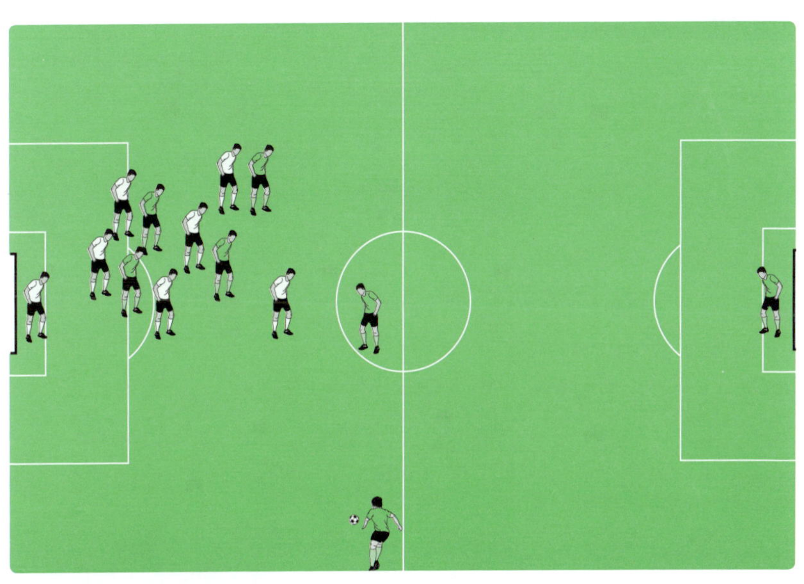

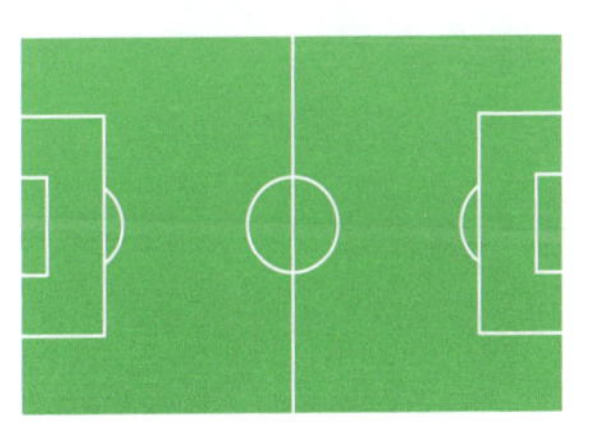

身体素质： ⚽⚽⚽⚽⚽

技　　术： ⚽⚽⚽⚽⚽

战　　术： ⚽⚽⚽⚽⚽

人数要求： 2 组队员

训练时长： 3 × 8 分钟

311 ◀ ▶ 313

训练目标：

任意球进攻

训练说明：

自由训练，每组在对方半场每触球五次可获得一次发任意球机会。任意球选择需要遵循赛前战术安排。

常见错误：

队员站位缺乏层次。

任意球Ⅲ

训练目标：

任意球进攻

训练说明：

自由训练，每组在对方半场每触球五次可获得一次发任意球机会。任意球选择需要根据场上情况由队员决定。

常见错误：

对优势的利用不够、选择错误。

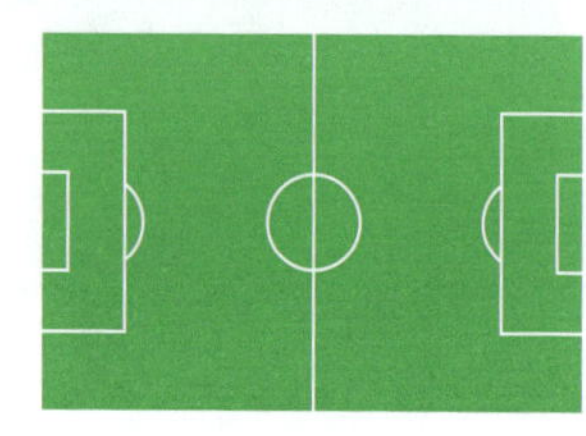

身体素质： ⚽⚽⚽⚽⚽

技　　术： ⚽⚽⚽⚽⚽

战　　术： ⚽⚽⚽⚽⚽

人数要求： 2 组队员

训练时长： 3×8 分钟

312 ◀ ▶ 314

任意球Ⅳ

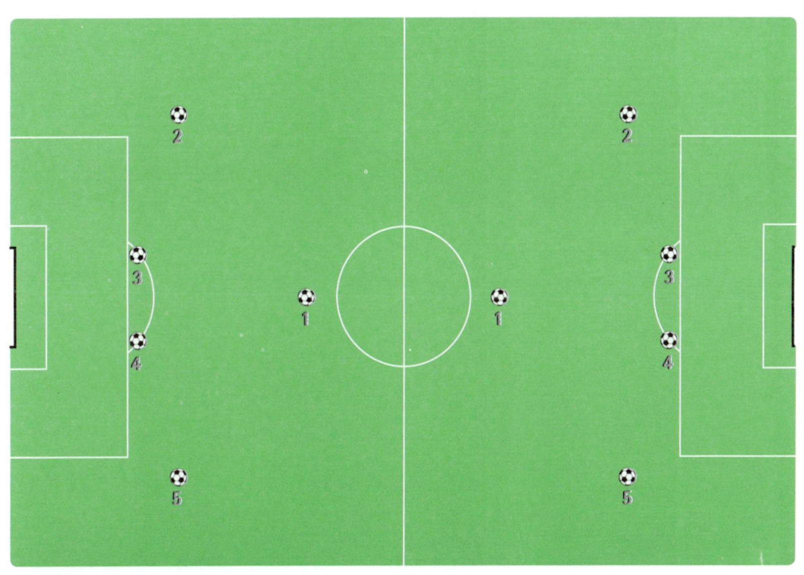

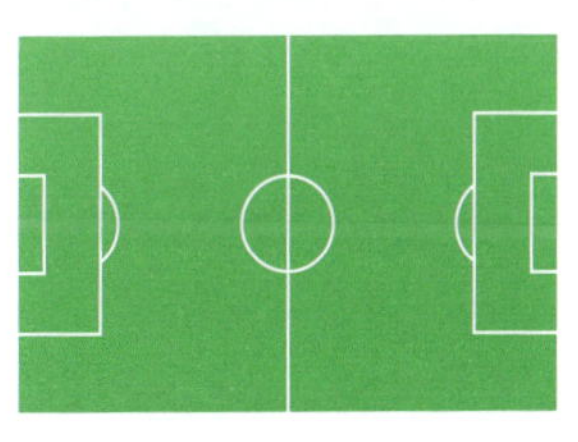

身体素质： ⚽⚽⚽

技　　术： ⚽⚽⚽⚽⚽

战　　术： ⚽⚽⚽⚽⚽⚽

人数要求： 2 组队员

训练次数： 5 次

313 ◀ ▶ 324

训练目标：

任意球进攻

训练说明：

每组有五次指定位置的任意球机会。根据规则，球出界则一次进攻结束。

常见错误：

完成质量差。

角球传球

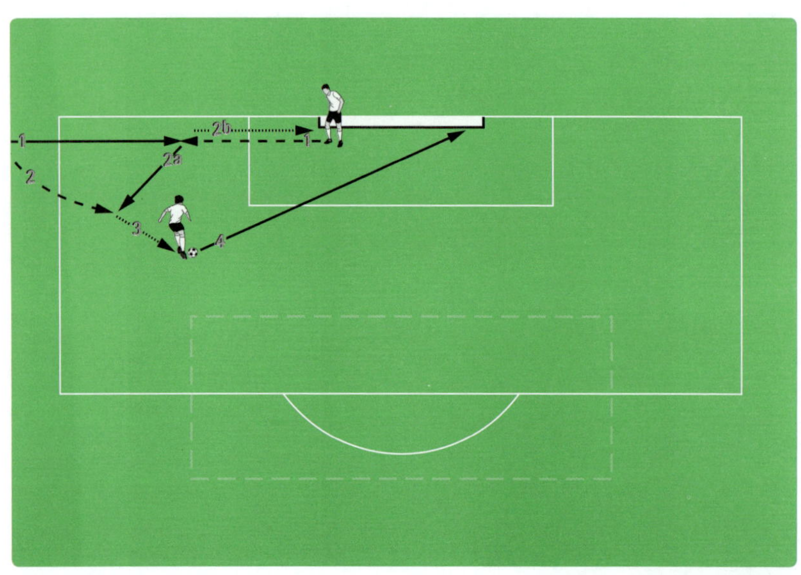

训练目标：

角球进攻

训练说明：

罚球队员传低平球给禁区内往底线方向跑动的队员，前者传球后向接球队员的方向跑动接应。此时，持球进攻队员可以将球回做给罚球队员，也可以直接转身，向球门方向带球。

常见错误：

对优势的利用不够、选择错误。

身体素质： ⚽⚽

技　　术： ⚽⚽⚽⚽⚽

战　　术： ⚽⚽⚽⚽⚽⚽

人数要求： 2 组队员

训练次数： 5 次

301 ◀ ▶ 316

人数占优时的角球

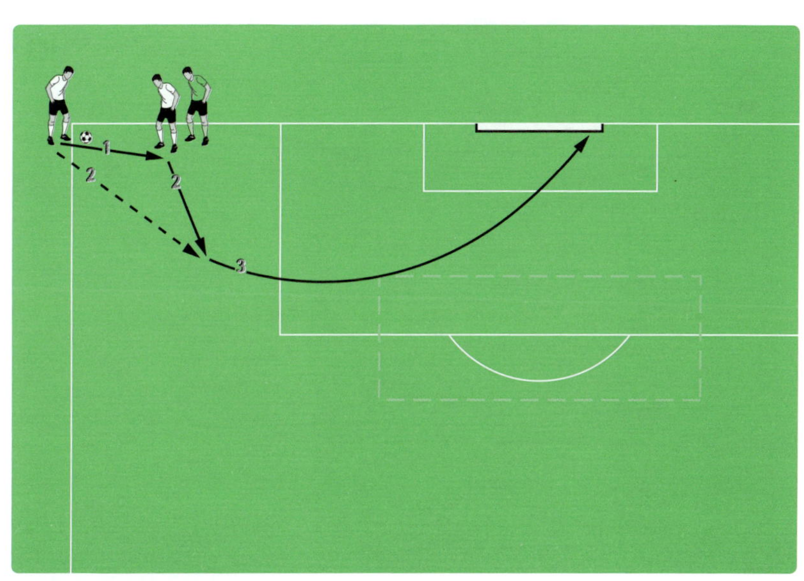

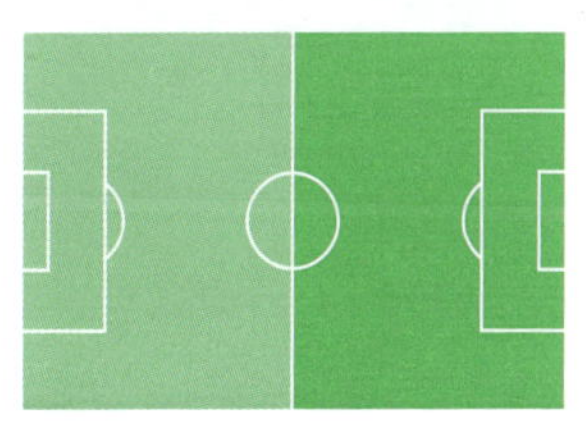

身体素质： ⚽⚽
技　　术： ⚽⚽⚽⚽⚽
战　　术： ⚽⚽⚽⚽⚽⚽

人数要求： 2 组队员
训练次数： 5 次

315 ◀ ▶ 317

训练目标：

角球进攻

训练说明：

两名进攻队员站在角球点附近，如果只有一名防守队员上前逼抢，则接球队员带球转身突入禁区，或者直接传中。

常见错误：

判断失误。

角球传后点，再回做至门前

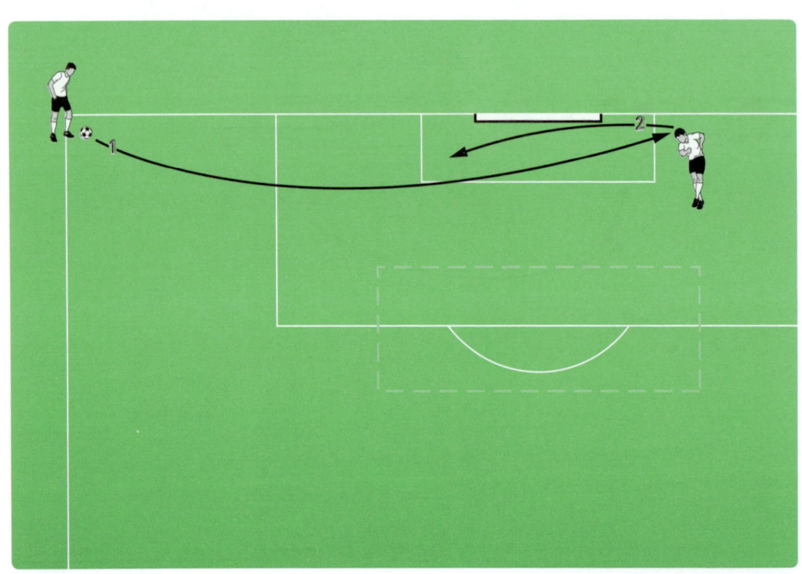

训练目标：

角球进攻

训练说明：

传角球过球门的后门柱位置，接球队员将球回做至门前。

常见错误：

角球传球距离过近。

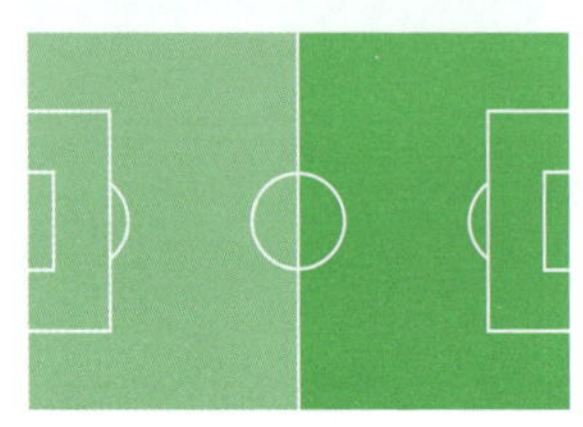

身体素质： ⚽⚽

技　　术： ⚽⚽⚽⚽⚽⚽

战　　术： ⚽⚽⚽⚽

人数要求： 2 组队员

训练次数： 5 次

316 ◀▶ 318

头球后蹭

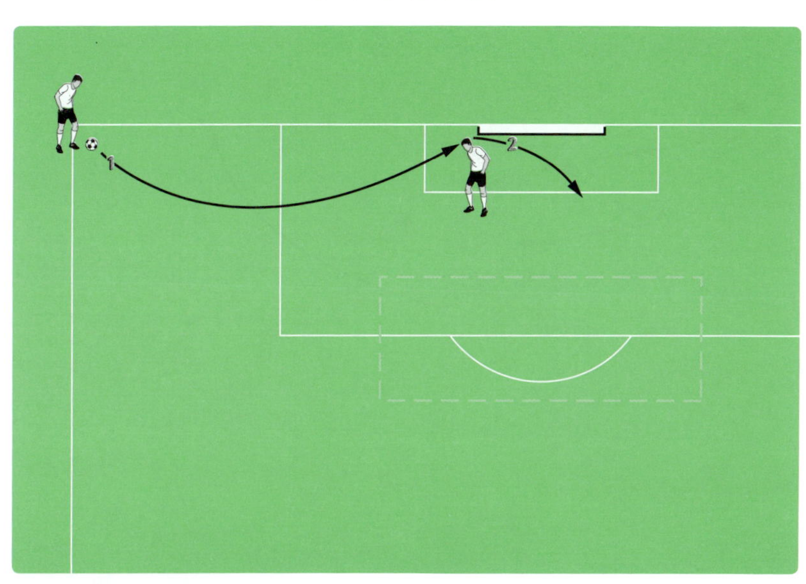

身体素质： ⚽⚽

技　　术： ⚽⚽⚽⚽⚽⚽

战　　术： ⚽⚽⚽⚽⚽⚽

人数要求： 2 组队员

训练次数： 5 次

317 ◀ ▶ 319

训练目标：

角球进攻

训练说明：

传角球至球门的近门柱位置，一名队员头球后蹭。其他队员依次进行训练。

常见错误：

动作不协调。

多次两人传递

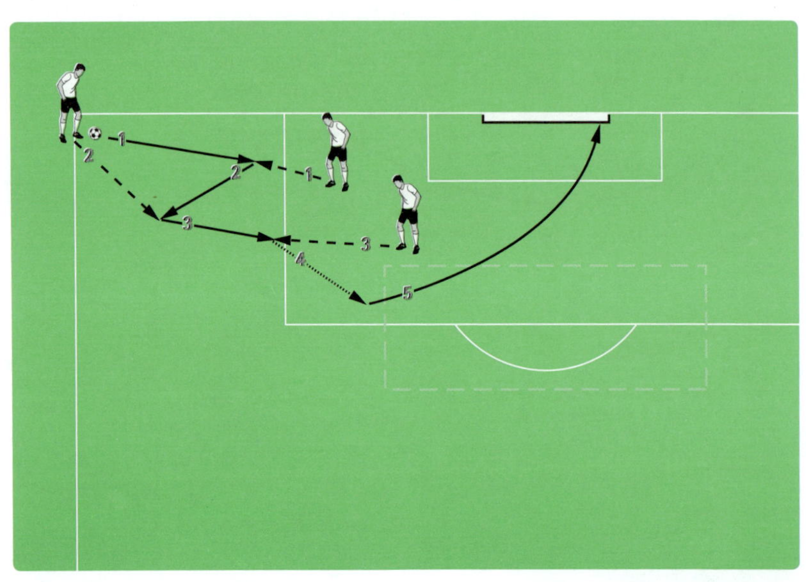

训练目标：

角球进攻

训练说明：

队员 1 传低平球给队员 2，队员 2 将球回做给队员 1，队员 1 再将球传给队员 3。队员 3 尝试在禁区内转身并传中。

常见错误：

不恰当的传球时机和跑动线路。

身体素质： ⚽⚽

技　　术： ⚽⚽⚽⚽⚽⚽

战　　术： ⚽⚽⚽⚽⚽

人数要求： 2 组队员

训练次数： 5 次

318 ◀ ▶ 320

界外球做射门准备

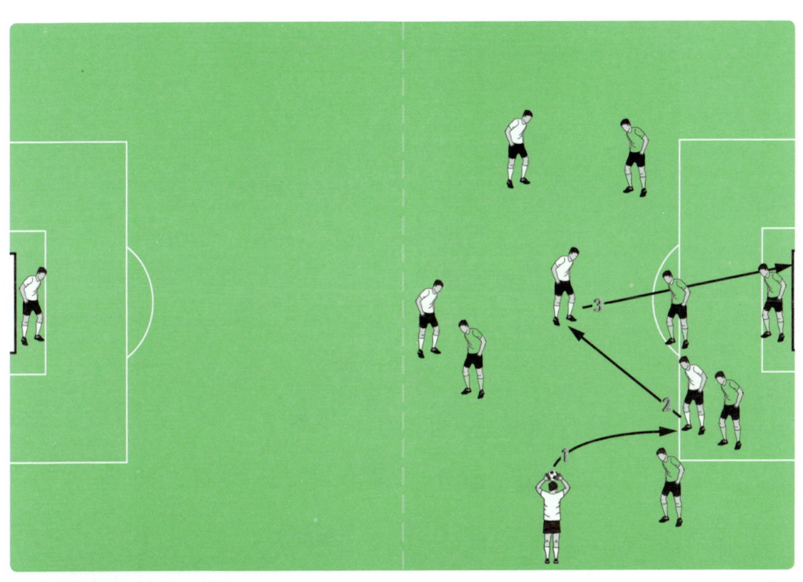

身体素质：⚽⚽⚽

技　　术：⚽⚽⚽⚽

战　　术：⚽⚽⚽⚽⚽

人数要求：10 名队员

训练时长：3×6 分钟

319 ◀ ▶ 321

训练目标：

界外球进攻

训练说明：

训练区域内五对五。从接界外球到射门，每组最多可触球三次。

常见错误：

界外球质量差、无球跑动少。

界外球进攻

训练目标：

界外球进攻

训练说明：

训练区域内五对五。每次界外球均需掷向进攻方向。

常见错误：

过早前插、界外球距离过近。

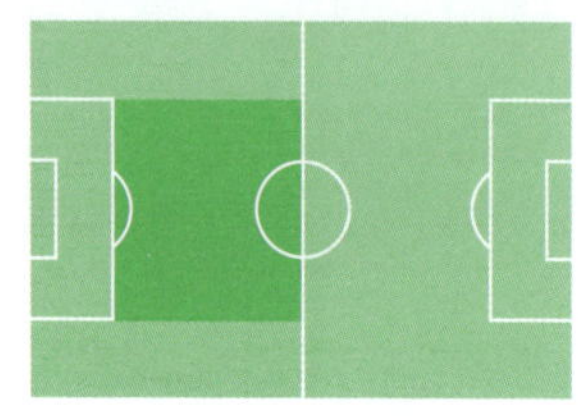

身体素质： ⚽⚽⚽

技　　术： ⚽⚽⚽⚽

战　　术： ⚽⚽⚽⚽⚽

人数要求： 10 名队员

训练时长： 3×6 分钟

320 ◀ ▶ 322

有时间限制的界外球

身体素质：⚽⚽⚽⚽

技　　术：⚽⚽⚽⚽

战　　术：⚽⚽⚽⚽⚽

人数要求：10 名队员

训练时长：3 × 6 分钟

321 ◀ ▶ 323

训练目标：

快速界外球

训练说明：

训练区域内五对五。每次界外球均需在两秒内掷出。

常见错误：

发界外球时不够果断、无球跑动少。

界外球到脚下

训练目标：

界外球到脚下

训练说明：

训练区域内五对五。每次界外球均需掷到队友脚下，队友将球直接停到地面。

常见错误：

界外球不准确、接球不好。

身体素质： ⚽⚽⚽⚽

技　　术： ⚽⚽⚽⚽

战　　术： ⚽⚽⚽⚽⚽

人数要求： 10 名队员

训练时长： 3 × 6 分钟

322 ◀ ▶ 321

间接任意球

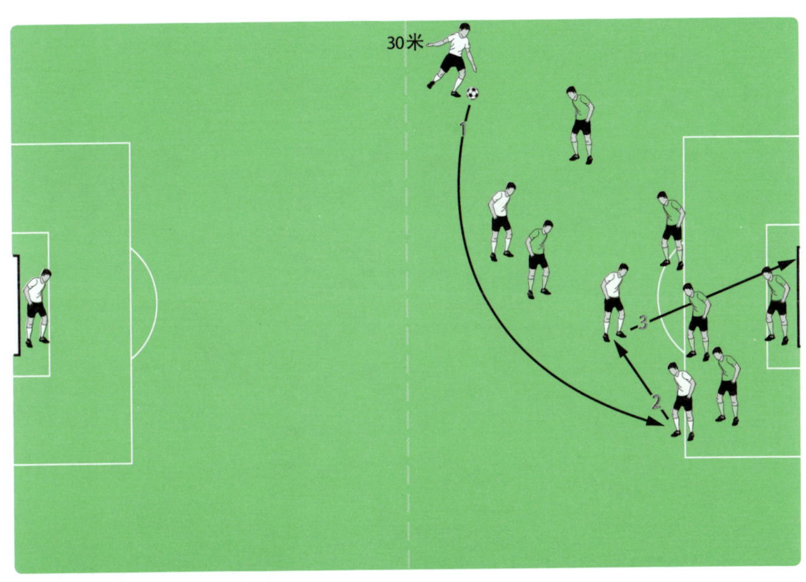

身体素质：⚽⚽⚽⚽

技　　术：⚽⚽⚽⚽

战　　术：⚽⚽⚽⚽⚽

人数要求：10 名队员

训练时长：3×6 分钟

314 ◀ ▶ 325

训练目标：

任意球进攻

训练说明：

训练区域内五对五。每组从接任意球到射门最多可触球三次。

常见错误：

传球过慢、传球不准确。

角球—射门

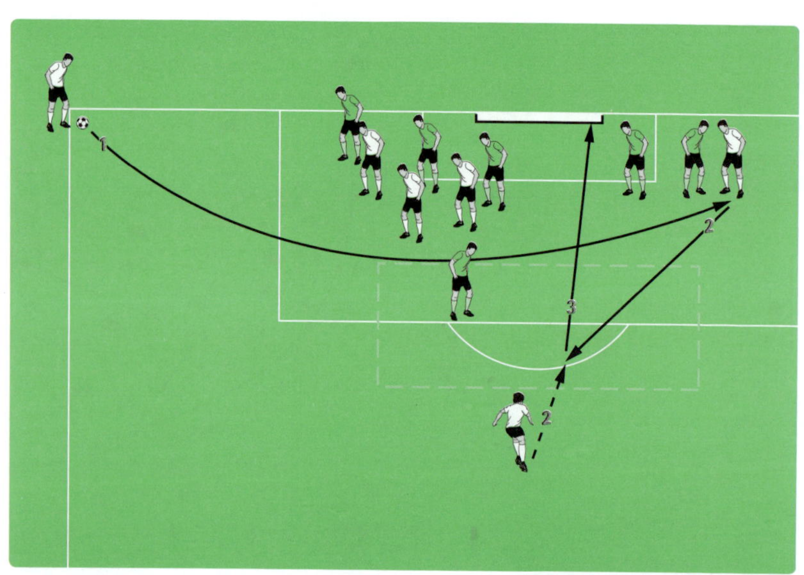

训练目标：

角球进攻

训练说明：

训练区域内六对六。每组从接角球到射门最多可触球三次。

常见错误：

传球过慢、传球不准确。

身体素质： ⚽⚽⚽⚽⚽

技　　术： ⚽⚽⚽⚽

战　　术： ⚽⚽⚽⚽⚽

人数要求： 12 名队员

训练时长： 3×6 分钟

324 ◀ ▶ 326

中圈开球后快速进攻

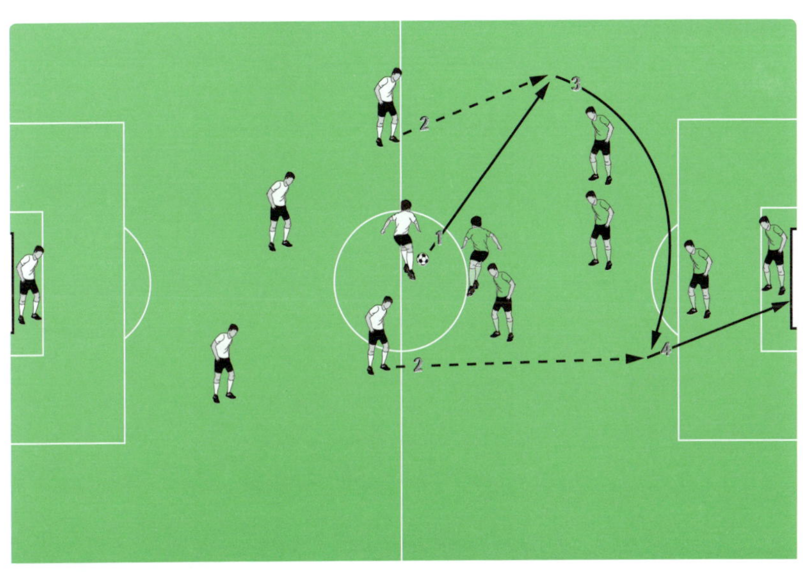

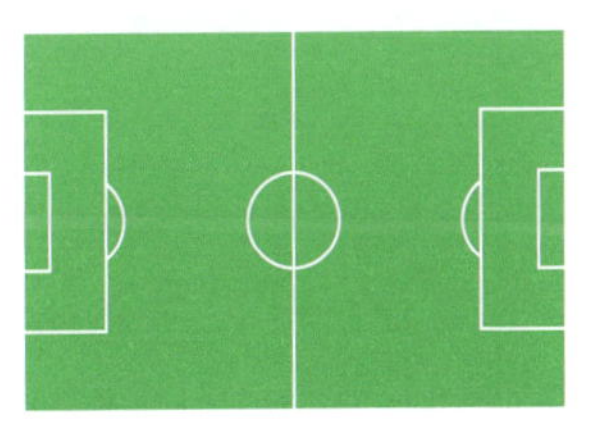

身体素质：⚽⚽⚽⚽⚽⚽

技　　术：⚽⚽⚽⚽⚽

战　　术：⚽⚽⚽⚽⚽

人数要求：12 名队员

训练次数：5 次

325 ◀ ▶ 303

训练目标：

快速开球

训练说明：

开球后持球进攻的球队射门前触球不超过三次。

常见错误：

传球过慢。

守门员

守门员是场上唯一受特殊规则约束的队员，他的职责非常明确而有限。守门员的独特位置能够为球队的进攻和防守带来好处，因此守门员训练是球队日常训练的重要组成部分。

在比赛中相比防守，守门员会有更多的进攻动作，这点我们必须给予重视，并将这个认知融入比赛和训练理念中。在非比赛状态时守门员可以重复训练防守射门和传中时的技术动作，从而更熟练、稳定地掌握这些动作。

除了防守动作，守门员还需要保证在整支球队身后有很好的位置感和传球能力，这些可以在和全队一起训练时练习，守门员也可以更好地融入训练中。这非常重要，因为在非职业足球领域很少会有专职的守门员教练带领守门员训练。

反应能力

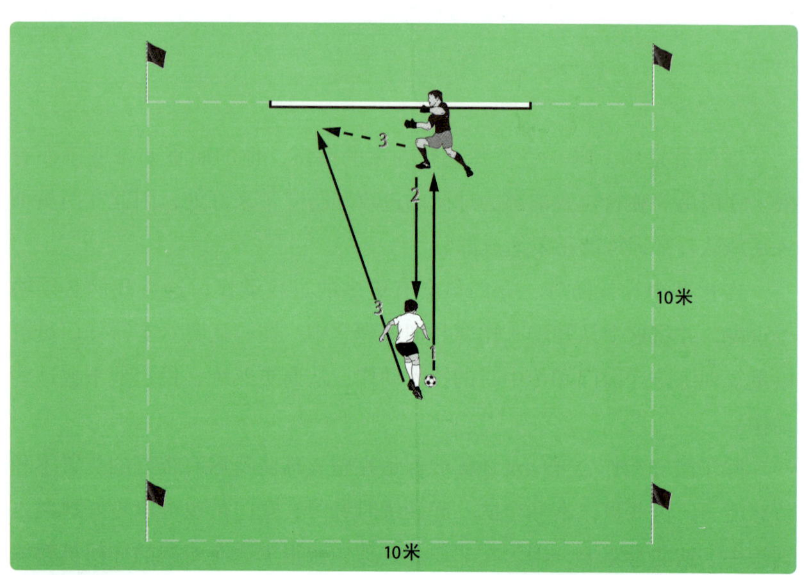

训练目标：

反应速度

训练说明：

守门员站在门前，和教练（队员）相距 5 米传接低平球。教练（队员）向球门的两个角传低平球，守门员尝试将球接住。

常见错误：

传球球速太快、传球太频繁、反应速度慢。

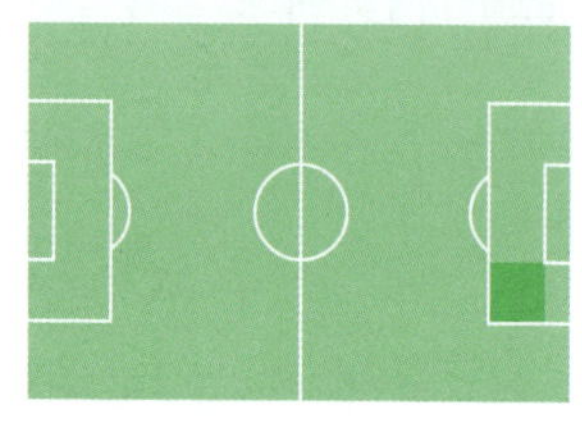

身体素质： ⚽⚽⚽⚽

技　　术： ⚽⚽⚽⚽⚽

战　　术： ⚽⚽⚽⚽

人数要求： 2 名队员

训练次数： 10 ～ 15 次

351 ◀ ▶ 328

低平球 I

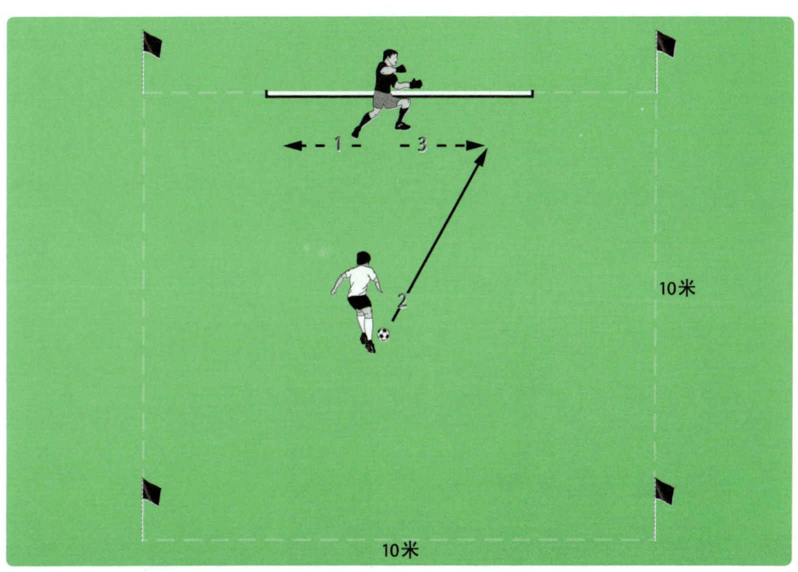

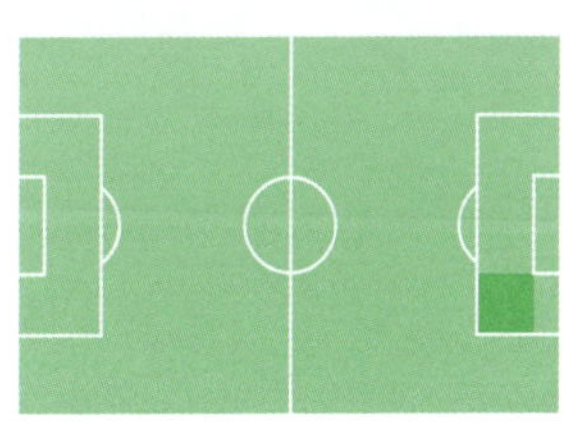

身体素质： ⚽⚽⚽⚽⚽

技　　术： ⚽⚽⚽⚽⚽

战　　术： ⚽⚽

人数要求： 2 名队员

训练次数： 10 ～ 15 次

327 ◀ ▶ 329

训练目标：

接低平球

训练说明：

守门员以横跨步从一侧门柱向另一侧门柱移动，教练（队员）向与移动方向相反的方向传球，守门员尝试接住球。

常见错误：

手上发力不足。

低平球 II

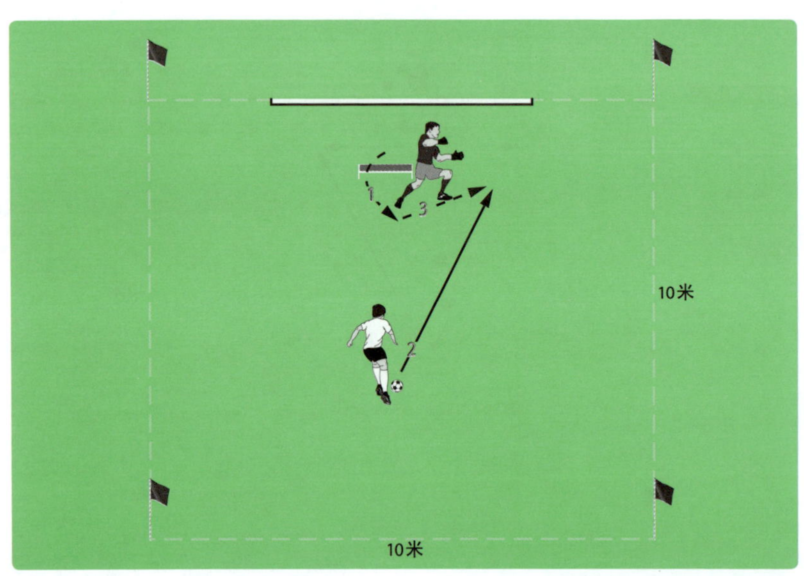

训练目标：

接低平球

训练说明：

守门员跳过一个小的障碍物，然后尝试接住射过来的低平球。

常见错误：

手上发力不足。

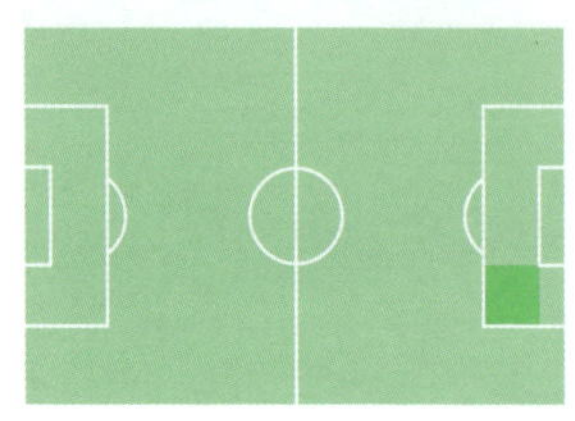

身体素质： ⚽⚽⚽⚽⚽⚽

技　　术： ⚽⚽⚽⚽⚽

战　　术： ⚽⚽

人数要求： 2 名队员

训练次数： 10 ～ 15 次

328 ◀ ▶ 330

低平球Ⅲ

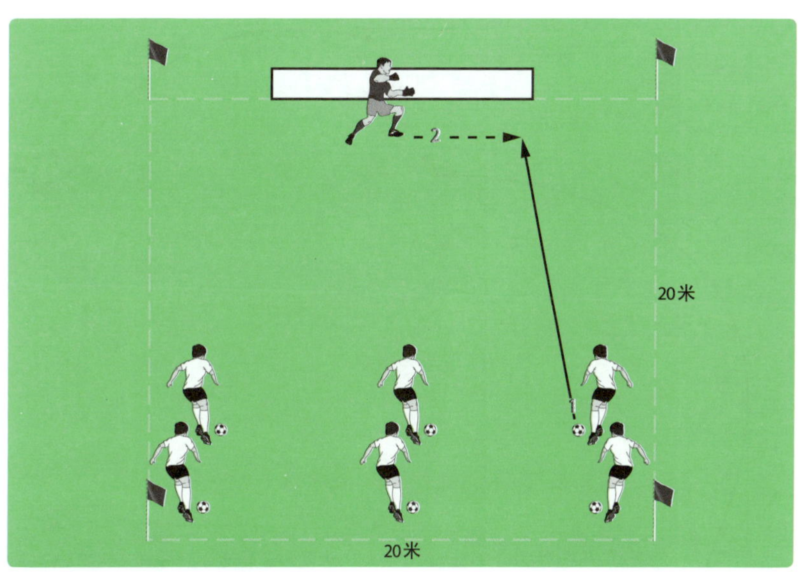

身体素质： ⚽⚽⚽⚽⚽

技　　术： ⚽⚽⚽⚽⚽

战　　术： ⚽

人数要求： 所有队员

训练次数： 10 ～ 15 次

329 ◀▶ 331

训练目标：

接低平球

训练说明：

将球门放倒，使得只有半高空球和低平球能够进入球门。

常见错误：

手上发力不足。

接传中球后开球门球

训练目标：

球门球

训练说明：

守门员接住传中球，然后向中线外侧方向开球门球。

常见错误：

时机把握不准、球门球准确性不够。

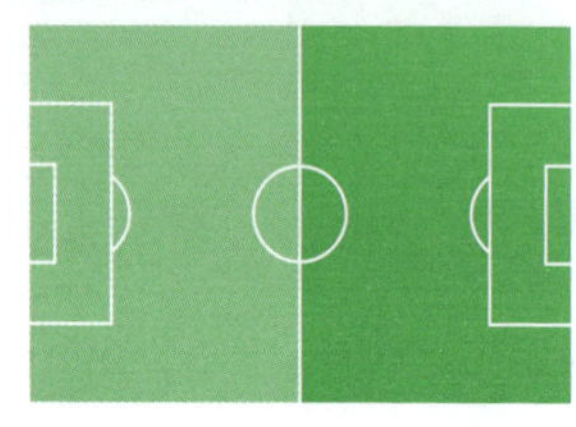

身体素质： ⚽⚽

技　　术： ⚽⚽⚽⚽

战　　术： ⚽

人数要求： 2 名队员

训练次数： 10 ～ 15 次

330 ◀ ▶ 332

拳头击球

身体素质： ⚽⚽⚽
技　　术： ⚽⚽⚽⚽⚽
战　　术： ⚽⚽⚽

人数要求： 3 名队员
训练次数： 10 ～ 15 次

331 ◀ ▶ 336

训练目标：

拳头击球

训练说明：

守门员尝试在有前锋干扰的情况下双拳将传中球击出。

常见错误：

击球时机把握不准。

位置感

训练目标：

将球挡出

训练说明：

三名队员带球依次排开，站在球门前不同位置。守门员尝试将球接住，并在下一次射门之前站到最理想的防守位置。

常见错误：

位置感欠缺。

身体素质：

技　　术：

战　　术：

人数要求： 4 名队员

训练次数： 10 ～ 15 次

330 ◀ ▶ 328

开球门球——踢手抛反弹球

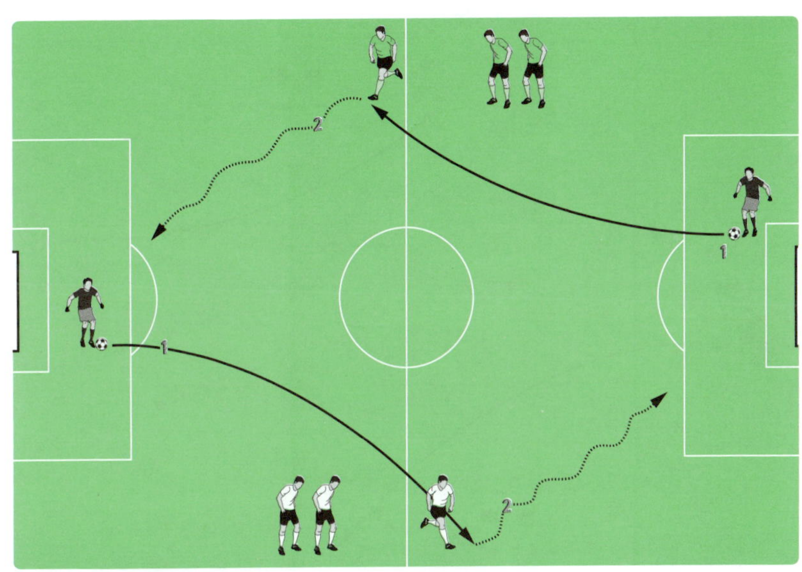

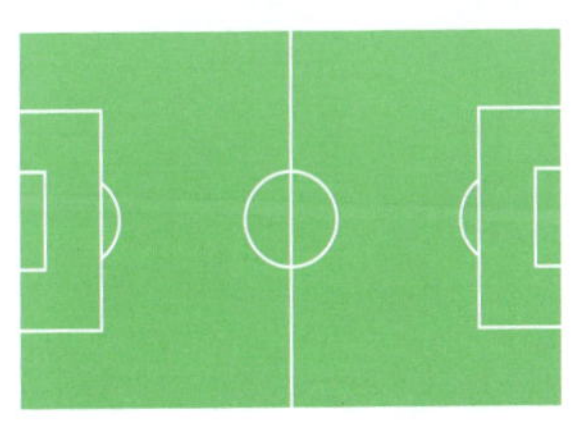

身体素质：⚽⚽⚽⚽⚽

技　　术：⚽⚽⚽⚽⚽⚽

战　　术：⚽⚽⚽⚽

人数要求：所有队员

训练次数：10 ～ 15 次

331 ◀ ▶ 335

训练目标：

长距离准确开球门球

训练说明：

守门员尝试用手抛脚踢的方式开出较为低平的球门球，直接找到外侧跑动的队员，队员接球后射门。

常见错误：

球门球落点不准确或者距离过近。

开球门球——凌空踢手抛球

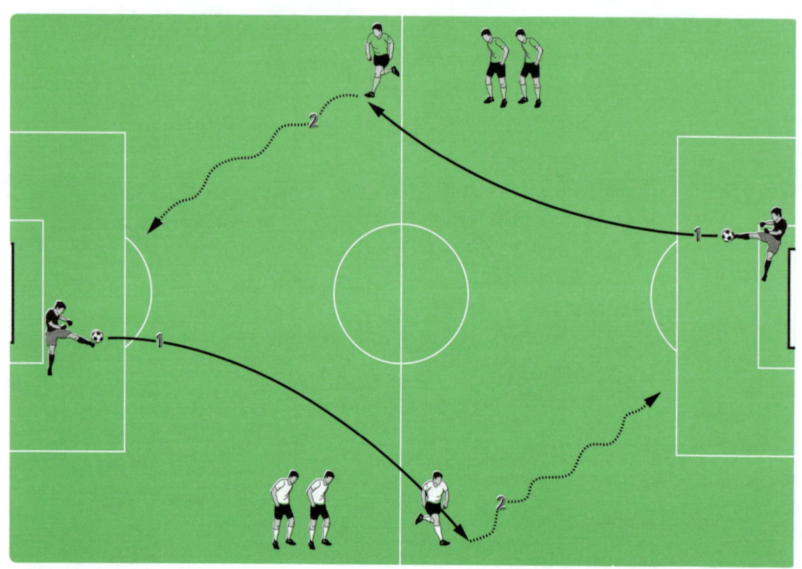

训练目标：

长距离准确开球门球

训练说明：

守门员开出较为低平的球门球，直接传给在外侧跑动的队员，队员接球后射门。

常见错误：

球门球落点不准确或者距离过近。

身体素质： ⚽⚽⚽⚽⚽

技　　术： ⚽⚽⚽⚽⚽⚽

战　　术： ⚽⚽⚽⚽

人数要求： 所有队员

训练次数： 10 ～ 15 次

334 ◀ ▶ 344

接传中球

身体素质： ⚽⚽⚽⚽⚽

技　　术： ⚽⚽⚽⚽⚽

战　　术： ⚽⚽⚽

人数要求： 4 名队员

训练次数： 10 ～ 15 次

332 ◀ ▶ 361

训练目标：

接高空球

训练说明：

两名传中队员尝试向球门后门柱附近的前锋传高空球，传球需飞过小禁区上空。守门员接住或击出所有在其控制范围内的传球。

常见错误：

选择时机不对、过于犹豫。

接高空球

训练目标：

接高空球

训练说明：

队员们依次在跑动中以较慢的球速瞄准横梁射门。守门员需要尝试将球接住或托出横梁。

常见错误：

判断失误。

身体素质： ⚽⚽⚽⚽⚽
技　　术： ⚽⚽⚽⚽⚽
战　　术： ⚽⚽

人数要求： 所有队员
训练次数： 10 ～ 15 次

336 ◀ ▶ 353

传低平球

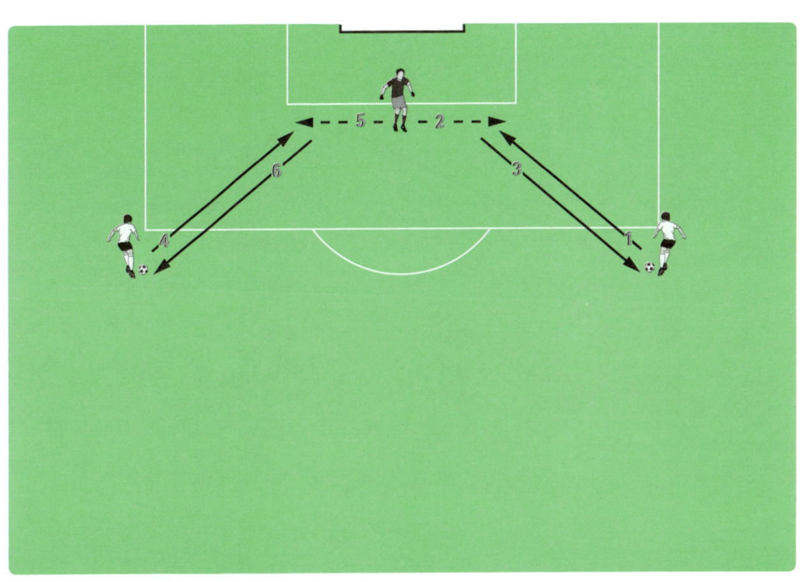

身体素质： ⚽

技　　术： ⚽⚽⚽

战　　术： ⚽

人数要求： 3 名队员

训练次数： 10 ～ 15 次

350 ◀ ▶ 339

训练目标：

传球

训练说明：

守门员站在小禁区线前，站在大禁区角的两名队员依次向其传低平球，守门员接球后直接传回。

常见错误：

传球不准确、站位不好。

接球和传球

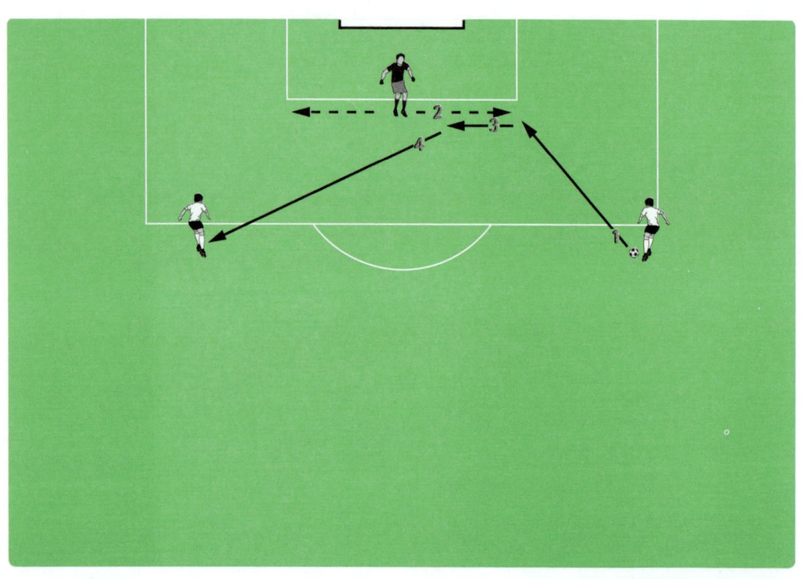

训练目标：

传球

训练说明：

守门员站在小禁区线前，站在大禁区角的两名队员依次向其传低平球。守门员接球后可触球两次，然后传给另一名队员。

常见错误：

控球不好。

身体素质： ⚽

技　　术： ⚽⚽⚽

战　　术： ⚽

人数要求： 3 名队员

训练次数： 10 ～ 15 次

338 ◀ ▶ 340

接球和传高空球

身体素质： ⚽

技　　术： ⚽⚽⚽⚽

战　　术： ⚽

人数要求： 3 名队员

训练次数： 10 ～ 15 次

339 ◀▶ 341

训练目标：

传高空球

训练说明：

守门员接低平球，先控球，然后向斜前方另一名队员传高空球。

常见错误：

接球不好、高空球落点不准确。

传高空球

训练目标：

传高空球

训练说明：

守门员接低平球，同时一脚出球，直接向另一名队员传高空球。

常见错误：

高空球落点不准确。

身体素质： ⚽

技　　术： ⚽⚽⚽⚽⚽

战　　术： ⚽

人数要求： 3 名队员

训练次数： 10 ～ 15 次

340 ◀▶ 342

参与比赛 I

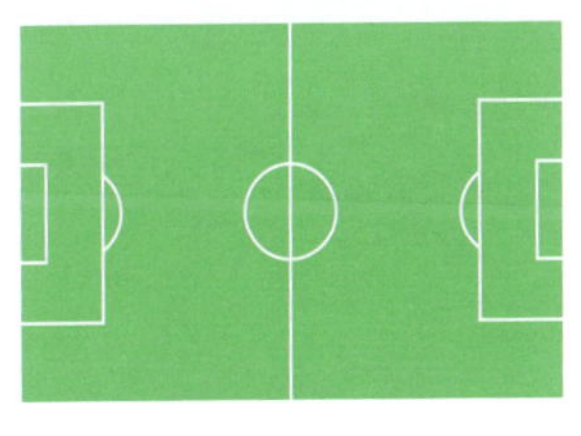

身体素质： ⚽⚽

技　　术： ⚽⚽⚽⚽⚽

战　　术： ⚽⚽⚽

人数要求： 2 组队员

训练时长： 3 × 8 分钟

338 ◀ ▶ 343

训练目标：

传球

训练说明：

自由比赛，防守队员一旦断下足球，需将球传给己方守门员。守门员立即将球传给其他队员。

常见错误：

比赛参与度低、传接球能力差。

压力状态下参与比赛

训练目标：

传球

训练说明：

自由比赛，防守队员一旦断下足球，需将球传给己方守门员。守门员立即将球传给其他队员。此外，对方前锋需要尝试断下传给守门员的球。

常见错误：

比赛参与度低、传接球能力差。

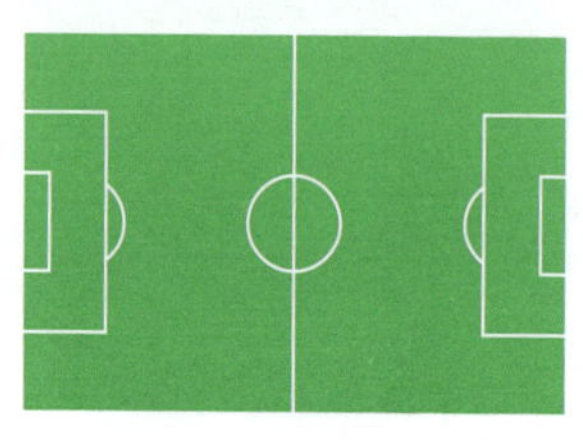

身体素质： ⚽⚽
技　　术： ⚽⚽⚽⚽⚽
战　　术： ⚽⚽⚽

人数要求： 2 组队员
训练时长： 3×8 分钟

342 ◀▶ 344

引领比赛 I

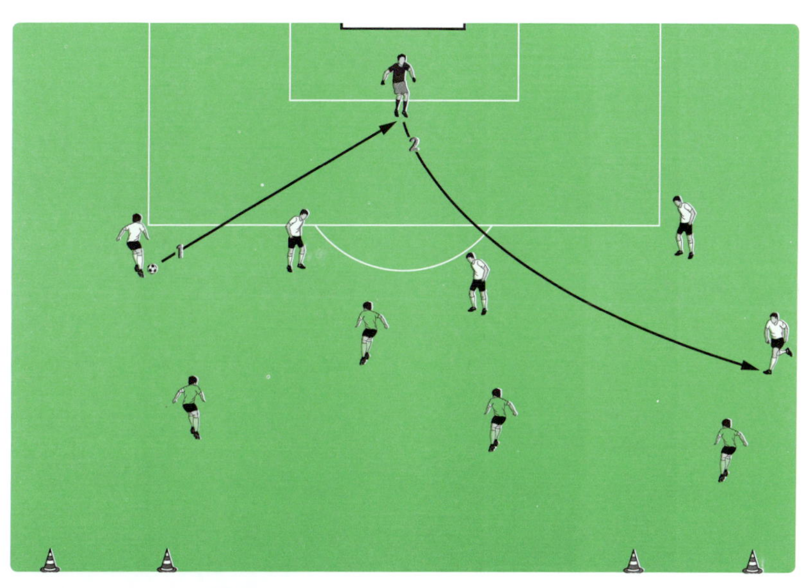

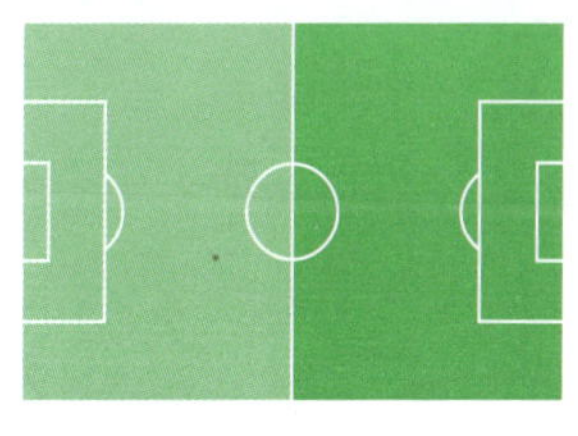

身体素质：⚽⚽

技　　术：⚽⚽⚽⚽⚽

战　　术：⚽⚽⚽⚽

人数要求：2 组队员

训练时长：3×8 分钟

342 ◀ ▶ 345

训练目标：

发起比赛

训练说明：

自由比赛，有守门员的一组向两个小球门进攻。守门员一旦触球，队友在射门（小球门）前最多只能触球三次。守门员需要决定队伍由哪个方向发起进攻。

常见错误：

发起比赛能力差。

引领比赛 II

训练目标：

快速发起比赛

训练说明：

自由比赛，有守门员的队伍向两个小球门进攻。守门员一旦触球，队友必须在 5 秒之内射门。守门员需要决定队伍由哪个方向发起进攻。

常见错误：

发起比赛能力差。

身体素质： ⚽⚽

技　　术： ⚽⚽⚽⚽⚽

战　　术： ⚽⚽⚽⚽

人数要求： 2 组队员

训练时长： 3 × 8 分钟

344 ◀ ▶ 346

参与比赛 II

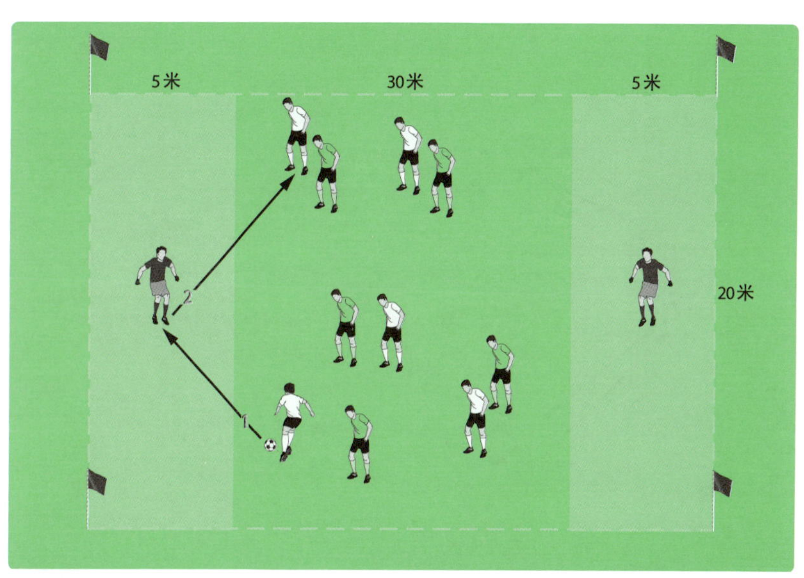

身体素质： ⚽⚽

技　　术： ⚽⚽⚽⚽

战　　术： ⚽⚽⚽⚽

人数要求： 2 组队员

训练时长： 3×6 分钟

343 ◀ ▶ 347

训练目标：

传球

训练说明：

两队自由比赛，训练区域两端各有一个球门区，守门员站在球门区内，其他队员不得进入。守门员接到传球后需直接将球传入场内。

常见错误：

比赛参与度低、传接球能力差。

参与比赛——有触球次数限制

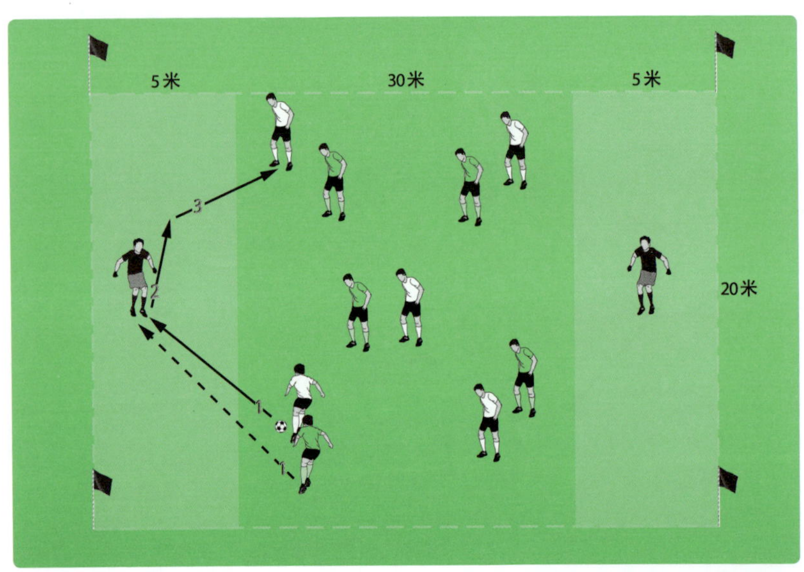

训练目标：

传球

训练说明：

两队自由比赛，训练区域两端各有一个球门区，守门员站在球门区内，其他队员不得进入。守门员接到传球后必须触球两次，才可将球传入场内，此时对方的一名前锋可上前防守。

常见错误：

比赛参与度低、传接球能力差、对风险判断不足。

身体素质： ⚽⚽

技　　术： ⚽⚽⚽⚽

战　　术： ⚽⚽⚽⚽⚽

人数要求： 2组队员

训练时长： 3×6分钟

346 ◀▶ 348

通过长传参与比赛

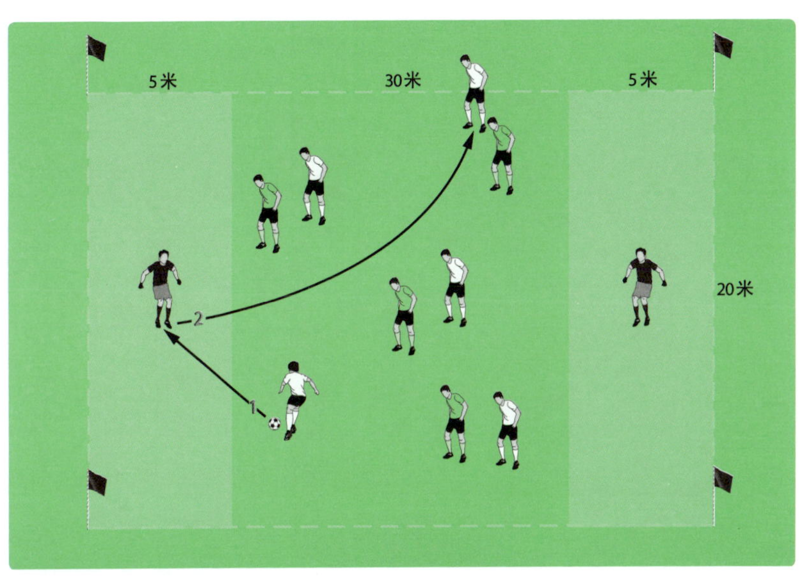

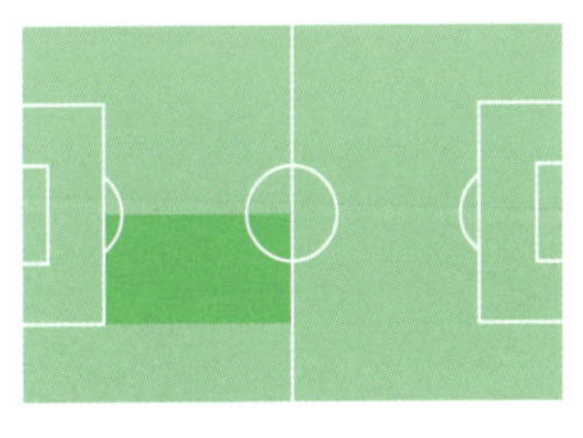

身体素质： ⚽⚽

技　　术： ⚽⚽⚽⚽⚽

战　　术： ⚽⚽⚽⚽⚽

人数要求： 2组队员

训练时长： 3×6分钟

341 ◀ ▶ 349

训练目标：

传高空球

训练说明：

两队自由比赛，训练区域两侧各有一个球门区，守门员站在球门区内。守门员接到传球后需直接向场内传高空球。

常见错误：

比赛参与度低、传接球能力差、高空球落点不准确。

参与比赛——一脚出球 I

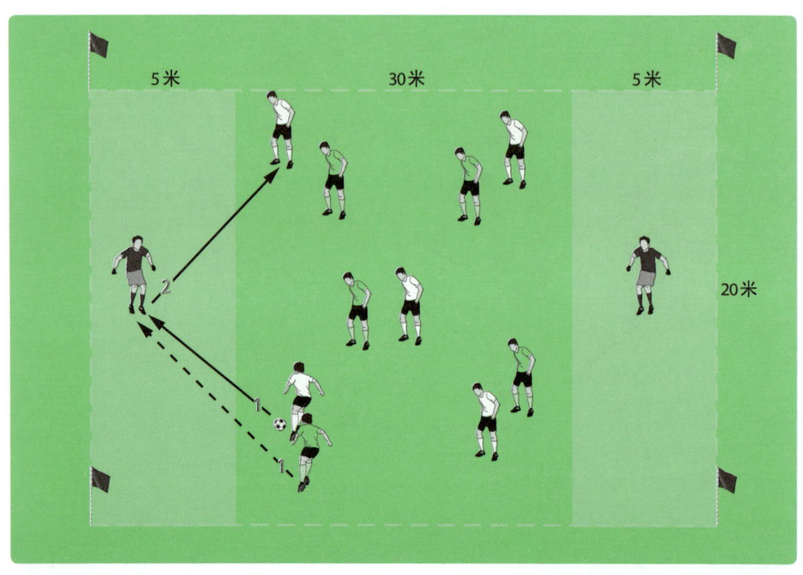

训练目标：

传球

训练说明：

两队自由比赛，训练区域两端各有一个球门区，守门员站在球门区内，其他队员不得进入。守门员接到传球后直接将球传入场内，此时对方的一名前锋可上前防守。

常见错误：

比赛参与度低、传接球能力差、对风险判断不足。

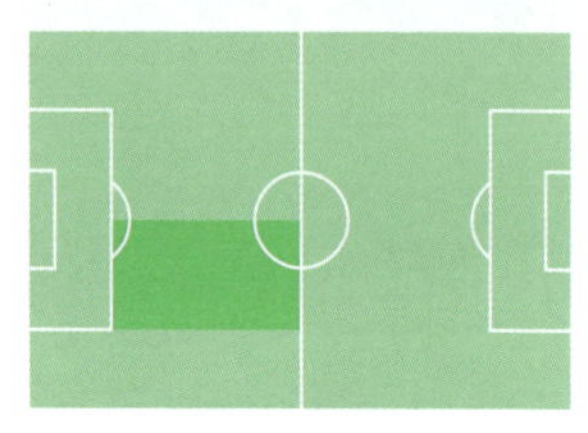

身体素质： ⚽⚽

技　　术： ⚽⚽⚽⚽

战　　术： ⚽⚽⚽⚽⚽

人数要求： 2 组队员

训练时长： 3×6 分钟

348 ◀ ▶ 350

参与比赛——一脚出球 II

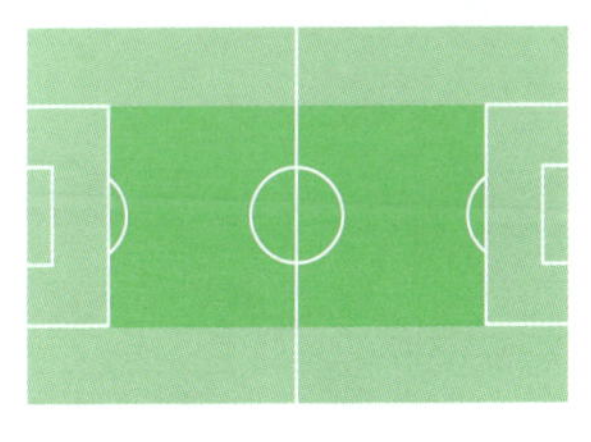

身体素质： ⚽⚽

技　　术： ⚽⚽⚽⚽⚽

战　　术： ⚽⚽⚽⚽

人数要求： 2 组队员

训练时长： 3×8 分钟

343 ◀ ▶ 346

训练目标：

传球

训练说明：

自由比赛，守门员每次接到传球后都应直接传出低平球。

常见错误：

处理球过于匆忙、传球拖沓。

沿三角形方向连续接球

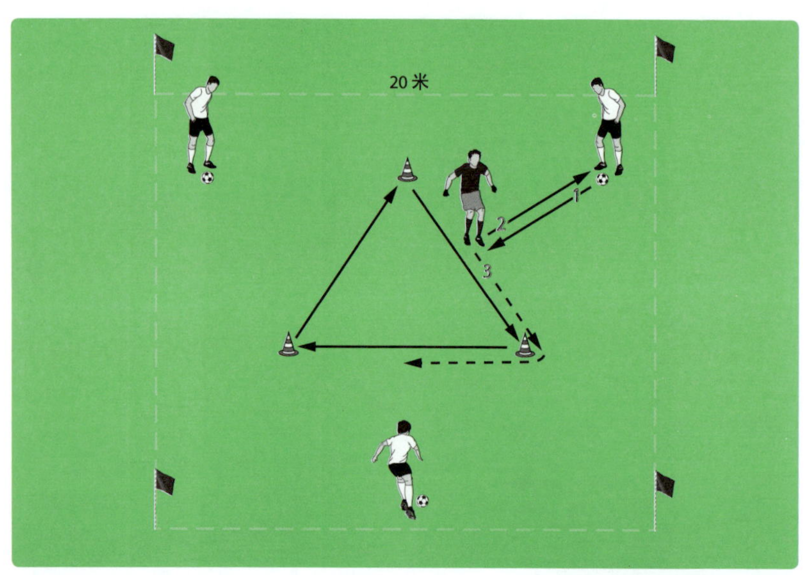

训练目标：

接地滚球

训练说明：

守门员沿三角形横向跨步移动，在三角形每条边外侧都有一名队员向其传低平球。守门员用正确的技术动作接球，然后用地滚球的方式将球传给队友。

常见错误：

身体协调性差。

身体素质： ⚽⚽⚽⚽

技　　术： ⚽⚽⚽⚽

战　　术： ⚽⚽

人数要求： 4 名队员

训练次数： 10 ～ 15 次

327 ◀ ▶ 352

移动中接球

身体素质： ⚽⚽⚽⚽

技　　术： ⚽⚽⚽⚽

战　　术： ⚽⚽

人数要求： 2 名队员

训练次数： 10 ～ 15 次

351 ◀ ▶ 360

训练目标：

向前移动中接球

训练说明：

守门员小碎步快速绕过标志锥，然后接前方射出的低平球。

常见错误：

身体协调性差。

有目标手抛球

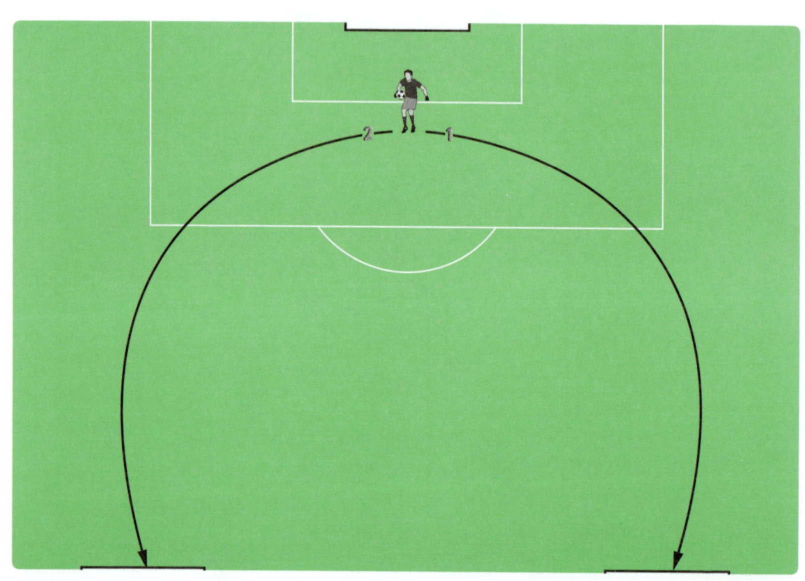

训练目标：

向目标位置抛手抛球

训练说明：

守门员尝试向中线两侧的小门抛手抛球。

常见错误：

手抛球距离太近或落点不准确。

身体素质： ⚽⚽⚽⚽⚽⚽

技　　术： ⚽⚽⚽⚽⚽

战　　术： ⚽⚽

人数要求： 1 名队员

训练次数： 10 ～ 15 次

345 ◀ ▶ 357

手抛球传球

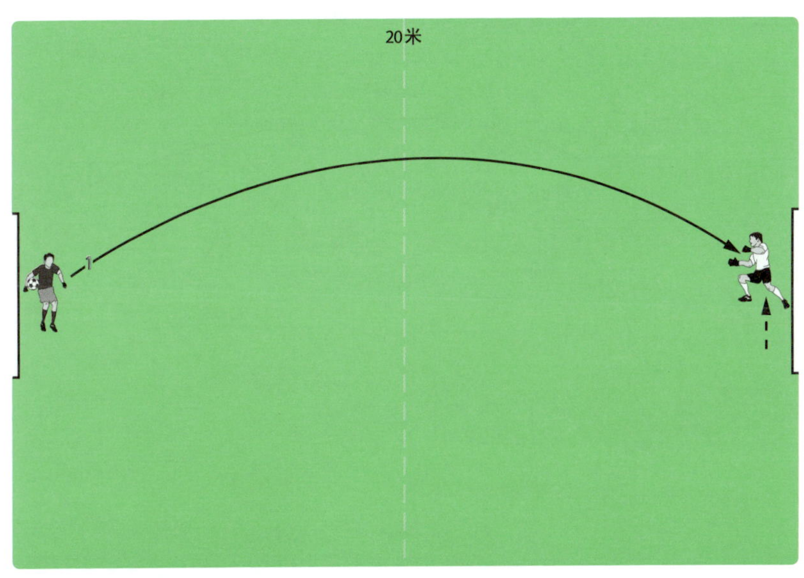

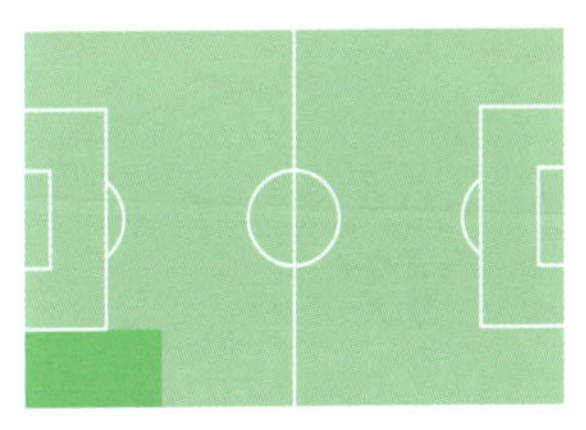

身体素质： ⚽⚽⚽⚽

技　　术： ⚽⚽⚽⚽

战　　术： ⚽

人数要求： 2 名队员

训练次数： 10 ～ 15 次

353 ◀ ▶ 355

训练目标：

手抛球

训练说明：

两名守门员相向站立，并尝试用手直接将球抛入对面球门。

常见错误：

手抛球技术差。

坐着抛手抛球

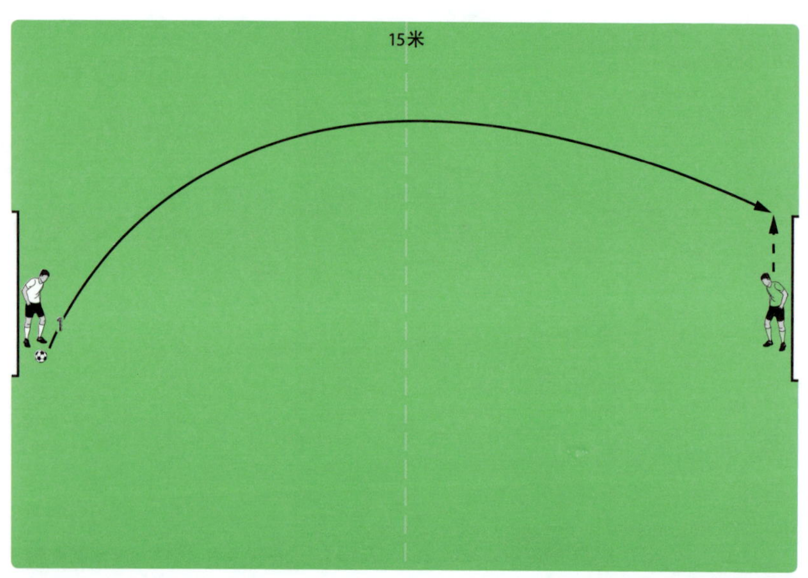

训练目标：

坐着抛手抛球

训练说明：

两名守门员依次尝试坐着用手将球抛入对面球门。

常见错误：

躯干力量不足。

身体素质：⚽⚽⚽⚽

技　　术：⚽⚽⚽⚽

战　　术：⚽

人数要求：2 名队员

训练次数：10 ～ 15 次

354 ◀ ▶ 357

开球门球

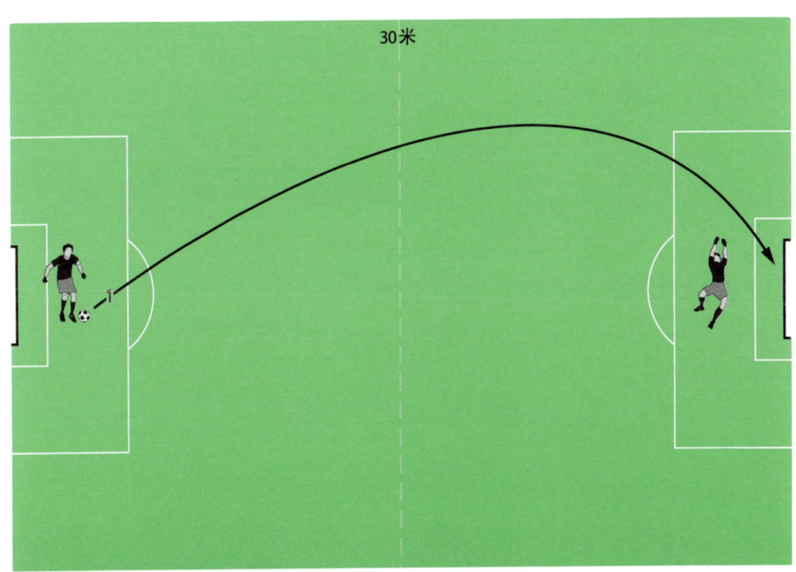

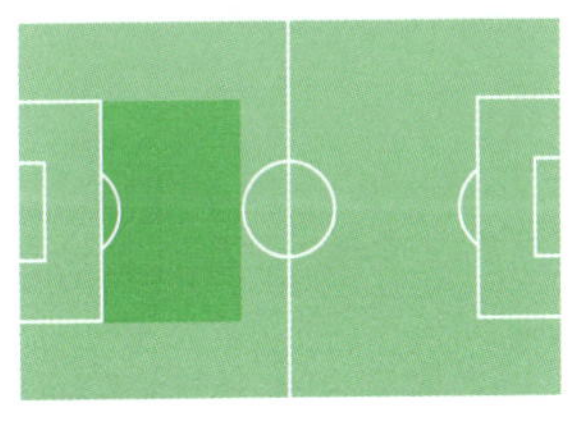

身体素质： ⚽⚽⚽

技　　术： ⚽⚽⚽⚽⚽

战　　术： ⚽

人数要求： 2 名队员

训练次数： 10 ～ 15 次

341 ◀ ▶ 365

训练目标：

球门球

训练说明：

两名守门员只能在小禁区外活动，并依次尝试开球门球进球。

常见错误：

射门技术差。

接传中后手抛球

训练目标：

接球后手抛球

训练说明：

守门员在接住传中球后，直接用手将球抛入球门。

常见错误：

手抛球距离过近或落点不准确。

身体素质： ⚽⚽⚽⚽

技　　术： ⚽⚽⚽⚽⚽

战　　术： ⚽⚽

人数要求： 2 名队员

训练次数： 10 ～ 15 次

353 ◀▶ 365

传中后一对一

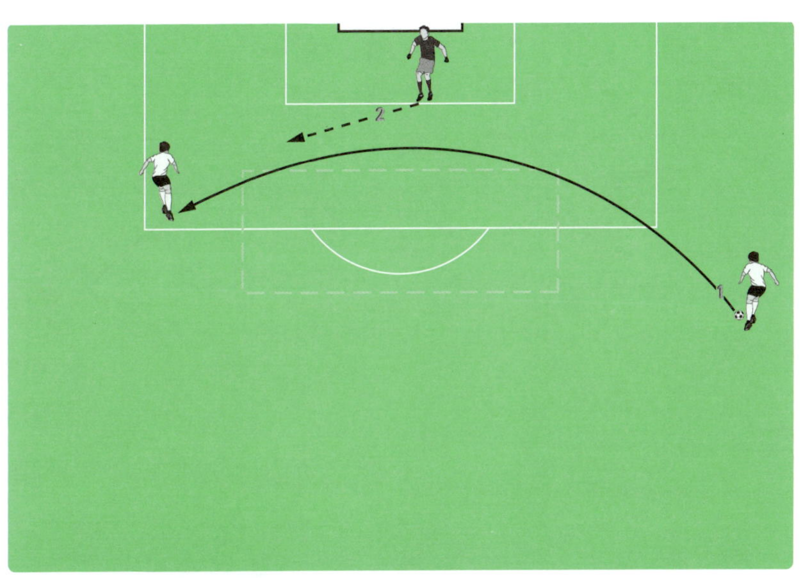

身体素质： ⚽⚽⚽⚽⚽

技　　术： ⚽⚽⚽⚽⚽

战　　术： ⚽⚽⚽⚽⚽

人数要求： 3 名队员

训练次数： 10 ～ 15 次

337 ◀ ▶ 359

训练目标：

对抗

训练说明：

一名队员给禁区内的前锋传中，守门员要在前锋射门前站到其面前。

常见错误：

位置感差、反应慢。

传中后一对二

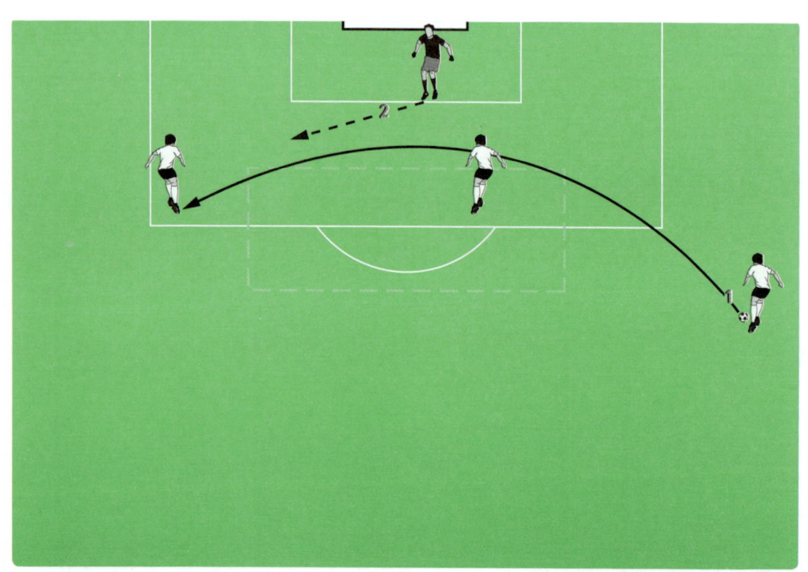

训练目标：

对抗

训练说明：

一名队员向禁区内传球，守门员尝试在其传球后占据相对两名前锋更理想的防守位置，并尽可能将球扑出。前锋需要得球后直接射门或将球传给另一名前锋。

常见错误：

位置感差、反应慢。

身体素质：⚽⚽⚽⚽⚽

技　　术：⚽⚽⚽⚽⚽

战　　术：⚽⚽⚽⚽⚽⚽

人数要求：4 名队员

训练次数：10 ～ 15 次

336 ◀▶ 361

两个球门的位置感训练

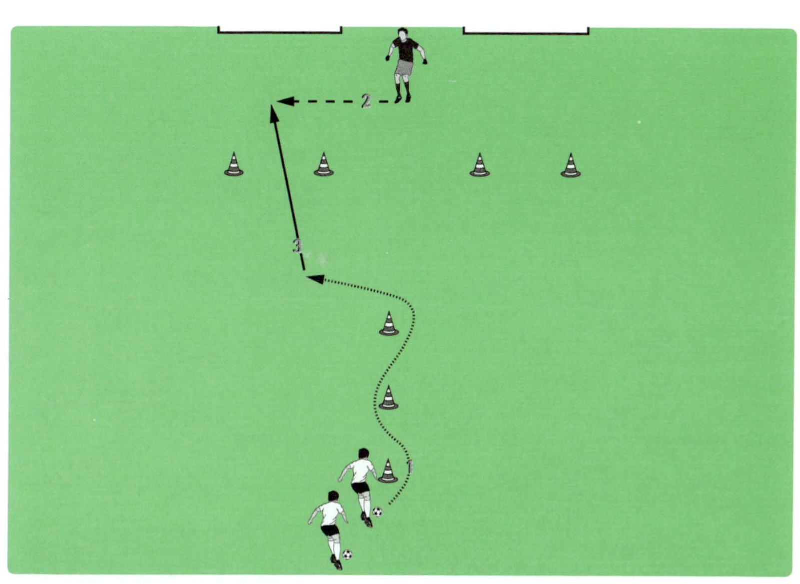

身体素质： ⚽⚽⚽⚽⚽
技　　术： ⚽⚽⚽⚽⚽
战　　术： ⚽⚽⚽⚽⚽

人数要求： 所有队员
训练次数： 10 ～ 15 次

352 ◀▶ 358

训练目标：

位置感

训练说明：

一名守门员把守两个球门，进攻队员带球跑动并决定绕过哪些标志锥、向哪个球门射门。

常见错误：

位置不好。

一对二

训练目标：

出击接球或站在防守位置

训练说明：

一名队员通过不同方式给两名前锋传中，前锋只可触球一次——直接射门或将球做给另一名前锋。守门员尝试出击拿下传中球或者站在防守的最佳位置。

常见错误：

没有出击、射门时守门员站位不好。

身体素质： ⚽⚽⚽⚽

技　　术： ⚽⚽⚽⚽⚽

战　　术： ⚽⚽

人数要求： 4 名队员

训练次数： 10 ～ 15 次

359 ◀▶ 362

门前一对一

身体素质： ⚽⚽⚽⚽⚽

技　　术： ⚽⚽⚽⚽⚽

战　　术： ⚽⚽⚽⚽

人数要求： 2 名队员

训练次数： 10 ～ 15 次

361 ◀ ▶ 363

训练目标：

对抗

训练说明：

一名队员独自带球到门前，守门员要在一对一中将球断下。

常见错误：

位置感差、扑球过早。

应对对方反击

训练目标：

对抗

训练说明：

两名对方队员反击到门前，守门员尝试给持球队员施加压力，迫使其失误。

常见错误：

位置感差、扑球过早。

身体素质： ⚽⚽⚽⚽⚽

技　　术： ⚽⚽⚽⚽⚽

战　　术： ⚽⚽⚽⚽⚽

人数要求： 3 名队员

训练次数： 10 ～ 15 次

362 ◀ ▶ 361

压迫对方时位置前提

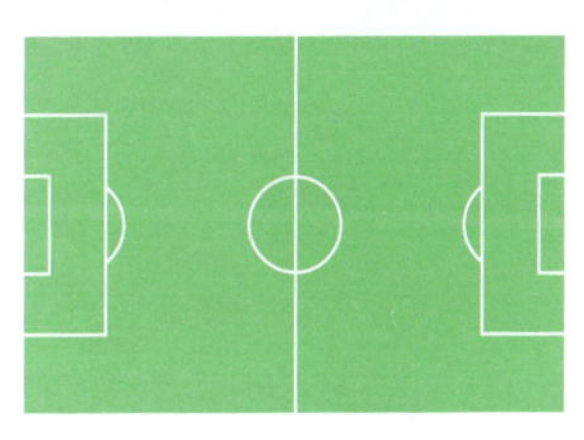

身体素质：⚽⚽⚽

技　　术：⚽⚽⚽⚽

战　　术：⚽⚽⚽⚽⚽

人数要求：2 组队员

训练时长：3×8 分钟

346 ◀ ▶ 365

训练目标：

位置感

训练说明：

两队自由比赛，守门员需要在形势允许的情况下将位置尽可能前提，以更好的处理落点在大禁区外的来球。

常见错误：

判断失误、犹豫不决。

快速发动进攻

训练目标：

长传球

训练说明：

两队自由比赛，守门员需要加快比赛节奏，并通过快速的长传球发动反击。

常见错误：

太过犹豫、传球不准确。

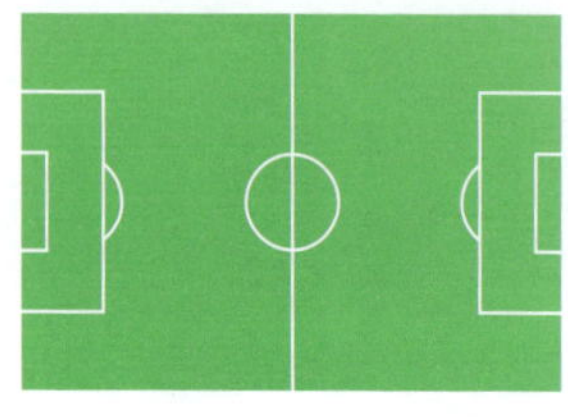

身体素质：

技　　术：

战　　术：

人数要求： 2组队员

训练时长： 3×8分钟

356 ◀ ▶ 345

训练单元示例

赛季准备期

教练从赛季准备期开始就需要制订足球训练计划，因为只有在这个阶段才可以完全不关注成绩以及成绩对队员和球队的影响，所以这个阶段是教练根据自己对比赛的理解对队员进行身体和战术方面基础训练的重要阶段。新队员的融入、年轻队员的培养、队员对教练工作的适应、队员能力层次的分析、对首场比赛以及之后比赛的准备等都是训练计划的重要组成部分。

下面的训练单元为从事非职业足球以及高年龄段青训的教练们提供了训练内容和训练时间多样的训练安排。后面将介绍为期 6 周，每周有 3 个训练单元的训练计划。

赛季中的训练重点

实际情况的复杂多变会增加教练工作的难度——绝大多数问题都源于球队在射门得分方面的缺陷，这必须在短时间内得到改善，这样才能提高成绩。比较典型的问题可能就是队员缺乏防守意识以及射门成功率低，其原因非常复杂。但是，某些练习和重点的重复却能起到一定的效果，有助于重新引起队员在场上对某些练习内容的注意。作为示例，我们针对上面两类问题，各选取 3 个训练单元进行介绍。

训练量、小组特长、准备游戏、守门员训练

接下来我们所介绍的训练模型是为教练提供教学方法以及内容上的参考。训练量和训练人数由教练根据情况决定，另外将短暂的、动态的拉伸练习（热身时或热身后）和恢复练习作为结束部分加入到训练中也非常有意义。此外，在赛季准备期还应当根据训练内容进行测试赛，测试赛的要求就是要将之前的练习内容运用在比赛中。而教练所面临的挑战就是选择合适的对手以及正确分析决定比赛结果的关键原因，使球队能够在赛季开始时就抢得先机。

守门员训练是赛季准备期的一项特殊任务，在此不再做详细阐述。本书的所有练习都适用于守门员，尽管如此，守门员也应当进行额外的特殊训练，有针对性地掌握一些动作细节，确保发挥更稳定。

赛季准备期的训练单元示例

第一周——训练重点：

熟悉队友、基础耐力、躯干力量、配合度

训练单元 1，练习：3、4、23、32、51、263

本训练单元的热身部分（3 和 4）通过在传球前呼喊队友名字的方式调动队员的积极性，可以让队员彼此熟悉并更好地融入训练。热身、积极性和沟通在此时是居于首位的。接着是力量训练部分，主要锻炼躯干力量（23）和学习躯干发力（32），进行抛球练习时也可以使用实心球。

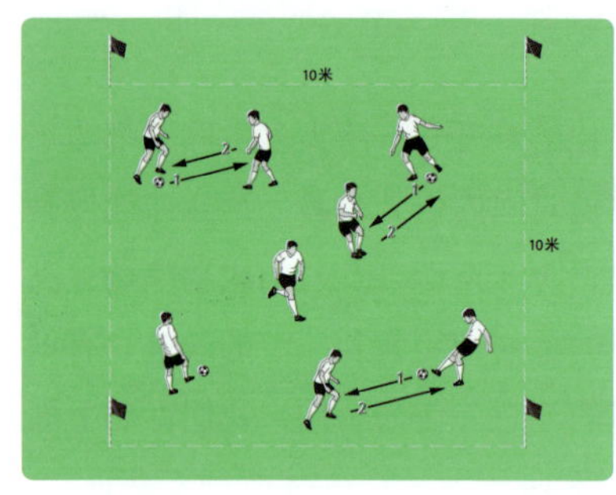

3——听喊声传接低平球

23——侧卧支撑

本训练单元的主体部分则通过以多对少（51）的方式锻炼基础耐力，教练也可以借此对现有队员的发展潜力有大致的了解。之后，教练可以对队员的奔跑能力进行简短的分析，根据其能力进行分组练习，以保证训练的流畅进行。这种带有竞赛性质的练习要求的能力较为全面，教练通过它可以更好地认识队员的水平差异。

最后的练习（263）主要练习减少触球时间，队员们需要将竞赛意识放在第一位。通过这一练习使球队在第一个训练单元中形成积极、主动的氛围。

51——多对少控球练习 I

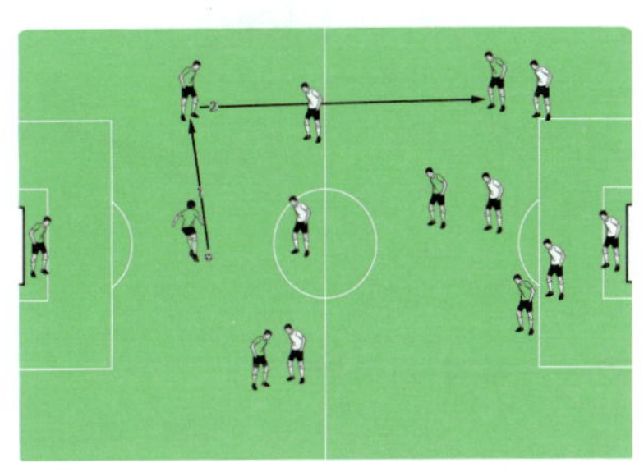

263——六对六（两次触球）

训练单元 2，练习：4、5、24、64、52、264

练习（4 和 5）与上一单元开始的练习类似，但是内容更为复杂。通过有球侧卧支撑（24）再次锻炼躯干的稳定性，在准备阶段队员需要进行每侧 3 组，每组 25 次的重复练习。之后的传球练习（64）则锻炼了队员的脚下动作，同时提高了传球频率。

24——有球侧卧支撑

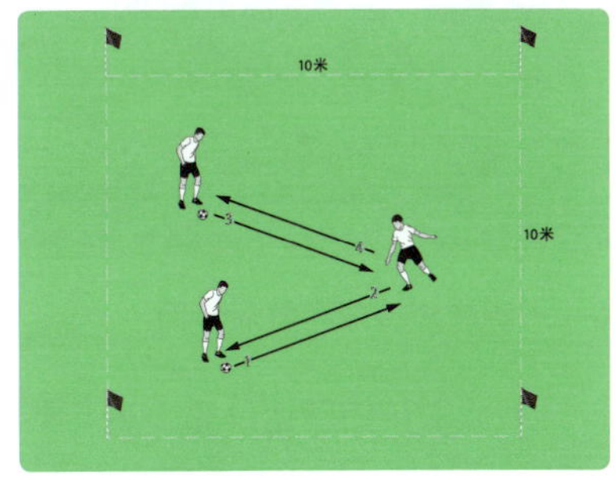

64——快速传球

控球方有明显人数优势的无球门比赛（52）能够锻炼队员的基础耐力以及团队配合时队员的传球意识。最后一个练习（264）则在上一单元练习的基础上变为一脚出球，这需要队员有快速决断能力、较好的预判能力以及明确的跑动意识。

52——多对少控球练习 II

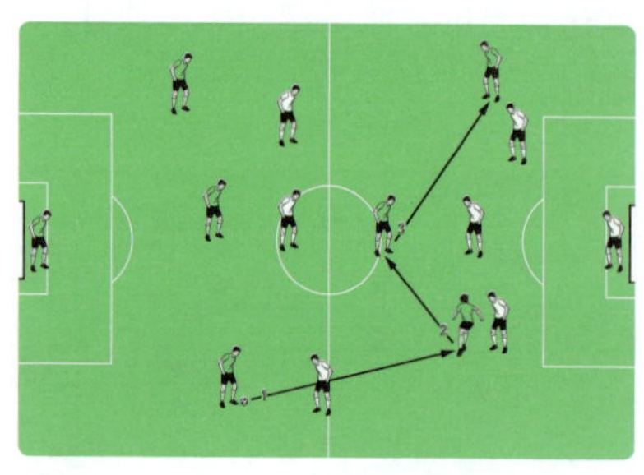

264——六对六（一脚出球）

训练单元 3，练习：3、6、25、26、63、53、263、264

第一周的最后一堂训练课再次以沟通练习（3）开始，并进行其最为复杂的变化形式（6）。在进行侧卧支撑接力（25）时队员之间需要沟通和协调，此练习还能够锻炼队员的躯干力量。

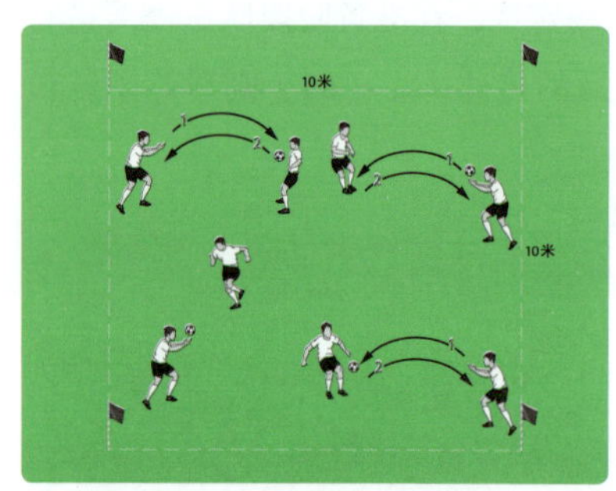

6——听喊声接球调整后传回

25——侧卧支撑接力

双人对抗前臂俯卧撑（26）要求队员有较好的整体力量和协调性，同时能够提高其在对抗中的积极性和自信心。通过简单的传球练习（63）能够使队员适应足球运动的基本要求，同时提高传球能力，为后面的训练做好准备。

在这次的基础耐力练习（53）中控球方的人数优势较小，一旦被人数较少的一方断球，双方就互换角色。此时，接近比赛状态的高强度奔跑、安全的传球以及较好的区域分配都是训练要达到的首要目标。最后，以限制触球次数的比赛（263 和 264）为这一较高强度训练单元的结尾。

26——双人对抗前臂俯卧撑

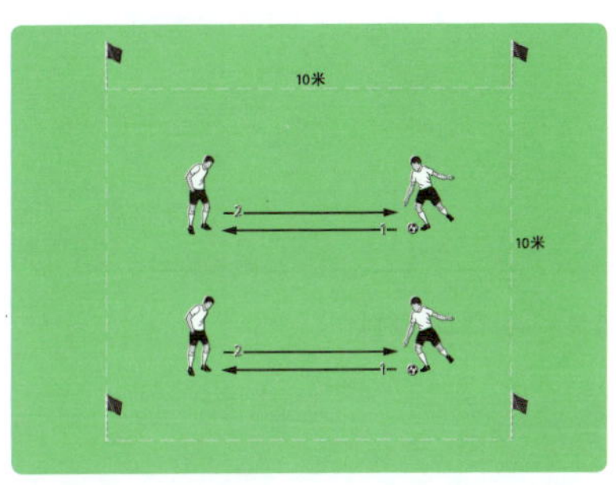

63——站立传球

53——多对少控球练习 III

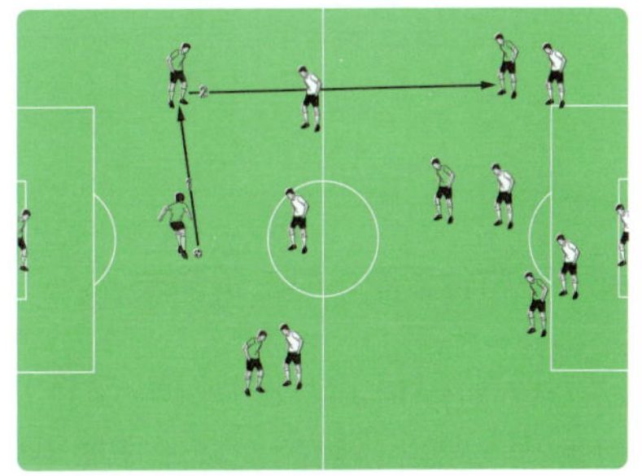

263——六对六（两次触球）

第二周——训练重点：

基础耐力、躯干力量、配合度

训练单元 4，练习：1、16、65、23、86、88、253、254

本训练单元以隧道球（1）开始，以此快速调动队员的积极性。随后的颠球练习（16）主要锻炼队员的控球技术，传球练习（65）则为后面的训练内容做更有针对性的准备，侧卧支撑（23）则是之前已经进行过的一项练习。在团队配合方面先以简单、清晰的传球（86）开始，然后是有更复杂的有方向变化配合（88），所有队员在训练时都要不停跑动。

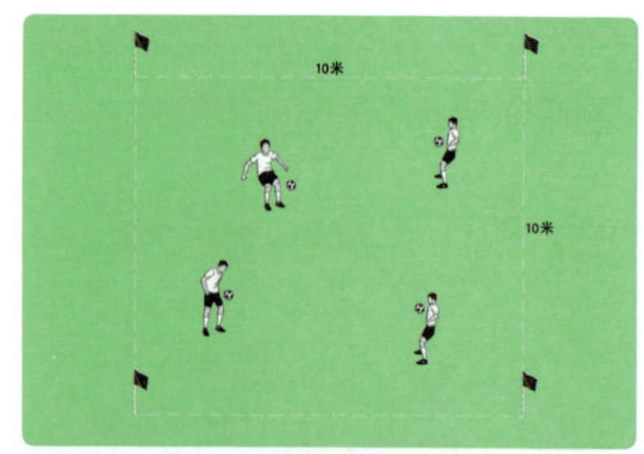

16——杂耍颠球

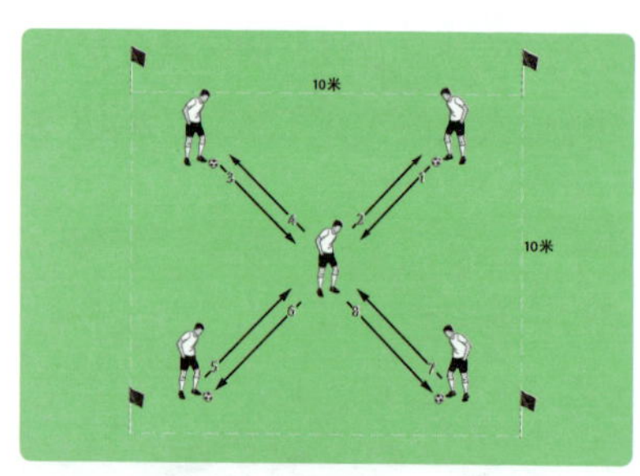

65——变化方向传球

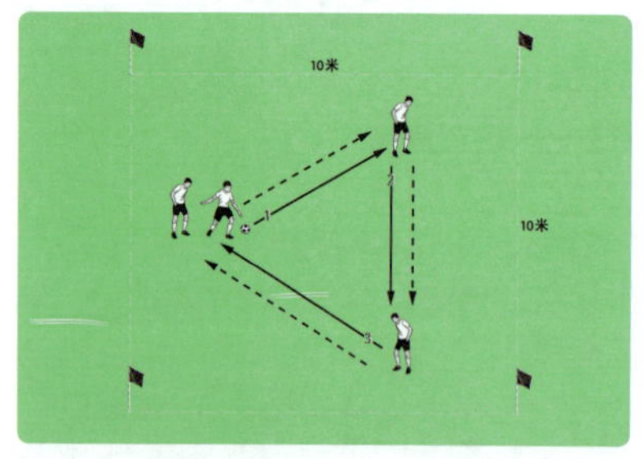

86——带位置变化的三角传球

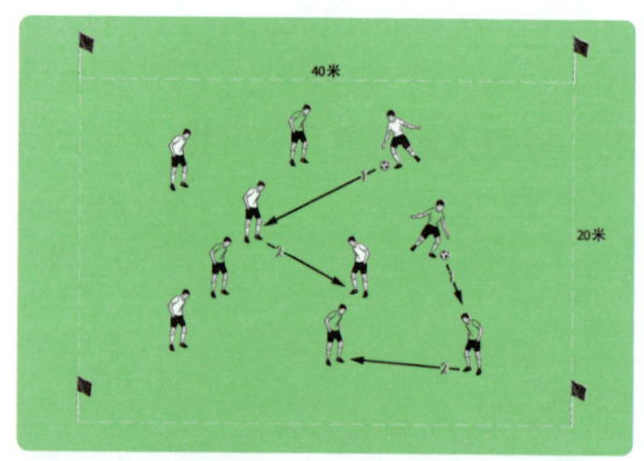

88——障碍传球

通过无球门的自由比赛（253）和传球过标志锥组成的球门（254）可以锻炼队员有目的的无球跑动能力以及团队配合能力。如果在练习时所有队员都保持跑动状态、中间不停顿，两种形式的练习都可以提升队员的基础耐力。

253——六对六

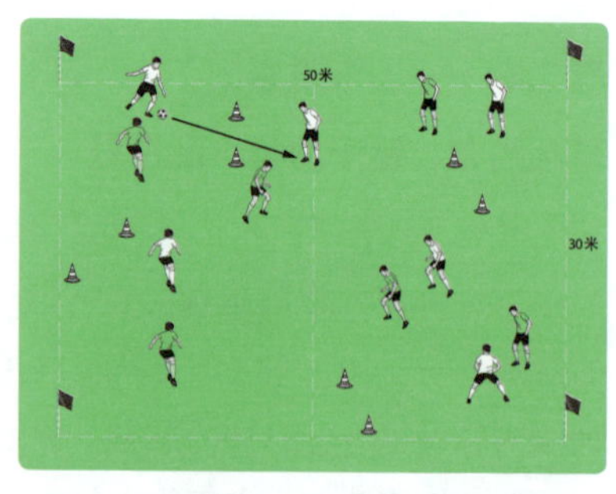

254——有意识过小门传球的六对六

训练单元 5，练习：7、17、30、105、106、255

侧重队员技术的热身练习——多任务带球（7）和按规定颠球（17）能够锻炼队员的整体力量。对足球运动来说整体力量是基本要求。躯干力量方面的训练是实心球接力练习（30），分小组进行。训练时一定要注意，臀部不可以着地。

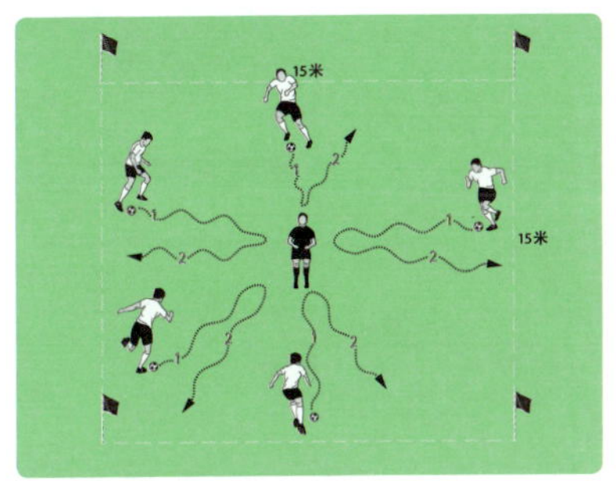

7——按要求带球

30——四肢着地用脚带实心球比赛

之后进行的是高强度的带球和传球练习（105 和 106），根据场地大小、训练时长和队员人数进行技术和耐力的混合训练。最后是以比赛的形式进行的团队配合练习（255），目标是通过熟练、稳定的配合带球到对方底线。通过调整场地大小、提高传球要求，比赛会变得非常紧张，而这也可以锻炼队员的基础耐力。这一练习也可以变为有球门的两队自由比赛。

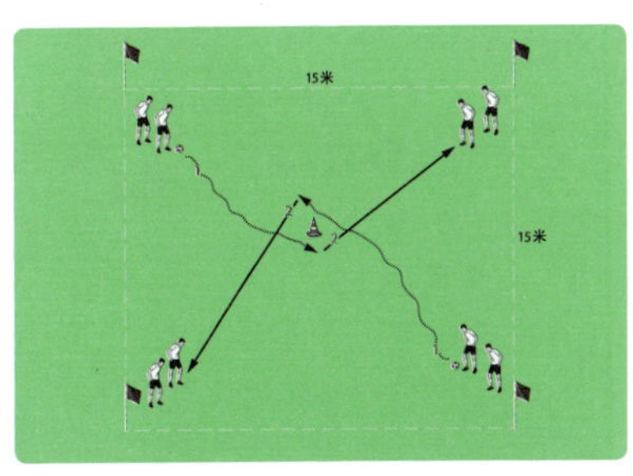

106——带球绕过中心点后传球

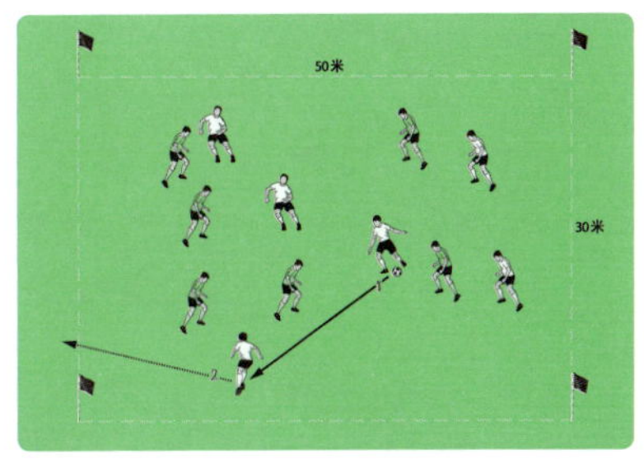

255——六对六带球过底线

训练单元 6，练习：1、109、110、37、145、146、147、261

再次练习训练单元 4 中已经练习过的隧道球（1），这次需要拉大队员之间的距离，以增加带球队员的跑动距离。之后进行的带球和传球接力练习（109 和 110）则能够提高队员的训练积极性和训练效果，它们都要求队员之间保持合适的距离。

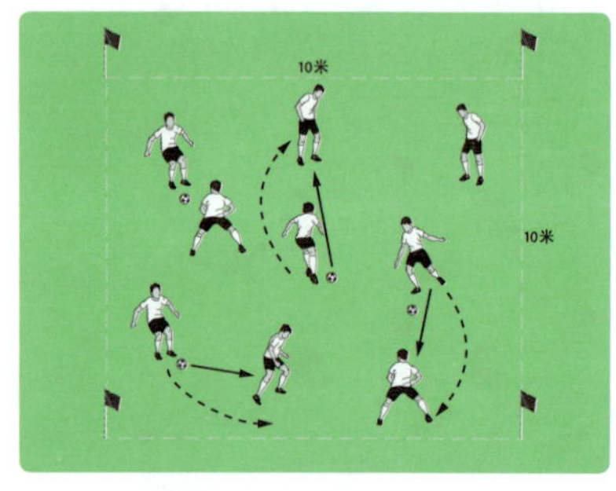

1——隧道球

109——带球接力

深蹲跳跃（37）则能够有针对性地锻炼队员的跳跃力量，此时需要注意技术动作的准确性。

射门训练（145、146 和 147）结合了有目的的传球和跑动，训练时可以采用较长的跑动线路。如果小组人数较多，还可以同时利用场地的两个球门进行通过射门保持队员较高积极性的耐力训练。接下来的比赛（261）注重中场的快速传球，队员在中场区域只可一脚出球。

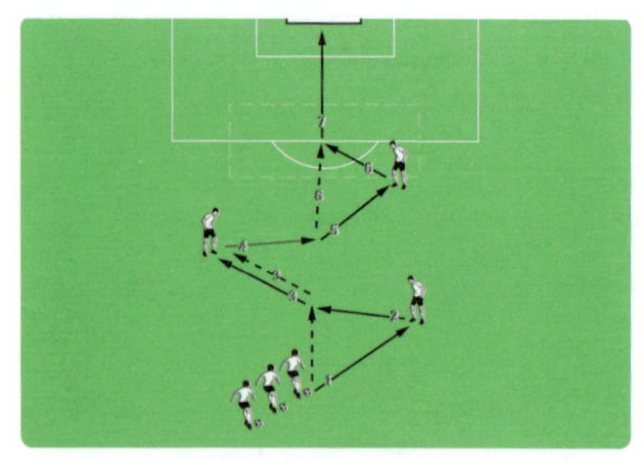

147——连续传球后射门

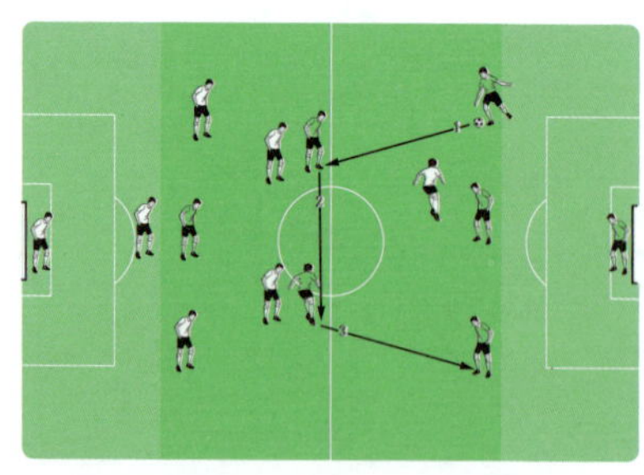

261——中场区域快速传球

第三周——训练重点：

基础耐力、躯干力量、弹跳力、团队配合

训练单元 7，练习：9、10、32、23、33、34、35、57

足球猎人（9 和 10）能够快速提高队员的积极性，之后是高强度的躯干力量练习——先是掷界外球接力（32）或者两人互掷界外球练习，练习中可以使用实心球；接着是大家已经熟悉的侧卧支撑（23）。

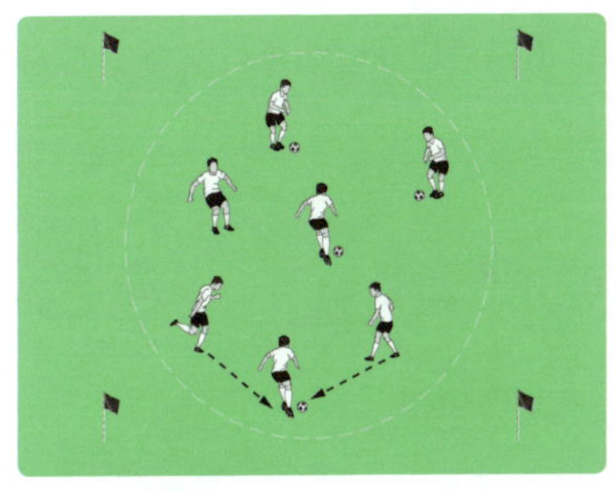

10——足球猎人 II

32——掷界外球接力

在跳跃练习（33、34 和 35）中需要注意技术动作的准确性和训练负荷的适度。最好从次数较少但较为快速地跳跃开始，并在之后的训练中逐渐增加跳跃次数。很多队员对这一训练方式比较陌生，但经常运用却能够提高速度和对抗时的稳定性，同时降低受伤风险。

这些形式的跳跃练习结束之后，队员还应当慢跑几分钟，从而减缓肌肉的新陈代谢和减轻大腿肌肉的压力。

34——箭步跳跃

57——控球练习（一脚出球）I

结束时的一脚出球练习（57）对队员的要求再次提到最高，当然最后也可以进行一定的变化，如在场地上摆放球门。

训练单元 8，练习：69、76、123、124、49、265

通过技术方面的短传练习（69）进行热身，然后与侧向的短距离跑动（76）相结合，高频率传球和直接调整是二者取得成效的基础。接下来的练习（123 和 124）则结合了弹跳力和头球时机两方面的内容。注意，要在不犯规的前提下进行正确的头球练习，出错后应及时纠正。

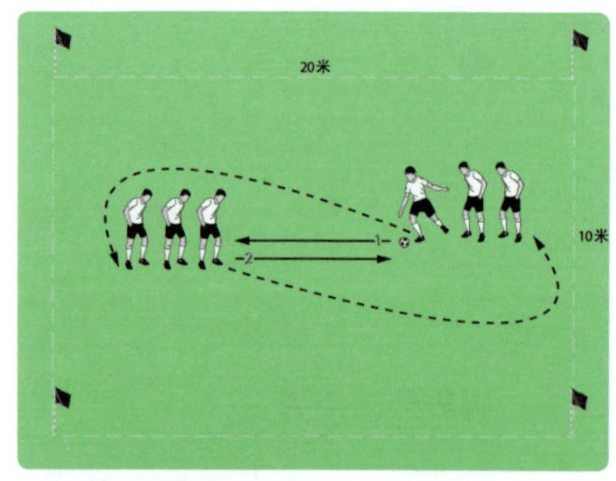

69——传球接力 II

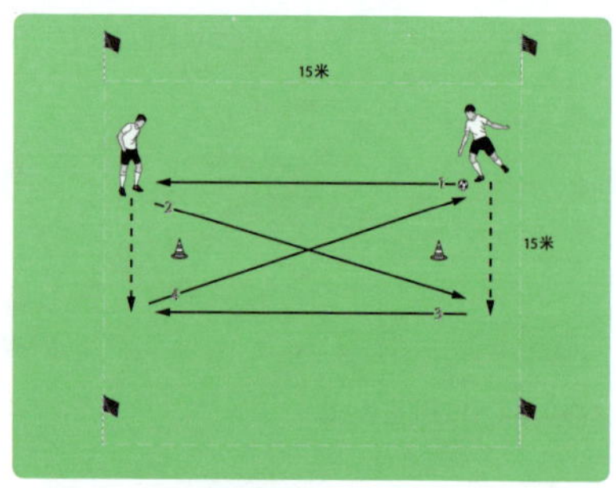

76——变向后传球

复杂障碍跑（49）可以根据球队水平调整跑动距离和要求，这一练习需多次进行，中间要注意休息。在紧接着的区域练习（265）中要注重不同区域队员的配合以及同一区域内所有队员的配合，所有队员都有固定的位置。

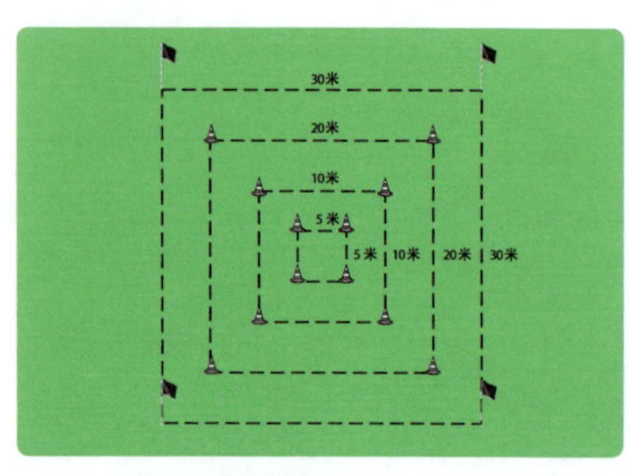

49——复杂障碍跑

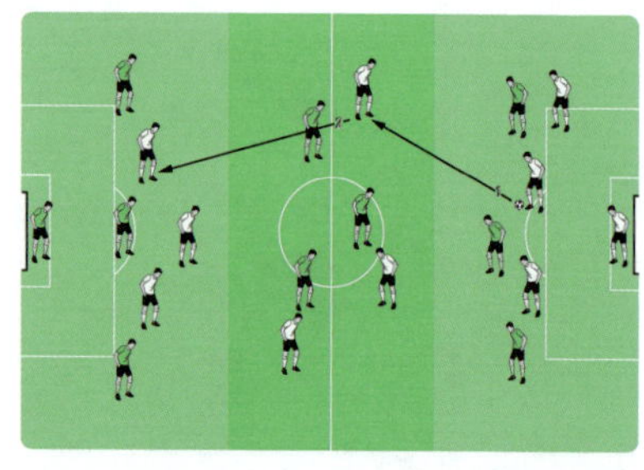

265——区域练习 I

训练单元 9，练习：173、33、34、35、36、45、23、56

第三周的最后一个训练单元以抛球—头球（173）开始，尽早培养队员竞赛意识的同时，也要使他们集中注意力。持球队员不能继续跑动，不得有人上前防守，其掷出的球队友必须头球顶回。这一训练单元的重点是快速转换、头球争顶、无球跑动、场上区域分配以及提高队员的兴趣，这些内容有非常大的吸引力。

173——抛球—头球

36——高抬腿跑

跳跃练习（33 ～ 36）会使队员有很大的体力消耗，训练时必须注意动作的准确性。随后过渡到较快速度的跑动练习（45）。接下来是侧卧支撑（23），队员也可以以标准俯卧撑姿势进行练习。在比赛开始之前，这项练习给队员的训练增加了标准量的运动负荷。最后的比赛（56）要求队员有较好的跑动意识和自信心，所有队员必须按照规定的触球次数较好地控制足球。比赛也可以变为有球门的可射门自由比赛。

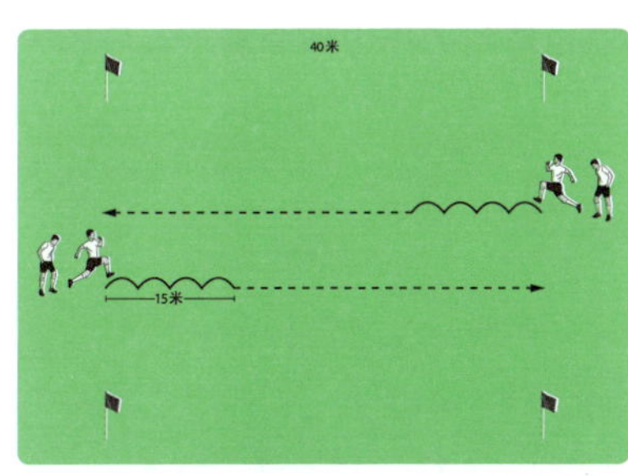

45——加速跑 Ⅲ

56——控球练习（触球两次）Ⅰ

第四周——训练重点：

中期耐力、躯干力量、对抗能力、射门能力、团队配合

训练单元 10，练习：102、174、175、176、177、200、201、46、298

完成了前面的基础练习之后，现在需要在训练中加入更多的身体对抗和射门方面的内容，同时在练习间隔插入更多不同方式的耐力练习。本单元一开始就进行有球练习，但队员只能以弱侧脚踢球（102），这一练习能够在保证趣味性和活动量的同时将队员带入训练状态。接下来的练习（174、175 和 176）为对抗能力练习，强调身体对抗中的不同方面，如平衡感、身体接触和护球能力。一对一练习（177）强调的也是两人之间的对抗，守住内线、封锁射门、快速转换是本训练单元的重点。

102——使用弱侧脚比赛

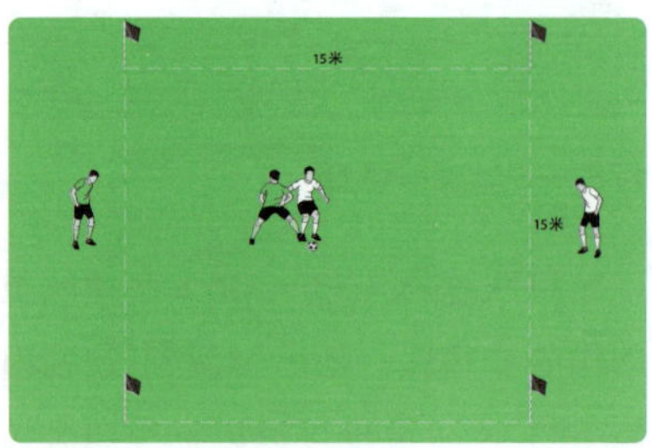

174——互挽手臂移动

射门练习（200 和 201）主要锻炼队员在向球冲刺时的身体对抗能力。倒数第二个练习是纯粹的跑动练习（46），队员需要往返跑多段长度不同的线路。本训练单元的所有训练方式都以足球耐力作为训练重点。最后的

200——争抢球权冲刺 Ⅰ

201——争抢球权冲刺 Ⅱ

比赛（298）强调的是队友间的安全配合，只有在本组内部完成一定次数的传球之后方可射门。

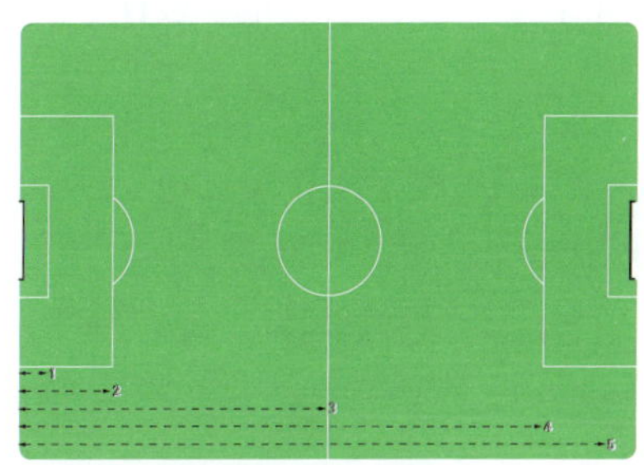

46——多线折返跑

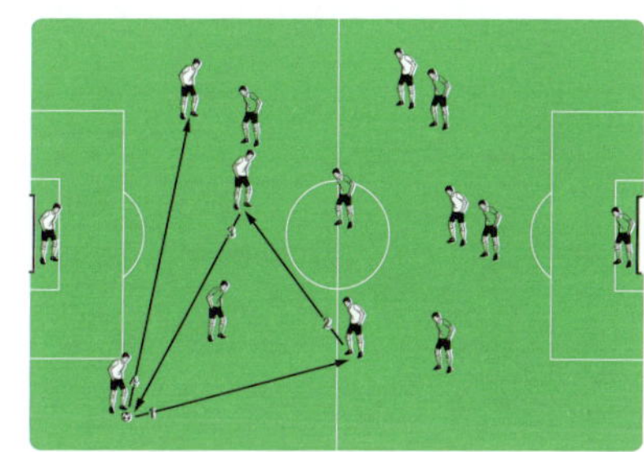

298——横向传球

训练单元 11，练习：106、123、124、125、173、133、134、135、136、47、296

热身阶段以带球练习（106）开始，锻炼队员的带球和传球能力。紧接着的头球练习（123、124 和 125）锻炼队员的弹跳力以及对头球时机的把握能力，同时为之后的抛球—头球（173）做好准备。身体对抗仍是训练的中心内容，但这次可以将争顶和快速转换结合起来。

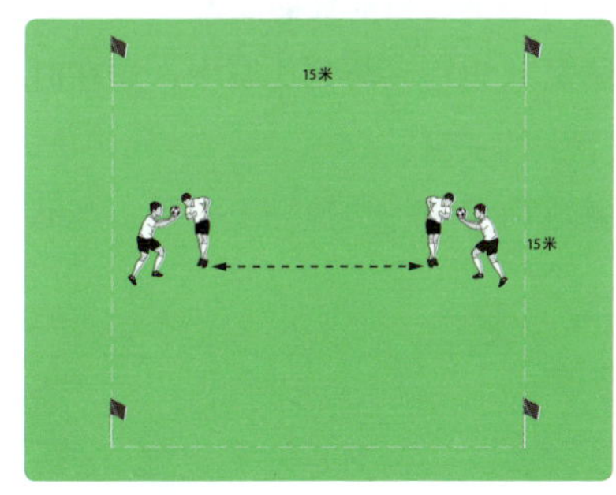

123——头顶静态球

125——运动中头球

在射门练习（133 ～ 136）中要达到以下基本目标：清晰的传球和跑动线路、最多触球两次射门和适应球速的变化。跑动练习（47）仍然以锻炼足球比赛中的间歇耐力为核心，短时间、高强度的练习之后要进行变化多样的慢跑，如调整慢跑的长度或者时间等。

最后的比赛（296）要求队员相互配合，为有速度变化的射门做好准备。这一练习对队员的能力要求很高，同时也能够激发队员的积极性。

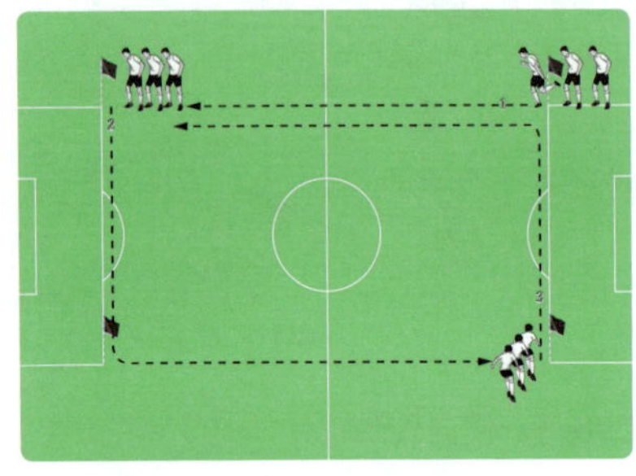

47——绕禁区角跑 I

296——边线和底线外均有传球队员的五对五

训练单元 12，练习：87、23、143、287、288、215、237、238

开始的技术练习（87）旨在训练队员传球动作、传球后立即追球跑动以及有速度变化地传球。侧卧支撑（23）是训练中的基础项目，在每周的训练单元中至少需要做两次。迎回传球射门（143）可以为之后的边路传中射门做准备，同时也能训练进攻队员在合适的时机前插的能力。

综合训练（287 和 288）要求很多队员从边路参与到比赛中，这在时间和空间两方面对队员的配合提出了细节上的要求。

二对二练习（215）强调了对抗的基本内容——快速贴上对手、与队

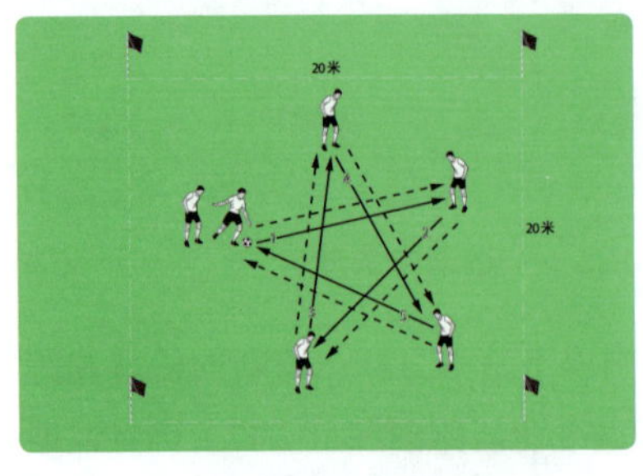

87——带位置变化的五角传球

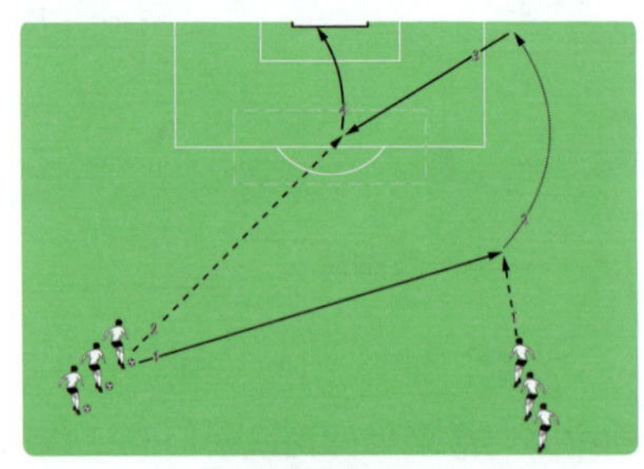

143——迎回传球射门

友默契地协防配合以及断球后攻防快速转换。这一练习强度很大，而且主要涉及足球耐力。

最后的比赛（237 和 238）主要训练有速度变化的、清晰的跑动和传球线路以及边路传中—中间接球射门的配合。

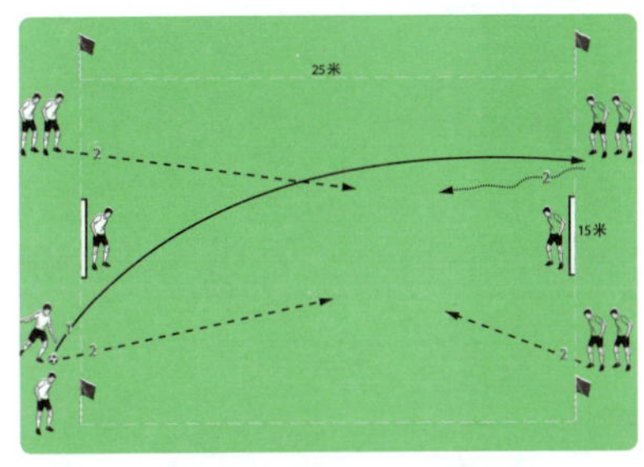

215——传高空球后二对二

238——八对八之边路以多打少 II

第五周——训练重点：

中期耐力、身体对抗、冲刺能力、射门、位置感

训练单元 13，练习：31、2、34、35、45、89、90、91、147、261

这一训练单元以坐式足球（31）开始，这个练习是锻炼队员的躯干力量练习的一种变式，同时也颇有趣味性。接下来是放松肌肉的撕布条（2），这一练习增大腿部活动量且要求队员的反应速度要快。

下面的持续时间较短的跳跃练习（34 和 35）则为中期耐力练习做准备。进行冲刺练习（45）时，需要将速度提至最快，这就需要队员每一步

31——坐式足球

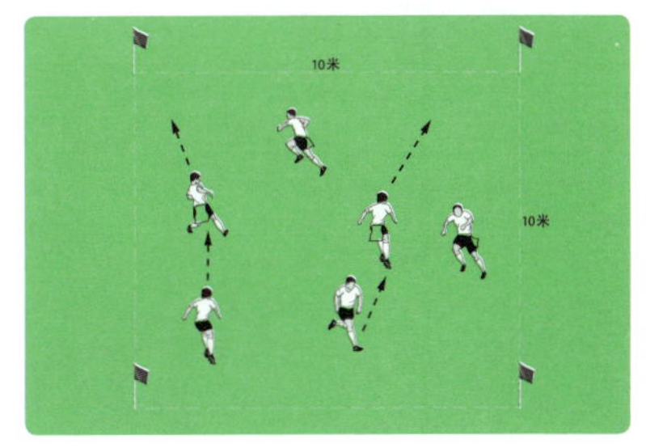

2——撕布条

都要尽可能地减少脚触地的时间。如果要将之前训练中提升的力量转变为速度和加速能力，还需要辅以多个训练单元的练习。

紧接着的传球练习（89、90 和 91）交替练习横向和纵向传球，这也是本训练单元的重点。在射门练习（147）中，射门前的连续传球是重点训练内容。最后的比赛（261）要求在中场区域运用横向和纵向传球方法，

35——斜跳

45——加速跑 Ⅲ

90——组合传球 Ⅱ

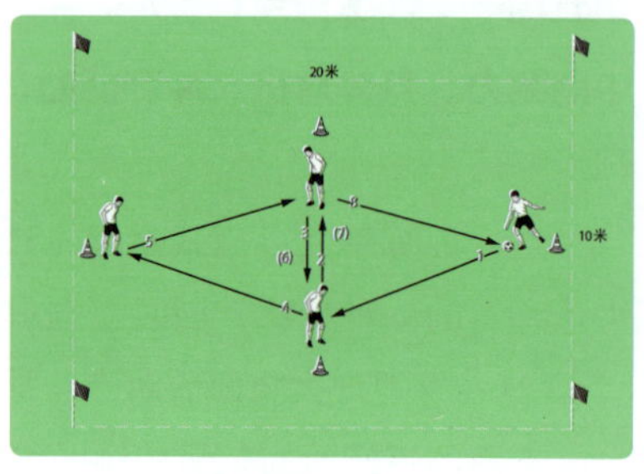

91——组合传球 Ⅲ

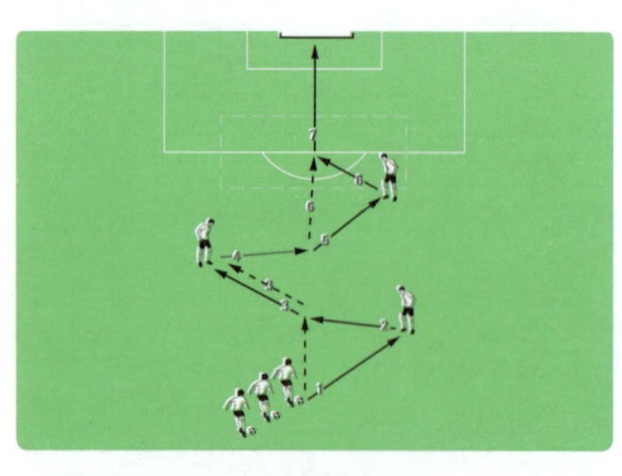

147——连续传球后射门

261——中场区域快速传球

从而推进到进攻区域。

训练单元 14，练习：281、109、110、44、194、195、197、311、312

这种不同寻常的比赛形式（281）能够在训练之初大大提高队员的注意力，并激发出一些新视角和新想法。带球接力（109 和 110）能够提升队员的团队意识，并通过练习的高要求优化训练内容。之后的冲刺练习（44）是步幅加大的高负荷练习，因为这涉及队员的基础能力，所以需要在进行了必要的休息的情况下集中完成。

281——两个背靠背球门的比赛

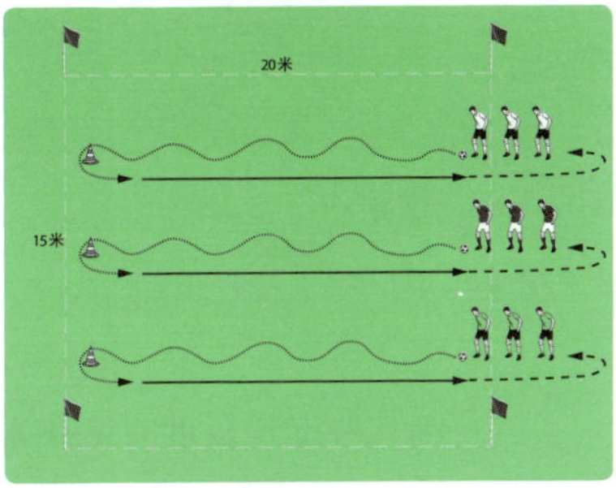

110——带球—传球接力

接下来的小型比赛（194 和 195）主要训练队员在防守中的团队配合，以及在较小训练区域中对抗时的相互支援，以此制造出多个需要队员自主做出判断和决定的机会。守住内线、阻止对方射门、快速转换以及队友间的相互支持是最重要的训练目标。

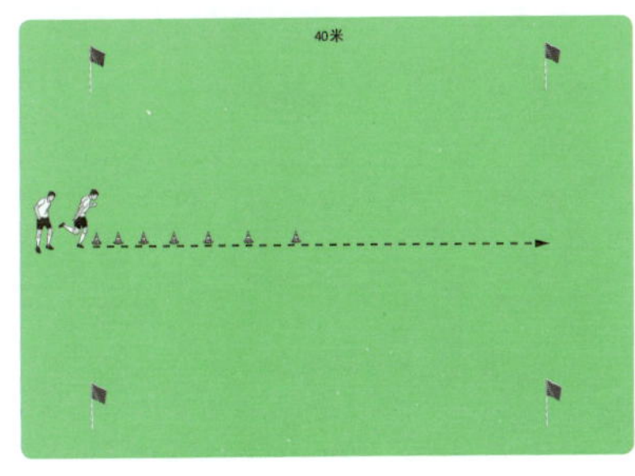

44——加速跑 II

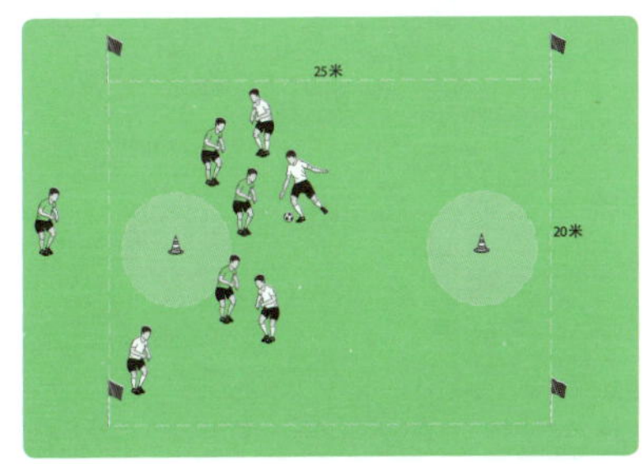

195——以两个标志锥为目标的四对四

下面的对抗练习（197）非常复杂且要求很高——在较小的训练区域内有非常强的防守压力和非常严格的时间限制的间歇性练习。最后的比赛（311 和 312）在进攻中将定位球和快速传球相结合，锻炼队员在比赛状态下的对抗能力。

197——无球跑动

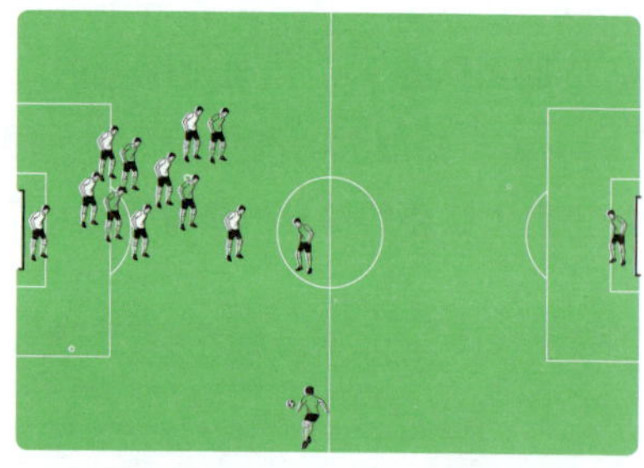

312——任意球 II

训练单元 15，练习：194、195、41、157、159、171、172、231、306

这一与比赛形式接近的热身练习（194）能够在开始阶段便使队员集中注意力，同时也能够锻炼队员基础的防守技术。接下来这一练习的拓展形式（195）则通过人数上的劣势增加了防守的难度。这一练习非常实用，能够在较少跑动的基础上培养队员的战术跑位意识。进行冲刺练习（41）时一定要安排适当的休息时间。离比赛日越近，跑动练习的距离就要越短，但是一定要使队员保持充足的活力。

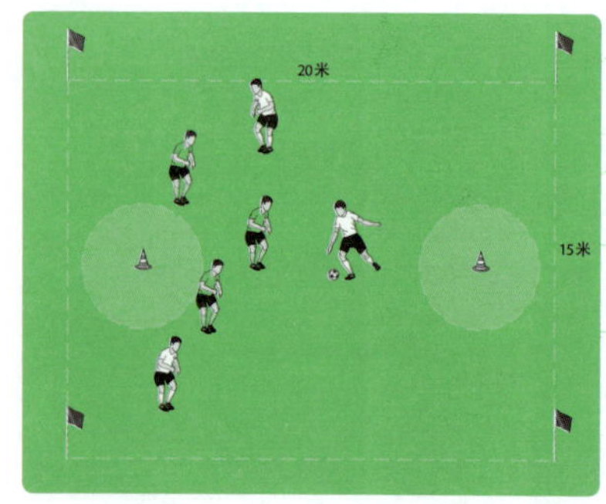

194——以两个标志锥为目标的三对三

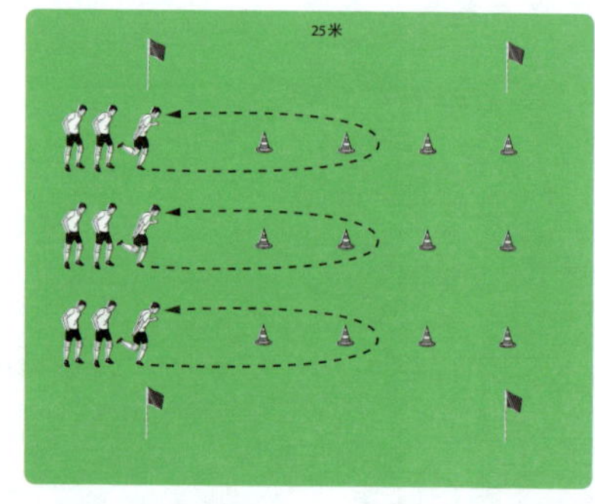

41——手风琴冲刺

进攻训练从传高空球（157）开始，提高队员对高空球的预判能力和处理能力（159）。射门练习（171 和 172）则对队员边路传球之后的传高空球、传中以及射门能力有一定的要求。

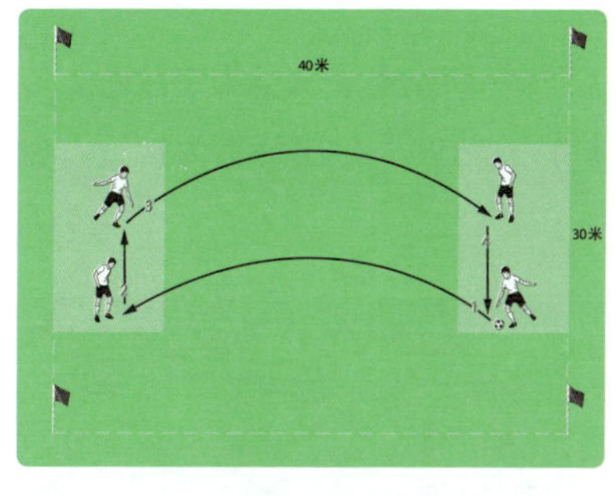

157——小组传接高空球（直线球）

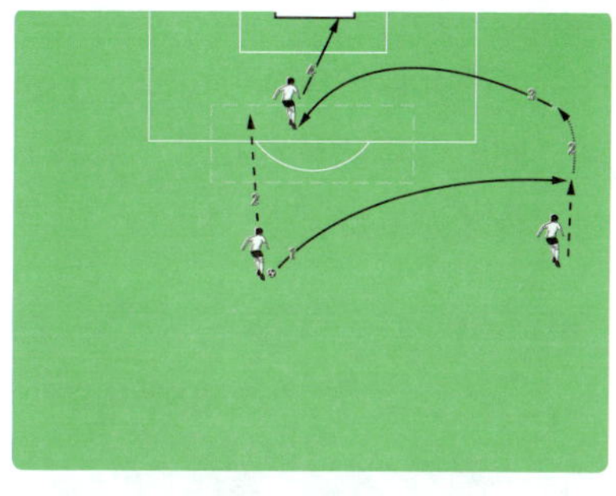

172——高空球—传中—射门 II

下面的射门练习（231）训练队员在进攻时的二对一能力，并且对队员的跑动和传球线路都有明确的要求。最后的比赛（306）要求通过斜向转移球撕开对方防线，为传中和射门制造机会。

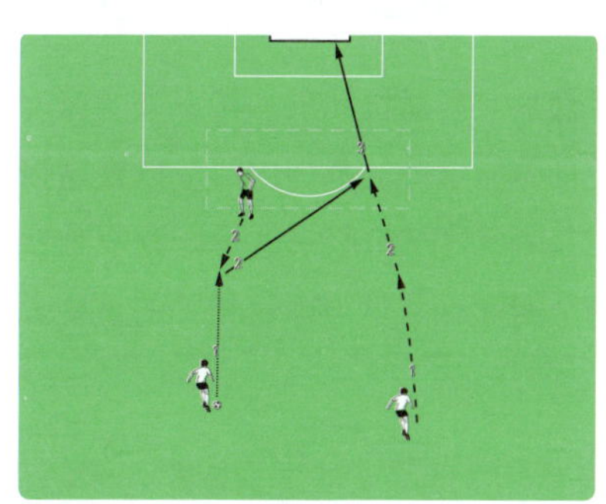

231——二对一进攻

306——斜向转移球

第六周——训练重点：

冲刺力量、对抗训练、比赛速度、定位球

训练单元 16，练习：92、190、96、43、217、149、153、285、286、307

本单元以传球练习（92）开始，在训练初期就要求队员集中注意力传球，同时锻炼队员的技术。第二个传球练习（190）与比赛更为接近，以快速传球为主要训练目标。

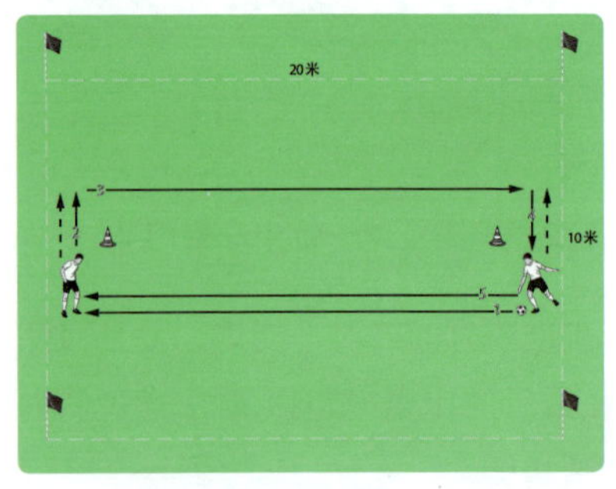

92——触球两次后传球

190——穿越防守区域的二对二 Ⅱ

接下来的练习（96）甚至在传球时都加入了对抗元素。接下来的速度练习（43）则是纯竞技性的，队员要在身体能承受的范围内尽量以最高强度完成。对抗练习（217）可以以二对二或四对四的形式进行，竞争激烈同时强度很高——复杂的对抗练习可以全面锻炼队员与球赛相关的重要素质，同时也可以纠正错误动作。

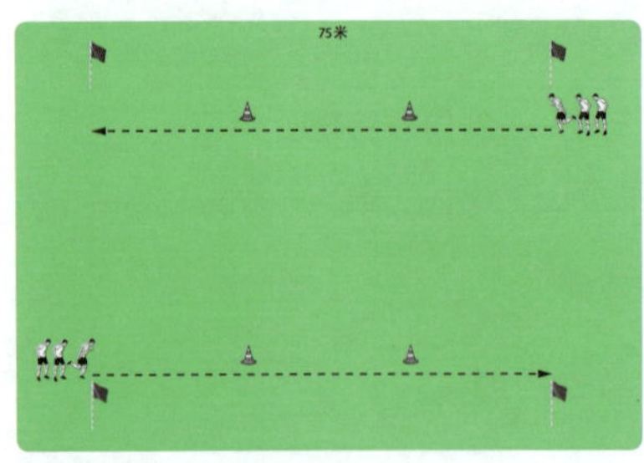

43——加速跑 Ⅰ

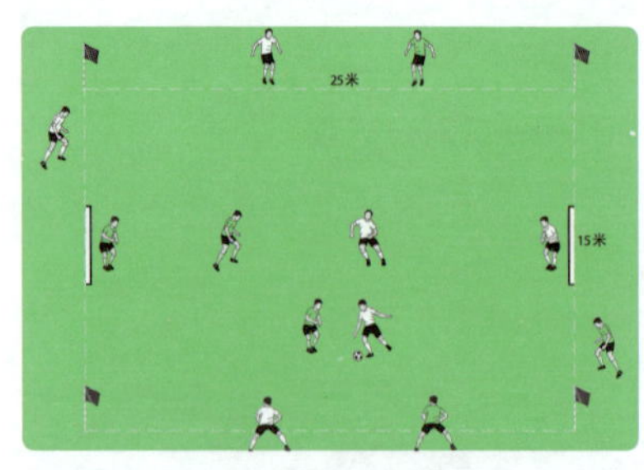

217——场地外有队员的二对二

射门练习（149）以给前锋传球和前锋间的配合为中心，下一个练习（153）中则多加入了一名中场队员。接下来的练习（285 和 286）又加入一名边路传球队员，难度进一步加大。最后的比赛（307）要求前锋更多地参与组织比赛，同时进一步做好射门准备。小组人数和训练区域都可以根据情况调整。

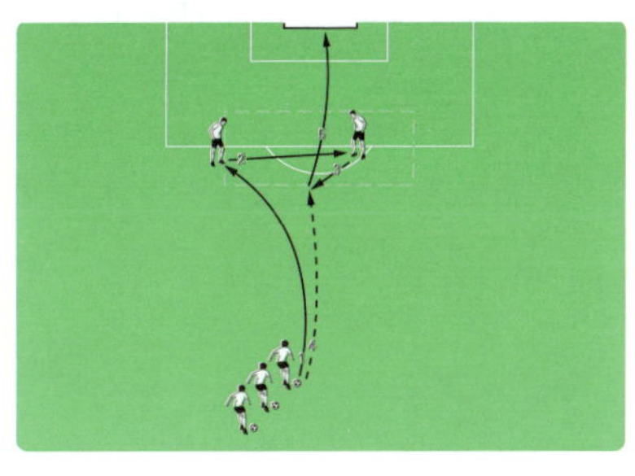

149——前锋做球，后面队员跟上射门

153——前锋做球，另一队员直接射门

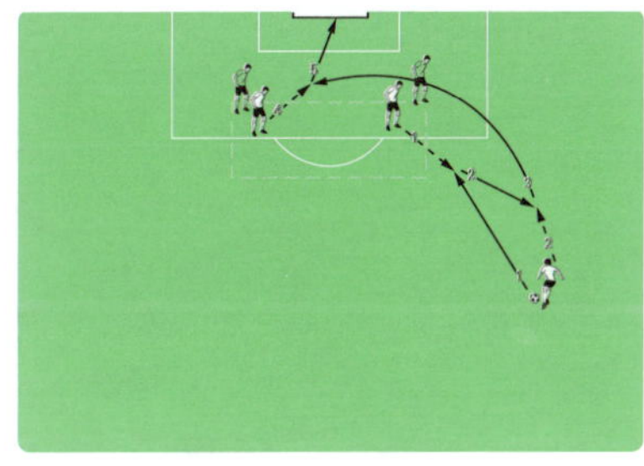

285——禁区弧位置的配合 I

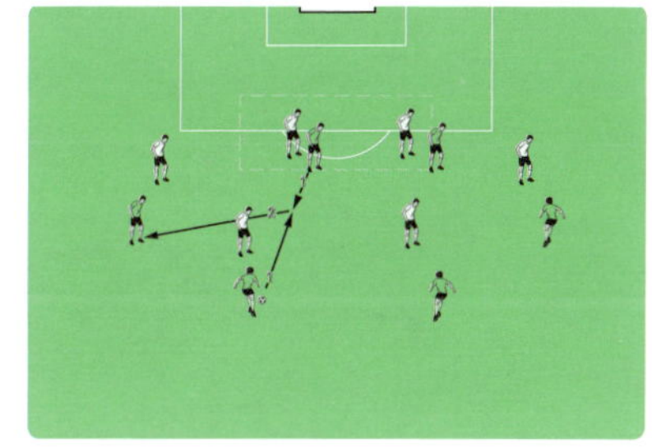

307——前锋的配合 II

训练单元 17，练习：102、104、38、140、141、142、300、314、311、312、313

弱侧脚自由比赛（102）作为本训练单元的开始，用以热身和锻炼队员技术。之后拓展为一脚出球比赛（104），对所有队员的位置感提出最高的要求。下面的冲刺练习（38）则是非常重要的高强度、快节奏的快速起动能力练习。

接下来继续进行射门训练——快速带球（140）、传低平球（141）或者高空球（142）后触球两次，快速处理球并射门。

下一项练习（300）的重点是取得球权后的攻防快速转换，场上有三支球队同时进行练习。接着是比赛形式（314）的进攻和防守任意球练习，使训练与真实比赛更为接近。最后是在对方半场配合的任意球练习（311、312 和 313），在所有比赛形式的练习中都应当注意快慢结合。

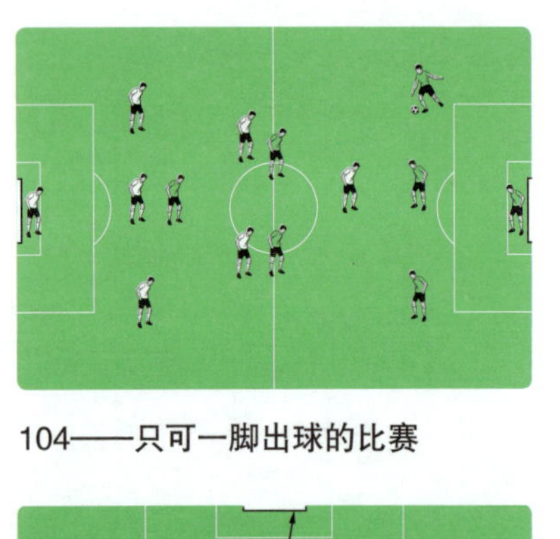

104——只可一脚出球的比赛

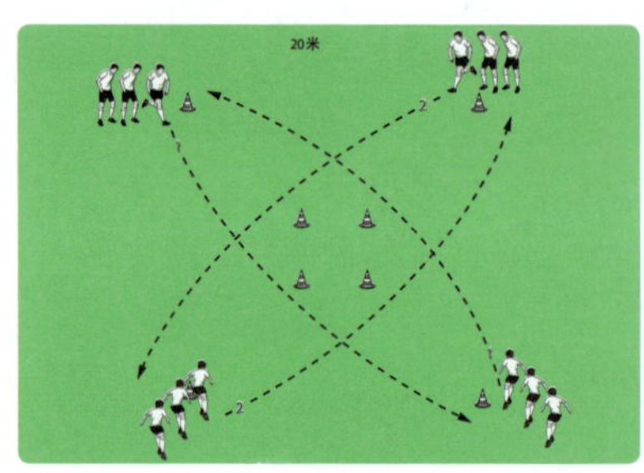

38——绕标志锥冲刺

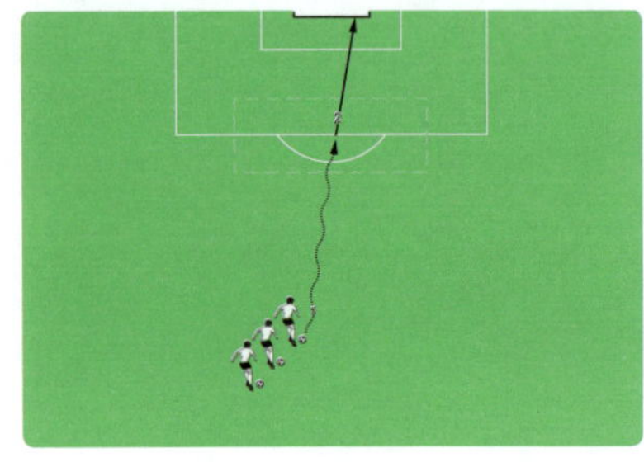

140——快速带球射门

142——接长传（高空）球射门

训练单元 18，练习：173、38、174、95、147、149、272、273

以抛球—头球（173）开始此训练单元。此训练单元非常复杂，涉及足球训练的许多方面，在训练开始阶段即可调动队员的所有感官。紧接着依然是短距离快速冲刺练习（38），互挽手臂移动（174）则要求身体各个部位的投入。

接下来的传球练习（95）以自由配合为重点，之后的练习（147 和 149）则以射门前的准备为重点，所有的动作都要以与比赛接近的速度完成，每次最多可触球两次，同时必须在标记的射门区域内射门。

在最后的比赛（272 和 273）中，一方一旦丢球就应立即主动在各区域对持球方进行逼抢，这一变化能够增强球队的自信心。本训练单元最后根据情况以自由比赛或定位球练习作为结束。

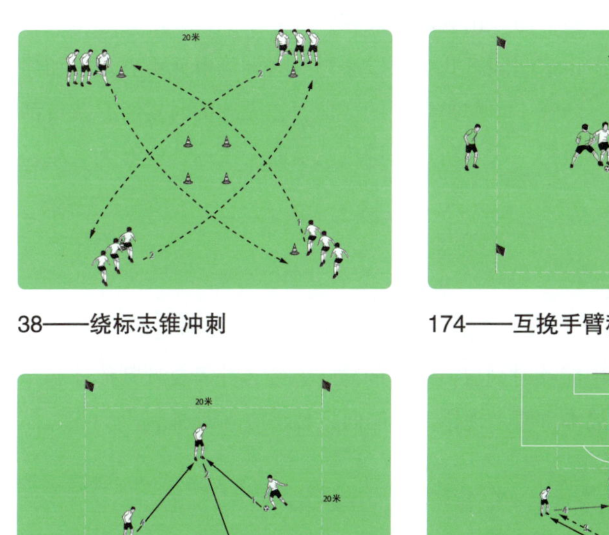

38——绕标志锥冲刺

174——互挽手臂移动

95——四角传球

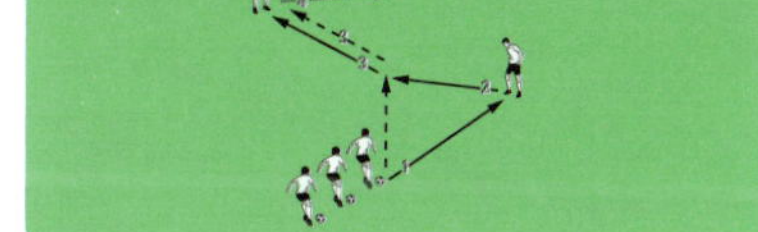

147——连续传球后射门

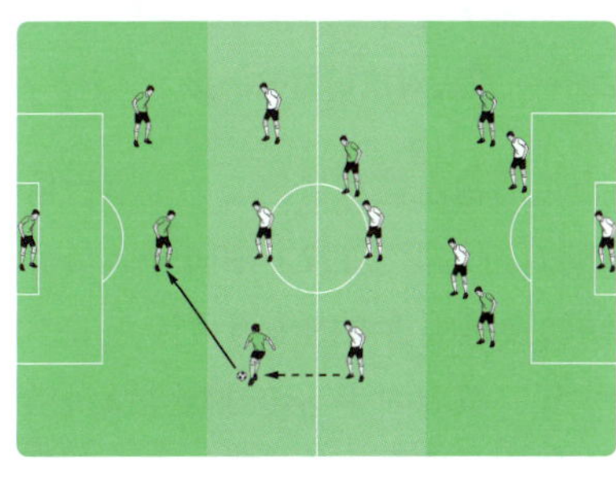

272——中场施压

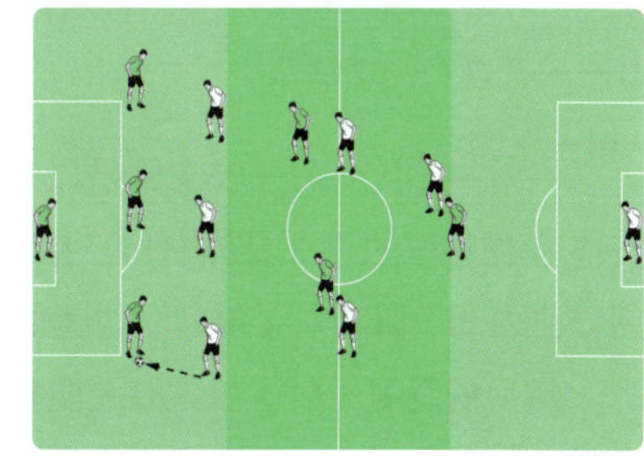

273——进攻区施压

防守和进攻训练单元示例

提高防守水平的训练单元

防守决定比赛结果，丢球多说明球队在防守上肯定存在问题，在球场上这表现为对抗能力差、防守出现的失误多、身体不到位、防守阵型不够稳固，等等。为了纠正这些问题我们可以通过一些训练单元重点训练和加强这些方面的能力。防守不单单是后卫的事情，在无球的时候所有队员都需要向球压近，前锋赢得一次对抗或者进攻队员断一次球都能够大大减轻防守的压力。

训练单元 1，练习：13、26、177、61

第一个练习（13）的重点是无球一方的队员在防守时要时刻关注对手，在一天的训练中能够时刻保持积极的防守态度，并需要预判传球和跑动的线路。一旦在战术方面出现错误的倾向，教练应立即纠正。

13——无球门抛球练习

26——双人对抗前臂俯卧撑

一对一小组练习（26）则是以躯干力量的稳定性和自信心为重点，队员应当有意识的寻求身体对抗。接下来的对抗练习（177）中防守队员必须守住内线、阻止对手射门、快速的攻防转换是很重要的练习目标。

最后的练习（61）以人盯人防守为主导，只要对手不传球防守队员就应当一直对其盯防。这要求队员在场上有很高的防守纪律性、跑动和对抗意识以及责任感。

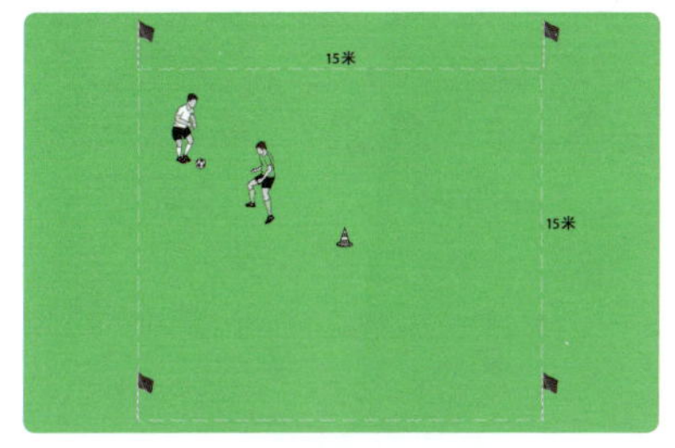

177——以标志锥为目标的一对一

61——人盯人防守的控球练习

训练单元 2，练习：14、174、178、192、61

开始的游戏（14）与上一单元的手球练习类似，但是扩展了训练方向，训练中要重点注意向两端得分区域的传球线路，并对此保持警惕。

在互换手臂移动（174）的练习中要求队员之间进行直接的身体对抗，在小区域内最大限度地利用身体带球进攻或进行防守。接下来的练习（178）则要在一对一的时候守住标志锥，重点依然是上一单元中已经练习过的守住内线和快速的攻防转换。

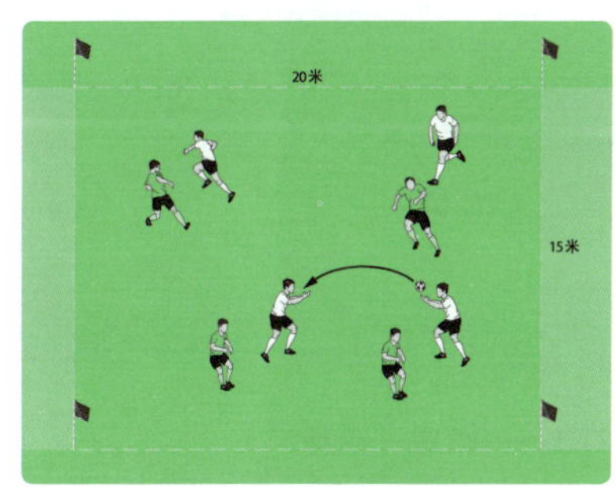

14——带得分区的抛球练习

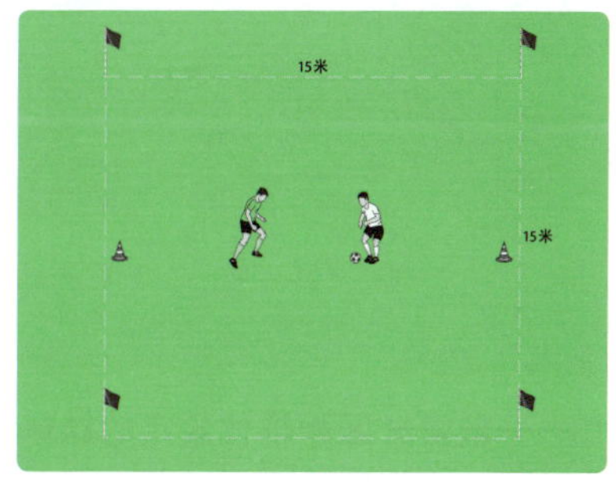

178——有两个标志锥的一对一

以上一练习为基础的以两个标志锥为目标的二对二（192）则以位置感和队员的相互支援为重点，被断球后可以直接发起反击。最后重复上一单元进行过的练习（61），但是这次加上球门，队员可以射门。

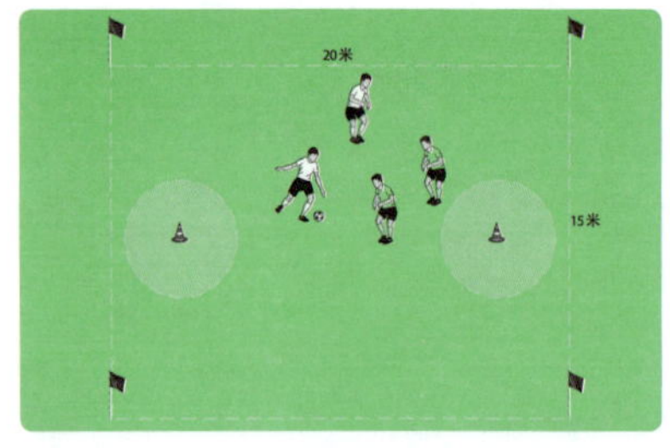

192——以两个标志锥为目标的二对二

61——人盯人防守的控球练习

训练单元 3，练习：15、173、215、304

这一抛球练习（15）更为复杂，要求无球一方的队员在防守中必须集中注意力，同时还加入了越位规定，使更快赢得球权成为可能。这一练习能非常好地集中队员的注意力并提升其反应能力。

接下来的练习（173）的重点是头球争顶，所有的球均需要在队员不犯规的情况下在空中争抢，能够锻炼队员的位置感、时机把握能力和自信心。

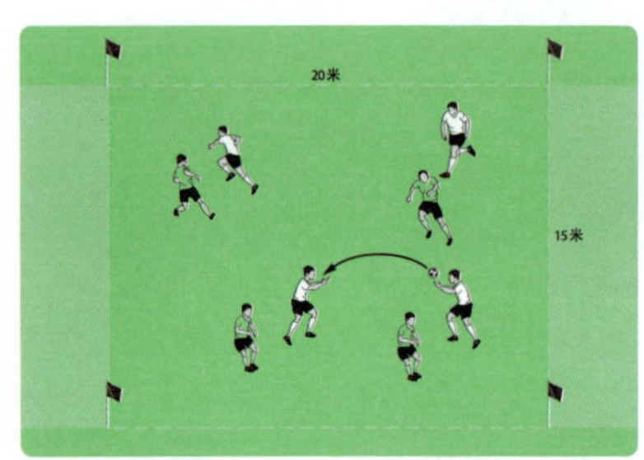

15——带得分区和越位规定的抛球练习

173——抛球—头球

在二对二练习（215）中主要锻炼队员的快速上前逼抢、正确站位和相互协防的能力，被断球或快速转换后也可以直接发动反击。

最后的练习（304）则要求球队整体攻防转换要快，一旦丢球所有队员要尽可能快速地退到球后，压缩对手的进攻空间，同时减轻防守压力。

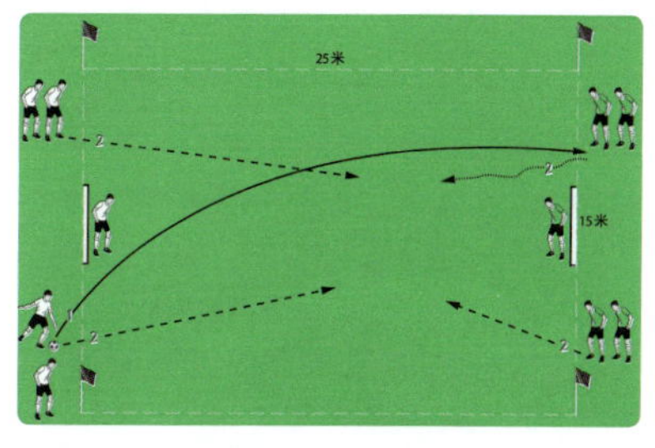

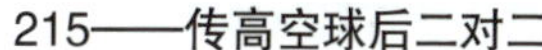
215——传高空球后二对二

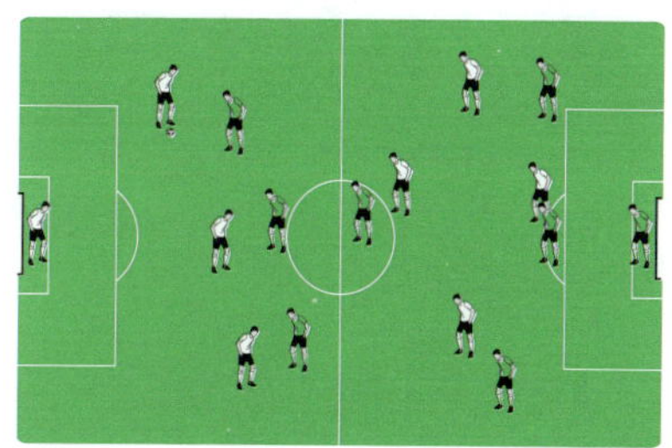
304——退到球后

提高进攻效率的训练单元

充满魅力的快速进攻是现代比赛理念的重要部分。寻找得分机会、把握得分机会以及减少触球时间的快速配合是比赛获得成功的保障，训练必须要以这些内容为重点。对前锋来说除了自信心以外，传球和跑动时机也是非常重要的。每一种训练形式都要能给队员带来活力和乐趣。

训练单元 1，练习：8、9、79、137、103

区域带球（8）主要锻炼进攻队员的合理跑位，以避开防守队员和对抗，训练难度不高，但能够逐渐提升队员的积极性。足球猎人（9）则还要求带球队员集中注意力，同时进行主动的带球跑动。

简单的传球练习（79）能够使队员更好地把握传球和跑动时机，以便在接下来模拟比赛场景的射门练习（137）中得到应用。最后的比赛

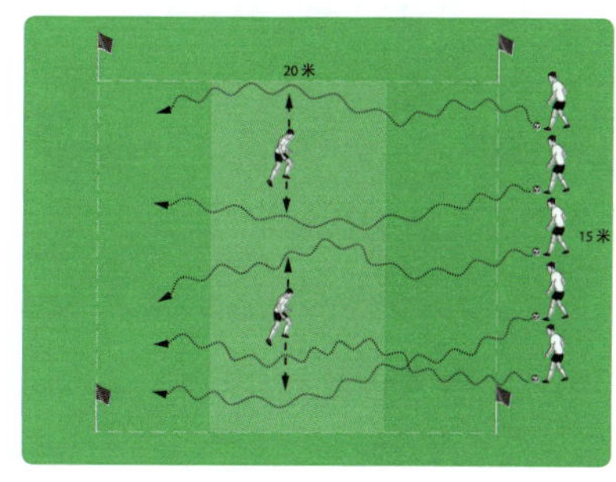

8——区域带球

9——足球猎人Ⅰ

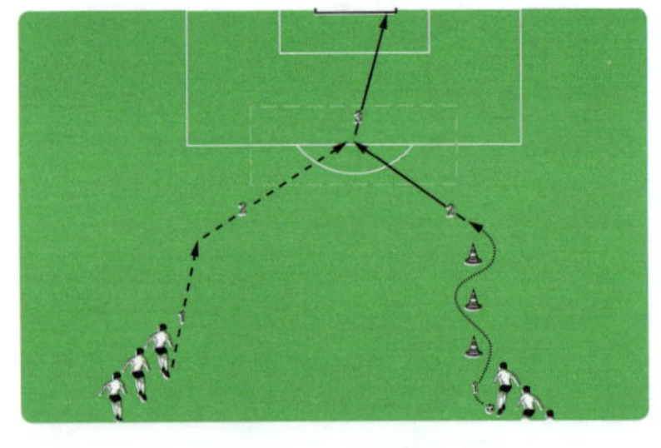

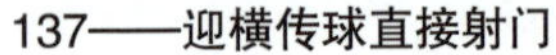

137——迎横传球直接射门

103——触球次数有限制的比赛

（103）要求每名队员每次只可触球两次，并要集中注意力在传球前做好防守，还要队友配合默契。

训练单元 2，练习：11、78、155、161、296

足球猎人（11）难度加大，但是这一练习中前锋丢球后要尝试抢下另一名队员的足球，所以丢球后的快速转换尤为重要。

接球后的传球练习（78）再次训练在第一次接球时如何触球，这也是射门前准备的基础。在射门练习（155）中就将这第一次触球直接转变为射门，而在传中练习（161）中侧翼队员则在有准备的第一次触球后进行传中。

最后的练习（296）则要求外侧传球队员在有明显人数优势的情况下向前有效推进后射门。

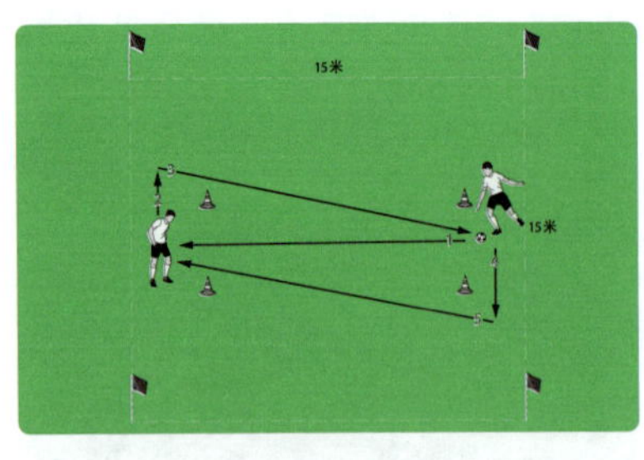

78——带提前量传球

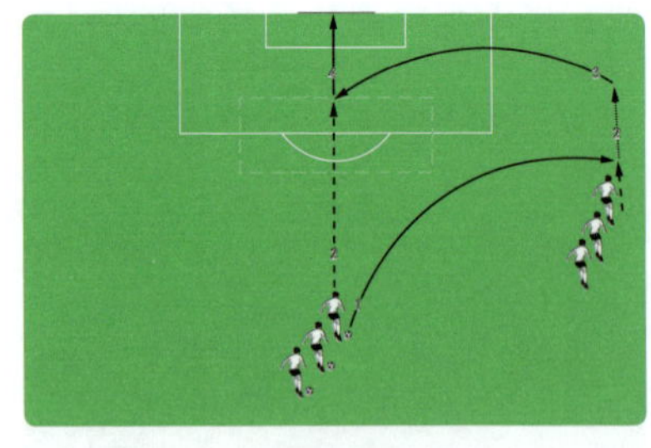

161——跑动中接球后传中

训练单元 3，练习：12、89、149、153、296

最复杂的足球猎人练习（12）要求队员丢球后要直接从断球队员的脚下抢回球，丢球后的第一时间回追反抢是训练重点。接下来的传球练习（89）要求横向和纵向的传球有所变化，这在之后的比赛中也会提出要求。向前的传球一定是有意识地加快速度的传球。

12——足球猎人Ⅳ

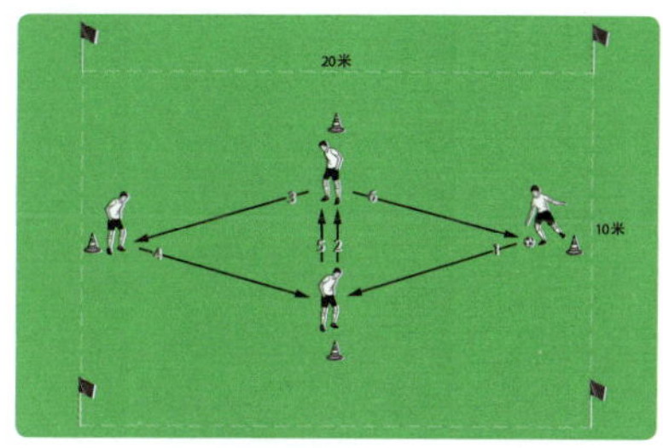

89——组合传球Ⅰ

下面复杂的射门训练要求前锋的正确处理以及传球队员（149）和另一名中场队员（153）的快速压上。本单元的最后再次进行进攻方有人数优势的练习（296），但是这次在场上每名队员至多可触球两次。

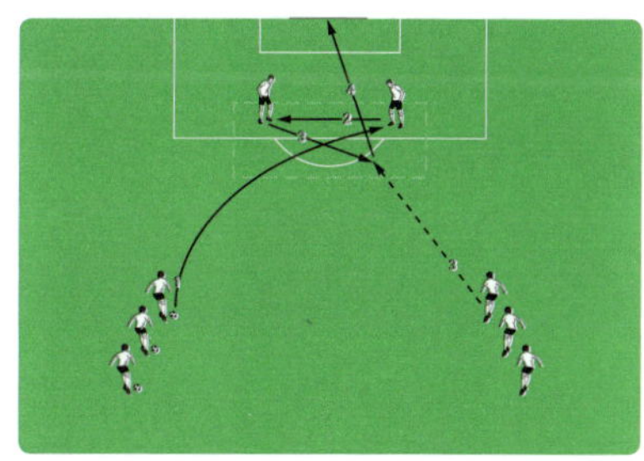

153——前锋做球，另一队员直接射门

296——边线和底线外均有传球队员的五对五

功能性训练

足球作为一项充满竞争和身体接触的运动已经越来越强调对抗，规则的变化、对跑动要求越来越高的战术体系的发展、来自对手的压力和给对手施压的需求都使得这项运动对运动员身体素质的要求不断提高，队员在场上需要跑动的距离和跑动强度也有了明显的提升。虽然在国际顶级赛事中身体素质并不是决定成绩的最重要的因素，但是它已经变成了一个非常重要的影响因素，并可以通过密集的训练进行提升的。

为了适应足球训练和比赛中的高要求，每名队员都需要在身体素质方面达到较好的水平。自 2006 年世界杯以来德国国家队就一直由一名来自美国的体能教练对队员进行培训，他在训练中加入了很多为了弥补队员个人不足而制订的体能练习。不同的热身内容、与运动项目相结合的准备活动、新的恢复方法以及短时间高强度间歇性练习从此都进入了顶级球队的日常训练中。

我们将传统的训练方法如俯卧撑、屈膝、箭步蹲等结合在一起加以强化，或者同准备活动一起进行，以提高运动员的身体素质。这对预防运动员受伤以及使他们承受高负荷的训练和比赛都非常重要。

从单人训练到双人训练，再到小组和球队训练，这些训练方式能够完美满足不同人数的训练需求，同时还能在团队内部带来积极影响。训练量需要适应真实比赛的要求，队员们也可以根据“间歇性原则”在训练中加入与自身水平相适应的技战术内容，使其更接近真实的比赛。教练可以根据经验适当增加或降低训练难度，避免在训练中出现要求过高或过低的情况。

所有的练习都应当包括身体素质方面的练习，而不是只将身体素质方面的练习应用在训练的准备阶段。最理想的是将身体素质方面的练习融入热身阶段，在纠正错误动作同时进行训练准备，或者是在主要训练结束以后作为提高耐力的练习。

伸展练习

训练目标：

灵活性和稳定性

训练说明：

队员保持站立姿势，然后一条腿向前跨出并下蹲，双手在与前脚齐平的位置撑地。转动上身使两条手臂呈一条直线，然后转回、双手撑地、站起，之后换另一条腿向前跨出并下蹲。

常见错误：

前脚脚跟离地、髋部未伸展、上身不够平直。

身体素质： ⚽⚽⚽⚽⚽

技　　术： ⚽

战　　术： ⚽

人数要求： 所有队员

训练次数： 每侧重复 5 次

击掌俯卧撑

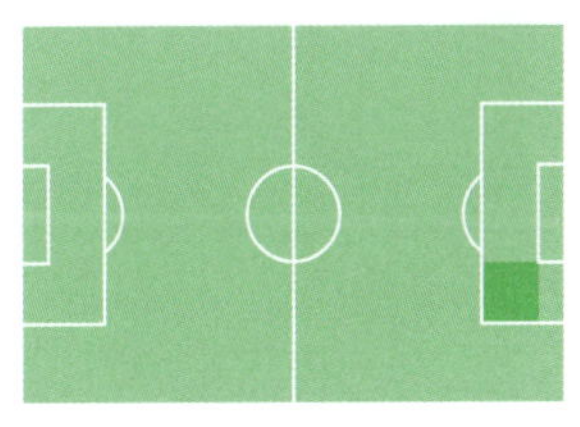

身体素质： ⚽⚽⚽⚽⚽⚽

技　　术： ⚽

战　　术： ⚽

人数要求： 所有队员

训练次数： 6 组，每组 6 次，每组间隔 20 秒

训练目标：

躯干力量和侧身稳定性

训练说明：

两名队员相向做俯卧撑，并且用双手轮流与队友击掌。

常见错误：

臀部未绷紧、上半身着地。

交替蹲跳和俯卧撑

训练目标：

弹跳耐力和躯干力量

训练说明：

队员交替按以下方式完成锻炼内容。

一次蹲跳 + 一次俯卧撑，两次蹲跳 + 两次俯卧撑，依次继续。

常见错误：

两次蹲跳之间脚后跟没有完全着地。

身体素质： ⚽⚽⚽⚽⚽⚽
技　　术： ⚽
战　　术： ⚽

人数要求： 所有队员
训练次数： 1–2–3–4–5–4–3–2–1 重复

交替箭步跳和以手向后撑地

身体素质： ⚽⚽⚽⚽⚽⚽

技　　术： ⚽

战　　术： ⚽

人数要求： 所有队员

训练次数： 5组，每组10次，每组间隔20秒

训练目标：

弹跳耐力和躯干力量

训练说明：

队员和同伴交替按以下方式完成锻炼内容。

十次箭步跳 + 十次手向后撑地。

常见错误：

箭步跳时髋部没有完全伸展。

左右侧交替俯卧撑侧向撑起

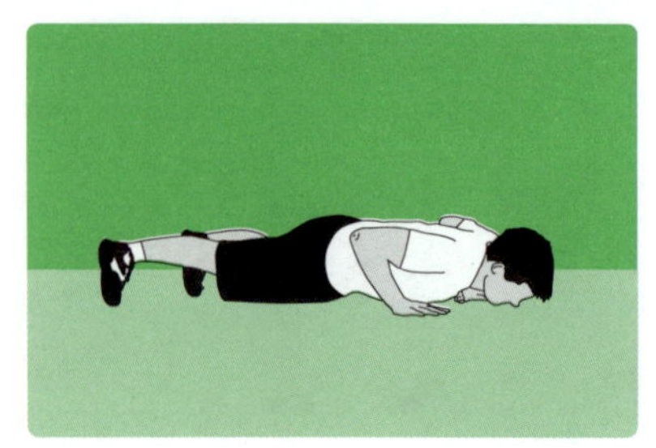

训练目标：

躯干力量和爆发力

训练说明：

先保持俯卧撑底部姿势，然后身体转动、单手撑地，之后回到俯卧撑底部姿势，再以另一侧手臂撑起身体。

常见错误：

双脚没有相应转动和发力。

身体素质： ⚽⚽⚽⚽⚽⚽

技　　术： ⚽

战　　术： ⚽

人数要求： 所有队员

训练次数： 5 组，每组 8 次

俯卧登山

身体素质： ⚽⚽⚽⚽⚽⚽
技　　术： ⚽
战　　术： ⚽

人数要求： 所有队员
训练时长： 8组，每组20秒，然后休息10秒。每组动作中间不得出现停顿。

训练目标：

耐力和躯干力量

训练说明：

用俯卧撑的起始姿势双手撑地，一条腿保持不动，向前收紧另一条腿的膝盖。双腿交替高速完成此动作。应始终保持臀部肌肉的紧张，每组之间站立休息。

常见错误：

前脚脚尖触地。

俯卧撑—跳远—俯卧登山结合

训练目标：

躯干力量、弹跳力和耐力

训练说明：

每名队员轮流进行此三项练习，中间不能休息。

常见错误：

变化练习时注意力不集中。

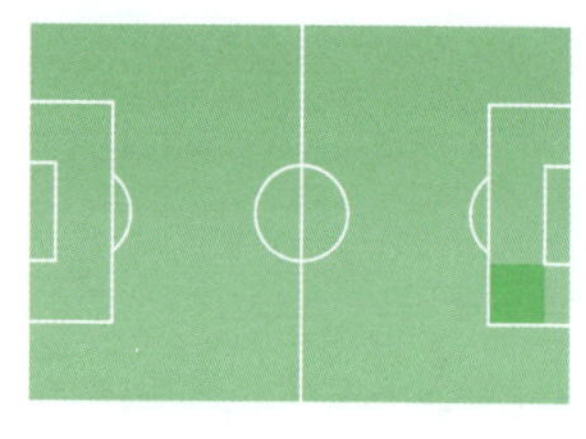

身体素质： ⚽⚽⚽⚽⚽⚽

技　　术： ⚽

战　　术： ⚽

人数要求： 所有队员

训练次数：（10+10+10）×3 次

拱桥—侧撑—深蹲结合

身体素质： ⚽⚽⚽⚽⚽⚽

技　　术： ⚽

战　　术： ⚽

人数要求： 所有队员

训练次数：（10 + 10 + 10）×3 次

训练目标：

躯干力量

训练说明：

训练 1　起始姿势为平躺，然后臀部发力使身体撑起。

训练 2　用一侧手臂支撑身体，另一侧的膝盖和肘部弯曲。

训练 3　起始姿势为站立，然后膝盖弯曲，臀部向下，向上伸展手臂。

轮流进行三个练习，中间不可休息。

常见错误：

变化练习时注意力不集中。

现代足球发展趋势

如何看待足球运动的发展？

和日常生活中的其他事物一样，足球运动也深受自身发展现状和发展趋势的影响，这两个因素不仅会给足球运动和足球运动员带来一些影响，也会给足球训练带来影响。这些影响有一部分体现在场外，比如市场开发、媒体宣传、观众以及其他对足球运动有间接影响的外部因素。同时，足球运动本身也在不断地变化和发展，这些变化和发展会对比赛和训练产生影响。到目前为止，对足球运动的发展趋势影响最大的是身处金字塔尖的两项国际赛事——国际足联世界杯足球赛和欧洲足球锦标赛。国际足球联合会（以下简称为国际足联）和欧洲足球协会联盟（以下简称为欧足联）的专家委员会多年来一直在仔细研究这两项赛事，希望能从中总结出一些关于足球运动发展的规律。但是，实际上每隔两年才举办其中的一项赛事，而且这些赛事涉及的也不是那些长期在一起比赛、共同发展的球队，因此欧洲足球冠军联赛的顶级球队对足球发展趋势的影响正变得越来越大。

欧洲足球冠军联赛的主办方是欧足联，联赛从 1992–1993 赛季开始举办，参与这项比赛的顶级球队为足球运动树立了新标杆。能够统治国内联赛、经常参加欧洲冠军联赛并能有较好表现的球队就能够通过他们的表现影响足球的发展趋势。在过去的数年间，德国的足球俱乐部在欧足联的俱乐部积分排行榜上的排名有了明显的提升。2013 年欧洲足球冠军联赛决赛——拜仁慕尼黑和多特蒙德间的“德国内战”、德甲球队在欧冠联赛中的较高排名以及德国国家队赢得 2014 年世界杯冠军等都是德国足球高水平发展的证明。许多球探和观察家都探究德国足球成功的奥秘，并尝试复制这种成功。

比赛和运动员的监测设备在技术方面的进步使得比赛进程和运动员的

个体情况都能更为细致地展现出来，并由此产生了对运动员场上跑动热力图的认知。除了这些关于量的数据，由国际上正活跃或曾活跃于足球领域顶级赛事的富有经验的教练们组成的专家委员会还会统计那些具有战术意义或者对比赛进程有影响的关于质的数据。

2014 年世界杯决赛的决定性时刻。当马里奥·格策熟练地胸部停球然后打进决定性的进球时，阿根廷队员埃塞奎埃尔·加雷不知所措。

如果没有专家们的这些评判，单纯的数据很难在现实中起到很好的作用。与此同时，一些技术评价系统已经在测试中，这些系统对专家们的评价依赖度较低，能对跑动线路或传球线路做出质量评价。

非职业足球和青少年足球该如何从这些知识中获益?

每位青训教练和非职业教练都可以运用通过观察欧洲最好球队得到的知识，向队员、球队各条线以及球队整体传授核心知识，以期能在将来的比赛中应用这些知识，促进队员和球队水平的提高。此时，在训练中将详细的训练目标置于首位以及用正确的方法安排训练就变得非常重要，教练需要从不断发展变化的趋势中总结出对每名队员以及对日常训练的具体要求。

训练部分

战术的变化

冠军联赛中获胜的球队都能根据对手以及实际情况的变化调整战术体系。相比其他战术体系，一些战术体系可能更适合某支球队。但是，队员们仍会在训练中演练其他战术体系，即便只有最优秀的那些队员才能贯彻这些战术。对进攻或防守的侧重不同也会促使球队采用不同的战术体系。

现在的趋势是很多球队都采用 4–2–3–1 阵型。名义上的四名进攻队员能够在对方半场施加更大的压力，同时也可以保证在进攻时丢球后尽快抢回球权，但是这一战术只有在能够保证球的附近有足够多的己方队员时才有意义。从对方半场开始对对手施加压力的趋势在顶级足球比赛中很常见，因此现在的整体训练方式也越来越多地侧重于在对方半场的无球跑动。但是，这对足球国度德国来说却意味着一场在足球训练领域的小型革命，因为德国足球一直以来深受防守时直面来球的传统的影响，在防守中注重角色划分、重视中前卫和一对一对抗。

从后场开始组织进攻的趋势使得边后卫对进攻的投入越来越多，同时也要求中后卫能具备较强的发起进攻的能力，尤其是在纵深方向发起进攻的能力。纵深方向的推进能够打乱对手的防守布置，这已经成为比赛中重要的一部分，需要在训练中进行更多的针对性练习。而这一战术在过去更多地被认为是竞技水平较低的球队在比赛中采取的反击战术。

对应的练习

传高空球后二对二（215）

传高空球后，队员位置立即前提以第一时间对对手形成压力。

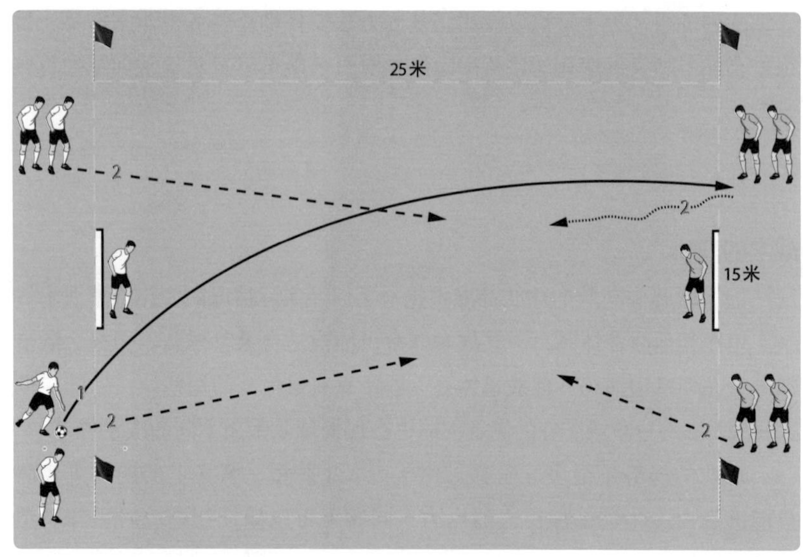

215——传高空球后二对二

二对一进攻（231）

有人数优势的进攻方快速推进，直至射门。

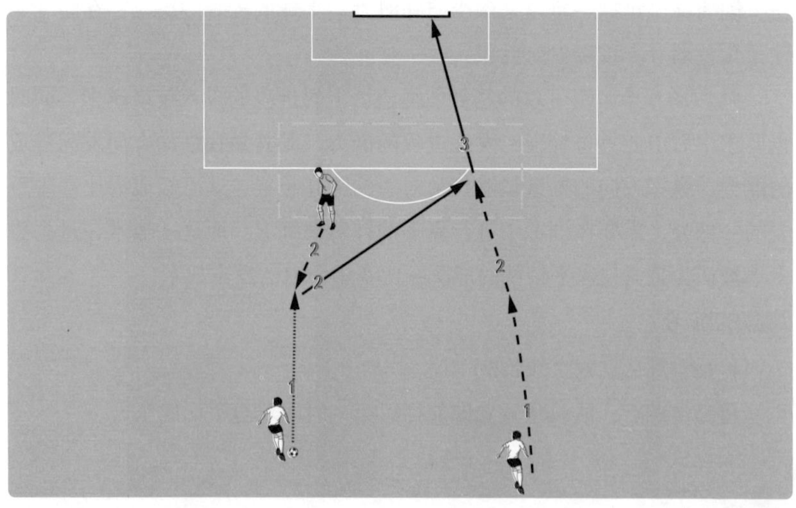

231——二对一进攻

己方防区快速出球（260）

通过一脚出球由防守快速转为进攻，要求队员密切关注前方形势。

260——己方防区快速出球

进攻中快速传球（262）

前锋一脚出球

变化形式：如果有队员需要触球两次，则第二次触球时应当射门。

262——进攻中快速传球

中场施压（272）

中场队员的及早干扰会对持球方组织进攻施加很大的影响，也使在离对方球门较近的区域断球成为可能。中场队员需要学习在合适的时机上抢压迫。

272——中场施压

进攻区施压（273）

多名队员同时在进攻区对持球队员形成压迫，防守队员在离球门较近区域的跑动接应。

273——进攻区施压

前压（274）

前压时球队阵型需要整体前移。

274——前压

有传球次数限制的反击（302）

有时间和触球次数限制的向前推进，要求队员必须时刻关注前方形势。

302——有传球次数限制的反击

身体素质方面的变化

在过去十年间球队整体的跑动距离和各个位置上队员的跑动距离都有所增加，如今一名队员的场均跑动距离已经达到 10 公里以上。同时根据场上位置的不同，队员们在比赛中的高速跑以及冲刺跑也达到了一个很高的比例。这也使得比赛强度不断加大、场上空间更为紧凑、场上形势更为多变。

比赛的高强度自然也对队员身体的各方面能力提出了更高的要求，使身体素质成为淘汰队员的一个标准。比赛强度的提升使得只有符合要求的队员才能保护自己免于受伤。

这些认知也促进了与原有方式不同、更为个性化、强度更高的训练方式的形成和发展。新型的、已经为人所熟知的更注重强度而非总量的训练方法是目前最为先进的训练方法。但是，训练赛从来都无法 100% 达到真正比赛的强度，所以在训练中还必须有针对性地穿插冲刺能力和耐力的训练。

对应的练习

绕标志锥冲刺（38）
间歇式强度冲刺
变化形式：变化跑动距离。

转弯冲刺（40）
间歇式有方向变化的强度冲刺
变化形式：变化跑动距离。

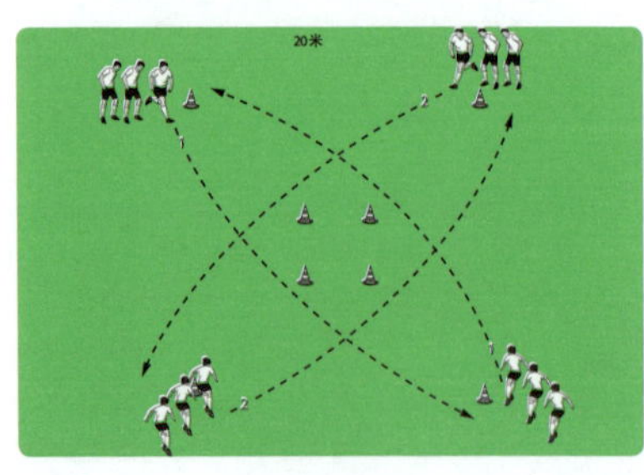

38——绕标志锥冲刺

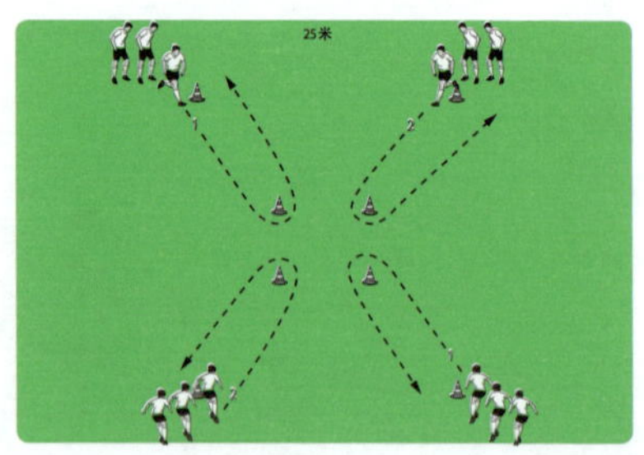

40——转弯冲刺

手风琴冲刺（41）

有距离和方向变化的间歇式强度冲刺

变向跑（42）

较长距离跑动的速度耐力

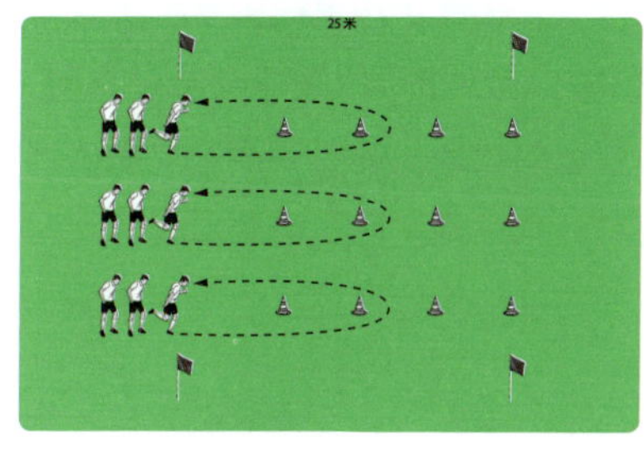

41——手风琴冲刺

42——变向跑

小组追逐跑（两人一组）（50）

不同时长和强度的足球相关耐力

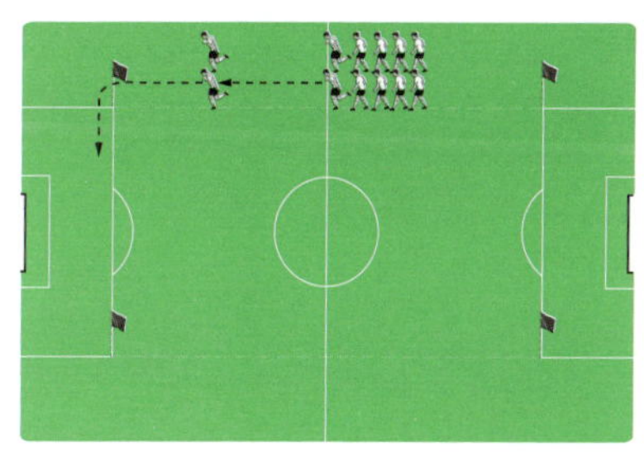

50——小组追逐跑（两人一组）

技术方面的变化

所有的技术动作如接球、带球、传球、射门等都是在高速奔跑中完成的。在比赛中先要注意的就是通过一次触球和两次触球进行比赛，此时超过两次触球的射门就属于绝对的例外情况。所有的训练方式都应当以第一脚触球（一脚出球时也是最后一次触球）为中心，技术欠缺就会导致不必要的丢球、更多的对抗和体力消耗以及较差的比赛流畅度。

除了锻炼这些技术能力，在训练中也应当更多地关注队员相对球的位置。只有理想的相对位置才能使队员更好地处理来球并进行下一步动作。在青训中就应当重视这方面的训练，很多队员在这方面仍然有很大的提升空间。在这一部分首先需要安排一些新颖的、富有变化的传球练习，训练中的传球练习越简单，在比赛中对其进行有变化地运用就越困难。一旦掌握了基础的传接球技术，队员就应当更关注球的相对位置以及推进方向，以保证在比赛中遇到不同情况时都能有合适的选择。此时就涉及要做出预判、技术动作本身以及出现状况后的应对补救措施。队员需要对传球安全有很好地理解，但同时也应当通过传球的力度加快比赛速度、给对手施加压力。

传球不是孤立的技术动作，它也是战术内容的一部分。

对应的练习

隧道球（1）

提高传球和后续处理时的位置感

变化形式：限制触球次数。

听喊声传接低平球（3）

传球前的方向把握

运动中传球（67）

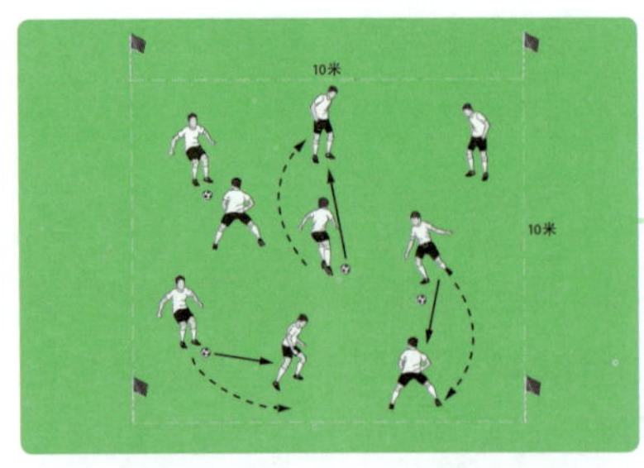

1——隧道球

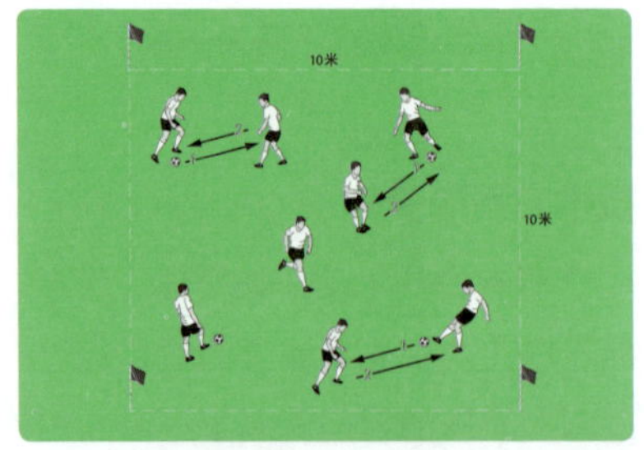

3——听喊声传接低平球

向前跑动中传球

变化形式：两名队员可同时向前或向后跑。

定向传球Ⅰ（73）

有确定传球方向和二次转移球方向的传球

67——运动中传球

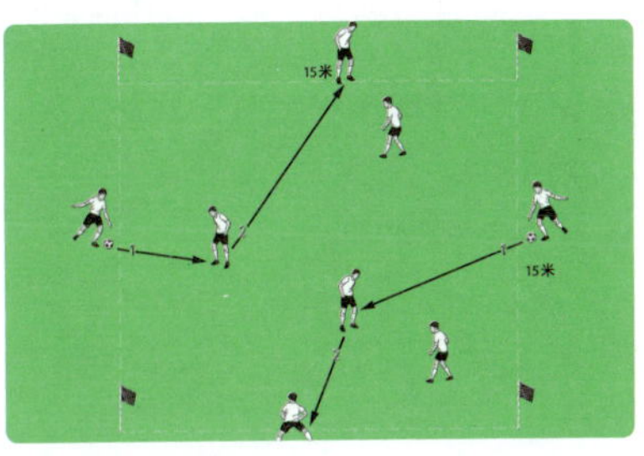

73——定向传球Ⅰ

定向传球Ⅱ（74）

有确定传球方向、二次转移球方向和转移球动作的传球

带位置变化的三角传球（86，高级练习）

定向传球，接球后进行下一步处理，球要传向队友的接球脚，接球队员要面向来球方向做好接球准备。

变化形式：一脚传球或停球后传出，至多触球两次，队员改变位置。可以变为方形或五角形，队员位置可以变化。

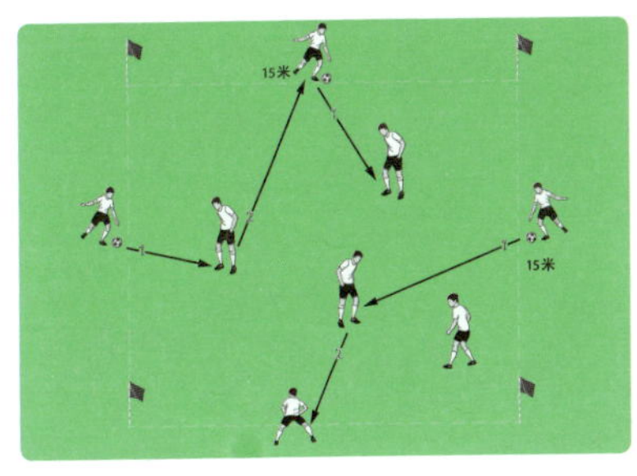

74——定向传球Ⅱ

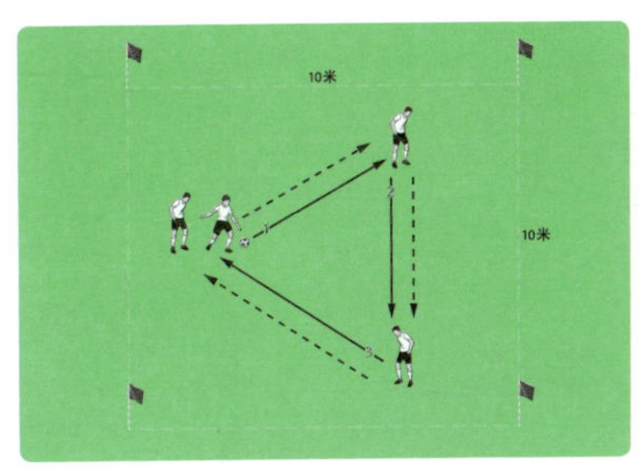

86——带位置变化的三角传球

组合传球 I（89）

不断变化方向传球，接球后出球的方向也不断变化。

变化形式：加大间距、每次触球两次。

带得分区的四对二传球（99）

定向且有防守队员压力的练习

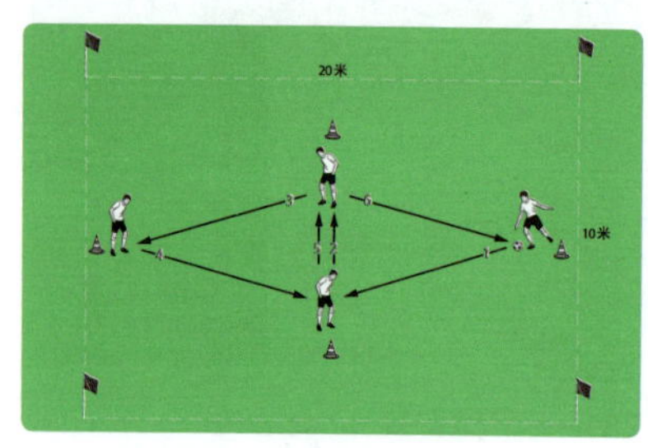

89——组合传球 I

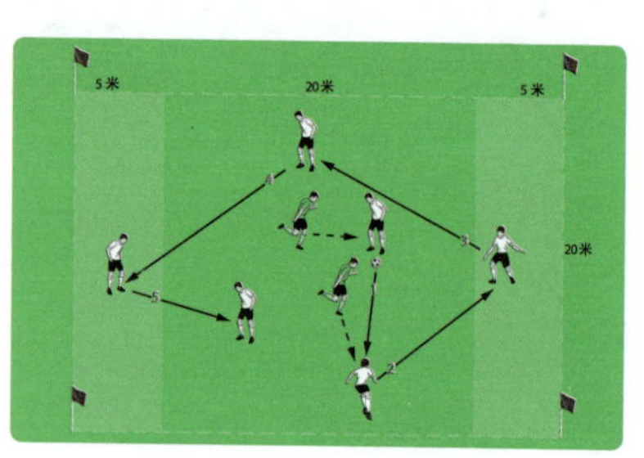

99——带得分区的四对二传球

使用弱侧脚比赛（102）

锻炼方向控制和位置控制的理想训练方式

变化形式：接球后可触球两次，准备下一步动作。

接低平球转身射门（138）

触球两次后射门

变化形式：向一侧传球。

102——使用弱侧脚比赛

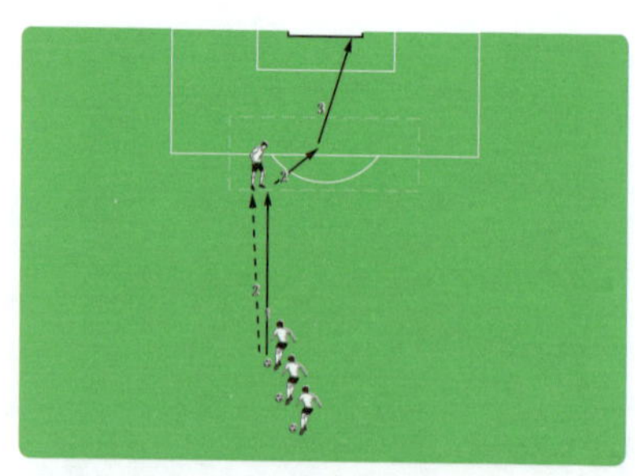

138——接低平球转身射门

健康方面的变化

除了单纯的足球方面的因素，人们也在研究队员伤病的种类及受伤频率。比较突出的一点是，急性伤病主要由高强度和激烈的身体对抗导致，此外头部受伤的概率也在增加。腿部的伤病则主要由负荷过量或者负荷不足导致，基于此我们有必要从青训时期就开始安排合理的训练量、引入恢复训练、正确安排热身训练和大负荷训练的顺序并教授人体解剖学方面的相关基础知识。在青训工作中必须与青少年队员进行认真的沟通和交流。

较好的身体素质，如在一对一对抗时的正确判断、队员在对抗时的身体运用都是非常重要的训练目标，以保证在将来的比赛中能够取得更好的成绩，同时保证每名队员的身体健康。出于这方面的考虑，国际足联委托其他机构对运动负荷结构以及运动负荷对青少年储备队员身体健康方面的影响进行了大量研究，探究训练频率、训练内容、训练强度、比赛层次和伤病的联系。

社会方面的变化

足球是一种流行的、有广泛群众基础的运动，顶级足球比赛则是能辐射到足球和生活各个领域的市场化产品。除此之外，还存在青少年足球和非职业足球，它们共同组成了足球运动的基础。有天赋的队员在青少年足球或非职业足球领域中被人发现并不断进步。足球作为一项大众运动还承担着多样化的社会公益责任，如不同阶层、族群的融合以及改善孩子的健康状况等。这些工作则掌握在球场上和孩子们一块训练的青训教练手中。

足球这项运动在青少年足球中的分化也越来越明显——在顶级俱乐部的青训中心，为了培养出更年轻、更优秀的运动员，俱乐部已经开始要求12 岁的小队员具备几乎所有的专业条件。对优秀队员的争夺也已经变得越来越低龄化。社会、足球协会和团体、俱乐部必须要对此现象进行反思，因为不断压缩运动员的成长周期会给运动员带来危险。足球应当为社会产生更多积极的影响，因此我们应当反对这种功利的“压榨式”训练方式，使足球回归本来的面貌。

索引

热身

身体素质

技 术

传球

带球

头球

射门

索 引

索 引